新编大学体育

主 审 高 徐
主 编 田 广 朱桂华 张 松 刘世多 郭朝廷

北京师范大学出版集团
北京师范大学出版社
BEIJING NORMAL UNIVERSITY PUBLISHING GROUP

图书在版编目（CIP）数据

新编大学体育／田广等主编 . —北京：北京师范大学出版社，
2019.8（2020.10 重印）
ISBN 978-7-303-23985-6

Ⅰ . ① 新 ⋯　Ⅱ . ① 田 ⋯　Ⅲ . ① 体育－高等教育－教
材　Ⅳ . ① G807.4

中国版本图书馆 CIP 数据核字（2018）第 176263 号

营 销 中 心 电 话　010-57654738　57654736
北师大出版社职业教育分社网　http://zjfs.bnup.com
电 子 信 箱　zhijiao@bnupg.com

XINBIAN DAXUE TIYU

出版发行：北京师范大学出版社 www.bnup.com
　　　　　北京市西城区新街口外大街 12-3 号
　　　　　邮政编码：100088
印　　刷：北京虎彩文化传播有限公司
经　　销：全国新华书店
开　　本：787 mm×1092 mm　1/16
印　　张：28
字　　数：610 千字
版　　次：2019 年 8 月第 1 版
印　　次：2020 年 10 月第 3 次印刷
定　　价：60.00 元

策划编辑：林 子　陈 俊　　责任编辑：李云虎　郝获麟
装帧设计：高 霞　　　　　　美术编辑：高 霞
责任校对：赵媛媛　　　　　　责任印制：陈 涛

前 言

2017 年 10 月 18 日，在中国共产党第十九次全国代表大会上，习近平作了题为《决胜全面建成小康社会 夺取新时代中国特色社会主义伟大胜利》的报告，报告中两次提到与体育相关的内容，一是全民健身和竞技体育全面发展，二是广泛开展全民健身活动，为新时代背景下高校体育与健康指出了明确的奋斗方向。

大学生是未来国家竞争的核心要素之一，21 世纪的大学生身体素质、健身素养、价值观、体育行为等有着自身的特点。特别是《"健康中国 2030"规划纲要》的发布，要求体育与健康齐头并进。

《新编大学体育》教材以习近平新时代中国特色社会主义思想及习近平系列讲话为指导，以《国家中长期教育改革和发展规划纲要（2010—2020 年）》《"健康中国 2030"规划纲要》，以及《体育法》《全民健身条例》《学校体育工作条例》《全国普通高等学校体育课程教学指导纲要》《国家学生体质健康标准》为依据编写。本书始终坚持"以人为本，健康第一，终身体育"的理念，结合学生身心发展的特点，遵循教育、体育、健康的发展规律，以体育理论、技术和训练为主线，力求做到既符合现行体育运动发展的特点与要求，又充分考虑当代大学生的爱好、兴趣与需求，并贯彻"因材施教"的教学原则，以满足新时代背景下大学体育运动参与者的需求。

本书注重理论与实践相结合，在教学内容的选择上力求符合当代大学生的身心特点与运动需求。本书共十六章，包括体育理论知识、各种运动项目知识、民族传统体育运动知识等内容。全书内容翔实、广泛、实用。与传统的体育教材相比，《新编大学体育》在结构和内容上都有所突破，有较强的针对性和灵活性，有利于不同层次和不同类型的高校师生进行教学或阅读，达到提高大学生综合素质的目的。

本书由高徐担任主审，由田广、朱桂华、张松、刘世多、郭朝廷担任主编，侯生辉、周亚君、卢福丽、彭丽英、樊玲、邓雪梅、袁朝烨、尹天营、汤志伟、朱东、肖年乐、荆晓伟、孙彤、牟玥、常璐艳、郭站担任副主编。

本书的编写是个艰辛的探索过程，在此过程中我们得到了各方面的支持、鼓励和帮助，在此，我们一并表示衷心的感谢。对在本教材中未一一标明被引用论著出处的作者，我们在此表示歉意并表示感谢！

由于作者水平有限，加之时间仓促，书中不免有疏漏之处，请广大读者指正。

编　者

目录

第一章

健康与体育锻炼

第一节　健康概述

一、健康的概念

健康是人们永恒的关注话题。健康的概念是动态的，随时代的发展而不断变化。传统意义上的健康观是"无病即健康"，通常被简明扼要地定义为"机体处于正常运作状态，没有疾病"。

随着生活水平的提高，人们对健康的认识及要求也不断提高，世界卫生组织（WHO）在1978年提出，健康不仅是没有疾病或不虚弱，还是身体健康、精神健康和社会适应良好的总称。该宣言指出：健康是一项基本人权，达到尽可能高的健康水平，是世界范围内一项重要的社会性目标。1989年世界卫生组织又一次深化了健康的概念，认为健康包括躯体健康、心理健康、社会适应良好和道德健康四个方面。现代人的健康观是整体健康，内容包括躯体健康、心理健康、心灵健康、社会健康、智力健康、道德健康、环境健康等。

由此可见，健康的概念是随社会的进步与时代的发展而不断变更的。现在普遍认同的健康所包含的维度有四个：身体健康、心理健康、社会适应良好和道德健康。

二、健康的标准

随着人们对健康概念认识的不断深入，所制定的健康标准也相应地发生了变化。

（一）传统健康观念下的健康标准

传统的健康标准包括以下十个方面。

第一，精力充沛，能从容不迫地应付日常生活和工作的压力；

第二，处事乐观，态度积极，乐于承担任务；

第三，休息充足，睡眠良好；

第四，应变能力强，能适应不同环境的各种变化；

第五，对一般感冒和传染病有一定的抵抗力；

第六，体重适当，体形匀称，比例协调；

第七，眼睛明亮，反应敏锐，眼睑不发炎；

第八，牙齿清洁，无缺损，无疼痛，牙龈颜色正常，无出血现象；

第九，头发有光泽，无头屑；

第十，肌肉、皮肤富有弹性，走路感觉轻松。

（二）新的健康观念下的健康标准

新的健康观认为，没有生病只是健康的一个基本方面，健康主要是机体保持正常状态，同时还应包括心理健康和对社会、自然环境的适应能力。也就是说人的机体、心理与人对社会、环境的适应能力均处于协调和平衡的状态。这就是新的健康的完整而全面的观念。世界卫生组织为此对健康确定了以下十条准则。

第一，有充沛的精力，能从容不迫地进行日常生活和担负繁重的工作，而且不感到过分紧张和疲劳；

第二，处事乐观，态度积极，乐于承担责任、无论大小；

第三，休息充足，睡眠良好；

第四，应变能力强，能适应外界环境中的各种变化；

第五，能够抵抗一些感冒和传染病；

第六，体重适当，身材发育匀称，站立时头、肩位置协调；

第七，眼睛明亮，反应敏捷，眼睑不发炎；

第八，牙齿清洁，无龋齿，不疼痛，牙龈颜色正常，无出血现象；

第九，头发有光泽，无头屑；

第十，肌肉丰满，皮肤有弹性。

这十条准则是就一般情况而言的，但对不同年龄的人还有不同的标准。新的健康观的核心思想是"人人为健康，健康为人人"。这种健康观是"机体—心理—社会—自然—生态—健康"的一种健康观，是一种社会协调发展的健康观。

三、亚健康

按照健康的标准，现代社会有很多人处于似病非病的一种状态（第三状态），既没有疾病又不完全健康，是一种活力降低、适应能力出现不同程度减退的生理状态，如乏力、头昏、头痛、耳鸣、气短、心悸、烦躁等，即亚健康。导致亚健康的原因是多方面的，竞争压力、不良生活方式、不健康行为、挫折、个性因素、体质因素、环境因素、心理因素、劳逸因素，以及其他因素均可以导致亚健康状态的形成。有关亚健康成因的认识，主要有以下几个方面。

（一）压力与挫折

随着我国经济的持续快速发展，人们的物质生活和工作环境都得到了极大的改善，但是面对的压力与挫折也越来越大、越来越多。这些压力与挫折主要体现在如下方面。

一是来自学习方面的压力与挫折。学习压力不仅是青少年学生才有的，成年人为了适应社会的飞速发展、信息化的突飞猛进，除了忙工作、忙家庭外，还要利用业余时间不断地学习，也会面临学习的压力。

二是来自工作方面的压力与挫折。由于各行各业竞争日益加剧，受到求职难、下岗失业等现象波及的人不在少数。同时，高效率、快节奏的现代社会，工作任务日益繁重，竞争异常激烈，都会使人们长期处于心理压力过大、超负荷的紧张状态中。重体力劳动、长时间加班加点等违反生理规律的生活状态，使人缺乏清静而必要的休息，所有这些都容易使人产生慢性疲劳和造成心情压抑，久而久之，耗散人的正气，致使人形成亚健康状态。

三是来自生活方面的压力与挫折。现代的人们不仅要面对学习、工作的压力，而且要面对生活方面的压力，如住房紧张、交通拥挤、环境污染、抚养孩子的艰辛、照顾父母的负担、经济收入的窘迫等难题。另外，生活的快节奏和多变性给人们的恋爱、婚姻、家庭带来了很多不确定因素，使人们情感受挫的概率增加。由于各种利益冲突，人际关系变得越来越复杂，而且体力劳动的减少、情感交流的减少、商业竞争的残酷性等也常常使人们遭遇困难、挫折。

（二）生活方式与健康方式

不良的生活方式和不健康的行为表现为不合理的饮食习惯和饮食结构、吸烟和饮酒、生活不规律等。不合理的饮食习惯和饮食结构容易导致亚健康状态。饥饱不调、暴饮暴食和高脂肪、高胆固醇饮食等，都会加重胃肠负担，使食物不能及时消化，以致影响营养的吸收、输送、分布，而导致脾胃功能受损，久而久之积累发病。常吃油腻食品容易导致高脂血症、脂肪肝、肥胖症等。

研究表明，与不吸烟的人相比，长期吸烟者肺癌的患病率增加 10 至 20 倍，冠心病的患病率增加 2 至 3 倍，如果家庭中有两人吸烟，家庭成员得癌症的概率将增加 3 倍。缺少运动也是不良的生活方式，使许多人出现了肥胖。糖尿病、高血压、高血脂、冠心病和脑猝死等与肥胖密切相关的疾病，已成为威胁人类健康的现代病。

不合理的生活规律很容易使人疲劳。通宵工作或玩乐会扰乱生物钟，从而影响各器官乃至各系统的正常工作，引起体力减退，全身疲劳。通宵达旦，长期睡眠不足，大脑皮层得不到很好的休息，会扰乱人体正常的生理节律，引起系统功能紊乱，造成机体阴阳、气血、脏腑功能的失调，轻者引起疲劳，重则导致疾病。纵欲过度往往会造成头晕耳鸣、健忘、思维迟钝、身寒肢冷、腰腿酸软。其他如口腔不卫生、颜面保养不当等都是人体某些疾病的成因。

（三）社会因素与人际关系

各种社会因素会导致疲劳的产生，但这些因素对不同的人产生的影响各异。现代社会的残酷竞争成了每个人都不得不面对的问题，在这样的环境中，人们不得不努力去奋斗、去思考。研究表明，孤独与疏离感相随相生，心理困扰与疏离感呈正相关。孤独就是因为缺乏正常的社会接触，是由社会因素造成的，主要是由于社会关系缺陷。因此，孤独者要及早采取有效的措施，正确对待人际关系和社会关系，阻断引起亚健康的各种原因。

（四）环境与心理

环境因素可影响人的正常生理，使人体出现各种病理变化，可促使亚健康状态形成。现代社会由科技高速发展带来的环境压力，包括形形色色的污染、噪声、拥挤等，已严重地影响了人的健康，专家们把它们称为"21世纪的杀手"和"城市隐患"。

（五）个性与体质

某些特定的个性特征，包括体质因素，可成为引发疾病的重要危险因素。具有强烈好胜心和敌意感、快节奏、脾气急躁等个性的人所患冠心病的概率是性格温和的人的2倍。此外，前者还易患高血压、糖尿病和消化道溃疡等疾病。习惯于自我压抑、情绪低沉、悲观而不愿主动表达负面情绪者，其肿瘤的发病率又明显高于乐观的人。虽然这些不良性格不是像细菌或病毒那样侵入体内很快引起疾病，但这些不良的个性、情志一旦超过人体自我调节的能力，就易导致系统紊乱、脏腑功能失调、阴阳失衡。

体质与亚健康的形成有很大的关系。体质一般是指个体在先天条件和后天生长发育基础上所表现出来的相对稳定的结构、功能和代谢特性。不同体质在生理状态下可表现为机体对各种外界刺激反应的差异性。在发病过程中表现为对某些致病因素的易感性。

（六）劳逸不均

劳逸不均，是指工作与休息的时间、强度不平衡的过劳工作会导致疲劳，甚至疾病，过逸享受则会引起肥胖、精神不振。疲劳是亚健康最为常见的一种表现，也是导致疾病的重要因素。疲劳是指人们连续工作或学习以后效率下降的一种状态。人们处于这种状态时，会感到乏力懒动，出现头脑发胀、记忆力下降等状况。长时间的睡眠不足很可能会直接或间接地对健康状况产生不良的影响，出现疲乏、心慌、面色灰暗、头昏、耳鸣、饮食无味以及食欲不振等亚健康的表现。

四、影响健康的因素

影响健康的因素是多方面的，主要有环境因素、生物因素、生活方式因素和保健服务因素等。

（一）环境因素

无论是自然环境还是社会环境，都对人类健康影响极大。自然界养育了人类，同时也随时产生、存在并传播着危害人类健康的各种物质。世界卫生组织声称，2012年700万人因空气污染死亡。这一发现表明在空气污染和心脏病、呼吸系统疾病以及癌症之间存在关联。世界卫生组织声称，八分之一的全球死亡案例与空气污染有关，这就使它成为世界上最大的单一健康环境风险。在社会环境中，政治制度的变革，社会经济的发展，文化教育的进步与人类的健康紧密相连，例如，经济发展的同时带来了废水、废气、废渣、噪声，这些污染对人类健康危害极大。不良的风俗习惯、错误的意识形态也有碍人类的健康。因此，人类要保持健康，就必须坚持不懈地做好改善环境、美化环境、净化环境和优化环境的工作。

（二）生物因素

在生物因素中，最影响人类健康的是遗传因素和心理因素。现代医学发现，遗传病不仅有二三千种之多，而且发病率高达20%。因此，重视遗传对健康的影响具有特殊意义。心理因素和疾病的产生、防治有密切关系，消极心理因素能引起许多疾病，积极的心理状态是保持和增进健康的必要条件。医学临床实践和科学研究证明，消极情绪如焦虑、怨恨、悲伤、恐惧、愤怒等可以使人体各系统机能失调，可以导致失眠、心动过速、血压升高、食欲减退、月经失调等疾病。积极的、乐观的、向上的情绪，能经得起胜利和失败的双重考验。总之，生物因素是社会环境与生活环境的反映，是影响健康的重要因素。

（三）生活方式因素

生活方式是指人们长期受一定文化、民族、经济、社会、风俗、家庭影响而形成的一系列生活习惯、生活制度和生活意识。19世纪60年代以后，人们才逐步发现生活方式因素在全部致人死亡的因素中所占的比重越来越大。有统计数字表明，由不健康的生活方式造成的死亡人数已占人类死亡总数的50%以上。比如，世界卫生组织的统计数字显示，全世界每年因吸烟死亡的人数高达600万，其中吸烟者死亡约540万，即平均每6秒钟就有1个吸烟者死亡。可见，养成良好的生活习惯对健康多么重要。

（四）保健服务因素

决定健康的因素十分复杂，保健服务是极为重要的因素。世界卫生组织把卫生保健服务分为初级、二级和三级，实现初级卫生保健是当代世界各国的共同目标。初级卫生保健的基本内容是：健康教育、供给符合营养要求的食品、供给安全用水和基本环境卫生设施、开展妇幼保健、开展预防接种、采取适用的治疗方法、提供基本药物。

（五）疾病控制因素

人类整个进化发展的历史实际上就是一个与疾病战斗的历史。长期以来，人们一直以为疾病治愈了就好，但其实，很多病毒会对人体产生累加伤害。因为目前世界上还没有能彻底消灭它们的灵药，所以病毒已成为吞噬人体健康的头号杀手。一个人每患一次病毒性疾病，就可能在体内埋下一剂"折寿"的慢性毒药。

（六）职业工作因素

近来，一个叫"职业枯竭"的词常见诸报端，指的是由职业所要求的持续情感付出导致身心不堪重负所造成的身心枯竭状态。有职业枯竭倾向的人常常表现出工作时注意力不集中、思维效率降低、自我评价下降，时常感到无能、失败，甚至消极怠工，对他人进行攻击等行为。人们选择工作时，应该把自己是否对这份工作感兴趣作为一个重要考虑因素，而不应该把挣钱摆在第一位。

（七）科学技术因素

科学家认为，人的衰退主要是由细胞中的 DNA 损伤所致，当体内的干细胞失去活力之后，它就不再分化成新细胞了。这样，人体细胞的新陈代谢也就不能完成，老细胞越来越多，我们也就老了，直到去世。针对这个机理，科学家认为有三种方法可以控制衰老：设计基因开关和基因钟，以开关定时的方式控制基因活性；未来可以像更换汽车零件一样更换人体有关器官；制造长命细胞，实际上俄罗斯的科学家已经通过给结缔组织细胞植入一种特殊基因的方式，从这些细胞中成功培养并分解出能使人类的寿命延长 3 倍的长命细胞。

（八）饮食因素

数字表明，粮食缺乏使全球每年有 300 万以上的人因饥饿而死亡。与营养不良所造成的死亡形成鲜明对比的是，每年同样有数以百万计的人死于因暴食暴饮、营养过剩所造成的肥胖病。科学家经研究得出结论，低热量、低脂肪、低动物蛋白和多食物种类的饮食习惯是延长人类寿命的最佳营养方案，而节制饮食则可减少人体氧负荷，降低葡萄糖水平从而降低疾病发病率等。

（九）性别因素

女性比男性长寿，这已是不争的事实。有的科学家认为，女性长寿的原因是比较会睡，且睡得好，睡得香；也有研究承认，女性的代谢水平低于男性。而近年来有研究表明，女性长寿的秘诀在于人类体细胞端区。端区长度随增龄而缩短，即端区长度越长人越长寿；端区长度丢失速率越快，人衰老越快。男性端区长度丢失速率比女性快，所以衰老得也快，寿命也短。当然，寿命短也与现代社会中很多男性工作压力较大、生活习惯不良有很大的关系。

（十）家庭婚姻因素

专家认为，成双性是人的自然本性。结婚的人寿命比独身的人要长。俗话说，少年夫妻老来伴。夫妻和睦、婚姻美满的家庭既能使人消除孤独感，又能激发人的生活情趣。而生活在不美满的婚姻和存在冷暴力对抗的家庭状态中的人，多忧郁寡欢。特别是那些长期独居和过早丧偶的人，担负着比常人更重的生活压力和心理压力。

（十一）遗传因素

在很早以前就盛行着长寿家族的说法，该观点认为一个人的长寿常常受到家族寿命的影响。科学家对近 500 个长寿家庭进行了调查，发现在这些家庭中，至少各有一名成员活到 100 岁，其平均寿命较高。因此，他们认为一种名叫"染色体 4"的某个区域的存在是使某些人长寿的遗传诱因。持这一观点的人认为，长寿人群和家族可以将对疾病的抵抗力遗传给子女，使子女患病后比他人更加容易康复。

（十二）心理环境因素

当代心理免疫学研究表明，积极的心理状态能增强机体抗病能力。因为精神神经系统可通过去甲肾上腺素、5-羟色胺等神经递质对免疫器官产生支配作用，所以积极快乐向上的心态能使这种支配作用增强，从而使抗体增多。

第二节　体育锻炼的作用

一、体育锻炼对大学生生理的作用

（一）体育锻炼对大学生运动系统的作用

人体的运动系统是由 600 多块骨骼肌和 206 块骨骼及许多关节构成的。人体的运动系统是否强壮、坚实、完善，对人的体质强弱有重大影响。骨架和肌肉对人体起着支撑和保护作用，不仅为内脏器官的生长发育和健全提供了可能，还保护这些器官不易受到外界的损伤。经常参加体育运动能促进骨的血液循环，增加对骨的血液供应，使正处于旺盛造骨时期的骨组织获得更多造骨原料，加速造骨过程，加快骨的生长。通过体育锻炼，我们还能使骨骼变粗并增长，有助于个子长高。科学调查证明，同年龄、同性别的青少年，经常运动的比不运动的身高高 4～7 厘米。锻炼时，肌肉的活动促使肌肉内毛细血管大量开放，这样肌肉可获得比平时多得多的氧气及养料。这些物质可以促进肌肉的生长，还能使肌纤维数量增加，保持肌肉张力，减少肌萎缩和肌肉退行性变化发生的概率，保持韧带的弹性及减缓关节的损伤和退化。体育锻炼能使肌肉发达、结实、健壮、匀称、有力，给人一种力量和健美的感觉。

（二）体育锻炼对大学生消化系统的作用

消化系统可把食物转化为身体所需要的营养物质，并将这些营养物质送入淋巴和血液，以供身体生长和维持生命之用。消化系统由消化道与消化腺构成。消化道包括口腔、咽、食道、胃、肠和肛门。消化腺包括唾液腺、肝、胰以及各段管道的附属腺体等，它们将分泌的消化液排入消化管道以进行消化。胃、肠是人体食物消化的主要器官，它们好比人体的食品加工厂，负责把构造复杂的食物转变成构造简单的、人体容易吸收的养料，供应人体新陈代谢的需要。因此，胃、肠消化能力的强弱，对身体健康的影响很大。

经常参加体育锻炼的人，体内物质、能量消耗多，运动后必须靠加强消化、吸收活动来补充。这时消化腺分泌的消化液增多，消化道的蠕动加强，增强了胃、肠的消化和吸收功能。在运动时，人体的呼吸加深加快，呼吸肌大幅度的升降活动以及腹肌的收缩和舒张活动对胃肠起到按摩作用，使消化系统的血液循环得到改善，增强胃、肠的消化功能，使人的食欲增强，有效提高消化能力。但是，如果运动时间不当，血液重新分配，对消化系统的消化和吸收功能就会产生不良影响。如果在体育锻炼中，运动量和运动强度等掌握不合适，出现过度疲劳，则会影响肝的功能。所以，大学生应尽量避免在饭饱时进行锻炼，且运动要适可而止。

（三）体育锻炼对大学生心血管系统的作用

人体各器官、组织和细胞的正常生理活动都需要消耗氧气，所以氧的供应是实现人体正常生理活动必不可少的条件。人体内的氧气输送系统包括呼吸系统、心血管系统。血液在心血管系统中按一定方向周而复始的流动，称为血液循环。心脏通过舒缩活动将血液不停地射入血管，使血管内的血液不停地流动，以保证全身各组织器官代谢的需要。因此，心脏的健康对人体健康非常重要。健康的成人在安静时每分钟的心率为60～100次，平均为75次。心脏射出的血液在血管内流动时，对血管壁有一定的侧压力称为动脉血压。在一个心动周期中，血压随心室的收缩与舒张而有所升降，当心室收缩时动脉血压上升，其上升到的最高点称为收缩压。当心室舒张时动脉血压下降，其下降到的最低点称为舒张压。收缩压与舒张压之差称为脉搏压。我国健康的成年人在安静状态时收缩压为120毫米汞柱左右，舒张压为60～90毫米汞柱。血压可随年龄、性别、生理状况的变化而有所变动。心血管功能不仅保证了人体生命活动对氧的需求，是人体健康水平的标志，也是人体运动能力的重要生理基础，这是因为运动时人体对氧的需求大幅度地增加，就更需要心血管功能的保证。

体育锻炼对心肺功能有重要的作用。在体育锻炼时，机体各器官必须获得充足的氧气及营养供应，为了完成这一任务，人体的"动力源"，即心脏就必须提高单位时间内的供应能力，这就需要心脏的心肌细胞能够获得充足的氧气及营养。充足的氧气及营养供应就使得心肌强壮而粗大，心脏的重量增加，心脏的容积增大，搏动有力，每搏输出量增加。有研究表明，从青少年阶段开始经常进行体育锻炼的人即使到了中老年，其心脏的大小和功能仍然类似于青年人的心脏，经常锻炼可使人的心脏推迟衰老10～15年。其次，体育锻炼后心率适当地增加，血流量增大，促使全身血液循环改善，久而久之，心脏每搏输出量增加，在安静时心率变慢，由于心排血量增大，血脂类代谢物质在血管壁沉积减少，故血管弹性良好。

（四）体育锻炼对大学生呼吸系统的影响

人体需氧量与摄氧量的能力决定了人体的健康质量。一般用肺活量指标来衡量肺通气功能。肺活量是指在最大吸气后，竭尽全力所能呼出的气体量。正常大学生男生平均为3500毫升左右，女生平均为2500毫升左右。在体育锻炼过程中，肌肉活动需要更多的氧气，呼吸次数增加、呼吸频率加快，肺通气量增大。如：运动时，肺泡张开的数量增多，比平时多20倍。人在安静时每分钟呼吸12～20次，每次呼吸吸入空气450～550毫升，每分钟肺通气量为5～7升；而剧烈运动时呼吸次数可增至每分钟40～50次，每次吸入空气达2500毫升，约为安静时的5倍，每分钟肺通气量可高达70～120升；跑5000～10000米，每分钟需氧量可达6～7升，为安静时的20～30倍。可知，体育锻炼能使呼吸器官得到有效改善。体育锻炼还能使呼吸肌的力量增大，胸廓活动性增强，肺泡具有更好的弹性。经常体育锻炼的人上呼吸道疾病患病率大大降低，有慢性病的人经过锻炼后肺功能也可得到改善。

（五）体育锻炼对大学生神经系统的影响

神经系统是人体的"司令部"，是人体各器官活动的指挥者，人的一切活动都是在它的支配下进行，在体育锻炼中，神经系统不仅支配肌肉的活动，同时也调整着内脏的活动来适应肌肉的需要。运动对神经系统的良好影响，主要在于它是一种积极的休息。当我们经过较长时间的脑力劳动，感到疲劳时，参加短时间体育运动，可以转移大脑皮层的兴奋中心，使原来高度兴奋的神经细胞得到良好的休息，同时又补充了氧气和营养物质。而脑组织所需氧气和营养物质的供给又完全依赖于血液循环、呼吸和消化系统，体育锻炼在很大程度上改善了这些系统的功能，提高了它们的工作效率，从而促进了脑血液循环，改善了脑组织的氧气和营养物质供应，使脑组织的工作效率得到了显著提高。体育锻炼能促进神经系统的良好发育，大脑神经细胞的发育得到促进，可使运动分析器的敏感度提高。经常参加体育锻炼有利于神经系统功能的提高。体育锻炼能改善神经系统的调节功能，提高神经系统对人体活动时错综复杂情况的判断力，迅速反应并及时协调。经常参加体育锻炼，可以使这一系统得到锻炼和加强，使中枢神经系统对兴奋和抑制的调节能力更趋完善，从而进一步活跃全身各个系统和器官的功能，使它们的活动更加协调，工作效率更高，对外界刺激的反应更加迅速、灵敏，以更好地适应外界环境的变化并增强抵抗各种疾病的能力。

（六）体育锻炼对体格、形态机能的作用

经常进行体育锻炼，不仅能消耗体内多余的脂肪，而且能塑造完美的肌肉和身体曲线。肌肉的发达和健壮，绝不是依靠饮食和休息等就能获得的。经常参加体育锻炼的人一般都是身材匀称，在很大程度上能养身塑形。作为大学生，如果你想拥有一个健美、健壮、健康的体魄，那么就一定要进行体育锻炼。

二、体育锻炼对大学生的心理调节作用

当代大学生是思维较为活跃的一个群体，心理的发展也较为特别。我国大学生多数处于青年中期，个体生理发展已接近完成，已具备了成年人的体格及种种生理功能，但心理尚未成熟。大学生是国家未来的期望，如果没有对当代大学生的心理健康进行合理引导，将会影响大学生的一生。因此，对大学生来说，大家所面临的一个重要任务就是使自己的心理日益成熟，以便成为一个心理健康的成年人，一个能对家庭、社会、国家做出真正奉献的人。

大学阶段是人生中心理变化最复杂的时期，是培养健康心理的关键时期。许多研究显示：大学生经常参加体育锻炼对心理健康发展具有重要的促进作用。大学生应学会和利用体育锻炼来获取身心的健康，从而促进学业、人际关系等各个方面的共同进步。

（一）改善大学生的情绪状态与同学之间的关系等问题

大学生通常都会遇到学业、生活、感情等问题。心情郁闷时去运动场上锻炼一下能有效地调节暂时不好的心情。尤其是遭受挫折后产生的冲动能被体育锻炼排解或转移，从而可以解决由不良情绪带来的问题。

（二）确立大学生良好的自我价值观

自我价值观是新时代大学生的一项重要心理品质，自我价值观过高或过低都会对大学生的心理健康产生不良的影响，甚至制约自身的发展。人的自我价值观过高，不切实际，导致产生自负心理，从而做任何事情过于失望；自我价值观过低，则人会陷入自卑、嫉妒的心理，也不利于自己各个方面的发展。所以大学生应正确地认识自己。体育锻炼能使人正确认识自我，人在运动中对自己身体的满意可以增强自信和自尊；通过竞赛又使自己的社会价值被认可。因为坚持体育锻炼可使自己体格强健、精力充沛，通过竞赛又使自己得到他人认可，所以，体育锻炼对改善人的表现和增强自尊及自信至关重要。

（三）提高大学生智力的发育

经常参加体育锻炼可以使锻炼者的注意、记忆、反应、思维和想象等能力得到提高，还可以使人情绪稳定、思维清晰、性格开朗、处事积极、疲劳感下降等。这些非智力成分对人的智力功能具有促进作用。

（四）培养大学生优良的品质和坚强的毅力

一个人的意志力、顽强拼搏能力、抗挫折能力总是在遇到困难和挫折的过程中培养起来的。在进行体育锻炼过程中要不断克服天气条件的变化、动作的难度以及一些意外伤害等客观因素，同时还会遇到胆怯、畏惧、疲劳等主观困难。经常锻炼的人则会一次次地克服和战胜困难，从而不自觉地形成知难而进、勇敢顽强、坚持不懈的思想和作风。人在锻炼中会产生友谊和协作，从而还能培养学生团结友爱的集体主义精神和机智灵活、沉着冷静的品质，使学生时刻向他人展示一种积极向上的心态，并影响学生日常的学习、生活等方面。

（五）为大学生消除疲劳、保持较好的精神状态

大学生繁重的学习、生活、人际交往等压力，通常会让学生产生身心疲劳、精神衰弱的状况，经常参加体育锻炼能够很好地消除心理和生理的疲劳，从而使身心得到放松，为大学生的日常学习和生活提供良好的精神状态。

（六）增进大学生的快乐和友谊，调节情绪

大学生处于青年期，有强烈的怕孤独感和交友感。若大学生经常参加一些自己喜欢的体育运动项目，不仅可以得到快乐，还能获得友谊。相关研究表明：经常进行体育锻炼的大学生，其大脑会分泌一种可以支配人心理和行为的肽类，具有振奋人心的作用。因此，经常进行体育锻炼可以使大学生从中得到愉悦感，陶冶情操，并能消除烦恼、不安、寂寞、嫉妒等消极心理，从而促使学生处于积极的精神状态之中。尤其是对神经衰弱的大学生来说，具有很好的治愈作用。

（七）预防和治疗大学生的心理疾病

许多研究表明：体育锻炼能很好地治疗大学生的心理疾病。在大学生中，有许多学生因家庭的伤痕、以前的个人伤痕以及现在的学习和生活方面的挫折等患上了焦虑症和抑郁症。体育锻炼不但可以减缓和消除这些心理疾病，有助于治疗心理疾病，而且还能促进人际交往，改善人与人之间的关系，培养合作与竞争意识，而合作与竞争是现代社会对人才的要求。

总之，体育锻炼不仅能强身健体、增进健康、塑身养形，还具有锻炼人生、健康心灵、健全人格、提高社会适应能力等功能，其重要价值还在于改善人的生活方式、提高人的生命活力，以及塑造人的心理品格等，促使人达到健全的状态。作为大学生，我们应该科学合理、积极主动地进行体育锻炼，从而塑造一个既健康、健美、强壮，又聪慧完美的自己。

三、体育锻炼对大学生社会适应能力的影响

人能否适应这个社会是决定自身能否更好生存的主要因素。人的社会适应能力概括起来，表现为下列几个方面：正确的价值观念，竞争意识与竞争能力，合作精神与合作能力，良好的人际关系，民主、平等的参与意识，积极向上的个性特征，崇尚知识的思想追求，丰富的情感生活等。体育锻炼以其自身的特点，不仅能提高人的社会适应能力，还能更好地塑造人，从而使人在各个方面得到真正地发展。

（一）体育锻炼能培养大学生正确的人生观、世界观、价值观

体育锻炼中的各个项目，都有着相应的规则和要求，每个运动项目也都有不同的技术、战术特点以及相应的锻炼原则和规则。比如：锻炼者在篮球运动中不能抱着球跑，不能间歇性地运球；排球运动中一方球队最多击球3次过网，不能过网击球；足球运动中不能随意跑动，造成越位等。项目要求说明，在运动过程中我们只有遵循游戏规则，才能通过努力取得真正意义上的胜利。可以说，经常参加体育锻炼的人更能规范自己的行为，在潜移默化中养成公平竞争、遵守规则的价值取向。从"隐性教育"理念上来讲，体育锻炼在很大程度上能够让人形成正确的人生观、价值观。

（二）体育锻炼能增强大学生的竞争意识

在所有体育运动项目中，竞争都是普遍存在的。对参与者来讲，在体育运动中不受资历、国籍、贫富、尊卑等的限制，所有人都是在统一的规则、统一的要求下进行公平的竞争，全凭个人的实力来定胜负。当今社会处于物质大发展的时代，大学生的比较心理是现实存在的，尤其是来自农村的大学生，有时会存在自卑心理，其实人生来就是平等的，无论贫穷、富贵、美丽、丑陋……大学生应该有充分的自信，应该认识到自己是

世上独一无二的。而体育锻炼的公平性在很大程度上为参与者排除了后顾之忧，让参与者在锻炼中尽情享受和发挥，其竞争具有真实性。体育锻炼让参与者能真正体验到拼搏的乐趣，从而达到培养吃苦耐劳、勇于拼搏、积极向上、知难而进精神的目的，让参与者在不断提高自身运动技能和心理素质水平的同时，还能形成良好的竞争能力。

（三）体育锻炼能培养大学生的团结协作精神

随着知识经济时代的到来，各种知识、技术不断推陈出新，竞争日趋激烈，社会需求越来越多样化，人们在工作学习中所面临的情况和环境极其复杂。在很多情况下，单单靠个人能力很难完全处理各种错综复杂的问题。团结协作能力是现代人应具备的一项重要素质。美国女科学家朱克曼做过统计，近三十年，诺贝尔奖已很少有单人夺魁。美国航天基金会将 2009 年"太空成就奖"授予中国神舟七号载人航天飞行任务团队。事实证明，在生产活动、科学实践等领域，团队协作精神是当今社会的人才不可缺少的素质。体育锻炼中几乎所有的集体项目都注重团队协作这一精神，如篮球运动中，无人防守，一人进攻是不可能取得胜利的；排球运动中，没有一传，再完美的二传也不可能将球传出，从而攻手也不可能有机会扣球。只有一传和二传都起来了，一个球队才能实现进攻，从而取得胜利。体育锻炼中必须团结一致、齐心协力、共同拼搏才能取得胜利。所以，经常参加体育锻炼的大学生要比不进行体育锻炼的大学生的团队协作意识更强。

（四）体育锻炼能培养大学生的人际交往能力和健康的人格

交往是人类社会实践活动中一个极为重要的部分，也是个人个性形成的必经途径，是人们为了彼此传递思想、交换意见、表达情感的需要，达到协调行动等目的，运用语言符号和非语言符号而实现的信息沟通过程。

体育锻炼在很大程度上能培养大学生的人际交往能力。大学生能在共同的体育兴趣和爱好中增进了解和友谊。体育竞赛让人们有一种"性格兴趣相投，谈得拢"和"我们有共同语言"的感觉，这种感觉可以缩短人与人之间的心理距离，从而增强人际交往，建立良好的人际关系。现代社会中激烈的竞争和越来越快的生活节奏，给人们增加了交往上的困难。体育锻炼不仅可以缓解生活、学习的压力，还能满足情感交流的需要，在空间上使大学生之间更接近。交往分为语言交往和肢体交往。体育锻炼的优点是可用表情、动作等传递情感、态度，能够获得大量的信息反馈，同时还可以交换意见，获得准确的信息。这种肢体的交流方式，是其他社会交往方式所欠缺的，有助于促进大学生之间的交往。

人格是指个人具有的稳定的、综合的心理特征，是一个人基本的精神面貌，是对自己肢体活动状态的认识和对心理活动的意识。人在社会交往中，逐渐形成和发展自己的人格。健康人格是指人的心理和行为和谐统一并符合社会价值标准的人格。体育锻炼不仅能塑造优美的形体，还能促进人格的完善和精神的健康。体育锻炼像人生的一个熔炉，其中有着成功、失败、艰辛、懊丧、泪水、欢笑，它永远都强调着"友谊第一、比赛第二"的思想理念。无论成功失败，无论欢笑泪水，无论艰难顺利，运动员、体育锻炼者都强调要体验竞争的乐趣。输了，队友间的话永远都是"没有关系"；赢了，我们也要谦虚友善，给予对方鼓励和感谢，这就是体育场上的魅力。这培养了大学生宽宏、进取、仁慈、关爱他人、谦虚友善、勇敢果断、灵敏机智的人格品质。这种人走向社会将会更快地适应社会，拥有更加勇于挑战的精神。

（五）体育锻炼能培养大学生民主参与意识

在社会中，人分不同年龄、不同性别、不同肤色、不同民族、不同信仰、不同的文化程度、不同的健康状况、不同的职业，但是人都有参与体育锻炼的权利和资格。《奥林匹克宪章》指出，奥林匹克精神就是相互了解、友谊、团结和公平竞争的精神。通常它包括参与原则、竞争原则、公正原则、友谊原则和奋斗原则。参与原则是奥林匹克精神的第一项原则，参与是基础，没有参与，就谈不上奥林匹克的理想、原则和宗旨，等等。"参与比取胜更重要"这句格言最早是美国一位主教提出来的。因此，经常参加体育锻炼的人，不仅能够感受到体育活动的民主化，还能享受平等的幸福和快乐，从而形成真正的民主平等、民主参与的社会意识。

（六）体育锻炼能培养大学生积极向上的性格特征

在体育锻炼过程中，人的体力、智力、心理、情感均要投入运动中去，在运动中，大学生能够准确了解自己的优缺点，在体育锻炼中能够正确地认识自我、发现自我，在以后的锻炼和生活中可以扬长避短，从而不断地完善自我。我们在体育锻炼中不仅能形成积极主动、乐观开朗的心理，还能帮助他人完善自己，无论去到哪里都能优化自己，影响并帮助他人。

第三节　体育锻炼对健康的影响

一、体育锻炼对健康的影响

体育发挥作用的方式有两种。一种是主动参与方式，另一种是被动参与方式。主动参与方式也叫直接参与方式，是指人们亲身参加到体育锻炼中去，即通过体育锻炼保持、提高和恢复身体状况及人体机能。科学证明，经常参加科学的体育锻炼可以延长人的寿命，促进健康，有助于提高人们的生活质量。体育娱乐、消遣体育、体育教育、运动训练、体育比赛是可供人们选择的参与方式。被动参与方式是指人们并不直接参加体育活动，而是受体育竞赛的吸引，观看他人竞技的一种参与形式，最主要的形式就是到体育现场观看比赛，特别是高水平比赛，或者在电视机旁收看体育实况转播，从中体味高水平比赛给人带来的美感，给视觉、听觉及心理带来的刺激与享受。体育锻炼对人的生理健康、心理健康以及社会健康发展都有非常大的益处。

（一）体育锻炼对身体健康的影响

1. 体育锻炼能使人头脑发达，思维敏捷

人的重要生理活动主要是通过反射的方式进行的。反射的方式分为条件反射与非条件反射两类。非条件反射是遗传的，其中枢在大脑皮层以下。条件反射是通过后天学习训练建立起的反射活动的高级形式，其中枢主要在大脑皮层。体育运动可促进脑部血液循环，改善大脑细胞的氧气供应和营养供应，延缓中枢神经细胞的衰老过程，提高大脑的工作效率。尤其是轻松的运动，可以缓解神经肌肉的紧张，起到放松镇静的效果，对抑郁、失眠、高血压等，都有良好的治疗作用。正如美国医生怀特所说："运动是世界上最好的安定剂。"近年来，神经心理学家通过实验已经证明，肌肉的张弛与人的情绪状态有密切关系。不愉快的情绪通常和骨骼肌肉及内脏肌肉绷紧的现象同时产生，而体育运动能使肌肉在一张一弛的条件下逐渐放松，有利于解除肌肉的紧张状态，避免不良情绪的发生。

2. 体育锻炼可以保持良好的体形体态

动以养形。《寿世保元》中记载，"养生之道，不欲食后便卧及终日稳坐"。经常锻炼的人们由于有了坚韧的筋骨和结实的肌肉，在力量、速度、耐力、准确性和灵活性等方面都远远超过没有锻炼或不经常锻炼的人们。

3. 体育锻炼有利于维持心血管的功能

心血管系统的正常功能是健康的基本保障。尽管心血管系统的正常运作是通过神经—体液调节系统实现的，但运动对心血管系统的影响仍然是最为明显和关键的。一个经常参加体育运动的人，其心脏泵血功能和效率有很大程度的提高。由于心脏具有较高的工作效率，因此，人在休息和从事一般工作时，心脏跳动比较缓慢，心脏舒张期延长，从而增加了冠状动脉血流量，改善心肌的氧气和营养供给状况，使心肌纤维变粗，从而更进一步地提高心脏工作效率，形成良性循环。因此，长期参加体育锻炼的人们，其动脉粥样硬化、高血压、冠心病等心血管系统疾病的发病率明显降低，发病年龄也比不运动或不经常运动者推迟 15 年。总之，运动对维持心血管系统的功能，防治心血管疾病有着重要的作用。

4. 体育锻炼有利于呼吸功能的改进

经常参加体育锻炼的人们，由于肺组织弹性增加，呼吸肌力量增大，肺活量往往比一般人增加 5%～25%。同时，呼吸肌强而有力地收缩，使呼吸加深，肺脏的工作效率提高，而呼吸效率越高，呼吸频率越慢，呼吸肌就越能够得到充分的休息，从而更进一步提高工作效率，形成一个良性循环。

5. 体育锻炼有利于消化功能的增强

运动能够增加体内营养物质的消耗，还可以提高机体代谢率，从而促进食欲。这是因为经常而适当的运动可以增强神经—体液调节系统和血液循环系统的功能。深而慢的呼吸又造成腹肌大幅度升降和腹肌的配合活动，对胃、肠、肝、脾产生良好的按摩作用。

这两种因素同时影响着消化系统，改善了消化道的血液循环，使胃、肠蠕动加快，消化酶分泌增加、活性明显提高，吸收功能也相应加强。所以，经常参加体育锻炼可以促进消化系统功能的增强，使食物的消化、营养物质的吸收更加充分和顺利，从而为健康长寿提供良好的物质保障。

6. 体育锻炼有利于神经系统功能的提高

运动对神经系统的良好影响主要在于它是一种积极的休息，这对人们来讲尤其重要。当人经过较长时间的脑力劳动，感到疲劳时，参加短时间体育运动可以转移大脑皮层的兴奋中心，使原来高度兴奋的神经细胞得到良好的休息，同时又补充了氧气和营养物质，而脑组织所需氧气和营养物质的供给又完全依赖于血液循环、呼吸和消化系统。体育锻炼在很大程度上改善了这些系统的功能，提高了它们的工作效率，从而促进了脑血液循环，改善了脑组织的氧气和营养物质供应，使脑组织的工作效率有了显著提高。

总之，生命需要运动，运动又是生命的存在形式。人们如果想要推迟机体生理老化，最好的办法就是进行体育锻炼。

（二）体育锻炼对心理健康的影响

1. 体育锻炼可以改善情绪状态

有调查表明，人在运动时大脑会产生一种物质——内啡肽。内啡肽会使人产生欣快感，可以降低抑郁、焦虑、困惑以及其他消极情绪的程度。体育锻炼使人们能够分散自己对忧虑和挫折的注意力，在单调重复性的技术动作中通过思考等思维活动，可以促进思维反省和脑力恢复，这种注意力的有效集中或转移可以达到调节情绪的目的。经常参加体育锻炼可以使机体产生极强的舒适感。学生可以在各种运动项目中感受运动的力量感、韵律感，从而陶冶情操、开阔心胸，激发生活的自信心和进取心，形成豁达、乐观、开朗的良好心境。

2. 体育锻炼是当今快速生活节奏的心理调节器

体育锻炼是人们调整、适应新的生活节奏的重要辅助手段。因为坚持体育锻炼可使人体格强健、精力充沛，所以，体育锻炼对于改善人的身体表象和增强自尊意识至关重要。有研究表明，肌肉力量与自尊、情绪稳定性、外向性格和自信心程度呈正相关，并且加强力量训练会使个体的自我认同感显著增强。

3. 体育锻炼可以提高智力水平

正常的智力水平是人们从事各种活动时最基本的心理条件。人要有正常的智力就必须有健康的神经系统和身体。认知行为假说指出：体育锻炼可以诱发积极的思维和情感。经常进行体育锻炼可以促进机体的新陈代谢，提高注意、记忆、反应、思维和想象等能力，使记忆力增强，思维更加敏捷灵活；还可以使人情绪稳定、性格开朗、疲劳感下降等，这些非智力成分对人的智力功能具有促进作用。

4. 体育锻炼可以拓宽和提升人们的心理空间

体育锻炼可以培养人们正常的心理空间感，而拥有正常的心理空间感的人会更富有个性和创造精神。当一个人离开单调的学习、工作、生活环境来到足球场的时候，他的心理会得到充分的舒展，他的视觉、听觉乃至整个身心会跟着一个小小的足球在绿茵场上奔跑；当他爬进气球的吊篮，或佩戴滑翔机的羽翼升腾的时候，他的视野变得开阔，各种想象油然而生，创新意识勃然萌发。

5. 体育锻炼可以消除疲劳，预防和治疗心理疾病

疲劳是一种综合性症状，与人的生理和心理因素有关。当一个人情绪消极，或面对的任务超出个人能力时，生理上和心理上都会很快地产生疲劳感，繁重的工作及生活压力容易造成人们身心疲劳和神经衰弱，保持良好的情绪状态和参加中等强度的体育锻炼则可以使他们的身心得到放松。体育锻炼被公认为是一种心理治疗方法。美国的一项调查显示，在1750名心理医生中，80%的人认为体育锻炼是治疗抑郁症的有效手段之一，60%的人认为应将体育锻炼作为一种治疗方法来消除焦虑症。

6. 体育锻炼可以培养坚强的意志品质

意志品质指一个人的果断性、坚韧性、自制力以及勇敢顽强和主动独立等精神。意志品质既是在克服困难的过程中表现出来的，又是在克服困难的过程中培养起来的。在体育锻炼中锻炼者要不断克服客观困难（如天气条件的变化、动作的难度或意外的障碍等）和主观困难（如胆怯和畏惧心理、疲劳和运动损伤等）。锻炼者越能努力克服主、客观方面的困难，也就越能培养良好的意志品质。而且，从锻炼中培养起来的坚强意志品质能够迁移到日常的学习、生活和工作中去。

（三）体育锻炼对社会健康的影响

1. 体育锻炼可以丰富生活空间

随着城市生活压力的增大，人们纷纷离开城市迁徙到乡村去，他们放弃城市生活是为了得到更好的生活条件，有更好的娱乐休闲场所，重温那久违的与大自然的对话和交流，人们拒绝在自己的土地上像人质一样地生活。走到户外去参加体育锻炼便是一种很好的方式，人们可以选择最适合自己的一个项目，只要能运动起来。可以想象，当你坐在有辐射的电脑前工作8小时后，当你被居所或工作场所的高楼大厦遮蔽而不见天日时，你会迫切地需要走出城市，到大自然中呼吸新鲜空气。

2. 体育锻炼可以实现和平相处的愿望

最早的体育活动是随物质与生存条件改变而逐渐开展起来的，就社会属性而言，它又是在语言、意识、情感、理性等各种文化行为产生之后人们享受精神文化生活的必然产物。现代社会由高科技开创的文明与繁荣为人类享受生活奠定了丰富的物质基础。但近十几年间，在经历经济高速发展之后，为了进一步提高人们的生活质量，世界各国都大力提倡用健康、和谐与极富人文精神的观念从事体育锻炼，把"人人享有体育与健康"作为新生活方式的奋斗目标。实践证明，正是强调了体育与文化的结合，人们才得以通过体育锻炼，寻求友谊、合作、公平与和谐，从身体与健康观念相融合的生活方式中体会心态平衡与乐观欢愉的人生价值，并由此为营造和谐与稳定的社会环境发挥作用。

3. 体育锻炼有助于建立和谐的人际关系

在现实生活中，人们需要通过各种交往方式相互表达情感和传递信息。根据人们参加体育锻炼活动的动态性、追求目标的共同性以及表现方式的群聚性等特点，体育在把握影响人际关系的因素，以及促成良好人际关系的形成等方面都具有十分重要的意义和作用。

实践证明，体育锻炼的最佳方式是置个体于社会群体之中。这种由共同运动欲望和共同目标追求维系的交往方式，既有利于身体运动的非语言接触和语言激励间的互动，也完全符合现代交往的基本要求，从而成为改善人群相互关系的纽带。

4. 体育锻炼可以提高寻求社会支持的能力

在社会中，任何人都会遇到困难，是否具有为解决困难而寻求社会支持的能力同样是社会适应性强弱的表现。体育锻炼是一种个体行为，如果我们要想使它达到规范化要求，在寻求社会支持的努力中除了需要加强与同伴之间的合作外，还必须提高主动获取体育与健康知识的意识，以及自我评价体育锻炼效果的能力。

这种社会求助能力一旦在体育锻炼中得到提高，还可以通过迁移作用间接影响人们的其他日常生活与工作。任何个体如不能打破自我封闭的生存、生活与教育环境，设法提高寻求社会支持的能力，就无法改变孤立无援的处境，难以使个体从汲取的社会知识与经验中获得解决问题与适应社会的能力。相反，如果重视在体育锻炼中主动获取知识方面的价值取向，就可以设法在指导自我体育锻炼的行为中更广泛地了解社会传媒为之提供的信息资源，学会制订和改进体育锻炼计划等。总之，当个体获得了这种求助社会支持的能力之后就可以突破传统体育模式的限制，很自然地把传媒体育知识与体育健身、娱乐结合起来，不仅可以加强体育锻炼的社会适应性，而且还会加速个体的社会化进程。

5. 体育锻炼有利于陶冶良好的道德情操

21 世纪，人类已进入精神发展的新纪元，为了适应更富人文精神的科学时代对人格教育的要求，尽管以强身健体为目标，我们仍必须重视体育锻炼在陶冶道德情操方面所起的重要作用，按现代生活所追求的"走向繁荣和文化"的总目标使之直接为完善"人的发展"服务。为此，体育锻炼不仅要重视获取知识与促进健康的实效，而且还应关注人的个性发展与健康人格培养等非智力因素，并按照陶冶道德情操的要求让参与者体验集体活动与个人活动的区别，强调合作精神、友谊关爱、尊重同伴以及表现意志等方面的价值，这样才能更有效地协调、促进健康与品德修养之间的关系，使体育锻炼既影响人的生长和发育，又影响人的个性发展、行为规范和道德修养。

我们生活在一个纷繁复杂的社会里，这种纷杂不仅是因为人们常有拥挤的感觉，而且因为社会同时也在以许多方式接受着众多的刺激，进行着复杂的运作与调控。当今社会给"更高、更快、更强"的奥林匹克格言以恰如其分的诠释。

时至信息时代的今日，人们更迫切地意识到"健康第一"的重要性，更孜孜以求与大自然亲密融合的户外体育。极限运动倡导"人与自然融合，人对自身挑战"，涉及从高山到海洋，从封闭场地到莽莽绿原的多维空间，使人们义无反顾地追求自然中的体育。人们通过体育，通过大自然追求生命的质量和生活的意义，以及珍爱生命、珍爱身体、珍爱大自然的健康文明的生活方式。

二、体育锻炼的基本原则

体育锻炼原则是体育锻炼客观规律的反映，也是参与者安排锻炼计划、选择锻炼内容、运用锻炼方法必须遵循的基本准则。以下六项原则，是人们在体育锻炼实践中总结出来的经验，为锻炼者达到理想效果提供科学指导。

（一）自觉积极性原则

自觉积极性原则指体育锻炼者有明确的健身目标，充分认识体育锻炼的价值，自觉积极地从事体育锻炼活动。体育锻炼是人的一个自我锻炼、自我完善，并需要克服自身的惰性，战胜各种困难的过程。同时，还要有一定的作息制度作保证，把体育锻炼当作生活中不可缺少的一部分，才能奏效。要提高体育锻炼的自觉积极性，须注意以下几点。

第一，明确"生命在于运动"的科学道理，树立正确的锻炼目标，把体育锻炼当作是日常学习和生活的自觉需要，激发锻炼的主动性，从而调动锻炼的积极性。

第二，培养兴趣，兴趣是人们认识事物和从事活动的倾向。当一个人对一项体育活动产生兴趣时，就会对这项体育活动表现出极大的主动性和自觉性，做到身心融为一体。

（二）讲求实效原则

讲求实效原则是指选择锻炼内容、方法和安排运动负荷时，应根据个人的性别、年龄、职业、健康状况，对锻炼的爱好、要求和原有的基础，以及生活条件等实际情况来确定，使体育锻炼更具有针对性，按科学方法进行锻炼，以取得最佳的锻炼效果。在体育锻炼中讲求实效，要注意以下几点。

第一，根据个人实际情况，制订一套适用可行的锻炼计划或运动方案，严格执行，并注意阶段性地调整。

第二，选择锻炼内容时，要注意它的锻炼价值，不要追求动作的形式，也不要在力所不及的情况下去从事高难度技术动作的训练，而要选择简便易行、锻炼价值大、效果好的方式，作为身体锻炼的主要内容。

第三，安排运动负荷时，以锻炼者能承受和克服的难度为准，即以一般自我感觉舒适且不影响正常学习、工作和生活为准。

（三）安全性原则

从事任何形式的体育锻炼都要注意安全，如果体育锻炼安排得不合理，违背科学规律，就可能出现伤害事故。为了保证体育锻炼的安全，锻炼者应做到以下几点。

第一，体育锻炼前做好充分的准备活动，各器官、系统的机能进入活跃状态后，再进行较剧烈的运动。

第二，体育锻炼要全身心投入，在体育锻炼过程中不要开玩笑，这对于青少年尤为重要。有时稍不注意，就可能出现运动损伤。

第三，进行跑步、健美操等体育锻炼时，最好不要在沥青马路和水泥地面上，以防出现各种劳损症状。

第四，对于有心血管疾病等慢性疾病的老年人来说，在体育锻炼时应注意控制运动量，因为老年人在进行体育活动时，有时虽然自我感觉较好，但身体并不一定能承受较大的运动量，如果盲目增加运动量或运动强度，就很容易出现意外事故。

（四）循序渐进原则

渐进性原则是指体育锻炼的要求、内容、方法等都要根据每个人的实际情况，由易到繁，运动负荷由小到大，逐步提高。科学研究表明，人体各器官的机能，不是一下子可以提高的，而是需要一个逐步发展、逐步提高的过程，即锻炼是一个缓慢的由量变到质变的逐渐积累的复杂过程。如果违反循序渐进的原则，急于求成，不但不能有效地增强体质，而且还会损害健康。所以进行身体锻炼应有目的、有计划、有步骤地实施，在安排运动负荷时应注意由小到大逐步提高，其原则是提高—适应—再提高—再适应。贯彻循序渐进的原则，要注意以下几点。

第一，体育锻炼忌急于求成，必须根据锻炼者自身的实际情况确定运动负荷的大小，做到量力而行，尤其要注意锻炼后疲劳感不能太强。

第二，运动负荷应由小到大，逐步提高。开始从事体育锻炼或中断体育锻炼后恢复锻炼时，强度宜小，时间宜短，频率适宜。

第三，注意提高人体已经适应的运动负荷，使体能保持不断增强的趋势。一般应在逐步提高"量"的基础上，再逐渐增大运动强度，使自己适应并感到可以胜任的愉快，然后做相应地调整。随时加强自我监督，密切注意身体机能的不良反应。

第四，锻炼开始时，重视准备活动，锻炼结束后，做好放松整理活动。

第五，缺乏一定体育锻炼基础的人，或中断体育锻炼过久的人，不宜参加紧张激烈的比赛活动。

（五）持之以恒原则

经常性原则是指应坚持长期地、不间断地、持之以恒地进行体育锻炼。众所周知，生命在于运动，运动贵有恒。人的体质只有在经常的体育锻炼中方能得到增强。根据"用进废退"的法则，如果长期停止锻炼，各器官系统的机能就会慢慢减退，体质就会逐渐下降。因此，参加体育锻炼必须持之以恒，不能三天打鱼，两天晒网。要想做到体育锻炼持之以恒，须注意以下几点。

第一，根据个人能力所及，确立一个能够实现的体育锻炼目标，制订一个切实可行的锻炼计划。

第二，强化锻炼意识，把体育锻炼列为日常生活内容，定期保证有一定的体育锻炼时间，逐步养成习惯，使体育锻炼成为生活的重要组成部分。要注意，经常参加体育锻炼，并不是说必须每日锻炼，合理安排锻炼计划，一般每周锻炼 3～5 次，只要不长期地停止锻炼，就能保持锻炼效果。

第三，体育锻炼的效果并非一劳永逸，如果锻炼间隔时间过长，效果就会不明显。因此，要安排合理的锻炼间隔。

（六）全面性原则

全面性原则是指通过体育锻炼使身体形态和机能、身体素质和心理品质等都得到全面协调的发展，在体育锻炼时，要注意活动内容的多样性和身体机能的全面提高。

第一，身心的全面发展，要从适应环境、抵御疾病的能力，改善机体形态、提高机体功能，陶冶心情、丰富文化生活等方面着眼。

第二，体育锻炼的内容和方法要尽可能考虑身体的全面发展，一般以一些功效大、自己兴趣较浓的运动项目为主，以其他项目为辅进行全面锻炼。

第三，注意全身的活动，不要限于局部。

第四，在全面锻炼的基础上，有目的、有意识地加强专业实用性的体育锻炼。

第四节　大学生体质健康标准

大学生体质健康测试工作至今已有十多年的历程，项目几经变化，标准也在不断变化。目前，大学生测试内容包括身高、体重、肺活量、50米跑、立定跳远、仰卧起坐（女）引体向上（男）、800米跑（女）、1000米跑（男）、坐位体前屈。测试内容主要涉及身体形态、心肺功能、身体素质，这些内容体现了现代社会对健康的具体要求，从而满足了社会发展对体质健康评价的要求。

《国家学生体质健康标准》（2014年修订）的学年总分由标准分与附加分构成，满分为120分。标准分由各单项指标得分与权重乘积组成，满分为100分。根据学生学年总分评定等级，59.9分及以下为不及格。每个学生每学年评定一次，记入《国家学生体质健康标准》（以下简称《标准》）登记卡。学生毕业时的成绩和等级，按毕业当年学年总分的50%与其他学年总分平均数的50%之和进行评定。各学校每学年开展覆盖本校各年级学生的《标准》测试工作，《标准》测试数据经当地教育行政部门按要求审核后，通过"中国学生体质健康网"上传至"国家学生体质健康标准数据管理系统"。

各高校为贯彻《中共中央、国务院关于深化教育改革全面推进素质教育的决定》精神，鼓励学生积极参加体育锻炼，使大学生养成经常锻炼身体的习惯，提高学生的体质健康水平。同时，有关部门也通过大学生体质健康测试的数据分析，从中找出影响各高校的大学生体质健康的主要因素，并结合各高校实际情况提出相应的建议，为高校教育教学与体育工作的开展提供可参考的测试数据。测试的标准详见教育部《大学生体质健康标准》。

本章思考题

1. 你心中认为的健康是怎样的？

2. 如何预防亚健康？

3. 作为当代大学生你认为怎样做才能拥有"健康"？

4. 如何提高体育锻炼的自觉性、积极性？

5. 大学生体测的主要内容有哪些？

6. 参加大学生体质健康标准测试你将会做哪些准备？

7. 谈谈你对大学生体质健康标准的认识。

本章参考文献

[1] 杨忠伟 . 体育运动与健康促进 [M]. 北京：高等教育出版社，2004.

[2] 游春栋，李明，陶弥锋 . 体育与健康 [M]. 北京：清华大学出版社，2006.

[3] 刘青 . 大学体育与健康教程 [M]. 长沙：国防科技大学出版社，2010.

[4] 张国庆，刘景华 . 新编大学体育与健康 [M]. 沈阳：东北大学出版社，2006.

[5] 王伦国，王忠勇 . 现代大学体育与健康教程 [M]. 青岛：中国海洋大学出版社，2009.

[6] 庞元宁 . 大学体育与健康 上 基础篇 [M]. 北京：高等教育出版社，2009.

[7] 梁平，王林 . 大学体育与健康教程 [M]. 北京：中国电力出版社，2009.

第二章

体育卫生与保健知识

体育卫生与保健知识研究体育运动过程中人与卫生、健康、疾病损伤的关系，是卫生与保健系统知识的一个分支，重点探讨体育运动过程中所涉及的相关卫生保健的理论知识。本章通过介绍体育锻炼的卫生知识、体育保健按摩以及常见运动损伤的预防与治疗知识，运用卫生和医学知识与技能，指导大学生进行科学有序的健身活动，避免或控制在运动过程中出现的运动损伤，确保体育运动达到增强体质、促进健康的良好效果，为安全体育、健康体育提供理论指导和科学依据。

第一节　体育锻炼的卫生知识

在体育锻炼过程中，我们只有遵循人体生理变化的规律，顺应体育锻炼的卫生要求，才能避免运动损伤和疾病的发生，起到有效锻炼身体、促进健康的作用，实现安全体育、健康体育的目标。

一、个人卫生

人体的健康是指人的各个器官和系统发育良好、功能正常，体质健壮，精力充沛，有良好的劳动能力，有健全的生理、心理状态和对社会环境与自然环境良好的适应能力。研究个人卫生的目的在于预防疾病的发生、促进健康、提高个人的适应能力。个人卫生分为生理卫生和心理卫生。

（一）生理卫生

1. 生活卫生

生活制度是指人在一天当中学习、工作、娱乐、休息以及体育锻炼等各项活动的时间安排。保持有节律、科学的生活制度，有利于提高机体的效能。养成良好的生活制度必须做到以下几点：在规定的时间内进行各种活动，有规律地协调好工作与休息的关系，定时进餐，保证睡眠充足。在大学生活中，有规律的生活制度不仅有助于促进身体健康，而且还能使学生的学习和体育锻炼有机地结合，从而达到德智体美劳全面发展。

2.营养卫生

合理膳食对人体健康极其重要，它是指人体在摄入食物时必须保证食物中含有机体所需要的一切营养成分和足够的能量，各种营养元素搭配合理。饮食包括七大类食物，即谷类、食用脂肪类、肉类、根茎类、奶制品类、水果和蔬菜。在烹饪的过程中尽可能保留食物的营养成分，能全面满足机体需求，维持机体正常的生理代谢和生长发育。营养膳食还能提高运动能力，根据运动员在训练和比赛中的不同新陈代谢水平来合理搭配营养，有助于提高运动能力，消除运动疲劳。营养摄入过少或过多都对运动员的身体有害。例如，运动员的蛋白质摄入不足，不但会影响运动训练的效果，而且还有可能导致运动性贫血；而当蛋白质摄入过多时，氧化时耗能则较多，对肌肉的工作不利，还有可能影响正常的生理代谢。

人体所需的主要营养素包括糖、脂肪、蛋白质、水、维生素、矿物质，等等。不同的营养素在体育锻炼中发挥着不同的功能，维持营养素在人体中的平衡是人体运动能力储备和释放的保证。

（1）糖

a.糖的分类及来源

糖由碳、氢、氧三种元素组成，根据糖的水解能力不同，可分为单糖、双糖、多糖（表2-1）。

表2-1　糖的分类及来源

糖的分类	糖的种类	食物来源
单糖	果糖	水果、蜂蜜
	半乳糖	乳糖水解
	葡萄糖	多糖或双糖水解
双糖	乳糖	奶糖、乳制品
	麦芽糖	谷物、饴糖
	蔗糖	甘蔗、甜菜、食糖
多糖	淀粉	马铃薯、米饭、面包
	纤维素	水果、谷物、蔬菜

葡萄糖是很重要的一种单糖，它是唯一能够被机体以自身形式直接利用的糖分子。作为能源，所有其他的糖都必须转变为葡萄糖才能被机体利用。饭后，葡萄糖以糖原（葡萄糖分子链）的形式贮存在骨骼肌和肝脏中。此外，血糖（血液中的葡萄糖）常转变为脂肪，贮存在脂肪细胞中以备机体利用。

身体需要葡萄糖维持正常生理功能，在中枢神经系统中葡萄糖是能量的主要来源。

若机体摄糖不足，将导致蛋白质转变为葡萄糖，从而使机体蛋白质分解。所以，膳食中的糖不仅是机体的直接能源，而且对保护和节省蛋白质有重要影响。

其他类型的单糖包括果糖和半乳糖等。果糖存在于水果和蜂蜜中，半乳糖以乳糖形式存在于人和其他哺乳类动物的乳汁中。双糖包括乳糖、麦芽糖和蔗糖。乳糖和麦芽糖分别存在于奶和麦芽中，蔗糖由葡萄糖和果糖组成。这些单、双糖都必须转变为葡萄糖才能被机体利用。

多糖既含有微量营养素，又可以产生能量所需的葡萄糖，大量存在于淀粉和植物纤维中。在体育活动中，当人体需要能量时，淀粉可快速水解为机体提供能量。近年来的研究表明，植物纤维能增大肠道的体积，而肠道体积的增大有助于体内废物的形成和排除，因此减少了废物通过消化道的时间，降低了直肠癌发生的概率。植物纤维也被认为是降低冠心病和乳腺癌发生概率的因素之一，并可控制糖尿病患者的血糖浓度。某些植物纤维可使消化道中的胆固醇凝固，阻止其在血液中的吸收，从而降低血液胆固醇浓度。专家推荐每天膳食中的植物纤维应不少于 25 克，但膳食中植物纤维过多也会造成肠道不适，从而减少钙和铁的吸收量。下面推荐几种在膳食中增加纤维素的方法：第一，吃多种食物。第二，每天多吃水果、蔬菜、面包和豆类。第三，少吃过分加工过的食品。第四，要吃果皮和蔬菜中的粗纤维。第五，从食物中而不是从药品中得到纤维素。第六，多喝汤水。

b.糖的营养功能

第一，提供热量。相对于脂肪、蛋白质而言，糖更容易被消化利用，产热快、耗氧少。

第二，维持中枢神经系统的功能。脑组织中的能量全靠血糖供给，糖是大脑的主要能源，当血糖浓度降低到一定数值时，机体易出现昏厥等低血糖症状。

第三，构成机体组织。糖是构成机体的重要物质之一，如脱氧核糖是核酸的重要成分，糖蛋白是细胞膜的组成成分。

第四，保护肝脏并解毒。当人体摄入足够的糖时，机体会将糖转化为肝糖原贮存在肝脏中，以增强肝脏功能。在肝脏的解毒功能中，葡萄糖醛酸发挥了重要作用。

第五，帮助人体对蛋白质的吸收和利用。人摄入体内的蛋白质若需合成或进一步代谢都需要能量，而糖能转化为三磷酸腺苷（ATP），有利于氨基酸活化及蛋白质合成。

第六，机体内充足的糖还能维持心肌和骨骼肌的正常功能。

（2）脂肪

人在每日膳食中需摄入 50 克脂肪才能基本满足代谢需求。脂肪摄入的来源分为动物性脂肪，如猪油、牛油、奶油等；以及植物性脂肪，如芝麻、花生、菜籽中的脂肪等。

脂肪的营养功能主要有：

第一，提供热能。脂肪是高热能物质，人体摄入的多余的热量都是以脂肪的形式贮存起来的。

第二，机体组织的构成成分。脑髓和神经组织中有磷脂和糖脂，细胞膜上有胆固醇、磷脂等。

第三，促进脂溶性维生素的吸收。维生素 A、D、E、K 多含在脂肪中，不溶于水，需借助脂肪的溶解才能被机体吸收利用。

第四，保护内脏、维持体温。人体皮下脂肪能起到保温作用，与此同时，皮下脂肪还能保护和固定内脏器官，避免机械震动和外界的撞击伤害到内脏。

第五，提升味觉享受及饱腹感。脂肪的口感好，摄入时会增加味觉享受，并且脂肪在胃中的排空时间较长，从而能延长饥饿产生的时间，增加饱腹感。

（3）蛋白质

蛋白质是体内氮元素唯一的来源，也是生命最重要的物质基础。氨基酸是蛋白质的基本组成单位。人体内不能合成的，每天必须在膳食中摄取以维持氮平衡的氨基酸称为必需氨基酸，主要包括异亮氨酸、亮氨酸、赖氨酸、苏氨酸、色氨酸、苯丙氨酸、甲硫氨酸和缬氨酸。

蛋白质的主要功能有：

第一，高蛋白质饮食可有效增加肌肉组织的重量，修复由运动所造成的肌肉组织损伤。第二，通常情况下，运动中蛋白质发挥功能的比例较小，但在饥饿或者较大强度或长时间运动时，蛋白质发挥功能比例增加。第三，参与机体内各项生命活动，如体液调节、新陈代谢、酸碱平衡调节。第四，支持骨骼肌的收缩，运输维生素和矿物质。

（4）水

水是机体赖以维持最基本生命活动的一种重要营养素。人体内水的质量占体重的60% 以上，水有利于物质消化吸收、运输和废物代谢；人以排汗的方式来调节体温；水还能起到润滑肌肉、关节、脏器的作用。正常人每天需要摄入的水量为 2000～2500 毫升。

（5）维生素

维生素主要调节物质代谢，在体内不能合成，供给不足时必须由食物补充。维生素分为脂溶性和水溶性，人在缺乏维生素时可表现出无力、易疲劳、食欲下降等症状。例如，维生素 A 主要存在于动物肝脏、肾脏以及蛋黄、牛奶中，缺乏维生素 A 时容易出现夜盲症；维生素 C 广泛存在于蔬菜和水果中，具有增强人体抵抗力、解毒、促进造血、抗癌、防动脉硬化等作用，缺乏会导致败血症；维生素 D 存在于鱼肝油、奶类等中，人体经日光照射可促进维生素 D 的吸收，缺乏时易得佝偻病；维生素 E 主要存在于玉米油、麦胚油中，有抗氧化、预防肌无力、防止动脉硬化等作用，补充维生素 E 能增加氧的利用率，提高运动能力。

（6）矿物质

无机盐总量约占体重的 5%。我国居民膳食中易缺乏的无机盐有钙盐、铁盐、碘盐。钙是构成骨骼、牙齿的主要成分，钙能控制炎症、水肿，参与凝血，促进肌肉收缩，缺乏时易患佝偻病、肌肉痉挛、出血不止。食物中钙主要存在于奶类制品、海产品、坚果类、谷类等中。磷是构成骨骼和牙齿的成分，食物中的磷主要存在乳类、蛋、核桃等中。铁是血红蛋白和酶的组成成分，参与氧和二氧化碳运输，缺乏时引起缺铁性贫血，动物肝脏、蛋黄、瘦肉、蔬菜中含有丰富的铁。

3. 睡眠

睡眠是消除机体各器官疲劳最有效的方法。睡眠时心脏活动变弱、血压下降、呼吸减慢、尿量减少、代谢率偏低，机体处于调整和恢复状态中，所以有专家称睡眠是调节身体机能的缓冲剂。睡眠质量，即睡眠的深度，是消除疲劳、调节睡眠时间的关键。提高睡眠质量，首先要创造良好的睡眠环境，如安静的卧室、良好的空气流通性等。其次睡前不宜剧烈运动，避免喝浓茶、咖啡等，以防止精神处于兴奋状态，不利于睡眠。

（二）心理卫生

心理卫生是人依据自身的心理活动规律，有意识地采取各种措施，保护和促进心理健康，提高对社会的适应能力，以预防心理疾病的发生的行为。

心理健康的标志主要有以下几个方面：第一，情绪稳定，从容乐观，无紧张感和不安全感；第二，能应对突发事件，有创造性地处理问题，有较强的社会适应能力；第三，能克制个人需要和受客观环境限制的欲望；第四，热爱生活、积极向上，有自信心、同情心、责任心和良好的人际关系，等等。

现代大学生常面对学业考试、社会竞争和就业环境等压力，加之自我的心理调适能力较弱，很容易出现情绪变化无常，多疑、骄傲或自卑、嫉妒、忧郁等一系列心理不健康的表征，对大学生的身心成长有一定的影响。大学生注重心理卫生，纠正不良的心理现象，应从树立崇高理想，培养良好的生活方式和运动习惯，协调人际关系等几方面入手。

其中，体育锻炼对调节不良的心理现象有着非常积极的作用。在体育锻炼过程中，大脑处于较强的活动状态，脑内分泌啡肽类物质，能转移不愉快的心情、摆脱痛苦、振作精神；体育锻炼能促进大脑发育、改善神经系统的工作能力，长期参加体育锻炼能使人的注意力、反应力、记忆力和想象力得到提高；体育锻炼还有助于完善个人的人格，克服惰性及提升应对困难的能力；体育锻炼还能培养个人的团队精神，提高个人的社会交往能力。

二、运动环境卫生

（一）空气

空气对人体健康有重要的意义，当空气中含氧量在 8%～10% 时，人体会出现恶心呕吐、中枢神经活动降低的症状；当含氧量低于 8% 时，人可能出现窒息、循环障碍甚至死亡的现象。为保证大脑、呼吸系统、循环系统等正常工作，应保证在空气清新的环境内进行体育锻炼。

（二）气温

气温的高低对人体体温的调节和新陈代谢有重要影响。外界气温在 21 摄氏度时是人体感觉最适宜的温度，最有利于锻炼和工作。当气温超过 35 摄氏度时，人体会大量出汗，此时的运动能力降低，还可能出现中暑、脱水等状况。气温过低时进行运动锻炼，运动能力也有所下降，可能会造成局部冻伤等情况。

（三）服装

参加体育锻炼时，合适的服装有利于运动能力的更好发挥。运动时应选取轻薄、透气性好、舒适的衣服，以有助于运动中汗液的蒸发和动作自如，避免妨碍呼吸、循环系统的工作。

（四）场地

运动场地应建在阳光充足、空气新鲜、采光与照明较好、通风性好的地方。田径场的整体布局要合理，保证各个项目有足够的场地，跑道平坦结实，软硬适度而有弹性。跑道两侧应做好排水工程，避免雨天积水。室外球类场地应保证地面平坦结实，无碎石和扬尘；室内球馆应保证光线明亮、无阴影，经常通风换气以保持馆内空气新鲜。

三、疲劳及消除方法

（一）疲劳的表现

人体活动时工作能力和身体机能降低的现象称为疲劳。疲劳可大体分为肌肉疲劳、神经疲劳和内脏疲劳三类。当肌肉出现疲劳时，会伴有肌力下降，肌肉僵硬、疼痛或肿胀等现象；神经疲劳时，表现为反应迟钝、注意力不集中等；而内脏疲劳时，常出现呼吸节律紊乱、心悸、胸闷、恶心等状况。在高校体育教学和训练中，可采用比较简单易行的方法来判断疲劳程度（表2-2）。

表2-2 疲劳程度标志

内容	轻度疲劳	中度疲劳	重度疲劳
自我感觉	无任何不适感	疲乏、心悸、腿软	除出现中度疲劳症状外，还可能有头痛、胸痛、恶心、呕吐等症状
脸色	稍红	很红	特别红或苍白或紫色
出汗量	不多	较多	非常多，出现白色盐迹
呼吸频率	中度程度加快	显著加快	呼吸变浅，节奏紊乱
动作	步态稳定	步态不稳，摇摆不定	摇摆现象明显，产生不协调动作
注意力	较集中，能正确执行口令	不太集中，不能准确执行口令，易出现方位错误	无法集中，几乎无法执行口令

（二）消除疲劳的方法

1. 保持健康、合理的生活习惯

健康、合理的生活习惯包括制定有规律的作息时间；注重饮食卫生，避免抽烟和酗酒；保证睡眠时间和质量，成年人通常要保证每天8小时的睡眠。

2. 注重膳食营养

当运动或长时间工作后急性疲劳时，应及时补充能量，如糖类、维生素C或维生素B；

当出汗较多时，应及时补充水和盐分，如运动型饮料和淡盐水等。

3.介入疗法

运动后进行温水浴或局部热敷等都能促进血液循环，加强新陈代谢，有效消除疲劳；积极性休息，如音乐欣赏等，以及药物介入都能为消除疲劳提供帮助。

4.按摩

按摩是消除运动性疲劳的重要手段之一。通常采用手法按摩或穴位按摩，进行全身或局部的按摩，有损伤的部位还可以兼作治疗，均有良好效果。有条件的还可以采用机械按摩。目前国内外使用的还有气压按摩、振动按摩和水力按摩，对放松肌肉、消除肌肉酸痛以及恢复体力的效果极佳。

四、体育锻炼中的自我监控

（一）自我监控的意义

体育锻炼者在体育运动过程中，对自己的健康状态和生理功能变化连续观察并定期做记录的过程叫作自我监控。体育锻炼者通过自我监控可以指导体育锻炼，合理地安排，防止过度疲劳和运动性损伤，提高健康水平。经常性地进行自我监控对于增强自信心、树立科学锻炼的意识、防止运动过量或不足、提升锻炼效果和养成良好运动卫生习惯等都有重要意义。

（二）自我监控的方法

1.主观感觉方面

（1）精神状态

精神状态反映了机体的功能状态尤其是中枢神经系统的状态。正常情况下，运动后机能恢复快，精神饱满，体力充沛，积极性高。患病或者过度锻炼时，常表现为精神萎靡不振、头晕、乏力等。

（2）锻炼情绪

锻炼的情绪是指对体育运动的兴趣程度，与精神状态密切相关。人在正常时，表现为心情愉快，渴望训练，运动过程中无不适感觉，如健康状况不佳或过度训练，就会出现一些特殊的心情，如冷淡或厌倦。

（3）睡眠

睡眠状况是反映训练或比赛的强度、运动负荷以及赛前状态的一个重要指标。经常参加体育活动的人，睡眠状态应该较好，表现为入睡快，睡得深，不做梦，醒后精力充沛。相反，不经常运动的人则入睡慢，夜间多梦，易醒，失眠，醒后仍感到疲劳。

（4）食欲

参加体育运动时，能量消耗大，人在正常情况下运动后一般食欲良好，想进食，进食量大。如果运动后不想进食，进食量小，并在一定时期内不能恢复食欲，则表明胃肠消化和吸收功能下降，可能与运动负荷安排不合适，或运动员身体机能和健康状况不佳有关。但运动后马上进食或吃过多零食，也会影响食欲，这种情况应区别对待。

（5）排汗量

运动时排汗量的多少与运动负荷大小、训练程度、饮水量、气温、气候、衣着厚薄以及神经系统状况有密切关系。在外界条件相同的情况下，未经训练的人排汗量多，随着训练程度的增长，排汗量减少。如果在其他条件相同的情况下，排汗量比过去明显增多，特别在夜间睡眠中出现大量冷汗，表明身体极度疲劳，也可能是内脏器官患病的征兆，应特别注意。

（6）体征

锻炼时的外部体征一般可从以下三方面去观察：精神（锻炼者的精神、表情、言语、眼神和注意力等）、躯体（面色、呼吸、嘴唇和排汗等）、动作（动作质量、准确性和步态等）。运动量适宜时，锻炼者一般表现出精神良好、面色稍红、步态轻快等特点；运动量过大时，锻炼者一般表现出面色红、气喘、满脸流汗、精神差、眼神无光、反应迟钝、动作不稳等现象，此时必须要减少运动量。

2. 客观检查方面

（1）安静时脉搏

晨脉是早晨醒来后起床前测的每分钟脉搏数，代表安静时脉搏水平。晨脉反映了基础代谢下的脉搏水平，健康的人的脉搏基本是稳定的。晨脉会随身体机能的提高呈日渐放缓的趋势。如果晨脉较快，甚至每10秒超过12次，则表明机体功能状况不良，如睡眠不足、患病或过度疲劳尚未恢复。如果晨脉经常处在较快水平，则可能与过度训练有关。在测量脉搏时，如果发现节律不齐，则表明可能有心肌损害，应进一步做心电图、超声心动图检查。

（2）锻炼后即刻脉搏

应控制在锻炼法规定的脉搏数以内。若连续几天超过规定数，身体有不适感，说明运动量过大，应进行调整；若几天均未达到规定数，身体感觉良好，可适当增加运动量。

（3）体重

刚进行健身锻炼时，体重会逐渐减轻，尤其是身体肥胖者，这是由于机体的水分和脂肪减少的缘故，随后体重逐渐趋于稳定。若出现体重不断减轻，并有其他异常感觉，可能与过度训练或慢性消耗性疾病有关，应减小运动量并到医院检查。

第二节　体育保健按摩

按摩又称推拿，是以中医的脏腑、经络学说为理论基础，结合西医解剖和病理诊断，用手法作用于人体体表的特定部位以调节机体病理状况，达到理疗目的的一种物理治疗方法。保健按摩能起到调整运动员的生理功能、消除疲劳、防治运动损伤和提高运动能力等作用，学习和掌握保健按摩技术，对体育教学、训练都有很重要的实用意义。

一、按摩的生理作用

从中医传统的保健作用来看，按摩有以下几点功效：平衡阴阳，调理脏腑；疏通经络，调和气血；消除粘连，润滑关节；温经驱寒，祛风除湿；活血化瘀，消肿止痛。

从现代医学的角度来看，按摩有以下几点作用：使毛细血管扩张，促进血液循环，加速消除运动后产生的肌肉乳酸，提高肌肉的工作能力，降低运动损伤的发生概率；按摩是一种良性的刺激，能对神经系统起到兴奋、抑制双向作用；使皮肤的呼吸更为顺畅，有利于汗腺和皮脂腺的分泌，可提高皮肤温度，改善皮肤营养；能增强韧带的柔韧性和关节的活动度，提高机体的免疫能力；使人放松，缓解心理压力，运动前适当的按摩能提高肌肉的兴奋性，运动后的放松按摩能加速体力恢复，缩短肌肉运动能力的休整时间。

二、按摩的基本手法

按摩手法众多，各有特点。归纳起来主要有以下几种：推法、点按法、揉法、捏法、运拉法、抖动法、拍击法等。

（一）推法

动作较缓慢轻柔，用手掌或者虎口在按摩部位做单一方向的摩擦，多用于背部和四肢等肌肉平坦的位置（图2-1）。

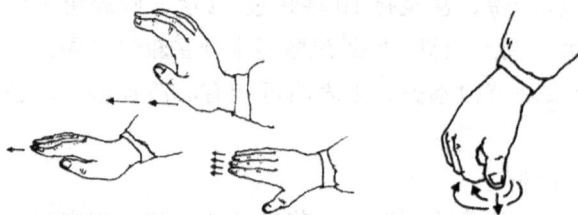

图2-1 直推法、旋推法

（二）点按法

用压力刺激按摩部位，使局部产生酸、麻、胀、痛等感觉，常用于穴位。点法主要运用手指做点压；而按法主要运用手掌根部或全手掌做垂直用力按压（图2-2）。

图2-2 点法、按法

（三）揉法

通过扭动、转动使肌肉等软组织深层得到按摩，轻重适度，刚柔并济，适用范围广泛。用手指、大小鱼际或全手掌按摩（图2-3）。

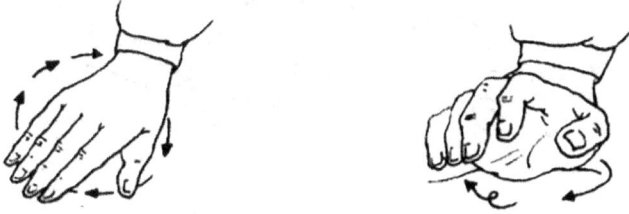

图2-3　揉法

（四）捏法

对皮肤或者肌肉进行上提或牵拉，刺激性较强。拇指、食指相对捏提身体某部位皮肤，反复进行，常用于脊柱表面皮肤的按摩（图2-4）。

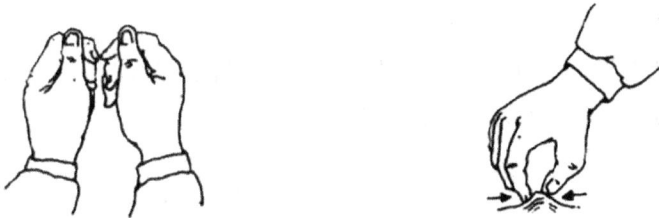

图2-4　捏法

（五）运拉法

根据不同关节的活动度，对关节做被动的屈伸、内外展、内外旋和环转运动，有助于松解关节粘连，润滑关节（图2-5）。

图2-5　运拉法

（六）抖动法

多用于肌肉丰厚的部位及四肢关节，使肌肉、关节得以放松。动作要连续，频率由慢而快，再由快到慢，幅度小，用力不要过大（图2-6）。

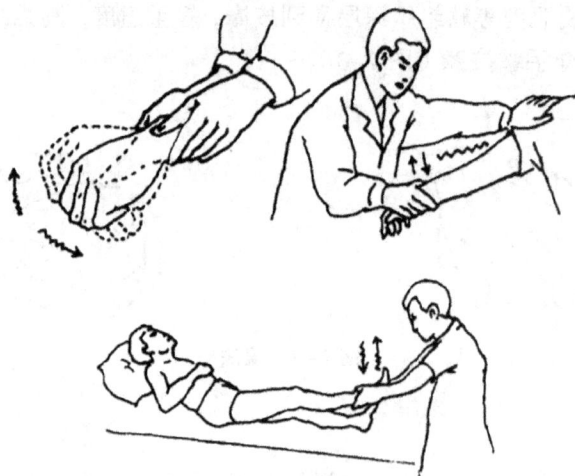

图2-6　抖动法

（七）拍击法

用手掌或空拳有节奏地拍击体表，分为拍法、叩法、捶法等。这几种手法的区别在于作用的深度不同、力度也有差异（图2-7）。

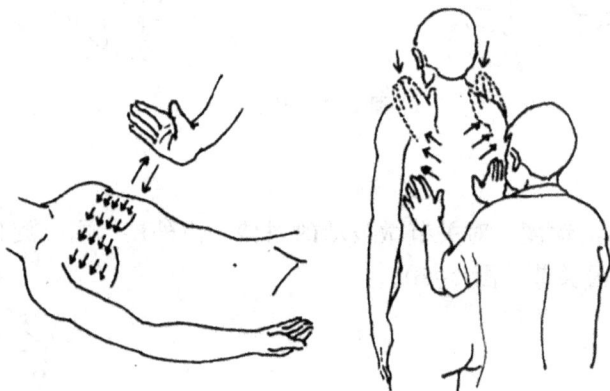

图2-7　拍击法

三、运动按摩

运动按摩，也叫体育保健按摩。用于体育活动过程的按摩，主要起到防治运动损伤、快速恢复体能、提高运动能力的作用。根据运动项目以及运动员的不同需求，按摩可实施于运动前、运动中和运动后。

（一）运动前按摩

在参加体育运动之前，按摩可用于代替训练或比赛前热身，防止运动损伤，使机体调整到良好的运动状态，提高运动能力和效果。根据参加的运动项目的不同以及运动员不同的心理特点，可将运动前按摩的作用分为以下几种。

放松性按摩。对于心理素质较差的运动员，为了缓解紧张或过度兴奋的情绪，可用一些轻度揉捏和轻叩等缓和、力度小、速度慢的手法来按摩。

兴奋性按摩。为了使运动员的身体和心理都能处在兴奋状态，除了加强准备活动之外，还应采取一些敲打、叩击等快速、力度较大、时间短的按摩手法来提升兴奋度。

升温性按摩。在气温较低时，应采用一些滚法、搓法等快速按摩手法来帮助肌肉、韧带、关节提升温度，以增强肌肉能力并预防运动损伤。

（二）运动中按摩

在球类比赛或者田径运动的间歇，适当的按摩可最大限度地消除运动后的疲劳，最快地恢复运动能力，促进运动肌群的血液循环。上肢的按摩用轻快柔和的手法揉捏，向心按摩，促进血液和淋巴液回流，防止和消除肌肉痉挛以及过度的肌紧张。下肢的按摩用轻揉的手法自足部向腹部按摩，以恢复下肢肌群的运动能力。

（三）运动后按摩

运动后的按摩主要是为了解除精神持续的紧张和运动疲劳，提高睡眠质量、增进食欲，更有效地恢复运动能力，加速使内环境达到新平衡。

1. 有针对性按摩

运动后的按摩要根据肌肉疲劳部位和运动项目特点而定。适当进行全身按摩，并有针对性地对疲劳部位重点按摩。

2. 特定手法按摩

按摩应遵循轻—重—轻的顺序，以推、敲、揉为主。如背部用指压法有助于脊柱和全身放松；四肢向心性的挤压手法有助于血液和淋巴液回流，使积压在四肢的代谢废物被更快地处理掉，减轻乳酸堆积；头面部轻揉手法有助于改善睡眠。与此同时，还可以采用适当的穴位进行按摩，如太阳穴、大椎穴、肩井穴、足三里穴等，疏通经络，平衡阴阳，使运动能力较快恢复。

3. 注重按摩顺序

应该先按摩大肌肉群，再按摩小肌肉群。按摩大肌肉群可以产生良性刺激，使肌肉放松、血管扩张、神经兴奋性降低，然后再按摩小肌肉群才会有更好的效果。

四、按摩的注意事项

（一）卫生与安全

按摩者应勤剪指甲，每次按摩前后都要洗手。按摩时精神要集中，手要温暖，并要摘掉手表，以免妨碍操作或伤到被按摩者的皮肤。运动按摩一般不使用药物，被按摩者出汗多时，可在皮肤上涂些滑石粉或痱子粉。被按摩者在饱腹状态或运动后即刻都不适宜接受按摩。按摩时，被按摩者应采取舒适体位，放松肌肉。

（二）全身各部位的按摩顺序

按摩时，应顺着淋巴液流动的方向进行，但遇到淋巴结的位置（如腋窝、肘窝、腹股沟等）应避免按摩。上肢按摩时应从手指往腋窝方向按摩，下肢按摩时应从脚趾往腹股沟方向按摩，躯干部按摩时应自下而上推向腋窝（图2-8、图2-9）。

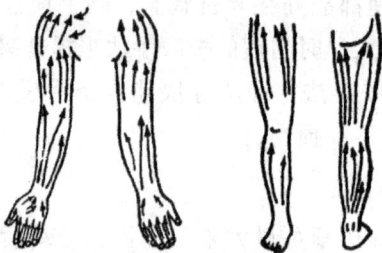

图2-8　上、下肢按摩方向　　　　图2-9　躯干、腰部按摩方向

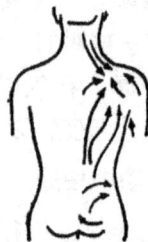

（三）按摩的适应症和禁忌症

1.适应症

四肢及躯干等各部位因运动或暴力所致的软组织损伤及关节跌打损伤或劳损、四肢骨折及关节脱位后所导致的功能障碍、腰椎间盘突出、神经麻痹、神经衰弱、高血压、胃肠机能失调、感冒、头痛及风湿性关节炎、肌肉风湿痛、骨质增生症、妇女月经不调、小儿慢性营养不良、遗尿、咽炎、牙痛等病症，均可进行按摩治疗。

2.禁忌症

有以下情况不适合做按摩：各种开放性伤口、严重出血；妇女月经期、妊娠期；各种病情急性期，如肺结核、心肌梗死、严重肾衰竭、心力衰竭等。

第三节　常见运动损伤及其防治

一、运动损伤概述

人在有意识的运动中，由于动作姿势失衡（用力不当、过失、负重、长期疲劳）或因对方外力作用而引起的肌肉挫伤、韧带扭伤、劳损、躯体内部振伤，甚至关节骨折、错位等统称为运动损伤。运动损伤常出现在日常生活和锻炼运动中，通常分为急性和慢性损伤，应区别施治，这就需要我们学习相关的运动损伤知识，将运动损伤防患于未然，真正实现健康体育、安全体育的宗旨。

二、运动中常见的生理反应与处理

（一）延迟性肌肉酸痛

在一次性大运动量的锻炼后，或者间隔较长时间未锻炼而恢复锻炼后，常常出现运动后的肌肉酸痛，这类肌肉酸痛并不是发生在运动中或者立即发生在运动后，而是发生在运动结束后，1～2 天之后达到峰值，5～7 天后疼痛消失，称为延迟性肌肉酸痛。

1. 原因

延迟性肌肉酸痛是由肌肉一次性活动量大或间隔了很长时间未锻炼而刚恢复锻炼时，肌肉对负荷及收缩放松活动未完全适应，引起局部肌纤维及结缔组织的细微损伤，以及部分肌纤维产生痉挛所致。生理学研究结果证实了酸痛时这种局部细微损伤及肌纤维痉挛的存在。由于这种肌纤维损伤及痉挛是局部的，因而就整块肌肉而言，仍能完成运动功能，但存在肌肉酸痛感。酸痛后，肌肉组织经过局部细微结构的修复，会变得较之前强壮，以后再承受同样的负荷就不易再发生损伤（酸痛）。

2. 处理

当已经出现肌肉局部酸痛后，采取以下措施有助于酸痛的缓解。

（1）热敷

可对酸痛的局部肌肉进行热敷，促进血液循环及代谢过程，有助于损伤组织的修复及痉挛的缓解。

（2）伸展练习

可对酸痛部位进行静力牵张练习，保持伸展状态 2 分钟，然后休息 1 分钟，重复进行，每天做几次这种伸展练习，有助于缓解痉挛。但练习时注意不可用力过猛，以免牵拉时使肌纤维再次损伤。

（3）按摩

按摩有助于肌肉放松，促进肌肉血液循环，有助于损伤的修复及痉挛的缓解。

（4）口服维生素 C

维生素 C 有促进结缔组织中胶原合成的作用，有助于加速受损伤结缔组织的修复，从而减轻和缓解酸痛。

（5）针灸、电疗等手段

对缓解酸痛也有一定作用。

3. 预防

根据不同体质、不同健康状况科学地安排锻炼负荷，负荷不要过大，也不宜增加过猛；锻炼时，尽量避免长时间集中练习身体某一部位，以免局部肌肉负担过重；准备活动中，注意使即将练习时负荷重的局部肌肉活动得更充分些，对损伤有预防作用；整理活动除进行一般性的放松练习外，还应重视进行肌肉的伸展牵拉练习，这种伸展性练习有助于预防局部肌肉肌纤维痉挛，从而避免酸痛的发生；注意不要在出现肌肉酸痛时就停止运动，但可以降低运动强度，以使肌肉适应。若不如此，停止运动几天后再重新开始，还会出现酸痛。

（二）极点与第二次呼吸

1. 极点

人在进行剧烈运动时，由于在运动开始阶段内脏器官的活动赶不上运动器官的需要，往往产生一种非常难受的感觉。此时人会感到呼吸困难、肌肉酸痛，出现动作迟缓、精神低落的现象，不愿意再继续运动下去，这种状态在运动生理学上称为"极点"。这些机能失调的强烈刺激传入大脑皮质即引起动力定型的暂时紊乱，运动中枢中抑制过程占优势。因此，"极点"出现时，动作慢而无力、不协调。

2. 第二次呼吸

"极点"出现后，适当减缓运动速度，并注意加深呼吸，继续坚持运动，随着机能的调节及内脏器官机能的改善，氧供应增加，运动能力又将提高，"极点"会逐渐缓解与消失，生理过程出现新的平衡。这种现象在运动生理学上称为"第二次呼吸"。

"极点"和"第二次呼吸"是中长跑运动中常见的生理现象，无须疑虑和恐慌，即使是一位优秀的中长跑运动员，也常出现"极点"现象，但随着训练水平的提高，上述生理反应将逐步推迟和减轻。

三、运动损伤的分类与发生原因

（一）运动损伤的分类

为了分析研究运动损伤，并提出有效的预防措施，有必要对运动损伤进行分类。运动损伤的分类方法很多，归纳起来有四种。

1. 按损伤的组织结构分类

按损伤的组织结构可分为皮肤损伤、肌肉与肌腱损伤、关节韧带损伤、骨损伤、神经损伤、血管损伤和内脏器官损伤等。

2. 按损伤组织创口界面分类

（1）开放性损伤

损伤的组织有裂口与外界空气相通，如擦伤、刺伤、切伤与开放性骨折等。

（2）闭合性损伤

损伤的组织无裂口与外界空气不相通，如挫伤、肌肉韧带损伤与闭合性骨折等。

3. 按伤后运动能力丧失的程度分类

伤后能继续进行训练的为轻度伤；伤后不能继续进行训练，需要停止练习或减少患部活动的为中度伤；伤后需要完全停止训练的为重度伤。

4. 按损伤病程分类

（1）急性损伤

人体在一瞬间遭受直接暴力或间接暴力的损伤。

（2）慢性损伤

包括劳损和陈旧性损伤。劳损常因局部负荷过重或多次细微损伤积累而成，陈旧性损伤常因急性损伤处理不当转变而成。

（二）发生运动损伤的基本原因

1. 个人思想方面的原因

有的大学生参加体育运动时忽略了运动损伤发生的可能性，思想麻痹大意，缺乏防范运动损伤的意识。有的大学生好奇心强，运动经验不足，行动盲目或冒失，极容易发生运动损伤。还有的大学生情绪急躁，急于求成，没有遵守因人而异、量力而行、循序渐进的体育锻炼原则，也容易发生运动损伤。除此之外，运动中心理准备不足，运动情绪低下，做动作时有畏难、恐惧、害羞、犹豫、过分紧张的心理易发生伤害事故。有时因缺乏运动经验、缺乏自我保护能力致伤。

2. 准备活动方面的原因

不做准备活动、准备活动做得不够充分、准备活动不正确、准备活动过量、准备活动与正式运动的间隔过长，都可能导致运动损伤。

3. 运动量方面的原因

首先，运动量很大，机体出现了疲劳，此时再进行大强度的运动则非常容易出现损伤。其次，在一段时间里（一周或半月内）总是重复同样运动量大的运动，使机体局部负荷过重产生了积累性疲劳，也很容易出现运动损伤。

4. 方法和技术动作方面的原因

方法不当和技术动作不正确也是发生运动损伤的重要原因。例如，打篮球时接球或触球时手法不对，容易发生手指挫伤；跑步时脚的落地技术动作不对，容易发生小腿和踝关节损伤；跳跃时起跳和下落的方法不对，容易发生膝关节和踝关节损伤；踢球时脚法不对，容易发生趾部、踝部位损伤，等等。

5. 身体状况方面的原因

身体状况不好时勉强进行体育运动也很容易发生损伤。例如，有晚上睡眠不好、机体外伤还没有完全恢复、生病初愈、生理机能低下、受到意外刺激心情很不好等情况时，都不应再进行体育活动。

6. 锻炼组织方面的原因

在同一时间同一场地上参与运动的人较多，没有组织或组织不当也容易发生运动损伤。例如，场地拥挤混乱，发生相互碰撞；分组不适当，实力、体力相差较大（大人与儿童、男子与女子等）；组织一些超出体力承受力的运动（比赛），等等。

7. 天气方面的原因

人在气温过低时，肌肉僵硬、协调性差，除容易发生运动损伤外，还容易出现冻伤（如滑冰时）现象；气温过高，机体容易出现疲劳而发生损伤，也容易中暑；天黑或有大雾时能见度低，也容易发生意外运动损伤。

8. 场地器材方面的原因

场地高低不平或过软、过硬、过滑，器材过重、过大、过小、损坏或安放不当等，都容易造成运动损伤。

四、运动损伤的预防与处理

（一）常见运动损伤的处置和预防

1.肌肉痉挛

肌肉痉挛，俗称抽筋，是指某一部位肌肉有时不由自主地突然性强制收缩，且变得异常坚硬，引起局部疼痛和活动障碍的现象。小腿腓肠肌是运动中最容易发生痉挛的肌肉，其次是足底屈拇肌和屈趾肌等。

（1）原因和症状

在体育锻炼中，肌肉受到寒冷的强烈刺激时，即可发生肌肉痉挛。运动中大量出汗，使电解质丢失太多，也易发生肌肉痉挛；还有准备活动不够，或情绪过于紧张，也会引起肌肉痉挛。肌肉痉挛时，局部肌肉产生剧烈性收缩并变得坚硬和隆起，疼痛难忍，且一时不易缓解。

（2）处置和预防

a.处置

立即停止运动，并对痉挛部位的肌肉进行牵引。例如，腓肠肌痉挛时，可伸直膝关节，用力将踝关节背伸；屈踝肌和屈趾肌痉挛时可用力将足和趾背伸，同时配合局部按摩、揉捏、叩打以及点穴，以促使痉挛缓解和消失。

b.预防

加强身体训练，增强机体的耐寒能力和耐久力。运动前做好准备活动，对容易发生痉挛的部位，可先进行适当的按摩；夏季进行剧烈活动或长时间运动时，应注意补充盐分；冬季锻炼时，要注意保暖；游泳下水前应先用冷水淋浴，游泳时间不宜过长；疲劳和饥饿时，不要进行剧烈运动。

2.运动中腹痛

（1）原因和症状

在跑步中常发生腹痛现象。发生腹痛的原因很多，如准备活动不充分，开始时运动过于剧烈，或者跑得过快，内脏器官功能尚未达到竞赛状态，致使脏腑功能失调，引起腹痛；或因运动前吃得过饱或饮水过多，以及腹部受凉，引起胃肠痉挛；少数因运动时间过长或过于剧烈，使下腔静脉压力上升，血液回流受阻，引起腹痛；也有的因运动时呼吸紊乱，膈肌运动异常，致使两肋部胀痛。

运动性腹痛部位不固定，一般因肠痉挛、肠结核引起的疼痛处于腹腔中部；食后运动疼痛发生在上腹部或中腹部；肝脾膜张力性疼痛常在上腹部左右两侧。

（2）处置和预防

a.处置

对因静脉血回流障碍和准备活动不足或呼吸紊乱引起的腹痛，可采取降低运动强度，放慢跑速，同时按摩疼痛部位，并做深呼吸等方法，使疼痛减轻或消失。对于胃肠饱胀、肠痉挛和慢性疾病引起的腹痛，如采取上述措施后无效，应停止运动并及时就医。

b.预防

合理安排运动时间，饭后至少1小时后才能进行活动，运动前要做好准备活动，运动时要循序渐进，掌握正确的呼吸方法和节奏，尽量用鼻呼吸。在运动前、运动中要控制水或碳酸性饮料的摄入量。对于各种慢性疾病患者，病愈之前需要在医生和体育教师指导下进行锻炼。

3.运动性昏厥

（1）原因和症状

在运动中，由于脑部供血不足，氧债不断积累达到一定程度后，即可发生一时性知觉丧失，这一现象被称为运动性昏厥。

由于剧烈运动或长时间运动，大量血液聚积在下肢，回心血流量减少，导致脑部供血不足而出现昏厥状态。跑后如立即停止不动亦可出现"重力休克"现象，导致全身无力眼前一时发黑，面色苍白，手足发凉，失去知觉而昏倒，生理检测出现脉搏慢而弱、呼吸缓慢、血压降低等现象。

（2）处置和预防

a.处置

立即将患者平卧，足略高于头部，并由小腿向大腿、心脏方向进行按摩，同时指压人中、合谷等穴位。如有呕吐症状，应将患者头偏向一侧，以保证呼吸道畅通。如停止呼吸，应立即进行人工呼吸。轻症患者，由同伴搀扶慢走，并进行深呼吸，即可消除症状。重症患者，经临场处理后，送医院治疗。

b.预防

平时要坚持经常体育锻炼，以增强体质；久蹲后不要突然起立；不要带病参加剧烈运动；剧烈运动后不要立即停下来或坐下，而应继续慢跑，并做深呼吸；不要在饥饿情况下参加剧烈运动。

4.运动性中暑

（1）原因和症状

人在高温环境中长时间运动时，由于通风不良，体温上升异常，使汗液难以蒸发，而易引起运动性中暑。轻度中暑，可出现头晕、头痛、胸闷、皮肤灼热、体温升高等状况；严重时，将出现恶心、呕吐、脉搏快而细弱、精神失常、虚脱、抽搐、心律失常、血压下降甚至昏迷等状况。

（2）处置和预防

a.处置

首先将患者扶送到阴凉通风处休息，同时采取降温消暑手段，如解开衣领，冷敷额部做头部降温，喝些清凉饮料和十滴水，并补充生理盐水或葡萄糖等。严重者应迅速送医院治疗。

b. 预防

在高温炎热季节锻炼时，应适当减少运动量和锻炼时间，避免在烈日下长时间锻炼。夏天在室外锻炼时，宜穿浅色衣服，戴遮阳帽。在室内锻炼时，应有良好的通风，并注意饮食，喝些低糖含盐饮料。

（二）常见运动损伤的预防与一般处理方法

1. 常见运动损伤的预防

加强运动安全教育，克服麻痹思想，增强预防损伤意识。以预防为主，树立安全体育的意识，真正认识体育运动的目的性，是防止运动损伤的重要因素。认真做好准备活动和整理活动，对可能发生运动损伤的环节和易伤部位，要及时做好预防措施。准备活动的内容与多少，应根据训练内容、比赛情况、个人机体状况、天气条件等诸方面因素而定，严禁不做准备活动就进行正式活动。准备活动应该充分，有针对性。对易伤部位和局部负担量较大的部位，应特别多做些准备活动。运动间歇时间较长时，须再做些活动。合理组织安排锻炼，合理安排运动量，防止局部运动器官负担过重。要加强和提高自我保护意识，强化自我保护训练。要加强器械、场地的检查和管理，加强医务监督。

2. 常见运动损伤的一般处理方法

（1）应急处理原则

a. 制动

制动对于骨骼肌损伤的修复是不可缺少的。制动主要是停止运动，让患部处于不动的状态。运动终止后的制动可以控制肿胀和炎症，可以把出血量控制在最小的限度内。

b. 冷敷

冷敷在应急处理中是效果最为明显的。因为冷敷可以减轻疼痛和痉挛，在受伤后 4～6 小时内所产生的肿胀也会得到一定程度的控制。它可以使局部毛细血管收缩，减少局部血管出血，有消炎、止血、止痛、皮肤散热、降低体温的作用。

c. 加压包扎

在几乎所有的急性损伤中都采用加压包扎的方法处理。加压同冷敷和抬高一样都是最重要的处理手段。其中加压包扎法又分为卷带包扎法、"8"字形包扎法、三角巾包扎法等。

d. 抬高

抬高是把患部抬到比心脏高的位置。它可以有效地减轻内出血。它不仅可以减少通向损伤部位的血液及来自体液的压力，以促进静脉血液的回流，而且也会减轻患部的瘀血及肿胀。

e. 固定

当关节脱臼或者骨折时，应立即就地使用绷带或石膏进行固定，以免发生休克或其他严重的二次损伤。

（2）不同运动损伤的处理办法

a.开放性软组织损伤的处理

常见的开放性软组织损伤有擦伤、切伤、刺伤和撕裂伤；局部皮肤或黏膜破裂导致伤口与外界接触，常见组织液渗出或血液自创口流出。紧急处理的要点是及时止血和处理创口，预防感染。

第一，擦伤。擦伤是皮肤受摩擦所致，擦伤多发生在摔倒时。例如，田径及球类运动时摔倒擦伤，体操运动时被器械擦伤，拳击时被拳套擦伤等。擦伤是外伤中最轻，又最常见的一种，约占运动创伤的16%。较小的擦伤用红汞水或龙胆紫液涂抹，不需包扎，暴露于空气中即可痊愈。擦伤面积较大、伤口深、创面有异物污染，则需用生理盐水或凉开水冲洗伤口，可用过氧化氢水溶液（双氧水）、2.5%的碘酒和75%的酒精沿着伤口周围从内至外做圆形消毒，然后用凡士林纱布块覆盖，或涂上消炎软膏或消炎粉后再用无菌敷料覆盖并包扎。若创口较深、污染较重时，应注射破伤风抗毒素，并用抗生素药物治疗。感染的伤口应每日或隔日换药。

第二，切伤与刺伤。伤口往往较深、较小，如果伤口较脏，除了对伤口进行止血消炎、包扎外，还要注射破伤风抗毒素。

第三，撕裂伤。撕裂伤中以头部面部皮肤撕裂伤为多见，如篮球运动中，眉弓被对方肘部碰撞而引起眉际皮肤撕裂等。若撕裂的伤口较小，经消毒处理后，贴上创可贴即可；如果撕裂伤口较大，则须止血，缝合创口。若伤情和污染较重时，应注射破伤风抗毒素。

b.闭合性软组织损伤

常见的闭合性软组织损伤有关节韧带扭伤，肌肉、肌腱拉伤及挫伤等。最常见的挫伤部位是大腿与小腿前部。此外，头、腹部及睾丸的挫伤也不少见。肌肉拉伤是指在外力的直接或间接作用下，肌肉猛烈主动收缩或被动过度拉长时所引起的损伤。肌肉拉伤在体育运动中发生率较高。根据软组织损伤的病理发展过程，大致可按早、中、后三个时期进行有针对性的处理。

第一，早期。指伤后24～48小时，组织断裂出血，局部出现红、肿、热、痛、功能障碍等临床症状。治疗原则是止血、消肿、镇痛和减轻炎症，先冷敷，加压包扎，并抬高伤肢，24小时后拆除包扎，视伤情再作处理。

第二，中期。指伤后48小时以后，此时皮下出血、炎症反应及肿胀逐渐消退，但伤部仍有瘀血和肿胀，组织正在修复。此期的治疗目标是尽快地使出血与渗出液被吸收。可进行热敷、按摩、理疗，促使毛细血管扩张，加快血液循环。药物治疗可用中草药外敷和内服等。

第三，后期。此时期损伤基本修复，肿胀、疼痛等局部症状和体征均已消除，但肌肉功能尚未完全恢复。运动时仍有疼痛感，个别病案出现粘连、关节及受伤部位僵硬，活动度降低等情况。此时应增强和恢复肌肉、关节的功能。如有瘢痕硬结和粘连，应设法使之软化、松解。以按摩、理疗、功能锻炼为主，适当辅以药物治疗。

（三）常见运动损伤的介绍

1. 肱骨外上髁炎（网球肘）

肱骨外上髁炎亦称肱桡关节滑囊炎、肱骨外上髁骨膜炎，因该症在网球运动员中较常见，故又称网球肘。多发于前臂活动度较大的人群，如木工、水电工、网球运动员等，是常见的肘部慢性劳损性疾病。多因反复的前臂旋转及用力做伸腕动作，致使前臂伸肌群在肱骨外上髁的附着点受到过度牵拉，发生局部慢性无菌性炎症。

（1）症状及诊断

病程起初发展缓慢，初起时在劳累后偶感肘外侧疼痛，延久则加重，如进行提热水瓶、拧毛巾，甚至扫地等动作时，均感疼痛乏力，疼痛甚至可向上臂及前臂蔓延，以致影响上肢活动。检查肱骨外上髁部多不红肿，较重者局部可有微热感，压痛明显，握物无力，容易掉东西，病程长者偶有肌萎缩。

检查体征：外上髁或腱止点处、桡骨小头、肱桡关节间隙处有明显压痛。伸肌腱牵拉试验为阳性。试验方法是肘伸直，握拳，屈腕，然后将前臂旋前，发生肘外侧部疼痛即为阳性（图2-10）。

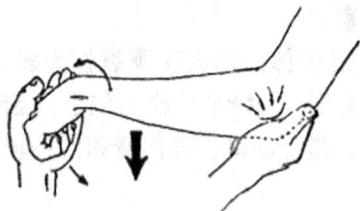

图2-10　网球肘试验

（2）治疗

a. 封闭治疗

用普鲁卡因和泼尼松龙混合液作痛点局部封闭，每周一次。

b. 理筋手法

在肘部痛点及其周围做按摩、拿捏手法，共做3～5分钟，使局部微热，血行流畅。然后术者一手托住患肘内侧，一手握住患肢的腕部，先伸屈肘关节数次，然后带动肘关节做快速屈曲数次，并同时做旋转活动。如直肘旋后位，快速屈曲同时旋前；直肘旋前位，快速屈曲同时旋后。各做3～5次，可松解粘连，减轻疼痛（图2-11）。

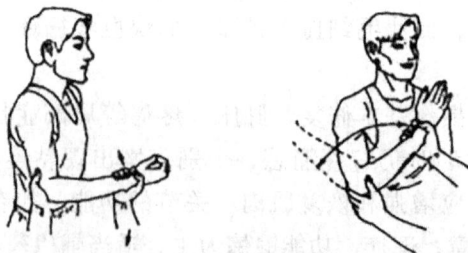

图2-11　网球肘理筋手法

　c.针灸治疗

在痛点及周围取穴，隔日针灸一次。或用梅花针叩打患处，配合拔火罐疗法，每3天1次。

　2.肩袖损伤性肌腱炎（肩袖损伤）

肩袖损伤性肌腱炎又称退行性肌腱炎，系针对肩峰下滑囊炎、肩袖肌腱炎而言。这种损伤在体操、投掷、排球、乒乓球、游泳及举重运动员中非常多见。其发生主要是由肱骨大结节（相当于肩袖部）反复超常范围地急剧转动（特别是外展）、劳损或牵扯，并与肩峰和喙肩韧带不断摩擦所致。例如，单杠、吊环、高低杠中的转肩动作（约转360度），运动员投掷标枪、垒球的出手动作，举重抓举时肩的突然背伸，游泳时的转肩等，都是引起此种损伤的典型诱因。其发生大都有一次损伤史。如未及时合理处理，继续重复损伤动作，最后即变成慢性疾病。部分病例系逐渐发生，受伤史不明。

　（1）症状及诊断

主要症状是肩痛，其次是肩活动受限、肌肉痉挛和肌肉萎缩。但症状往往因病程的早晚和发病缓急不同，而表现程度不同。

　（2）治疗

根据病情的轻重，可用固定、封闭、理疗或手术等方法处理。

　a.固定

急性炎症时疼痛剧烈，应卧床休息，并将上臂外展30度固定，以减少肌肉活动，减轻疼痛。

　b.普鲁卡因封闭治疗

　c.局部封闭治疗

　d.物理治疗

人工太阳灯照射，每日两次，每次20分钟。或者使用紫外线或深部X线治疗。此外，也可用直流电离子透入或超高频率电场超声波等治疗。

　e.医疗体育与训练安排

当急性期过去后，即应开始练习肩关节的回环及旋转运动。慢性损伤后，运动员仍可以从事一般活动及肩的训练，但应减少或避免引起疼痛的动作。同时应加强三角肌力量的练习，方法是肩外展90度位负重静力训练，改进血液循环，增加肌力，防止肌肉萎缩。

　f.手术治疗

约90%的病人进行保守治疗即可痊愈。如果无效，可将肩峰部分切除，以减少其与肱骨大结节的摩擦。术后可以从事体育训练。

　3.半月板损伤

膝关节半月板是位于股骨髁与胫骨平台之间的纤维软骨，可使膝关节稳定（图2-12）。半月板可分为内侧半月板和外侧半月板两部分，内侧半月板较大，弯如新月形，其后半部与内侧副韧带相连，故可固定后半部；外侧半月板稍小，似字母"O"形，不与外侧副韧带相连，故外侧半月板的活动度比内侧大。外侧半月板常有先天性盘状畸形，称先天性盘状半月板。半月板具有缓冲作用和稳定膝关节的功能。半月板损伤在许多运动项目中都可发生，尤其在篮球、足球、排球、跳高等运动项目中较多见。

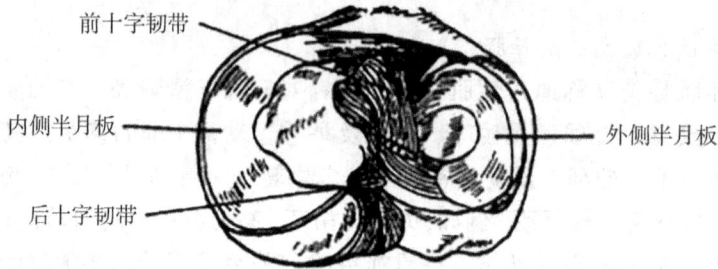

图 2-12　右膝内、外侧半月板

（1）症状及诊断

多数患者有明显的膝关节扭伤史。伤后膝关节立即出现剧烈的疼痛感，关节肿胀，屈伸功能障碍，早期因剧痛不能做详细的检查，故给早期确诊带来困难。慢性期或无明显外伤史的患者，多为病程漫长、持续不愈，主要症状是膝关节活动痛，以行走和上下坡时明显，部分患者可出现跛行。伸屈膝关节时，膝部有弹响，约有 1/4 患者出现交锁征，即在行走的情况下突发剧痛，膝关节不能伸屈，状如绞锁，将患膝稍做晃动，或按摩 2～5 分钟，即可缓解并恢复行走。

检查时见患膝不肿或稍肿，股四头肌萎缩，膝关节不能过伸或屈曲，关节间隙处有压痛点等常常是诊断半月板损伤的重要依据。对半月板损伤，还可结合其他检查。如膝扭转屈伸试验呈阳性（图 2-13），说明半月板可能有损伤，提拉研磨试验呈阳性则为半月板破裂（图 2-14）。必要时可做关节造影、CT 和关节镜检查。

伸展外旋　　　　　　　　屈曲　　　　　　　　伸直

图 2-13　膝扭转屈伸试验

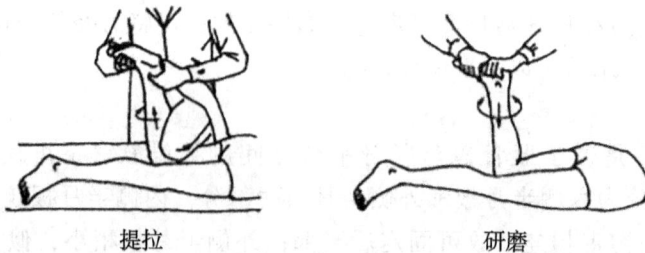

提拉　　　　　　研磨

图 2-14　提拉研磨试验

（2）治疗

a. 理筋手法

遇急性损伤者，让患者仰卧，患肢放松，治疗者用左手拇指按摩痛点，右手握踝部，徐徐屈曲膝关节并内外旋转小腿，然后伸直患膝，可使局部疼痛减轻。

慢性期患者，每日或每两日做一次局部推拿，先用拇指按压关节边缘的痛点，接着在痛点周围做推揉拿捏，可促进局部血液循环，使疼痛减轻。

b. 功能锻炼

急性损伤者用后侧夹板固定患膝屈曲100度，以限制膝部活动，并禁止下床负重。3～5天后，肿痛稍减，应鼓励患者进行股四头肌的舒缩锻炼，防止肌肉萎缩。三周后可解除固定，除加强股四头肌锻炼外，还可进行膝关节的伸屈活动和步行锻炼。因半月板边缘血液运行较好，所以损伤在边缘部分者，经上述治疗，多能治愈。如还不见好转或并发其他的半月板损伤时，可考虑采用手术治疗摘除半月板。

4. 足球踝

足球踝又称运动员踝关节骨关节病，本病在运动员中非常多见，因而在文献中曾被称为"运动员之踝"。

本病多见于足球、体操、篮球、滑雪、举重运动员以及舞蹈演员，严重时会影响训练，也影响演出及成绩提高。本病的发生与运动特点有明显关系，其发病率的高低、伤情的轻重与训练时间有明显关系。训练时间越长，发病率越高，伤情也越重。

（1）症状及诊断

a. 主诉

本病发生后不一定有症状，有的症状时显时消。症状的有无，除与骨唇或骨疣的大小及关节软骨损伤程度有关外，尚与运动技术特点（是否有踝扭转）、训练强度及外伤的有无有关。因此，早期诊断必须依靠物理诊断及X线检查。

b. 物理诊断

可有被动活动痛、踝关节肿、压痛、踝关节软组织挤压痛、活动受限等。

c. X线检查

早期X线像无改变，之后逐渐可见于距骨颈隆起的骨疣，其形态可由丘状、蕈状、牛角状至骨疣骨折，或落入关节成关节鼠。距骨后突早期变长，有时可增大成骨疣，表面粗糙脱钙，以后可以折断变成似三角骨的结构。

（2）治疗

一般采用保守疗法。大部分运动员可以毫无主诉地进行训练，甚至骨唇和骨疣较大者也不一定表现出症状，因而保守治疗还是很重要的。治疗时首先必须改进训练，消除病因，严格控制引起踝部疼痛的动作。例如，体操运动员应控制高下法，足球及滑雪运动员出现症状时必须暂时停止其专项练习。对症状较轻的病例，不一定完全停止踝的训练，但要减少损伤动作。训练时踝部裹交叉绷带（限制踝关节的活动范围，避免再伤），或用粘膏带保护，症状多逐渐消失。症状较重者可进行理疗（超短波效果较好），按摩或用强的松龙进行关节腔内或痛点注射，三者皆可消除滑膜的炎症，使疼痛症状减轻或消失。

严重损伤则需要手术治疗。

本章思考题

1. 个人卫生应注意哪些方面？

2. 简述蛋白质、脂肪、糖、水、维生素、矿物质的营养功效。

3. 什么叫作运动性疲劳？如何快速恢复运动性疲劳？

4. 按摩的手法有哪些？各类手法都有些什么特点？

5. 发生运动损伤的原因有哪些？

6. 运动中常见的生理反应、常见病各有哪些？

7. 开放性运动损伤和闭合性运动损伤有什么不同之处？在处理这两类运动损伤时应分别掌握什么原则？

本章参考文献

[1] 管泽毅. 体育保健学 [M]. 济南：山东大学出版社，2001.

[2] 姚鸿恩. 体育保健学 [M]. 北京：人民体育出版社，2001.

[3] 郭贤成. 高校体育与健康 [M]. 北京：北京体育大学出版社，2005.

[4] 丁正军，凌长鸣. 新编体育与健康 [M]. 苏州：苏州大学出版社，2009.

[5] 王旭冬. 体育健身原理与方法 [M]. 北京：北京体育大学出版社，2008.

[6] 赵斌. 运动损伤与预防 [M]. 桂林：广西师范大学出版社，2005.

[7] 张笑昆. 运动损伤与康复 [M]. 哈尔滨：黑龙江教育出版社，2007.

[8] 邱军，王跃刚，尹俊玉等. 运动损伤的预防与康复 [M]. 北京：人民体育出版社，2006.

[9] 樊小兵，吴红雨，李凤雷. 大学体育教程 [M]. 北京：北京邮电大学出版社，2010.

第三章

篮球运动

第一节 篮球运动概述

一、篮球运动的起源

篮球运动是 1891 年由美国马萨诸塞州春田市基督教青年会训练学校体育教师詹姆士·奈史密斯发明的。当时，由于在寒冷的冬季，人们缺乏在室内进行的球类竞赛项目，奈史密斯便从工人和儿童用球向"桃子筐"投准的游戏中得到启发，设计了一种比赛：将两只桃篮分别钉在健身房内两端看台的栏杆上，桃篮口水平向上，距地面 10 英尺（1 英尺 ≈ 0.305 米），以足球为比赛工具向篮内投掷，入篮得 1 分，按得分多少决定胜负。因为这项游戏最初使用的是桃篮和球，遂取名为篮球。1893 年铁质球篮取代了桃篮并挂上了线网。1895 年篮筐开始固定在 4 英尺 ×6 英尺的篮板上并逐渐深入场内。到后来由于每次投篮命中后都需要将球从篮筐内捞出太麻烦，于是人们将篮网底部剪开，创造了现代意义上的篮板和球篮。

二、篮球运动的发展

1892 年，奈史密斯制定出 18 条简易规则，篮球运动进入对抗比赛的阶段，产生了裁判员；1893 年，出现了篮板、篮圈和篮网，定为每队上场 5 人；1895 年，篮球传入中国；1896 年，天津中华基督教青年会举办了中国第一次篮球活动，随后北京、上海基督教青年会也有了此项活动；1908 年，美国制定了全国统一的篮球规则，并用多种文字出版，发行于全世界，篮球运动逐渐传遍美洲、欧洲和亚洲，成为一项世界性运动项目；1932 年 6 月 18 日，在瑞士日内瓦成立了国际业余篮球联合会（FIBA，以下简称国际篮联）；同年，国际篮联以美国大学使用的篮球规则为基础，制定了第一份世界统一的竞赛规则；1936年，第11届奥运会将男子篮球列为正式比赛项目，并统一了世界篮球竞赛规则；1956年，国际篮联对规则进行了修改，扩大了限制区，增加了30秒和干扰球规则；1976年，第21届奥运会将女子篮球列入了正式比赛项目。

我国篮球运动管理中心于1997年正式成立，中国篮球在不断提供商机的同时，正向产业化、国际化迈进。大批外国球员的到来给中国职业联赛注入了新鲜的血液，同时又有王治郅、姚明、巴特尔、易建联、周琦等一批国内优秀球员被美国职业篮球联赛（NBA）选中，受到了世界关注。职业篮球比赛的特殊能力和经济效益在规范中日益完善，逐渐形成一种新兴产业。

三、篮球运动的锻炼价值

篮球运动是一项对人体十分有益的运动项目，它不仅能强身健体，还可以使人的个性、潜能和创造力得到充分的展示。篮球运动需要参与者快速跳动、连续起跳、反应敏捷与力量对抗，对促进力量、速度、耐力、弹跳、敏捷等运动素质的发展及增强心脏、血管、呼吸、消化等身体机能有重要作用。篮球比赛不仅是技术与身体的对抗，也是意志力与智慧的较量，对于培养集体主义精神和团结协作、密切配合、顽强拼搏等良好的品质及文明自律、尊重裁判、尊重观众的道德有重要意义。

第二节 篮球运动基本技术

篮球的基本技术经过长期实践，并根据人体运动科学原理和技术动作，划分为进攻技术和防守技术两大类。各类动作都有适合各自种类和方法的衍生动作。进攻技术包括移动、运球、传接球、投篮、持球突破、抢篮板球等；防守技术主要包括抢篮板球、防守、打球和断球等（图3-1）。

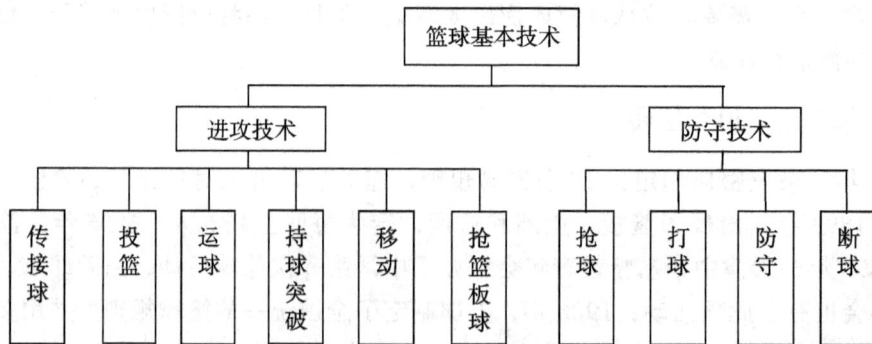

图 3-1 篮球基本技术

一、基本站姿

基本站姿是运动员在比赛场上实行各种技术动作的基础。维持正确的基本姿势能使身体各部位处于准备工作的状态，便于各种技术的开始和运用。

动作要领：两脚开立与肩同宽，微微提踵，两膝微屈，上体稍向前倾，重心维持在两脚之间，两臂微屈置于体前或体侧，含胸抬头，眼睛平视（图3-2）。

动作要点：两膝微屈，上体稍向前倾，重心落在两脚之间。

易犯错误：重心过高，全脚掌着地。

纠正方法：加强腿部力量，形成在球场上屈膝降低重心的好习惯；强调提踵。

图 3-2 基本站姿

二、移动

移动是为了改变位置、方向、速度和争取高度、空间所采用的各种脚步动作方法的总称。

（一）起动

起动是进攻方摆脱防守，防守方堵截对手抢占有利防守位的有效手段。

动作要领：从基本站姿开始，起动时后脚的前脚掌短促有力地蹬地，上体迅速前倾或侧转，向跑动方向移动重心。步伐要短促有力并且快速，发挥最大初速度（图3-3）。

动作要点：重心降低，起动的前两三步前脚掌蹬地要短促有力。

易犯错误：重心过高；起动步幅过大，频率慢；蹬地无力。

纠正方法：采用3～5步起动跑练习纠正蹬地不充分。

图 3-3 起动

（二）跑

1. 侧身跑

侧身跑是队员在跑动中为了抢位，摆脱防守，接侧向或侧后方传来的球而采用的进攻方法。

动作要领：跑动时，看向球的方向，身体放松并侧肩，脚尖朝向跑动的方向。

难点：保持身体平衡。

2. 变向跑

变向跑是在摆脱防守或堵截对手进攻时，在跑动过程中突然改变跑动方向的一种方法。

动作要领：以向右变向为例，左脚前脚掌内侧蹬地，上体向右转，右脚向右前方跨出一小步，左脚迅速向右脚的斜前方跨出一大步，从右侧超越对手。整个动作重心要低，屈膝后重心随脚步移动。

难点：重心的掌握。

3. 变速跑

变速跑是在跑动过程中利用速度的变化来转守为攻的一种方法。

动作要领：减速时上体稍直立，前脚掌用力抵住地面，从而降低跑速；加速时，上体前倾，前脚掌用力蹬地。

难点：身体重心的前移后倒，用前脚掌的后蹬、前顶来改变速度。

4. 后退跑

后退跑是队员为了观察球场上的攻守情况背对前进方向的一种跑动方法。

动作要领：两脚提踵，用前脚掌交替蹬地提膝向后跑动，上体放松直起，两臂屈肘相应摆动，保持身体平衡，两眼关注场上情况。

难点：保持身体平衡的同时观察场上情况。

（三）滑步

滑步是队员防守时的主要移动方法，分为侧滑步、前滑步和后滑步三种。

动作要领：三种滑步在移动时两臂均要张开，保持屈膝低重心，身体平稳，不要起伏的状态。侧滑步、前滑步和后滑步在迈腿时，均是支撑脚掌内侧蹬地，下一步分别是移动腿迅速向同侧跨步、移动腿向前跨步、移动腿向侧后方跨步。落地同时，支撑脚迅速跟随滑行，然后重复上述动作，并且眼睛要注视对手。

难点：屈膝降重心、蹬地后腿迅速跟上。

（四）跳

跳是队员在场上争取高度和长度的一种方法，分为双脚起跳和单脚起跳。前者多用于跳球、投篮、抢篮板球以及断球；后者多用于改变方向、接球、投篮、冲抢篮板球。

动作要领：

双脚起跳，起跳前两膝弯曲，重心下降，上体稍向前倾，两臂弯曲，肘外张。起跳时，两脚用力蹬地，并用提踵、提腰、摆臂的力量，使身体向上腾起。落地时，前脚掌先着地，屈膝缓冲，保持平衡，以便衔接下一个动作。

单脚起跳，起跳时，最后一步步幅要小，起跳脚全脚掌着地，屈膝降重心，用力蹬地，另一条腿屈膝上抬，同时摆臂提腰帮助起跳，落地时屈膝保持平衡。

难点：腰臂协调提摆，协同向上用力。

（五）急停

急停是在快速移动中突然制动的一种方法，用于摆脱防守并衔接其他动作以完成各种攻守任务。根据脚步动作和变化过渡动作，急停分为跨步急停（两步急停）和跳步急停（一步急停）。

动作要领：

跨步急停，急停时屈膝跨出一大步，脚跟过渡到全脚掌着地制动，同时上体稍向后使重心向后移，跨第二步时转体，屈膝，脚掌内侧用力蹬地，急停后重心落在两脚上。

跳步急停，慢跑中，跳起的脚平行落地，屈膝降重心，保持身体平衡。

难点：前者抵地内转降重心；后者保持身体平衡。

（六）交叉步

交叉步是为了转守为攻而运用及时起步、抢位等来保持有利位置的方法。

动作要领：向右交叉时，左脚用力蹬地迅速从右脚前交叉迈出，上体跟随脚右转，左脚落地后，右脚迅速向左脚方向蹬地，同时向右侧跨步。

难点：交叉动作要迅速。

（七）后撤步

后撤步是前脚向后移动的一种用于进攻或防守的方法。

动作要领：两膝弯曲，重心降低，前脚掌内侧着地，同时腰部用力向后转胯，后撤前脚，后脚碾地，然后向侧后方蹬地使身体滑出。

难点：转胯迅速后撤。

（八）移动的练习建议

第一，加强下肢和腰部力量。第二，培养观察场上变化的能力和习惯，扩大视野，增强视觉信号。第三，运用折返跑练习急停、转身、侧身、后退跑等技术。第四，运用滑步进行后撤步、交叉步等技术练习。

三、传球

（一）双手胸前传球

双手胸前传球是一种最常用的传球方法，其动作简便、准确、有力、易控制，是与投篮、突破等动作结合运用的基本技术。

动作要领：身体成基本站立姿势，双腿微弯曲；握球时两手摆成碗状，五指自然分开控球，持球的中部侧后上方；两肘自然弯曲放于体侧；传球时，辅助腿蹬地、重心前移，双手向上翻腕置于胸腹位置；同时两臂迅速将球向传球方向推出，手臂伸直腕发力，拇指、食指、中指用力拨球将球传出（图3-4）。

动作要点：伸臂时手腕发力；手腕由内向外翻转，拇指、食指、中指拨球。

易犯错误：手腕没发上力，两肘外张。

纠正方法：分解动作练习，传球时提示伸臂、翻腕发力。

图3-4　双手胸前传球

（二）双手头上传球

双手头上传球是指将球从头顶上方传到远处的有利位置，优点在于可以穿越防守将球传得很远。

动作要领：手指尖朝上持球的两侧面，置于头顶；肘部微屈，在向传球的方向跨一步的同时手腕向后转，球移至脑后，将球向前抛出，手腕向下转发力。

难点：压腕、手指拨球。

（三）单手肩上传球

单手肩上传球是单手传球中最基本的一种方法，这种传球方式灵活，传出的球飞行速度快，能较好摆脱防守。

动作要领：当右手传球时，左脚向传球方向跨出半步，同时双手将球引到右肩上，手腕后屈，持球的后下方，上臂与地面近似平行。重心落在右脚，出球时右脚蹬地转体带动上臂前甩，手腕前扣，通过手指下压，将球传出。

难点：手臂、身体的连贯和协调。

（四）反弹传球

反弹传球是传球队员将球掷向地面，让球通过地面反弹穿越防守者到达同伴手上的传球技术。该技术能有效对付高大的防守者。可用单、双手等反弹传球方法。

动作要领：击地点选择在距离接球队员的三分之二处，球经过地面反弹后，通过斜上方弹起，便于接球队员接球。反弹传球时，手腕和手指用力须加强，若用力不够反弹高度就低，不利于接球。

难点：腕、指急促抖动用力，出球快，击地点合适。

（五）传球技术的练习建议

第一，规范传球手法。第二，加强手对球的感应和控制能力。第三，进行防守干扰练习，提高传球的运用能力。第四，加强传球隐蔽性的练习。

四、接球

（一）双手接球

双手接球是最基本、握球牢固且易与其他动作衔接的技术。

动作要领：身体站立双腿自然弯曲，随球的高低移动重心；接球时伸臂迎接来球，五指自然分开，肩、臂、腕、指放松。当手指接触球时手臂顺势后引缓冲来球的力量，双手持球于胸腹前（图3-5）。

动作要点：手指尖触球时立即将球后引至胸腹前。

易犯错误：双手不伸出迎球，五指不分开；手臂没有将球顺势后引缓冲。

纠正方法：纠正接球手形；自抛体会迎球、后引缓冲的动作。

球的运行方向

图3-5　双手接球

（二）单手接球

单手接球是指用单手接住队友传过来的球。在篮球比赛中，单手接球更为灵活和实用，当一手去接球时另一只手还能阻挡对手，对其进行卡位。但其缺点是稳定性较差，容易因为力量的配合问题而接不住球。

动作要领：接球时，两眼注视来球，接球手伸向来球方向，五指自然张开，掌心正对来球，当手指接触到球的一瞬间，手腕和手指用力将球扣下，并迅速收回手臂，将球置于身体前方或体侧，另一只手迅速扶球，保持身体平衡。

难点：手腕、手指扣球移至身体前方；保持身体稳定。

（三）双手接反弹球

该技术与反弹传球相对，指接住传球人经过地面反弹传过来的球。

动作要领：双手接反弹球与双手接球高度基本相同，接球时跨步迎球，上体前倾，眼睛注视来球，两臂伸出迎球，五指张开放松，接触球后两手持球并顺势将球移至胸腹之间，保持身体平衡。

难点：两手接球要顺势协同。

（四）传接球的练习建议

第一，两人面对面原地传、接球。第二，多人站成多边形，相邻两边传球；再交换至对角传球，重复练习。第三，三角传、切球练习。即三人站在三个角，1号传给2号时，3号上前快速切球，并移动至2号位，2号迅速移动至3号的原位置，3号传球给2号时，1号快速切球，站到2号原位置，以此类推重复练习。

五、投篮

（一）原地双手胸前投篮

虽然该投篮方式出球点较低，但出手稳定性好，力量大，便于与传球、突破相结合，多用于远距离投篮。

动作要领：双手持球两侧，手肘自然下垂，将球置于胸前，目视瞄准点。两脚自然开立，两膝微屈，重心落在两脚之间。投篮时，两脚蹬地，腰腹伸展。两臂向前上方伸出，两手腕同时外翻，拇指稍微用力压球，食指、中指拨球，使球从拇指、食指、中指指端飞出。出球后提踵，身体随投篮出手的方向自然伸展。

难点：持球时肘关节外展，三角肌过于紧张。

（二）原地单手肩上投篮

这是一种篮球比赛中应用较为广泛的投篮方法。由于出手点高，便于结合其他攻防技术，这种方法在不同距离和位置均可应用。

动作要领：（右手为例）两脚平行微分开或右脚微前，两膝微屈，重心保持在两脚之间；持球手五指自然分开控球，手腕后屈，大臂与小臂、手与小臂、大臂与躯干均约成90度。投篮时，持球手持球放于额侧前方，上体稍前倾脚下蹬地发力，持球手向前上方充分伸臂，手腕发力、手指前屈，控制方向，通过食指、中指指端将球投出；球出手后，身体向投篮方向向上伸展，脚跟提起（图3-6）。

图3-6　原地单手肩上投篮

动作要点：用力蹬地，手腕发力充分，手指控制。

易犯错误：用力不协调，肘关节外展，手腕发力不对。

纠正方法：投篮时肘关节自然下垂向上伸臂，手腕前屈，手指控球。

（三）原地跳起单手肩上投篮

跳投是常见的投篮动作之一，具有出手点高、突然性强、不易防守的特点。

动作要领：两脚前后或左右分开自然屈膝开立，投篮时屈膝降重心增加势能，跳起时两脚掌同时用力向上跳起，双手顺势举球至肩上，持球手托球，扶球手扶住球的另一侧，当身体跳起接近最高点时，持球手臂向前上方伸展，通过手腕、食指、中指的力量将球投出，球离手后，指、腕自然前屈。双腿落地屈膝缓冲（图3-7）。

图 3-7 原地跳起单手肩上投篮

易犯错误：蹬地、举球不充分；没有在身体跳起接近至最高点时投篮，即投球出手时间过早或过晚；起跳时蹬地与摆球、举球不协调，球的飞行弧度过低。

纠正方法：原地跳、投模仿练习，降低起跳高度和缩短投篮距离。

（四）行进间单手低手投篮

这是快攻和强行突破对手后在篮下投篮的常用方法之一，具有伸展距离远，动作速度快，出手平衡的优点。

动作要领：（以右手为例）右脚跨出同时接球，左脚脚跟着地迅速过渡到前脚掌，起跳时右腿屈膝上抬，重心提高，同时举球到右侧。当身体腾空到最高点时，右手五指分开，掌心向上托住球的底部，手臂向篮筐方向伸展，接近篮筐时，手腕、手指向上挑球，使球从食指、中指指端滚出（图3-8）。

易犯错误：助跑、起跳、托球、投篮动作易脱节；球没有从手指上滚出。

纠正方法：起跳举球，将球挑起。

图 3-8　行进间单手低手投篮

（五）运球急停跳起投篮

这是进攻队员在行进间运用急停摆脱防守队员后投篮的方法，是突破与跳投结合的重要方式。

动作要领：快速运球中，当接近适合投篮的位置时，稍微减速，利用跨步或跳步急停起跳，同时双手持球迅速上举，两脚用力蹬地，身体腾空接近最高点时伸臂，用腕、指的力量将球投出（图 3-9）。

图 3-9　运球急停跳起投篮

易犯错误：急停时重心过高导致身体不稳，不能垂直向上起跳；急停与起跳动作衔接不连贯。

纠正方法：降低重心，分解技术动作，降低起跳高度，缩短投篮距离。

（六）投篮技术的练习建议

第一，强调投篮时腕和指的拨、压、点球动作。第二，进行不同距离、不同角度的投篮练习。第三，全场高、低手上篮。第四，加强手臂力量和身体平衡练习。第五，安排在对抗条件下的投篮练习，运用在有防守情况下的各种投篮技术。

六、运球

（一）高运球

当球员在原地或移动中，用单手连续拍按或双手交替拍按由地面反弹起来的球，且球反弹的高度在腰、胸之间时，这种运球方法叫高运球。

动作要领：上体微屈且稍向前倾，目视前方，以肘关节为轴，手拍球的后上方部位，控制球的落点在身体侧前方。手脚协调配合，使球有节奏地向前运行（图3-10）。

图3-10 高运球

易犯错误：低头看球，身体站立过直，掌心触球。

纠正方法：由慢至快进行高运球练习，明确手控制球的部位和球的落点。

（二）低运球

与高运球相对，运球时，球的反弹高度在膝关节以下。低运球用于摆脱对手的严防死守，达到保护球的目的。

动作要领：身体伏低，两膝弯曲降低重心，抬头看前方，用手腕、手指的力量短促地拍球，将球控制在身体侧前方，以更好地控制球和摆脱防守（图3-11）。

图3-11 低运球

易犯错误：低头看球，掌心触球，球的落点在身体的正前方；拍球时手臂僵硬，掌握不好短促拍球的节奏。

（三）体前换手变向运球

体前变向换手运球是篮球变向运球方法的一种。它指当面对防守运动员堵截时，将球从身体一侧，经过前方地面反弹，运到另一只手，以获取突破空间。

动作要领：运球运动员按拍球的右后上方，使球从一侧经体前反弹至左侧前方，同时，右脚向前方跨出，侧肩挡住对手，换左手向前运球，同时脚用力蹬地向前运球突破（图3-12）。

图 3-12　体前换手变向运球

易犯错误：变向换手拍球时动作过慢；没有注意用肩挡住对方；运球高度没有降低，重心过高。

纠正方法：原地左、右拨球练习，原地拨球上步练习。

（四）背后运球

这是当对手距离较近堵截一侧，无法用体前变向运球时，采用的一种摆脱防守的运球方法。

动作要领：持球手将球拉到身后，以肩关节为轴，迅速转腕拍向未持球手一侧，继续运球加速前进（图3-13）。

图 3-13　背后运球

易犯错误：手腕僵硬，身后拍球位置掌握不好；运球时离身体过远，以致球反弹过高；背后运球变方向时重心过高，手脚配合不好。

（五）运球急停急起

这是一种在对手防守较为严密的情况下，利用急停急起的变化来摆脱对手的进攻方式。

动作要领：运球急停时，手按拍球的前上方，重心降低转入低运球且两脚做跨步急停，用臂、身体和腿来保护球。运球急起时，后脚用力蹬地，拍按球的后侧上方，向前运球。

动作要点：急停时停得稳，急起时动得快。

易犯错误：脚步与球速协调不一致，或球速按拍过快，或脚步移动过快球速跟不上；

运球时重心过高，不能很好地控球。

纠正方法：急停时拍球的正上方，急起时拍球的后侧上方；增加对运球变换速度的练习。

（六）运球技术的练习建议

第一，体会手指、手腕上下按的动作，以及手触球部位和控球力度。第二，进行直线运球练习。强调动作的协调。第三，直线练习急起、急停。听口哨声的信号做练习。第四，换手变向运球：直线、弧线运球。提高脚下运球的速度和灵活性。第五，加强弱手的练习，以达到均衡发展。

七、持球突破

（一）原地交叉步突破

这是合理地将脚步动作与运球结合的进攻技术，特点是跨步后与防守队员接触面积较小，能更好地利用跨步抢位保护球。

动作要领：以右脚做中枢脚从对手左侧突破为例。两脚左右开立，屈膝降低重心。突破时，先做假动作将防守队员的重心引向自己的左侧，同时左脚前掌内侧迅速蹬地，在身体前方交叉至右侧前方，上体随重心稍右转，重心向右前方移动，将球推至右侧，随后右手推按球至左脚前方，右脚蹬地加速超越对手（图3-14）。

图3-14　原地交叉步突破

动作要点：积极蹬地，起动突然，转体探肩；推按球离手必须在中枢脚离地之前。跨步脚尖指向突破方向。

易犯错误：第一步的跨步太小，不能突破对手；突破时没有探肩保护球并绕开对手；重心过高。

纠正方法：技术动作分解练习；模仿练习；组合动作由慢至快练习。

（二）同侧步突破

这种方法也称为顺步突破，其优点是突破时起动突然，有较快的初速度。但球暴露较多，容易被对手打掉。

动作要领：以左脚做中枢脚从对手左侧突破为例。准备姿势与突破前的动作要求和交叉步相同。突破时，右脚向右前方跨出一步，上体右转，左肩积极下压，右手运球；

左脚前脚掌迅速蹬地，在左脚离地前，右手推按球至右脚外侧前方，左脚迅速跨步抢位超越对手（图3-15）。

图 3-15　同侧步突破

动作要点：起动时要突然，跨步、运球动作要连贯。

易犯错误：重心过高，导致探转速度慢；跨步太小，不能突破对手。

纠正方法：技术动作分解练习，组合动作练习由慢至快；动作练习至连贯。

（三）持球突破技术的练习建议

第一，进行不同方向，左、右脚都能做中枢脚的突破练习。第二，将突破技术与其他技术相结合，提高突破能力。第三，培养突破意识和敢打敢拼的精神。

八、抢篮板球

这是指投篮不中时，双方争夺从篮板或篮圈上反弹的球的技术，是攻防战术的重要组成部分，是攻守转换的重要手段，是获得控球权的重要方式，对比赛胜负有直接影响。它又被分为争夺进攻篮板球和争夺防守篮板球。

（一）争夺进攻篮板球

动作要领：起跳后，身体在空中充分伸展，尽量扩大控制范围，两臂伸向落球方向，当腾空到高点时，双手将球扣下，腰腹用力将球收于胸腹之间。

难点：抢占有利位置并及时起跳；外线队员冲进有利位置。

（二）争夺防守篮板球

动作要领：根据进攻队员的位置和距离，运用上步、撤步和转身抢占有利位置，阻挡进攻队员，判断好来球的落点后起跳，将球抢下置于胸腹之间，落地并保持身体平衡，侧对前场。

难点：抢占有利位置；对来球进行落点判断。

九、防守

（一）防守无球对手

1.防守位置

一般情况下，防守队员需要跟球和对手保持一定的角度和距离，选择站在对手与球篮之间偏向球篮一侧的位置。防守位置的距离和角度，不仅要能控制对手的行动，还需要能配合同伴防守，体现"人、球、区兼顾"的防守原则。

2. 防守姿势

进行强侧（有球侧）防守时，若球较接近对手，则采用面向对手，侧向球的斜站立姿势。靠近球的脚在前，屈膝降重心，便于随时起动。手臂伸向有球方向，拇指向下，掌心向球，卡死传球路线，干扰对手接球。弱侧（无球侧）防守时，因球距离对手较远，经常采用面向球、侧向对手的站立姿势。两脚开立，两腿稍屈，两臂伸于体侧，掌心向球。眼睛盯球，随时移动步伐调整与球的位置。

3. 防守无球队员的基本要求

第一，发挥防守的攻击性和破坏性，尽可能防守得凶猛有力。第二，防守队员要做到"近球紧，远球松，内紧外松，松紧结合"。第三，尽量阻止对手的有效攻击和篮下接球，破坏对手接球时的身体平衡。第四，及时果断地配合同伴，随时准备补防、夹击和换防。

（二）防守持球对手

1. 防守位置

进攻队员接球的一瞬间，防守者应及时抢占对手与篮球之间的有利位置，保持适当距离，积极移动，阻截和干扰对手进攻。若进攻队员投篮较准而突破技术较差，应主动靠近投篮队员；若进攻队员突破技术强，则要稍远离进攻队员，进行突破路线的堵截。

2. 防守姿势

（1）防守步伐

防守队员的步伐分为平步和斜步两种。前者两脚开立，其优点是防守面积大，便于左右移动，对防突破较有利。后者两脚前后开立，便于前后移动，对防投篮较有利。

（2）防守动作

伸出双手，积极地用一只手干扰球，阻止球随意行动。对手瞄篮时，要积极上扬手臂封盖。随时准备封传球、打球、抢球。

3. 防守有球队员的基本要求

第一，随时抢占对手与球之间的有利位置，干扰对方接球的距离。第二，及时发现对手的进攻特点，采取有针对性的攻击性防守策略。第三，积极封堵、迫使对手停球、当对手投篮时积极封盖。

（三）防守技术的练习建议

第一，培养防守时的注意力、拓宽视野的关注范围，加强脚步的移动速度和重心的控制。第二，加强人球兼顾的能力。第三，培养勇猛顽强、积极主动的作风。

十、打球

打球是指打掉进攻队员手中的球，分为打掉运球队员手中的球、打掉原地持球队员手中的球与打掉上篮队员手中的球。打球是发展攻击性防守必须掌握的重要技术之一。

动作要领：根据对手的站位，接近对手掌握时机，根据对手手持球的部位高低、走势，运球时球的反弹方向、速度及投篮举球的过程进行判断，由上向下、由下向上或从侧面快速出手，用腕力、指间力量拍击球，动作快而短促。

难点：在进攻队员持球、运球、投篮时，防守队员利用积极的步伐移动，出其不意地打球。也可使用堵截、夹击、关门的集体配合方法打持球队员的球。

十一、断球

断球是指抢获对方队员传接球时飞行球的方法。根据防守方与对手站位的关系，分为横断球和纵断球。

（一）横断球

动作要领：精确判断对方传球意图以及球的飞行路线，与对手保持一定距离，降低重心，靠近传球人的一侧。当对方将球传出时，迅速向来球方向起跳，充分伸展腰腹、手臂截获来球。截获成功后，立即收腹，双脚落地保持平衡，及时运球、传球。

（二）纵断球

动作要领：以对手右侧断球为例。当选择纵断球时，右脚向右前方或右侧前方跨出，左腿从侧面绕过对手，同时右脚用力蹬地向来球方向跃出，两臂伸直截获来球。截获成功后，立即收腹，双脚落地保持平衡，及时运球、传球。

第三节　篮球运动战术基础配合

篮球战术教学是篮球教学内容中非常重要的部分，是培养学生竞赛意识、给学生后期的比赛打基础所进行的战术准备过程。其主要目的是使学生在比赛中能有效并有组织地进行攻守对抗，争取比赛的胜利。战术基础配合是两三人之间有目的、有组织地协同作战的简单攻守配合方法。它是在场所捕捉或利用不同时机、不同人员位置、不同路线、不同动作、不同节奏，队员之间相互协同、相互配合、相互帮助、创造机会，以达到预定的攻守目的的战术，是组成全队攻守战术的基础。

一、进攻战术基础配合

（一）传切配合

传切配合是进攻队员利用传球和切入技术组成的简单配合。配合要点是切入队员善于掌握时间，持球队员能及时准确地将球传出。传切配合包括空切配合和一传一切。空切配合是指无球队员突然摆脱对手，切向防守空隙区域接球投篮，或做其他进攻动作。

一传一切则如图 3-16，指 ❺ 传球给 ❹ 后，立即摆脱对手⑤向篮下切入，接 ❹ 的回传球投篮。

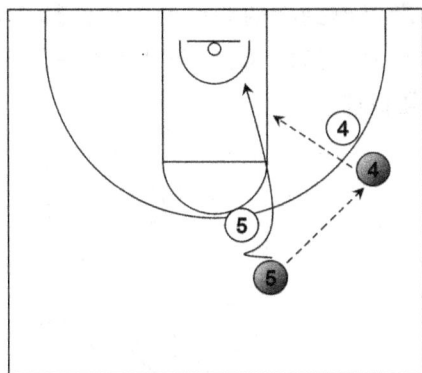

图 3-16　传切配合

传切配合的要求：切入队员要根据情况掌握切入时机，果断、快速地摆脱对手切入篮下，并接到同伴的传球。传球队员要利用假动作迷惑对手，当切入队员摆脱对手处于有利的位置时，及时准确地将球传出，特别要注意把握传球时机。

（二）突分配合

突分配合是指进攻队员运用突破技术突破对手后，遇对方其他队员补防时，主动或应变性地传球给同伴的方法。

如图 3-17，❺ 从防守⑤的左侧突破，④协防，封堵 ❺ 向篮筐突破的路线，此时 ❹ 及时跑到有利的进攻位置，接 ❺ 的球投篮。

突分配合要点：突破队员动作要突然、快速、有力，注意观察，做好投篮和传球两种准备。接球队员要把握时间，及时摆脱对手，迅速抢占有利的位置接球攻击。

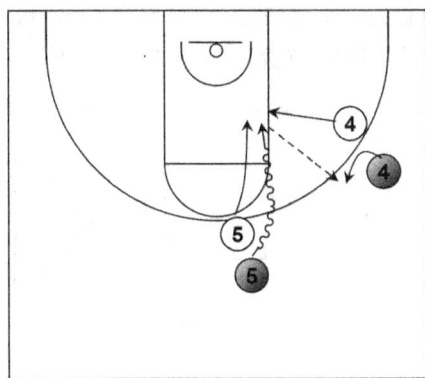

图 3-17　突分配合

（三）掩护配合

掩护配合是指进攻队员选择正确的位置，借用自己的身体和合理的技术动作挡住同伴的防守者的移动路线，使同伴借以摆脱防守，获得接球投篮攻击或其他进攻机会的一种配合方法。

如图 3-18，⑤传球给 ④后跑到④的侧面做掩护，④接球后做投篮或突破的动作，吸引④的防守，当 ⑤到达掩护位置时，④持球从④的右侧突破投篮。⑤掩护后及时移动到有利的位置去接球或抢篮板球。

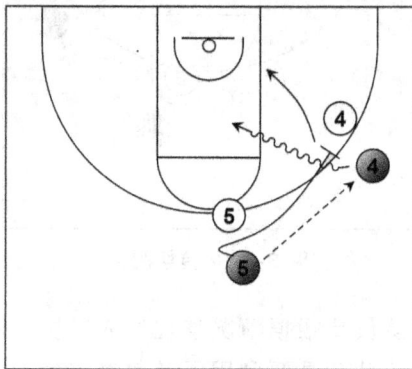

图 3-18　掩护配合

二、防守战术基础配合

防守战术基础配合是指三名防守队员之间为了破坏对方进攻配合，所组成的简单配合。其主要配合方法有交换配合和关门配合。

（一）交换配合

交换配合是为了破坏进攻队员的掩护配合，在防守队员之间及时地呼应交换所防守的对手的一种配合方法。

如图 3-19，⑤去给 ④做掩护，⑤要主动发出换人信号，及时封堵 ④向篮下突破的路线，此时④应及时调整自己的防守位置，防止 ⑤向篮下空切。

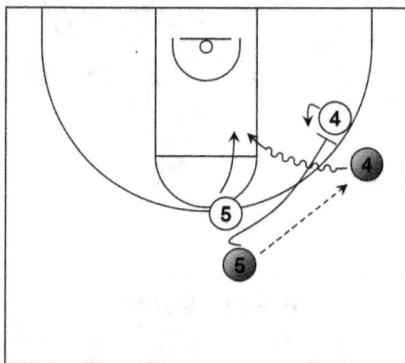

图 3-19　交换配合

交换配合要点：运用交换配合时，防掩护者要及时提醒同伴，两防守队员要到位交换，及时换防，以免漏人。

（二）关门配合

关门配合是两名防守队员靠拢协同防守突破的配合方法。当进攻队员运球突破时，防守突破的队员向侧后方移动挡住其移动路线，临近突破一侧的防守队员，应及时快速地向突破队员的前进方向移动，与防守突破的队员靠拢，像两扇门一样关起来，堵住进攻者的前进路线。

如图 3-20，当 ❺ 向右侧突破时，④和⑤进行关门配合，❺ 向左侧突破时，⑤和⑥进行关门配合。

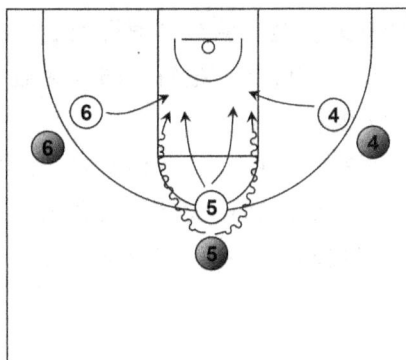

图 3-20　关门配合

关门配合要点：关门时，动作要快，配合要默契，二人要靠紧，不留空隙。与突破队员距离很近时，则可横移关门，堵截突破者的去路。

三、防守快攻

防守快攻就是由攻转守时，有组织地制约对方的快攻速度和破坏快攻路线，以及破坏对方快攻战术的配合方法。

如图 3-21，当对方抢到篮板球后，⑥应立即堵其第一传球，这时，⑧应积极堵住对方的接应路线，使其不能很快地接到第一传球，其他队员④⑤⑦根据防守要求，各自防住对手，并迅速组织防守阵式。

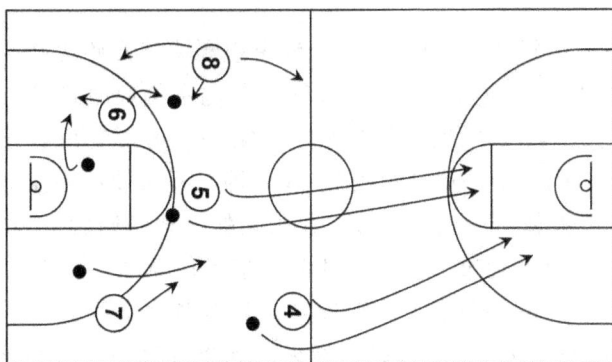

图 3-21　防守快攻

四、半场人盯人

半场人盯人防守战术是指由攻转守时，全队用最快的速度退回后场，在半场范围内，每名防守队员负责盯住一名进攻队员的整体防守战术。这种战术分工明确，责任到位，针对性强，协同互补性较强，是运用最多的一种防守战术形式，是篮球运动中各种防守战术的基础。

五、区域联防

区域联防是指进攻转入防守时，全队队员迅速退回后场，按区分工各自负责防守一定区域的进攻对手，形成一定的防守阵势，把每个防守区域有机地联系起来，并随球进行协同移动防守的一种全队防守战术。

区域联防的阵形有"2-3""3-2""1-3-1""1-2-2""2-1-2"等多种。

随着现代篮球运动的发展，区域联防模式逐步从利用单一固定的防守队形向具有针对性和综合多变的方向发展，形成轮转式的，带紧逼、夹击的，攻击性很强的综合防守战术。

第四节 篮球运动竞赛规则

一、比赛场地

标准的篮球场地长 28 米，宽 15 米。球场的丈量从界线的内沿算起，线宽 0.05 米。

二、比赛器材

篮板下沿距地面高度为 2.9 米、篮圈的上沿距地面高度为 3.05 米。比赛用球的周长为 75~76 厘米，质量为 600~650 克。

三、比赛规则

比赛应由四节组成，每节 10 分钟。第一节由中圈跳球开始比赛，第二、第三、第四节由拥有球权的队掷界外球开始比赛。如果第四节比赛结束时打平，有一个或几个 5 分钟的决胜期，决胜期是第三、第四节的延续。在第一、第二节和第三、第四节及决胜期之间有 2 分钟的休息时间，半场休息时间为 15 分钟。一次罚球中篮计 1 分，从 2 分投篮区中篮记 2 分，从 3 分投篮区中篮记 3 分。在预定的比赛开始后 15 分钟，球队不到场或不能使 5 名队员入场比赛，判对方获胜。球队在场上的队员少于 2 名，该球队由于缺少队员应判比赛告负。前三节每节准予一次暂停，第四节准予两次暂停。每个决胜期准予一次暂停。每当死球且停表时，球队即可换人。如果甲队发生违例则甲队不能先换人，待乙队先换人后，甲队才可以换人，换人的次数没有限制。一名队员 5 次犯规，则被取消比赛资格。在每一节中如果一方队员登记 4 次犯规，那么后面的每次原不该罚球的犯规均判两次罚球。该队控制球权时则不罚球，只是失去球权。

四、违例

（一）时间类违例

第一，场上控球队的队员在对方限制区内停留超过 3 秒。第二，罚球时，一次罚球超过 5 秒。第三，掷界外球时超过 5 秒。第四，在场上，持球队员被对方严密防守并停步时开始计算在 5 秒内未使球出手。第五，每当有队员在己方后场控制活球时，该队必须在 8 秒内使球进入前场，否则违例。第六，每当有队员在场上控制活球时，该队需在 24 秒内完成投篮，否则违例。

（二）出界

如果球员的身体在空中，无论这个空中的概念是界内上空还是界外上空，判断出界与否都是以其最后一次接触地面的位置为准绳。最后触球的球员接触球后，球到场外接触场外物体，判定该球员导致球出界。

（三）运球违例

球员控制球后将球掷、拍、滚，或在球触及另一队员前再触及球为运球违例。运球过程中，手不抱球时跑多少步不受限制；不能翻腕运球（携带球）；不能双手同时拍球；第一次运球结束后，不能再次运球。

（四）带球走违例（走步）

队员双脚着地接到球，可以用任一脚做中枢脚。一脚抬起的一刹那，另一脚就成为中枢脚。两脚分先后着地，则先触地的脚是中枢脚。一脚着地，队员跳起着地脚并双脚同时着地，则两只脚都不是中枢脚。

在比赛中当持球队员一脚向任一方向移动时，使中枢脚离开了与地面的接触点，持球旋转，或者其双脚超出规则的限制向任一方向违例移动时，就是带球走违例。俗称"走步"。

五、犯规

（一）侵人犯规

侵人犯规是在活球、球进入比赛状态或死球时涉及与对方队员接触的犯规，包括阻挡、撞人、拉人、推人、非法用手、非法防守、非法掩护等。上述犯规中凡是针对做投篮动作的队员的犯规均判罚球；如是针对没做投篮动作的队员的犯规，则由非犯规队在就近的地点掷界外球；如果在一节中一方队伍达四次犯规并且不是控制球的队，则判给对方二次罚球。

（二）违反体育道德的犯规

当裁判员判定某队员不是在规定的精神和意图范围内合法地去抢球而发生侵人犯规时，则判该队员有"违反体育道德的犯规"。处罚则视其犯规对象是否在投篮和投中与否做如下处理：如没做投篮动作，判给二次罚球和一次中场掷界外球权；如正做投篮动作且投中，判二或三分，投篮有效再加罚球一次；如未中，视其投篮地点判给二次或三次罚球。上述罚球无论投中与否，被犯规队都获得一次中场掷界外球权；此界外球可传入前场或后场。

（三）取消比赛资格的犯规

这是一种违反体育道德的恶劣犯规。无论是对队员、替补队员，还是对教练员、随队人员，裁判员均有权判罚。除取消该犯规人员的比赛资格，令其离开比赛场地外，其他判罚与"违反体育道德的犯规"相同。

（四）双方犯规

双方犯规指是两个队的两名队员同时相互间的犯规。处罚则是不判给罚球，按如下处理：如犯规时一方投篮命中并有效，则得分，由另一方在端线掷界外球；如某队已控制球或拥有球权，则判该队在就近处掷界外球；如双方都没控制球或没有球权，则在就近的圆圈跳球重新开始比赛。

（五）技术犯规

当一名队员不顾裁判员的警告或与裁判员、记录人员、技术代表、对方队员交涉时没有礼貌，使用冒犯或煽动观众的言行，戏弄对方，有阻碍掷界外球等行为，将被判技术犯规。处罚则是一次罚球和中场处掷界外球。

本章思考题

1. 简述篮球运动的发展。
2. 双手胸前传球的动作要领是什么？
3. 原地单手肩上投篮动作要领是什么？
4. 运球有哪些易犯的错误？
5. 什么是传切配合战术？
6. 防守战术有哪些？
7. 篮球主要的犯规有哪些？

本章参考文献

[1] 张培峰，王小安. 现代篮球运动 [M]. 北京：人民体育出版社，2012.

[2] 中国篮球协会. 篮球规则 [M]. 北京：北京体育大学出版社，2015.

[3] 王小安，张培峰. 现代篮球运动教程 [M]. 北京：北京体育大学出版社，2007.

[4] 王家宏. 球类运动：篮球 [M]. 2 版. 北京：高等教育出版社，2014.

第四章

足球运动

第一节 足球运动概述

　　足球是当今世界上最具神奇魔力的体育运动，是世界上公认的第一大运动。据不完全统计，现在世界上经常参加比赛的球队约80万支，登记注册的运动员约4000万人，其中职业运动员约10万人；全球的狂热足球迷达8亿人，世界杯期间观看比赛人次达20亿，全球从事足球产业的人达1亿，足球运动的影响遍及全球。

　　足球运动源远流长，分为古代足球运动和现代足球运动。

　　我国是古代足球运动的起源地。2004年，国际足联确认足球起源于中国，"蹴鞠"是有史料记载的最早的足球运动。早在两千多年前的战国时期，中国人就已经开始踢一种内充毛发的皮制球了。唐代是中国古代足球运动的极盛时期。史料充分说明，足球发源于中国，由阿拉伯人传入欧洲。

　　而现代足球的发源地则在英国。12世纪，伦敦就有很多青年人喜欢踢球。随着时间的推移，足球运动在英国越来越普及。1823年，英国人威廉·艾利斯把足球与橄榄球区别开来，明确了足球是一项只能用脚踢和用头顶的运动。1863年10月26日在英国伦敦，人们以9个俱乐部为中心，成立了世界上第一个足球协会——英格兰足球协会，并制定了13条比赛规则。人们把这一天作为现代足球诞生日载入了史册。1904年，在巴黎创建了国际足球联合会，从此世界足球运动有了自己的组织。足球运动经过漫长曲折的历程，逐渐形成了现在这种比赛形式。目前，欧洲和南美洲足球运动水平代表着世界最高水平。亚洲和非洲一些国家和地区足球运动水平发展较快，正在逐步具备与欧洲、南美洲高水平队抗衡的实力。

　　足球运动在我国也有着一定的群众基础，许多青少年越来越喜爱这项运动。20世纪

50 年代末至 60 年代初，我国一些优秀足球队在迎战东欧一些强队的比赛中曾取得了较好成绩，其水平已可与当时东欧国家优秀队相媲美。但是，从那以后，由于众多的原因，我国足球水平与世界先进水平之间的距离渐渐拉大。特别是近些年步子迈得不大，还远没有"走向世界"的实力。

足球运动是广大青少年最乐于参与的具有很大健身价值的运动项目。经常参加足球运动，能有效提高人体各器官、系统的功能，全面发展和提高人体的各项身体素质，还有助于培养学生顽强拼搏的竞争意识，灵活善变、思维清晰、反应敏锐的逻辑想象能力，以及团队合作、齐心协力的集体主义优良品质和荣誉感。

第二节　足球运动基本技术

足球运动基本技术是运动员在比赛中运用身体所完成的合理行动和动作的总称，它是在比赛实践过程中逐步形成、发展和完善起来的。

一、运球

运球是指运动员在跑动中为控制球而用脚部进行的推拨球动作，采用运球方法超越防守队员时称为运球过人。运球及运球过人是运动员控球能力与进攻能力的主要表现形式，熟练掌握与合理运用运球及突破技术，对调控比赛节奏、丰富战术变化、突破密集防守、创造射门机会都具有实际意义。

（一）脚背外侧运球

脚背外侧运球动作的特点是灵活多变，可做直线、弧线和内外侧的变向运球，易于控制前进的方向和发挥运球的速度，便于在运球过程中保护好球（图 4-1）。

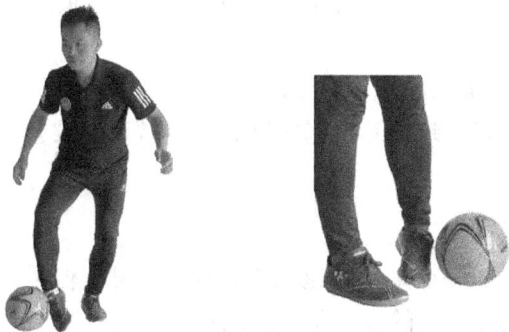

图 4-1　脚背外侧运球

1. 动作要领

跑动中，身体自然放松，步幅稍小；运球脚在身体正面提起，膝稍内扣，脚跟提起，脚尖内转；迈步前伸，在着地前用脚背外侧推拨球，随后顺势落地。

2. 教学重、难点

运球时脚接触球的部位准确，力量适当，身体重心随球移动。运球时协调自然。

3. 教法

（1）直线运球练习

方法：单人练习，确定行进路线自主练习。

提示：运球过程中，脚触球时小腿及脚踝的发力是柔和的，尤其是脚与球接触瞬间的细微缓冲动作是控制好球的要领。初学者常常因为腿部肌肉和关节过于紧张，动作僵硬，出现踢球发力的错误。

（2）运球绕杆练习

方法：在做变向时交换运球脚。

提示：绕杆运球涉及变向，在支撑脚落地时应考虑身体重心的控制、球的运行速度、运球脚的动作空间和变向前的步伐调整。运球脚大跨步踏在球的侧面偏前位置，距球稍远，为完成变换运球脚动作留出空间，同时屈膝制动降低重心，缓冲助跑冲力。

（3）运球画圆练习

方法：尝试运用连续脚背外侧运球，使运球轨迹成一个大圆，或者在一个画好的大圆外圈进行脚背外侧运球练习。

提示：连续一个方向的脚背外侧运球容易产生眩晕，可以结合脚背内侧运球多方向练习。

4. 易犯错误与纠正方法

（1）低头看球，无法观察场上情况

纠正方法：用眼睛的余光观察，兼顾球和周围情况，做抬头观察教师手势或者固定目标的小游戏。

（2）用力方法不当，成踢球发力

纠正方法：注意脚踝的放松，触球时踝关节稍加缓冲，可以运用实心球原地练习感受触球力量。

（3）脚跟未提起，成勾脚触球，将球挑起

纠正方法：保持脚背与地面角度基本垂直，多做无球或者原地的动作强化。

（二）脚背正面运球

脚背正面运球动作的特点是运球速度快、直线前进，但是路线单一，并且在前进时需要较大的纵深距离才能提高速度（图4-2）。

1. 动作要领

运球时身体持正常跑动姿势，上体稍前倾，步幅不宜过大；运球腿提起，膝关节稍屈，髋关节前送，提踵，脚尖下指；在着地前用脚背正面部位触球后中部将球推送前进。

图 4-2　脚背正面运球

2. 教学重、难点

运球时脚接触球的部位准确，轻触快追，协调自然。

3. 教法

第一，无球模仿脚背正面运球，体会动作要领和节奏。

第二，采用实心球（不超过1千克）做运球辅助练习，进一步体会脚与球的接触部位和用力方法。

第三，在走与慢跑中练习有节奏地匀速运球，逐步过渡到快速跑运球。要将球控制在身体前面1米左右的距离内。

第四，运球绕过各种障碍物，增加练习难度，提高控球能力和练习兴趣。

第五，运球与停球、扣球组合练习，主动改变运球的方向，提高比赛的能力。

第六，2人1组，做运球与抢截对抗练习，1人运球前进，另1人阻截，2人轮换练习；在对抗中进一步提高运球能力。

4. 易犯错误与纠正方法

（1）运球时用力过大，使球失控

纠正方法：先做无球模仿练习，体会节奏感，然后用实心球练习运球，体会推拨球用力的大小。

（2）运球时，脚触球部位不准

纠正方法：用定位球做运球模仿动作，体会脚尖向下用脚背正面触球的侧后方。

（3）运球意识不强

纠正方法：练习运球要与传、接、运、射等技术相结合，提高应变的能力。

（4）支撑脚偏后，推拨球后重心滞后，导致人球分离

纠正方法：要求支撑脚尽可能地接近球，做到轻触快追，使球始终处于身体的有效控制范围内。

（三）脚背内侧运球

脚背内侧运球的特点是运球动作幅度大，控球稳，虽不能加快速度，但是左右转换方向都很容易。它主要适用于掩护性运球或运球变向，是比赛中使用得最多的运球方法（图4-3）。

图4-3 脚背内侧运球

1. 动作要领

跑动中，身体自然放松，步幅稍小；运球腿屈膝提起，脚尖稍外转，使脚背内侧正对运球方向；运球脚落地前用脚背内侧推拨球，使球随身体前进。

2. 教学重、难点

运球时脚接触球的部位准确、力量适中；身体重心随球移动；运球时协调用力。

3. 教法

（1）直线运球练习

方法：单人练习，确定行进路线自主练习。

提示：运球过程中，脚触球时小腿及脚踝的发力是柔和的，尤其是脚与球接触瞬间的细微缓冲动作是控制好球的要领。初学者常常因为腿部肌肉和关节过于紧张，动作僵硬，出现踢球发力的错误。

（2）运球绕杆练习

方法：在做变向时交换运球脚。

提示：绕杆运球涉及变向，在支撑脚落地时应考虑身体重心的控制、球的运行速度和运球脚的动作空间变向前的步伐调整。运球脚大跨步踏在球的侧面偏前位置，距球稍远，为完成变换运球脚动作留出空间，同时屈膝制动降低重心，缓冲助跑冲力。

4. 易犯错误与纠正方法

（1）身体重心过高或侧倾不够，影响运球变向

纠正方法：运球过程中，要保持重心稍下沉、躯体略侧倾的状态，多做原地练习。

（2）推拨球动作不稳定，影响控球效果

纠正方法：运用一步一触的小游戏等方法，让学生由慢到快循序渐进地练习运球。

（3）脚跟未提起，成勾脚触球，将球挑起

纠正方法：保持脚背与地面角度基本垂直，多做原地或无球的强化练习，也可以运用实心球找准确部位的触球感觉。

二、踢球

踢球是指运动员有目的地用脚的相应部位将球击向目标的动作方法。踢球是运动员进行比赛活动的主要技术手段，在比赛中是以传球和射门为主要形式体现的。踢球动作按接触球时的脚的部位可分为脚内侧踢球、脚背正面踢球、脚背内侧踢球等方法。

（一）脚内侧踢球

脚内侧踢球是用脚内侧（足弓）部位踢球的踢球方法，动作特点是脚触球面积大，对球的方向控制性强，出球平稳准确，主要用于短传和近距离射门（图4-4）。

1. 动作要领

（1）脚内侧踢定位球

直线助跑，即助跑方向与传球方向一致，助跑最后一步适当加大；踢球腿由后向前屈膝摆动，当膝关节接近球的垂直面时，小腿加速前摆，大腿稍上提，同时膝外展；脚尖上

图4-4 脚内侧踢球

翘，用脚内侧部位击球的后中部；踢球腿在击球后继续前伸推送，并保持用力方向与地面平行。

（2）脚内侧踢空中球

根据来球速度和运行轨迹及时移动到位，踢球腿大腿抬起（屈）并外展，小腿屈并绕额状轴由后向前摆动，当摆至额状面时与球接触，击球的中部。

2. 教学重、难点

踢球时支撑脚的位置，踢球腿的摆动和触球的部位准确，协调自然；脚尖上翘，用脚内侧部位击球的后中部。

3. 教法

练习时，应把注意力集中在某个技术环节上，通过大量重复踢固定球练习提高自己对动作细节的感知和控制能力。

方法：两人一组，一人将球踩在地面固定，另一人做原地（或加助跑）摆腿击球动作，力量稍小，主要是体会动作要领。

提示：注意体会踢球腿的加速摆动、用力、旋转和击球脚形的控制，以及脚与球接触时的肢体感觉。

（二）脚背正面踢球

脚背正面踢球是以脚背正面部位触球的踢球方法，动作特点是摆踢动作顺畅，便于发力，出球的速度快，但出球的路线和性能变化小，主要用于射门和远距离传球。特点是利用小腿的快速摆动，以及比较坚实的脚背部位触球，使球产生急速变形，促使球高速飞行，形成极具威胁的射门或长传球。

1. 动作要领

（1）脚背正面踢定位球

直线助跑，最后一步稍大些，支撑脚积极着地支撑，在球的侧面10~12厘米处，脚尖正对出球方向，膝关节微屈，踢球腿随跑动向后摆动，小腿屈曲，支撑的同时踢球腿以髋关节为轴，大腿带动小腿由后向前摆动。当膝关节摆至接近球的正上方时，小腿做爆发式的摆动，脚趾屈，以脚背正面部位击球的后中部。击球后身体及踢球腿随球前移（图4-5）。

（2）脚背正面踢空中球

判断好球运行的路线和击球点。踢球时，身体侧对出球方向，支撑脚跨上一步，脚尖指向出球方向，上体向支撑脚一侧倾斜，踢球腿的大腿高抬接近与地面平行，然后以大腿带动小腿急剧向出球方向摆动，用脚背正面踢球的后中部。在摆腿踢球的过程中身体随之向出球方向扭转，两眼始终注视着球，当要踢球的一刹那，身体正对出球方向。

2. 教学重、难点

踢球时支撑脚的位置，踢球腿的摆动和触球的部位准确，动作协调自然。

图4-5 脚背正面踢球

3. 教法

（1）对墙踢固定球练习

方法：初学阶段在助跑环节上可简化，采用一步助跑，这样有利于支撑脚的准确选位并将注意力更多地集中到脚形的控制上。

（2）踢球腿摆动模仿练习

方法：可以先在地面确定一个支撑脚落地点，然后加一步、两步或多步助跑，反复练习。

提示：练习时注意体会腿部肌肉的放松，只在触球前刹那通过绷紧腿部肌肉加固关节即可。

（3）两人对传练习

方法：两人相距25～30米，踢定位球或活动球。

提示：体会这一脚法在长传和射门时的区别，通过调整脚形和击球点，控制出球的高度。长传球时脚的位置较平，击球点偏下；射门时脚背绷紧立直，击球点上移。

4. 易犯错误与纠正方法

（1）支撑脚站位偏前或偏后

纠正方法：控制跑动速度，准确判断球的运行轨迹。

（2）踢空中球时对球的速度和高度判断失误，造成摆腿击球时间不当，出现踢空现象

纠正方法：先是用手抛球来控制球的速度，体会摆腿击球幅度，一般来说，在判断准球高度的同时，球速越快，摆动越小，反之，球速较慢可加大摆动。

（3）踢空中球的部位不准，出球偏离目标

纠正方法：犯这种错的原因在于不能适当地使踢球腿抬起与来球高度形成相配合的击球点。只要根据来球的高度选择好踢球腿的摆动即可。如踢接近髋关节高度的球时，上体应往踢球腿侧偏，使踢球腿能抬至相应的高度。逐步加练给予纠正。

（三）脚背内侧踢球

脚背内侧踢球是以脚背内侧部位触球的踢球方法，动作特点是踢球腿的摆动顺畅，幅度大，脚触球面积大，出球平稳，球速快，并且性能（旋转、高低）和路线（直线、弧线）易于变化，主要用于中远距离的传球和射门（图4-6）。

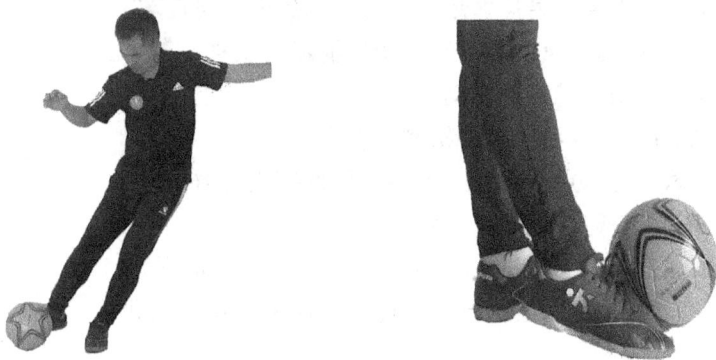

图4-6 脚背内侧踢球

1.动作要领

（1）脚背内侧踢定位球

斜线助跑，在不影响摆腿发力的同时更有利于击球脚形的控制；支撑脚落地时，身体重心应偏向支撑脚一侧并屈膝缓冲，保持重心的稳定；用脚背内侧击球的后下部，同时脚尖包向球的外侧；前摆送球的方向应指向传球目标。

（2）脚背内侧踢反弹球

根据来球的落点及时移动到位，在球离地（反弹）的瞬间踢球，其他的动作要求与踢定位球相同。这种踢球方法多用于踢侧方或侧前方来的空中下落的球。

2.教学重、难点

踢球时支撑脚的位置、踢球腿的摆动和触球的部位准确，踢球时动作协调自然。

3.教法

（1）对墙踢固定球练习

方法：初学阶段在助跑环节上可简化，采用一步助跑，这样有利于支撑脚的准确选位并将注意力更多集中到脚形的控制上。

（2）踢球腿摆动模仿练习

方法：可以先在地面确定一个支撑脚落地点，然后加一步、两步或多步助跑，反复练习。

提示：练习时注意体会腿部肌肉的放松，只在触球前刹那通过绷紧腿部肌肉加固关节即可。

（3）两人对传练习

方法：两人相距25～30米，踢定位球或活动球。

提示：体会这一脚法在长传和射门时的区别，通过调整脚形和击球点，控制出球的高度。长传球时脚的位置较平，击球点偏下；射门时脚背绷紧立直，击球点上移。

4. 易犯错误与纠正方法

（1）直线助跑

纠正方法：准确判断球的运行速度和方向，调整助跑角度和速度。

（2）支撑脚站位不当，离球太远或过近，脚尖未指向传球方向

纠正方法：控制好助跑速度与节奏，步伐清晰，注意力集中。

（3）肌肉关节紧张，成直腿摆动

纠正方法：通过模仿练习体会放松摆腿技术。

（4）勾脚击球，击球点不稳定，不能有效发挥摆腿力量

纠正方法：脚背、踝关节绷紧，固定脚形。

（5）踢球腿摆送方向太随意，不能稳定控制出球方向

纠正方法：有意识地控制摆送方向，注意身体重心随球跟进。

三、接球

接球是指运动员有目的地运用身体的有效部位，将运行中的球控制在所需位置上的动作方法。它是运动员获得球的主要手段，是运动员控制能力的一种表现。良好的接球能力能为球队争取更多的进攻机会，是进攻战术的主要构成因素。

接球按触球部位可分为脚部、胸部、腿部、腹部和头部接球五类。其中，脚部接球的动作方法最多，运用最广。

（一）脚内侧接球

脚内侧接球是以脚内侧触球的接球方法，技术特点是接球平稳，可靠性强，动作灵活多变，用途广泛，主要用于接地滚球、低平球、反弹球。

1. 动作要领

支撑脚正对来球，膝关节微屈，停球腿屈膝外转并前迎，脚尖稍翘起，当脚与球接触前的一刹那开始后撤，在后撤过程中用脚内侧接触球，缓冲来球力量，把球控制在衔接下一动作所需要的位置上（图4-7）。

图4-7　脚内侧接球

2.教学重、难点

判断准确，缓冲来球力量；迎球的时机及触球的部位。

3.教法

（1）个人练习

方法：结合对墙踢球技术练习，接停反弹回来的球。

（2）两人传球练习

方法：在脚内侧传球练习中，结合两人传球进行停球练习。

提示：基本动作掌握后，在练习中应适当增加练习难度和技术变化，以提高实战应用能力，如停球变向、停球假动作、停球保护等。

a.停球变向

应注意支撑脚与停球脚的相对位置，不要让支撑脚成为停球方向上的障碍；同时要兼顾支撑脚的选位与角度，便于控制身体重心和及时跟进。

b.停球假动作

利用停球前的身体虚晃动作达到欺骗对手的目的，为自己停球后的摆脱创造条件。

c.停球保护

在对方将要贴身争抢的情况下，停球时支撑脚的选位应考虑到，要同时让自己的身体处于球与对方之间，以便护球。

4.易犯错误与纠正方法

（1）抬脚高度超过球的高度，造成漏球

纠正方法：控制好抬腿高度。

（2）接地滚球时，未屈膝外展，前伸脚弓对不准球

纠正方法：反复练习屈膝外展，有意识地用脚弓迎球。先做无球模仿练习，然后一人抛地滚球，另一人用脚内侧接球，并互相检查脚触球的部位。

（3）在支撑脚前方触球，停球不稳或将球挑起

纠正方法：准确判断球速，调整好支撑脚位置。

（4）肌肉关节过于紧张，不能有效缓冲来球力量

纠正方法：停球腿适当放松，但脚尖应翘起保持脚形。

（5）注意力不集中，停球后不注意技术的衔接

纠正方法：身体重心适当降低，保持稳定，并随时准备起动跟进和抵抗对方可能的冲撞。

（二）胸部接球

胸部接球是指运动员运用胸部，将运动中的球有目的地接控在所需位置上的动作方法，是运动员获得球的重要手段。胸部接球技术的特点是触球点高、面积大，适用于接胸部以上的高空球。胸部接球一般有两种方式。

1.动作要领

（1）缩胸式接球

适用于接齐胸的平直球。缩胸式接球与挺胸式接球的动作差异在于触球刹那的动作。当球接近时，将手臂向后放并张开胸部。当球触胸瞬间，迅速收腹、缩胸，缓冲来球的力量，使球落于体前（图4-8）。

图4-8　缩胸式接球

（2）挺胸式接球

要判断来球的落点，选择适当的接球位置。接球时，身体正对来球，两腿自然开立，膝微屈，两臂自然放置在体侧，上体稍后仰与来球形成一定的角度。触球刹那，胸部自然挺送，使球触胸后向前上方弹起落于胸前。

胸部接球的触点高，接球后球下落反弹。因此，做完胸部动作后，需要及时将球控制在脚下。如果要将球接向身体两侧，在触球的刹那要突然转动身体，带动球变向（图4-9）。

图4-9　挺胸式接球

2.练习方法

（1）两人一组进行停手抛球练习

方法：两人相距4～5米，互掷手抛球（球的运行弧线稍高），把球停住后用手接住，再回抛给对方。

（2）结合脚内侧停反弹球练习

方法：练习形式同上。要求练习者把胸部停球与脚内侧停反弹球结合，球停至地面后回传给同伴。

提示：胸部停球很难一次把球控制到地面，不利于技术衔接。训练中要注意停球与随后的控球技术的快速衔接，一般在球落地时利用脚内侧或外脚背接停反弹球，以最少的触球次数把球控制到地面，这样就能快速过渡到运球或传球。

（3）三人颠球练习中结合胸部颠球

方法：三人三角形站位，连续颠球，每人颠球数次后颠传高球给同伴。

提示：在接同伴颠传球时，先用胸部停球动作将球颠起，再接其他部位颠球。

3. 易犯错误与纠正方法

（1）下颚抬起，影响视线和观察

纠正方法：收紧下颚，两眼注视来球。

（2）上体后仰角度太小，球反弹后离身体过远

纠正方法：判断来球的角度和力量，调整身体后仰角度。

（三）大腿停球

图4-10　大腿停球

大腿停球，一般运用于弧度较大的高空下落球，或平行于大腿高度的来球。接来球时，停球腿大腿抬起，以大腿中部对准下落的球，肌肉适当放松。在与球接触前的刹那，大腿迅速撤引挡球，使球落到适合衔接下一动作的位置（图4-10）。

1. 动作要领

（1）大腿接抛物线较大的下落球

面对来球方向，根据球的落点迅速移动到位，接球腿大腿抬起，当球与大腿接触的瞬间下撤，将球接到需要的位置上。

（2）大腿接低平球

面对来球方向，根据来球高度，接球腿大腿微屈，送髋前迎来球，当球与大腿接触瞬间收撤大腿，使球落在所需要的位置上。

2. 教学重、难点

判断准确，缓冲来球力量；迎球的时机及触球的部位。

3. 教法

（1）个人练习

方法：手抛球，接停下落球。

（2）结合两人传球的练习

方法：一人抛球，另外一人练习，循环进行。

提示：基本动作掌握后，在练习中应适当增加练习难度和技术变化，以提高实战应

用能力，如停球变向、停球假动作、停球保护等。

4.易犯错误与纠正方法

大腿僵硬是大腿停球的易错错误。纠正方法：根据来球时机，大腿实时抬起，在触球一瞬间接球，腿部放松，卸掉球下落的力量。

第三节 足球运动基本战术

一、进攻战术

（一）"二过一"进攻配合

进攻战术中的"二过一"，就是比赛中两个进攻队员战胜一个防守队员的局部战术配合。"二过一"是足球比赛中运用最普遍、最简单、最基本的进攻战术。具体配合的形式和方法是很多的，下面介绍几种比赛中常用的"二过一"配合。

1.斜传直插"二过一"

如图4-11，由进攻队员⑩与⑦拿球做向前运球，吸引防守者的注意力，然后突破斜传球。由队员⑨与⑧快速直插接球，突破防守。

2.直传斜插"二过一"

如图4-12，由进攻队员⑩与⑦做直传球，同队的⑨与⑧队员都是斜线插上接球。

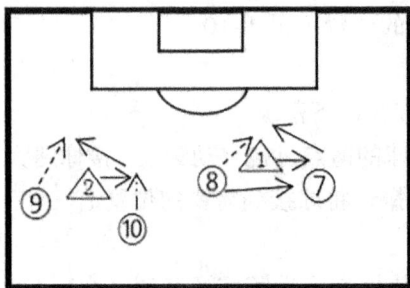

图4-11 斜传直插"二过一"　　　　图4-12 直传斜插"二过一"

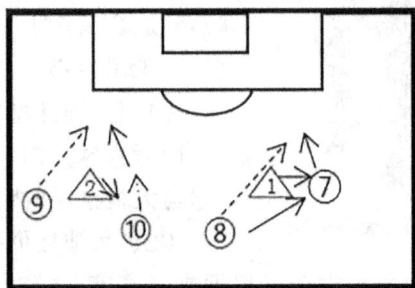

3.踢墙式"二过一"

如图4-13，这种方法常用于中路突破。它是由队员⑧快速向前运球，在接近防守队员时，及时向队员⑨脚下传球，队员⑨像墙一样，一次出球将球反弹至防守者背后，队员⑧快速插上接球。

4.回传反切"二过一"

如图4-14，这种方法是由队员⑨将球回传给队员⑩，拉出防守队员身后的空当，队员⑨突然转身反切，队员⑩将球铲向防守者的身后。

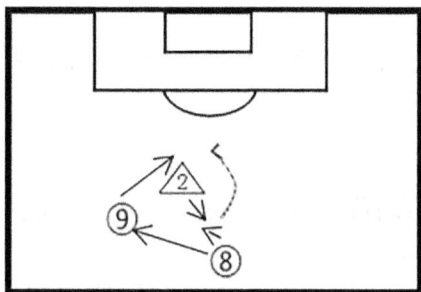

图 4-13　踢墙式"二过一"　　　　图 4-14　回传反切"二过一"

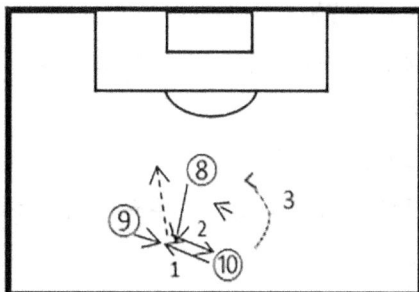

（二）"三过二"进攻配合

"三过二"是在比赛中局部区域三个进攻队员通过连续配合突破两个防守者的进攻战术。由于这种配合有两个同队队员可以同时接应传球，因此持球人传球路线更多，且进攻面扩大，要求也较高，防守的难度也较大。下面介绍几种"三打二"的进攻战术配合方法。

1.第二空当配合

所谓第二空当，是指当一名进攻队员跑向一个有利的空当（第一空当）并牵制一名防守队员时，原区域出现的空当（第二空当），第二个进攻队员迅速插向第二空当，利用传接配合，突破防守。

打第二空当配合对三名进攻队员的基本要求是：

第一，扯动要逼真，能将防守者从原防守的位置上吸引开来，以形成空当。接应者应及时摆脱，迅速插向空当。传球者要掌握好传球的时机与传球的落点，使拉扯、切入、传球一气呵成，恰到好处。

第二，要善于根据比赛场上的实际情况做出变化，打第一空当与打第二空当或第三空当相结合，使守方防不胜防，起到更佳的效果。

2.连续二过一

连续二过一至少由两组二过一配合组成。在三人配合时应做到：

第一，三名进攻队员的位置基本上呈三角形。两名无球队员不能一起跑向同一个点造成位置重叠。

第二，控球者在传球前应注意观察，选择最有威胁的进攻配合。

二、防守战术

（一）防守选位

防守队员选择的站位，原则上应在对手与本方球门中心所构成的一条直线上，根据球的位置做相应的前后、左右移动，使球和人都能处于自己的视野之内。

（二）防守盯人

针对对方进攻队员，有目的地积极主动贴近对手，使其在跑位、传接球时不能充分发挥技术特长。

（三）防守补位

临近位置防守队员站位要有层次，不能平行站位，相互间要有保护、补漏、交换位置的措施。

三、定位球战术

（一）任意球战术

1. 前场任意球的进攻战术

（1）罚球弧区域的任意球进攻

攻方在罚球弧区域获得直接或间接任意球时，守方必排"人墙"封住部分球门，守门员会选择既能看清球和罚球队员的动作，又能兼顾整个球门防守的站位。因此，攻方的打法是劲射或从侧面绕过人墙及越过人墙上空的下旋弧线球射门，同时，挡住守门员视线，使其看不到球和罚球队员的动作，使守门员对射门的反应减慢。

（2）罚球区角及两侧的任意球进攻

在罚球区角获任意球时，可用直接射门或传球配合射门的方法进攻。

2. 罚球区内的间接任意球进攻战术

攻方在罚球区内罚间接任意球机会少，但须做好准备，一旦出现机会，就要把握好。若在球门区附近，守方所有队员会在球门线上排墙，球射出的刹那，守方会全部向前封堵。因此，罚球时要做好下列两点：第一，如果射门角度小，第一次触球可向侧后方轻传，增大同伴的射门角度。第二，要观察守门员的站位，将球直接射向离守门员远的防守队员的头顶上空。

3. 任意球的防守战术

第一，干扰罚球，争取时间迅速组织人墙。第二，控制和封锁要害空间。除排墙者外，其他队员选择有利位置控制和封锁要害空间。

（二）角球战术

1. 角球进攻战术

在足球比赛中，角球也是破门得分的重要手段之一。角球有短传和长传两种。多数角球采用内弧线球传至门前区域，进攻球门前半部居多，而且效果相对较好。

（1）短传角球

短传角球快，在角球弧处能形成人数优势，缩短传中距离，提高传球的准确性和增大传球角度，丰富战术打法，增加防守难度，对球门威胁大。队员身材不高、争夺空中球能力较弱的队用短传角球的较多。

（2）长传角球

用内弧线球直接射球门的较少。多数长传角球是将球传至门前区域，由同伴头顶或配合射门。擅长右脚者罚左侧的角球，擅长左脚者罚右侧的角球，这有利于踢出球速快、旋转强、落点好的内弧线球。

2.角球防守战术

所有队员的注意力应高度集中，分工明确，各司其职，人球兼顾，切忌盯人不看球或看球不盯人。防守者应抢占有利位置，始终处在球、对手和球门内侧之间。

球门区线的三名队员要有高度，头球好，如对方有高个队员参加进攻，守方应做相应的调整并重点盯防。解围时，防守队员应全线快速压上至罚球区附近，以遏制对手的再次进攻。一旦抢到球则可发动快速反击。在解围或危急时，须抢先触球，踢远、踢高、向两边踢，甚至可踢出界。

（三）界外球战术

1.界外球进攻战术

（1）两人配合

一掷一接，接球者直接或间接回传给掷球者或由他人组织进攻。在中、后场运用较多。

（2）三人或三人以上配合

中前场进攻时，守方采用紧逼盯人，两人配合较难成功，需要三人或更多队员的配合。具体可用一拉一接、一接一插等配合方法。

2.界外球防守战术

在掷球局部区域对有可能接球者紧逼，对危险区域和有可能出现的空当要重点防守和保护。防长传界外球时，要有一名队员对掷球者进行干扰，限制其远度和准确性。对重点队员要盯死，有时可采用前后夹击防守。其他队员应选择有利位置并盯防相应的队员。

第四节　足球运动竞赛规则与赛事简介

一、竞赛规则

（一）队员人数与比赛时间

每队上场队员不得多于11人，其中必须有一名守门员。如果其中一队人数少于7人则不得开始比赛或继续比赛。

比赛分为两个半场，每半场时间为45分钟，并根据裁判员的判断，扣除每半场中损失的所有时间。中场休息时间不得超过15分钟。

（二）越位

队员较球和对方最后第二名队员更接近于对方球门线时，即处于越位位置。但队员在本方半场或齐平于对方最后第二名队员时，不处于越位位置。

队员处于越位位置本身并不是犯规。处在越位位置的队员同时有下列行为时应判越位犯规：

在同队队员踢或触及球的一瞬间，裁判员认为其就下列情况参与了现实的比赛。

第一，干扰比赛或干扰对方。

第二，企图从越位位置获得利益。

直接接得球门球、界外球、角球，队员处在越位位置，但同队队员踢或触击球的瞬间没有干扰比赛，又未干扰对方，也没有获得利益，所以没有越位犯规。

对越位犯规应判给对方在越位地点踢间接任意球。

（三）犯规与不正当行为

裁判员认为有草率、鲁莽地使用过分的力量导致下列六种犯规之一者，将判给对方踢直接任意球：

第一，踢或企图踢对方队员；第二，绊摔或企图绊摔对方队员；第三，跳向对方队员；第四，冲撞对方队员；第五，打或企图打对方队员；第六，推对方队员。

队员有下列犯规之一，也判给对方踢直接任意球：

第一，为了得到对球的控制而抢截对方队员；第二，于触球前触及对方队员；第三，拉扯对方队员；第四，向对方队员吐唾沫、故意手球。

比赛中如果队员在本方罚球区内出现了上述十种犯规之一，应被判罚点球。

守门员在本方罚球区内有下列五种犯规行为之一时，将判给对方踢间接任意球：

第一，当手控制球时，在发出球之前行走4步以上；第二，在发出球之后未经其他队员触及，再次用手触球；第三，用手触及同队队员故意来球；第四，用手触及同队队员直接掷入的界外球；第五，拖延时间。

队员有下列情况时，也将判给对方踢间接任意球：

第一，动作具有危险性；第二，阻挡对方队员；第三，故意阻挡对方守门员从其手中发球；第四，有违反规则的其他犯规而停止比赛被警告或罚令出场。

队员有下列七种犯规行为之一者，将被警告并被出示黄牌：

第一，做出违反体育道德的行为；第二，以语言或行动表示异议；第三，持续违反规则；第四，延误比赛重新开始；第五，当以角球或任意球重新开始比赛时，不退出规定的距离；第六，未得到裁判员许可进入或重新进入比赛场地；第七，未得到裁判员许可故意离开比赛场地。

队员有下列七种犯规行为之一者，将被出示红牌并罚令出场：

第一，严重犯规；第二，暴力行为；第三，向对方或任何人吐唾沫；第四，用故意手球破坏对方的进球或明显的进球机会；第五，用可判为任意球或点球的犯规破坏对方向本方球门移动着的明显的进球得分机会；第六，使用无礼的、侮辱的或辱骂性的语言；第七，在同一场比赛中得到第二次警告。

（四）任意球

任意球分为直接任意球和间接任意球两种。无论是直接任意球还是间接任意球，踢球时必须将球放定，踢球队员在球未经其他队员触及前，不得再次触球。

直接任意球直接踢入对方球门，判为得分，如直接踢入本方球门，判给对方踢角球。

间接任意球直接踢入对方球门，判为球门球，如直接踢入本方球门，判给对方踢角球。

（五）掷界外球

掷界外球是重新开始比赛的一种方法，当球的整体不论从地面还是空中越过边线时，都判给最后触球一方的对方从球越出边线处掷界外球。界外球不能直接进球得分。

队员掷界外球时应面向场地，站在边线或边线外的地上，不得踩线，使用双手将球从头后经头上掷出。掷球队员在其他队员触球前不得再次触球。球进入比赛场地，比赛即开始。

二、赛事简介

（一）奥运会足球赛

1908年足球正式成为奥运会的比赛项目，参加奥运会的足球运动员均为业余队员。1977年召开的国际足联代表大会明确规定，欧洲和南美洲参加过上届世界杯赛的足球运动员不得参加奥运会。1984年4月，国际足联主席阿维兰热宣布，除上述不准欧洲和南美参加过世界杯足球比赛的队员参加奥运会足球比赛的限制外（略做改动，参加过世界杯决赛的球员不得参加奥运会），今后不再区分职业和业余队员。但1988年，国际足联又对奥运会足球比赛参赛队员年龄（23岁）加以限制，使奥运会足球赛成为4个级别比赛中的一个。1993年，国际足联执委会决定，允许每个参加奥运会足球决赛的队伍有3名年龄超过23岁的队员。1988年中国男子足球队首次参加在汉城（今首尔）举办的第24届奥运会足球赛。

（二）世界杯足球赛

1930年7月13日在乌拉圭首都蒙得维的亚市举行首届世界杯足球赛，开启了这一世界最高水平足球比赛的历史。从那时起至2018年世界杯赛共举办了21届。2002年中国男子足球队首次闯进世界杯决赛圈（排名第31名）。

（三）女子世界杯足球赛

1991年11月16日，在中国广州市举行的首届女子世界杯足球赛，揭开了女子足球高水平赛事的序幕。中国女足曾在第三届比赛中获得亚军。2007年，第5届女子世界杯足球赛也在中国举行。

本章思考题

1. 简述现代足球的历史。
2. 举例说出现阶段顶级球队首选的防守和进攻战术打法。
3. 论述进攻战术、防守战术的基本要求。

本章参考文献

[1] 埃克布洛姆.足球 [M].陈易章，等译.北京：人民体育出版社，2003.

[2] 国际足联.国际足联执教手册 [M].中国足球协会，译.北京：人民体育出版社，2016.

[3] 曾丹，邓世俊，耿建华.中国校园足球指导员培训教程（试行）[M].北京：人民体育出版社，2015.

第五章

排球运动

排球运动是一项在规定场地内由两队各 6 名队员，以中间球网为界，不断进行攻防对抗以决胜负的球类竞赛运动，是一项在我国和世界其他国家开展得比较普遍的体育运动，深受各阶层的人们特别是青少年的喜爱。尤其是中国女排在 20 世纪 80 年代取得五连冠，在 2003 年日本世界杯重夺世界冠军，在 2004 年雅典奥运会重夺奥运冠军，在 2012 年伦敦奥运会获得第五名的成绩，在 2015 年日本世界杯和 2016 年里约奥运会夺冠等，使排球运动项目在国人心目中一直保持较高的地位。我国排球运动得到更广普及和更高发展，运动技术水平不断提高。人们对排球运动的喜爱已从单纯的观赏转入观赏与参与结合的阶段，参与者在排球运动的实践中，不断地受到排球文化的熏陶，追求健身娱乐与运动水平提高的和谐发展。

第一节　排球运动概述

一、排球运动的起源与传播

排球（volleyball）运动起源于美国，是在 1895 年，美国马萨诸塞州（旧称麻省）霍利约克市，由一位叫威廉·摩根的体育工作人员发明的。当时，网球、篮球很盛行，摩根先生认为篮球运动太剧烈，而网球运动量又太小，想寻求一种运动量适中，又富有趣味性，男女老少都能参加的室内娱乐性项目，就计划把当时已流行的网球搬到室内，在篮球场上用手来打。他将网球网挂在篮球场上，把篮球内胆在球网上空打来打去地进行游戏。由于篮球内胆太轻，不易控制，篮球和足球又太重，易挫伤手指、手腕，于是摩根找到当时美国较大的体育用品制作公司斯伯丁，要求他们设计一种用软牛皮包制的球，这种球既不伤手指，又不会一打就跑。斯伯丁公司按摩根的设计要求制作了与现代排球相近的第一批排球。它们的外表是皮制的，内装橡皮胆，圆周为 25～27 英寸（63.5～68.6 厘米），重量为 9～12 盎司（255～340 克）。今天的排球大小和重量就是据此演变而来的。新的运动项目最初叫 mintonette（小网子），后来春田市哈尔斯戴特博士建议取名为 volleyball，这个名字一直沿用至今。volleyball 这个词，我国最早译为"队球"，后改为"排球"。

春田专科学院是排球的推动者，该院的青年会是最早传播排球运动的组织。基督教青年会的干事、传教士、春田专科学院毕业的学生，以及参加第一次世界大战的美国军队，都成为排球运动的初期传播者。排球运动传入亚洲的时间较早，主要是通过基督教青年会的传播。排球 1900 年传入印度，1905 年之前传入中国，1908 年传入日本，1910 年传入菲律宾。亚洲排球技术的发展对世界排球运动的发展做出了贡献。排球运动传入欧洲的时间迟于美洲和亚洲，是由参加第一次世界大战的美国士兵带到欧洲去的。排球 1914 年传入英国，1917 年传入法国、意大利、俄国，1918 年传入巴尔干半岛，1919 年传入捷克斯洛伐克、波兰，1922 年传入德国。排球运动传入欧洲较晚，但传入的是 6 人制运动，而且当时已经成为一项竞技性运动，所以该项运动很快在欧洲得到发展，技术水平较高。在相当长的一段时间里，欧洲国家的排球运动水平始终名列世界排坛的前茅。排球运动传入非洲的时间最晚，1923 年传入埃及、突尼斯、摩洛哥等国。由于起步较晚，传入后又没能广泛地开展，所以至今非洲的排球技术、战术水平在世界排坛中还处在落后的位置。

至于排球是于何时何地，由何人介绍到中国的，已无法考证。但现有的历史资料证明，早在 1905 年，排球运动就已经在广州南武中学和香港皇仁书院开展，其后传播到各地。20 世纪 80 年代是我国排球运动最辉煌灿烂的时期。从 1981 年到 1986 年，中国女排连续五次获得世界大赛的冠军，在中国亿万人民的心中铸就了不朽的丰碑。

国际排球联合会简称国际排联，成立于 1947 年，第一次会议有 17 个国家参加，如今已发展为有 200 多个成员。国际排联总部最初设在巴黎，现设在瑞士的洛桑。1964 年东京奥运会，排球被列入奥运会正式比赛项目。

排球运动 1900 年传入亚洲时，在开展的初期上场人数不是 6 人而是 16 人。美籍菲律宾排球介绍人 F. S. 勃朗先生说："当时美国有体育馆，较适合 6 人制排球。亚洲人多，排球运动又多在室外进行，要考虑多数人能参加排球运动。"因此 F. S. 勃朗先生和 F. H. 勃朗先生向菲律宾和日本介绍的都是 16 人制排球，故 1913 年第一届远东运动会的排球赛采用 16 人制；1919 年第四届远东运动会演变为 12 人制；1927 年第八届远东运动会演变为 9 人制；1950 年 7 月，中华全国体育协进会（现中华全国体育总会）举办的全国体育工作者暑期学习会首次介绍了 6 人制排球规则与比赛方法；1951 年正式采用 6 人制。从此，6 人制排球在全国逐步地开展起来。

排球运动内容丰富，形式多样。其攻防转换激烈，对参与者的判断力、移动速度、跳跃能力和集体协作意识都有一定的要求，是力量、速度、灵敏、柔韧与智慧的完美结合与体现。排球运动在发展身体机能，强健体魄，培养快速反应能力、拼搏精神以及团队意识等方面具有独特的功效。排球运动因此而深受广大青少年的喜爱。

二、排球运动的繁衍

（一）沙滩排球

沙滩排球是排球家族的一员，起源于 20 世纪美国的加利福尼亚州，起初纯粹是一种民间活动，与 6 人制排球相比，基本技术大体相同。由于沙滩排球集娱乐、休闲、健身、观赏于一体，故被誉为"21 世纪最杰出的运动项目之一"。1996 年，沙滩排球作为排球运动的一种被列入了亚特兰大奥运会正式比赛项目。

（二）软式排球

软式排球于 20 世纪 80 年代起源于日本，90 年代传入中国，同一时期欧洲也有类似的软式排球运动，随后逐渐在世界范围内流行，但目前尚没有统一的国际比赛规则。软式排球以其质地软、气压小、速度慢、难度低、少伤害、趣味性高、娱乐性强、老少皆宜、健康价值高等特点，深受广大少年儿童和中老年人的喜爱和欢迎。软式排球有充气式和免充气式两种，集娱乐性与竞技性于一体，是一项极有发展前景的群众体育项目。

（三）残疾人排球

为了丰富残疾人体育文化活动的内容，残疾人排球顺应而生。根据残疾人的生理特点，残疾人排球分为坐式排球、立式排球、盲人排球三种形式。坐式排球最早于 1956 年在荷兰出现，1980 年男子坐式排球第一次作为正式比赛项目进入残奥会，2004 年女子坐式排球又被列为残奥会正式比赛项目。

（四）气排球

气排球是我国土生土长的一项群众性排球活动。气排球的特点使排球运动的技巧性降低，比赛中球的飞行速度减慢，来回球的次数增加，击球花样增多，初学者对球的恐惧感消失，因而大大提高了气排球比赛的趣味性、吸引力和可观赏性。气排球尤其适合老年人健身的需要和少年儿童活动的需要。

第二节 排球运动基本技术

排球技术是指在排球规则允许的条件下，运动员采用的各种合理的击球动作和为完成击球动作必不可少的配合动作的总称。合理的击球动作指各种直接触球的动作，如发球、垫球、传球、扣球、拦网等技术，这 5 项基本击球动作又称有球技术。无球技术包括准备姿势和移动等。

排球技术主要由手法和步法两部分组成。手法是指击球时手指、手腕、手臂用力和控制球的动作；步法是指快速灵活的脚步移动和助跑起跳动作。快速灵活的步法是保持好人与球合理位置关系的前提，同时能为手法的运用创造良好条件。手法准确熟练，可弥补步法的不足，减少失误。目前排球规则允许运动员在比赛中用身体的任何部位击球。

虽然排球运动的各项击球技术主要利用手指、手掌、前臂，但在应急情况下也可用头、肩、大腿、脚弓、脚背等部位击球，提高击球率。

排球技术的指导思想是在长期的运动实践中总结出来的，是掌握排球各项技术应遵循的基本原则。我国排球技术的指导思想概括为八个字，即全面、熟练、准确、实用。

排球技术主要有两种分类方法：一种是按照排球比赛过程的先后次序分为发球、接发球、二传、扣球、拦网、接扣球（防守）；另一种是将排球技术分为无球技术和有球技术两大类，也叫准备姿势和移动、发球、垫球、传球、扣球、拦网六大项基本技术分类法。后一种方法较适合于对初学者进行教学和训练。

一、准备姿势和移动

（一）准备姿势

做好准备姿势的目的是迅速起动，快速移动去接近球，与球保持合理的位置，以便完成各种击球动作；同时及时起跳、倒地和做好各种击球动作（图5-1）。

图 5-1　准备姿势

下肢姿势：两脚左右开立，一脚在前一脚在后相差半个脚掌，两脚脚尖适当内收，脚后跟微微提起，膝关节保持一定的弯曲，以便向各个方向迅速移动。

身体姿势：身体前倾，重心靠前，膝部的垂直线应在脚尖前面。

手臂姿势：两臂放松，自然弯曲，双手置于腹前，肩部打开下沉不要耸肩。

适当放松，两眼注视来球，两脚始终保持微动，根据球运行的变化，随时调整身体位置、方向、重心，始终谨记先动脚再伸手不要抱着手跑动。

（二）移动

从开始起动到制动的整个过程叫作移动。移动的主要目的是要用最快的速度接近排球，将球和人的位置关系调整到最佳状态，以便更好地将球击出。快速移动可以使人占据场上的有利位置，争取有利的时间和空间。运动员能不能快速到位，直接影响着技术、战术的发挥和运用。移动主要包括起动、移动和制动。

1.起动

移动发力的开始就叫起动，起动是移动的关键。起动的速度主要取决于准备姿势、运动员的反应能力和腰腿部的力量。在排球比赛过程中，要根据运动员在场上的情况，运用不同的准备姿势，这样才能随时随地地改变移动方向和移动速度。

2.移动的基本步法

（1）并步

当来球距离身体一步左右采用并步移动。向右侧移动，右脚微抬起向左前跨出一步，左脚迅速跟上一步呈准备姿势，这种移动方法有利于对准来球和保持击球时身体重心的平稳（图5-2）。

图5-2　并步

（2）交叉步

当来球在体侧2~3米时，采用交叉步移动。向右侧交叉步时，上体稍向右转，左脚在右脚前面做交叉步后，右脚迅速跨出一步对准来球方向，保持击球前的姿势。向左侧交叉步与之相反（图5-3）。

图5-3　交叉步

（3）跨步

看准球的落点及时跨出一步，屈膝深蹲制动，重心落在跨出腿上，上体前倾，臀部下降，胸部尽量贴近大腿，后腿自然伸直或重心前移而跟上。接近球的落点时，两臂前伸插于球下，等球下落接近地面时，用前臂击球的底部，将球向上垫起（图5-4）。

图5-4　跨步

3. 制动

移动的结束就是制动，同时也是击球动作的开始。制动是为了在快速移动以后，保持稳定的击球姿势，克服身体在移动后带来的惯性，为更好地完成下一个击球动作做准备。

4. 移动练习的方法

两人一组，一人打手势，一人做不同方向的并步（交叉步或跨步）移动；在进攻线和中线之间连续做前进和后退练习；在进攻线和中线之间连续做左右并步练习。

二、垫球技术

垫球是排球基本技术中用得较多的一项技术，不仅是组织进攻的开始，而且还是组织各种进攻战术的基础。垫球包括正面双手垫球、侧面双手垫球、背垫球、跨步垫球和挡球等。其中正面双手垫球在比赛中运用较多，是各种垫球技术的基础，当飞来的球速度快、弧度平、力量大、落点低时就需要采用正面双手垫球。正面双手垫球手形有三种，分别是：叠掌式、互靠式、抱拳式（图5-5）。

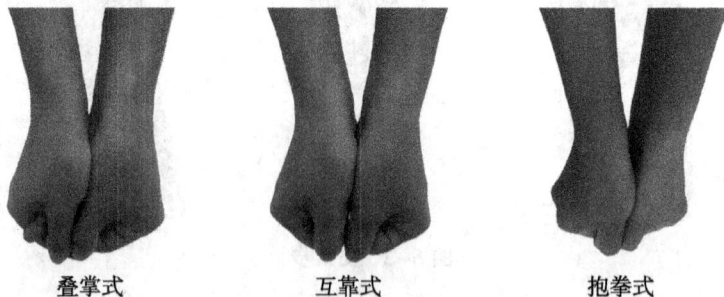

叠掌式　　　　　　　互靠式　　　　　　　抱拳式

图5-5　正面双手垫球手形

（一）正面双手垫球

1. 动作要领

两脚自然开立稍宽于肩，屈膝下蹲，两手手指重叠和掌互握，两拇指并拢，手腕下压，两臂外翻、夹紧前伸插到球下，用腕关节以上5~10厘米两臂内侧形成的平面击球的后中下部；击球时插、夹、蹬、提、跟、送连贯完成（图5-6）。

图5-6　正面双手垫球

2. 技术重难点

重点：含胸、弯腰、臂伸直，用蹬地、提肩、跟腰、抬臂的力量将球送出。

难点：判断来球力量的大小，大则撤臂缓冲，小则抬臂迎击。

3. 练习方法

（1）无球练习

徒手练习垫球基本姿势，控制击球部位，体会蹬地、提肩、跟腰、抬臂。

（2）固定球练习

两人一组，一人持球于同伴胸前一臂距离处，一人击固定球练习，体会触球部位和协调用力。

（3）抛垫练习

一人抛球，一人移动垫球。

（4）配合练习

两人距离3~4米连续垫球。

（5）接球练习

隔网接发球，培养预判、取位、垫球到位的能力。

4. 练习要求

垫球高度要达到2米以上，并保持一定的远度；垫球完成后双手松开保持准备姿势状态，不可以抱着双手跑动垫球。

5. 易犯错误及纠正方法

（1）击球部位不准确

纠正：多垫固定球，体会手臂触球；多做对墙垫球练习。

（2）两臂夹不紧，触球不在两臂上

纠正：多做徒手模仿练习和自垫球练习等。

（二）侧面双手垫球

1.动作要领

当球从左面飞来，右脚前脚掌内侧蹬地，左脚向左前方跨出一步，重心随即移动到左脚上，左膝弯曲，同时两臂夹紧向左伸出，右肩稍向下倾斜，做向右转腰收腹动作，两前臂垫击球后下部。

2.练习方法

一人固定球，一人侧垫球；一人抛球，一人左右侧垫球；三人三角侧垫球练习。

（三）背垫球

1.动作要领

迅速移动到距离球的落点一步之处，背对击球方向，两臂夹紧伸直，击球手形与正面垫球相同，击球点高于肩部；用力时通过抬头挺胸、展腹后仰，带动手臂向后上击球。

2.练习方法

两人相距3米，自抛球后将球背垫给同伴或自垫后转身背垫球练习。

（四）挡球

1.动作要领

双手挡球的手形有两种，一种是双臂上举，双手抱拳互握，置于额前上方；另一种是双臂上举，两掌成半勺形，置于额前。此外还有单手挡球：单臂上举，单手半握拳置于额前上方。挡球时两臂放松，手腕后仰并保持一定的紧张度，在额前挡往来球的飞行路线，击球的后下部，手臂缓冲利用球的反弹将球挡回（图5-7）。

图5-7　挡球

2.练习方法

两人相距3米，一人抛球另一人做挡球练习，或一人扣球另一人做挡球练习。

3.练习要求

在开始练习一人扣球、一人挡球时，最好先由教师来扣球。教师的手法比较准，学生接教师的来球可以减少练习时的恐惧心理，之后再慢慢过渡到由学生自己练习。这样效果会比较好。

三、发球技术

发球在排球运动中是一项重要的基本技术，是比赛的开始，是重要的得分手段。发球是队员在发球区内自己抛球，用一只手或手臂将球击入对方场区的一种击球方法，发球的四个重要因素是抛球稳定、击球部位准确、手形正确、击球用力合理。随着排球技术和战术的不断发展，当今，发球这项个人技术在不断地改进和提高，这是排球技术、战术不断发展的需求。所以，各国排球队为了打破发球与一传平衡的局面，都在寻找新的具有较强攻击性的发球技术。其中发远或近距离的平冲球、重飘球和跳起发大力球，能有效提高攻击力。常用的发球技术有：正面下手发球、侧面下手发球、正面上手发球、正面上手发飘球和勾手大力发球等。

（一）正面下手发球

正面下手发球（以右手为例）的技术动作较简单，失误少，准确性高，容易掌握，但发出的球速度较慢，力量小，攻击性较差。初学者适合发这种球。

动作要领：面对球网，左脚在前右脚在后站立，两膝微屈，上体稍前倾，左手持球于腹前，右臂自然下垂，两眼注视球；左手将球在体前右侧抛起30～50厘米的高度，抛球同时右手后摆，右脚蹬地，身体重心前移，右臂伸直，以肩为轴向前摆置腹前，用虎口或掌根击球的后下部，身体随着击球动作重心前移，迅速进场。

（二）侧面下手发球

动作要领：面对球网，左脚前右脚后站立，两膝微屈，上体稍前倾，左手持球于腹部左前方，将球抛出一个球的高度，同时，右臂自然伸直并稍向体侧后方微摆；击球时，右脚蹬地向左转体，带动右臂向前上方摆动，在腹前用虎口或掌根击球的后下部，身体随着击球动作迅速进入场地（图5-8）。

图5-8 侧面下手发球

（三）正面上手发球

正面上手发球（以右手为例），发球队员面对球网站立，这样就方便观察对方，落点容易控制，准确性较大，腰腹力量和迅速挥臂的力量就能充分得到发挥，因此，发出的球力量大、速度快、弧线平。这种发球不易出界，因为击球瞬间手腕和手掌有明显向前推压的动作，所以球呈上旋状态向上飞行，发球的攻击性大大增加。

1. 准备姿势

两只脚前后自然开立，左脚在前，右脚在后，身体面对球网，右手持球将球放在腹前位置。

2. 抛球摆臂

发球时，用左手将球抛起至右肩前上方，高度要适中。抛球的同时，抬右臂屈肘并后引，这时肘关节要与肩部平齐，手掌自然张开，呈勺形，上体稍向右侧转动，抬头，挺胸，展腹，身体重心放在左脚上。

3. 挥臂击球

击球时，两脚蹬地，上体迅速向左转动，利用迅速收腹的力量带动手臂向右肩上方加速挥动，用全手掌击球的后中下部。击球瞬间，手臂要充分伸直，手掌和手腕要有明显的推压动作，且动作要迅速，使球向前上方旋转飞行。击球后，迅速进入场地准备比赛（图5-9）。

图5-9　正面上手发球

（四）正面上手发飘球

动作要领：左脚在前右脚在后正对网站立，左手持球于体前，将球平稳地抛到右肩前上方大约50厘米处，同时右臂屈肘后引，肘稍高于肩，上体稍后仰，五指并拢，指尖朝上，手腕稍后仰保持一定的紧张度，眼睛注视球体。击球时，右脚蹬地重心前移，通过收腹、屈体迅速带动手臂的挥动，挥臂成直线，在右肩前上方，用手掌坚硬部位击中球的后下部，击球后迅速进入场地。

（五）发球技术重难点分析

重点：抛好球，通过蹬地、转体的力量带动手臂挥动，用掌根或半握拳的拳面等部位击球。

难点：把握抛球的高度与蹬地、转体及挥臂击球的时机。

（六）发球技术练习方法

1. 个人对墙练习

在墙上规定一点，用准确的击球方法，把球发到该点。

2. 五对五对抗

统计发球得分率。

3. 发球比赛

将场地划分为若干区域，规定发球次数，看谁发的准。

4. 实战应用

在稳与准的基础上，把球大力发至对方场区，以体现发球的进攻性。

（七）发球技术练习要求

无论采取何种发球技术，都需要做到抛球稳、击球狠。

四、传球

传球在排球运动中是最基本的技术动作。传球包括正面双手传球、背传球等多种，但正面双手传球是最基本的，在比赛中二传手主要采用正面双手传球。正面双手传球，主要靠拇指、食指、中指触球发力，用无名指和小指来控制球的方向，在触球的一瞬间，蹬地、伸膝、展体、伸臂、协调用力，最后用手腕和手指弹力将球传出。

（一）传球的特点

1. 准确性高

传球是两手呈半球状的手形将球传出的，所以手指对球的控制面积比较大，这样就容易把握住球的方向，保证传出的球的准确性。

2. 变化灵活

传球的击球点是距离额头前上方20~25厘米处。由于击球点比较高，所以传球时可以用手指和手腕灵活改变和控制球的方向。

（二）正面双手传球

1. 传球前的准备姿势

（1）下肢

两脚左右站立，大约与肩同宽，一只脚略在前，后脚跟要略提起，膝关节微屈，使身体重心保持在两脚之间。

（2）躯干

上体稍微向前倾斜或接近直立，但注意身体不能后仰，肩关节要放松，抬头，两眼注视球飞来的方向。

（3）上肢

两手臂自然举起，曲肘，两手的位置约在脸前。两肘自然下垂，手腕稍后仰内收，两手手指张开成半球形。

2. 击球前手形和击球时手指触球的部位

传球前，手掌略相对，放在额前，手指自然弯曲，手腕稍微后仰内收，用正确的传球手形迎击来球。当手指触球时，用拇指内侧，食指的全部，中指的二、三指节触球的后下部，无名指和小指在球的两侧辅助控制球的方向（图5-10）。

3. 传球动作和用力方法

（1）传球动作

首先要蹬地、伸膝、伸髋使身体重心上升，然后屈踩、伸肘，全身协调用力迎向来球。

（2）用力方法

用全脚蹬地和手指手腕的协调用力将球传出。将球传出去以后，手腕由于用力会产生惯性动作，应随着球的方向适当前屈。

（3）击球点

距前额正上方大约一个球的位置是传球的击球点。在这个位置上传球，肘关节可以继续前伸，这样可以充分发力，使动作自然、协调（图5-11）。

图5-10　正面双手传球手形　　　　　　　　图5-11　正面双手传球

（三）背向传球

背向传球时须把身体的背面正对着传球的目标，上体保持正直或稍微后仰，击球点应略高于正面双手传球的击球点。当球飞来时，头稍后仰并挺胸，上体向后上方伸展的同时下肢配合蹬地。击球时，手腕适当地后仰，使掌心向后上方，击球的底部，利用蹬地、送髋、抬臂、送肘等动作和手指、手腕主动向上的力量将球向后上方传出。

（四）侧传

动作要领：准备姿势、迎球动作与正面传球相同，击球点在身体的侧上方；触球方向一侧的手臂低一些；蹬地击球时上体向出球方向倾斜，双臂向传出一侧用力伸展。

（五）传球技术重难点分析

重点：手形呈半球形，用蹬地、伸臂和手指的力量将球传出。

难点：手腕回落，缓冲来球力量；手掌伴送球，控制出球方向，使出球柔和；手指弹拨球等。

（六）传球技术练习方法

1. 徒手练习

体会手形和最后用力。

2. 分组练习

一人持球，一人上前对着球摆手形，体会发力动作及固定手形。

3. 对墙练习

距墙 10～20 厘米，以四指、六指或十指对墙轻传，定位手形，体会手指弹拨球。

4. 自传练习

一人一球，自抛自传，体会手掌伴送球和发力动作。

5. 对传练习

两人一球对传，培养判断、取位、传球到位的能力。

6. 多人练习

3～4 人一球，逆时针方向传球，培养卡位、变方向传球的能力。

（七）传球技术练习要求

无论运用哪种方法进行练习，必须脚步移动到位后再伸手，不可以举着手跑动；注意传出的球是否达到教练要求的高度与精度。

五、扣球

扣球在排球各项基本技术中是攻击性最强的，它是得分的主要手段，因此，在比赛中占有重要地位。扣球是进攻中最积极有效的武器。战术配合的最终目的主要通过扣球来实现，所以，强有力的、富有战术目的的扣球，可为对方防守和组织反击制造困难，这样就易掌握比赛的主动权。

（一）一般扣球技术

正面扣球（以右手为例）是一般扣球技术中的一种基本方法，也是最好的进攻方法。正面扣球时运动员面对球网，这样便于观察，且准确性较高，可根据对方防守阵形，随时改变扣球路线和力量，有效控制击球落点。

1. 准备姿势

两脚自然开立，膝关节微屈，上体稍前倾，两臂自然下垂，站在离网 3 米左右的位置，观察二传来球，随时准备向各个方向助跑起跳。

2. 助跑

获得一定的水平速度，增加弹跳高度，并选择适当的起跳点，是助跑的主要目的。运动员要根据来球的方向、速度和弧线来决定助跑的时机、方向、步法、速度和节奏，因此，须全面熟练掌握一步、两步、三步及多步助跑的步法。

下面以三步助跑为例：助跑时，首先左脚要先向前迈出一步，接着右脚迅速跨出一大步，同时左脚及时并上，落在右脚侧前方，两脚尖稍内收准备起跳。注意，助跑的第一步要小，这样可以使上步的方向对正，也使身体获得向前的水平速度；第二步要大，这样有利于接近球和提高助跑的速度，为了利于制动，要使右脚落地支撑点在身体重心之前。

3. 起跳

在助跑跨出最后一步的同时，两手臂经体侧向后引，两臂积极自后向前摆动，左脚要落地制动，双腿蹬地向上起跳时，两手臂要配合起跳用力上摆。

4. 空中击球

起跳后，挺胸、展腹，上体稍向右转，右臂向后上方引，使身体成反弓形。挥臂时，要迅速转体、快速收腹，集中力量带动肩、肘、腕各关节成甩鞭动作向前上方挥动击球。击球时，击球点要保持在起跳和手臂伸直最高点的前上方，五指自然张成勺形，并保持紧张，以掌心为击球中心，全手掌包满球击球的后中部，同时屈腕屈指主动用力向前推压，使扣出的球加速上旋。

5. 落地

完成空中击球动作后，身体自然下落，为了减轻腿部负担，应用双脚的前脚掌先着地，同时顺势屈膝，以缓冲身体下落的力量。

6. 技术重难点

重点：三步助跑起跳的第一步要小（方向步），第二步要大（调整步），第三步要快速并屈膝缓冲向上跳。

难点：选择好起跳点，把球控制在人与球网之间，并在右肩的前上方。

7. 练习方法

第一，原地或助跑起跳击吊球，体会展髋、引臂、收腹、挥臂包击球。第二，对墙练习助跑起跳，控制前冲。第三，对地扣球，经墙反弹，继续扣击，练习判断取位。第四，用羽毛球练习挥臂、甩腕的动作。第五，4号位扣球练习（教练传球）。

8. 练习要求

练习扣球时要循序渐进，先学会扣一般球再练习扣快球技术。

（二）快球技术

快球是进攻队员在二传队员传球前或传球的同时起跳，并迅速将球击入对方场区的扣球。它的最大特点是速度快、突然性强，因而能牵制对方，有利于争取时间和空间，达到出其不意、攻其不备、突然袭击的目的。快攻技术方法较多，现将常用的快攻技术介绍如下：

1. 近体快球

扣近体快球时，进攻队员应随一传助跑到网前，助跑的角度保持在45度为宜，在二传队员体前或身后处迅速有力起跳。当球高出球网一个球的高度时，迅速挥动手臂带动前臂、手腕加速猛甩，以手掌击球的后上部。

2. 背飞

佯扣近体快球，突然向前冲跳，"飞"到二传手背后1~1.5米距离处扣背传的平球的技术为背飞。助跑的角度与球网的夹角宜小，以免因冲力过大而触网或过中线犯规。助跑到最后，左脚向扣球点位置跨出一大步，身体重心稍后倾，右脚向上摆动时，左脚用力蹬地起跳，两臂积极配合上摆，击球时利用左转体和收胸动作带动手臂挥动击球。

六、拦网

（一）拦网技术的作用

拦网是排球比赛中的第一道防线，也是第一道进攻线，是具有进攻性的防御技术，是排球运动的基本技术之一。成功的拦网可以为组织反攻创造机会，直接拦死、拦回对方扣球可以削弱对方进攻锐气，使本方后排防守的压力大大减轻，是得分和获取发球权的重要手段之一。

（二）拦网技术的动作方法

1. 准备姿势

两脚平行站立，大约与同肩宽，身体正对球网，距离球网30～40厘米，膝关节微屈，两手臂自然弯曲放在胸前，以便随时准备起跳或移动。

2. 移动

在比赛中，拦网队员需要及时移动，以便对准对方进攻点。常用的移动步法主要有以下几种：

（1）并步移动

这种移动在近距离时比较适用。动作方法是：单脚向右（左）迈一步，另一脚并步靠拢。

（2）滑步移动

滑步移动适用于相距2米左右的时候，连续的并步移动即滑步。

（3）交叉步移动

交叉步移动的特点是：速度快，制动能力强，移动范围大，中、远距离比较适合。动作方法是：向右移动时，身体也随之右转，重心也跟着移向右脚，接着左脚从右脚前面向右交叉跨一大步，然后右脚再向右边跨出一步，右脚落地时，脚尖要内转，使两脚平行站立，身体正对球网。移动时，也可右脚先向右迈一小步，其他动作与上述相同。

（4）跑步移动

跑步移动适用于距离较远时。动作方法是：向右移动时，首先身体先向右转，左肩对着球网，当顺网跑至起跳点时，左脚跨出一步制动，右脚再向前迈出一步，同时脚尖内转，双脚尽量保持平行，接着屈膝起跳。

3. 起跳

起跳时，降低重心，膝关节弯曲，弯曲程度可以因人而异，两脚用力蹬地，用两臂在体侧划小弧用力上摆的力量，来带动身体向上垂直起跳，起跳后利用收腹的力量来控制身体平衡。

拦网起跳的时间可以根据对方二传球的高低、远近、快慢以及扣球队员的起跳时间和动作特点来确定。拦高球时，一般在扣球队员跳起之后起跳；拦快球时，可以和扣球队员同时起跳或提前起跳。

4. 空中击球

起跳的同时，两臂要与球网平行，努力向网上沿的前上方伸直。前臂要与网接近，两手伸向对方上空接近球，自然张开，屈指屈腕呈勺形。为了防止球从两手间漏过，两手之间距离不能超过一个球。当手触球时，两手要突然张紧，用手腕的力量用力下压，盖住球的上方。靠近边线的拦网队员，为了防止打手出界，拦网时外侧手掌心要内转。拦远网扣球时，手臂要尽量向上伸直，手腕不能下压，以提高拦击点。

5. 落地

如果球已经被拦回，则要面向对方，屈膝缓冲，双脚落地。如果球没有被拦到，身体下落时要向着球飞出的方向转身，准备救球。

6. 拦网的判断

拦网技术的关键环节是判断，在拦网的全过程中都要贯穿判断能力。可以通过以下几个方面进行判断：对对方的战术打法进行判断；对对方一传情况进行判断；对对方二传的传球方向、弧线、速度和落点进行判断；对对方扣球队员的助跑方向、起跳时间、起跳后人与球的关系和空中挥臂击球动作进行判断；同时，还要对对方扣球队员的个人技术特点进行判断。

（三）集体拦网的配合

集体拦网可分为双人拦网和三人拦网。集体拦网的目的是扩大拦网的截击面。集体拦网除遵循个人拦网技术的要求外，更重要的是拦网队员之间的配合。集体拦网配合时应注意以下几个问题：

第一，首先要确定谁为主拦队员，必须密切协同配合，防止各行其是。第二，拦网中心由主拦队员来确定，配合队员要及时选好起跳点，起跳时应避免互相冲撞和干扰。第三，起跳后，手臂在空中要保持适当距离，使拦击面尽量扩大，但手与手之间也要保持适当的距离，不要过大，以免使球漏出。第四，身高不同的队员要加强起跳时间的配合，一般来说，高个子队员起跳时间应稍晚于矮个子队员。

为了加强本方拦网的威力，应把身材高、弹跳力强、拦网能力好的队员换到 3 号位或对方扣球威力大的位置上。

（四）拦网技术重难点分析

重点：十指张开、绷紧，伸臂过网罩住球之后压腕将球挡住。

难点：准确判断对手的攻击点，并及时起跳完成拦网。

（五）拦网技术练习方法

第一，使球网降低，原地做徒手伸臂拦网动作练习。第二，两人一组在低网前隔网站立，一人将球举在网上，另一人原地做拦网动作，体会拦网手形。第三，低网一人扣球，一人拦网练习。第四，单人或集体拦扣球，注意变化拦网手形和协调相互间的配合。第五，结合比赛或前排三人进攻，练习单人和集体拦网。

七、难点释疑

（一）垫球时总是不敢抬手臂，害怕抬臂垫球球就会飞得很高、很远

这是初学垫球的学生常常出现的问题，解决这个问题的最好方法是让学生多练习自垫球和对墙垫球。在练习的过程中，学生自己就会体会到抬臂幅度的大小直接影响垫出球的高度、远度，也就会感受到什么叫控制球了。

（二）传球时总是挫到手，很害怕再传球

这是由于没有掌握传球的手形，传球时拇指朝前迎来球就会挫到拇指；其次是在传球的过程中，来球不到位时没有主动移动脚步，而是脚不动，直接伸手去够球。

（三）上手发球总是发不过网

这是女生常常遇到的问题。首先，在挥臂动作没有问题的情况下先练习挥臂速度，挥臂速度慢是发球不过网的主要原因；其次，刚开始学习上手发球时可以采用握拳击球，击球时注意锁住手腕。只要掌握这些，发球不过网的问题就可以迎刃而解。

（四）扣球时脚步总是很乱

这是学习扣球时常会出现的问题。解决这个问题首先要将三步起跳学好；其次是在上网扣球时先扣教练的抛球，然后再扣传球比较好的队员传的球，只有这样才能很快掌握扣球上步节奏。

第三节 排球运动基本战术

一、排球战术的基本概念

排球战术是一方在比赛中为了战胜对方，合理运用排球运动规则和排球运动发展的规律，并看临场变化和双方的具体情况组织的集体配合和运用的个人技术。

个人战术是个人在临场情况下有意识、有目的、有组织地运用技术的过程，如扣球时的打手出界、轻扣、变线等。多名队员之间有组织、有目的的配合为集体战术。

战术是靠扎实的技术做保障的，而合理地运用战术又能更加充分地发挥技术的威力。一个球队在选择具体战术时，应该从本队的实际出发，根据本队的水平、特点、身体的条件以及体能、心理、智能的具体情况，选择与本队适应的战术。在运用战术时，要看对方的战术特点和临场情况的变化以及对方球员的身高、技术，采取灵活的战术运用，打乱对方的战术配合，争取比赛的主动权。

二、排球基本战术

（一）阵容配备

1.阵容配备的概念与目的

阵容配备是参赛队根据比赛的任务、本队战术组织的特点及队员的身体情况，有针对性地、合理地安排出场队员及其位置分工，充分地调配力量，科学地组织人员的筹划过程。

阵容配备的目的是合理搭配全队的力量，更有效地发挥每一个队员的特长和作用。为此，在组织阵容时，应该根据队员的身体素质、技术水平合理安排其在阵容中的位置，把进攻力量强的和防守技术好的队员搭配好，使每个人在第一轮次都有较强的进攻能力和较好的防守能力；主攻手、副攻手和二传手分别安插在对称的位置上，以便在轮转时保持比较均匀的攻防力量；根据战术需要和队员间的默契程度，把平时配合较好的进攻队员和二传队员安排在相邻的位置上；把扣球好的主攻手一开始安排在最有利的位置上，如4号位；防守好的队员，应放在后排；本方有发球权时，发球好的队员最好站在1号位；发球权在对方时，发球好的队员可站在2号位；几个一传较差的队员尽可能不要安排在相邻的位置上，避免形成薄弱地区。

2.阵容配备的原则

（1）择优原则

选择思想作风顽强，心理品质过硬，身体素质好，技术全面和临场经验丰富的队员组成主力阵容，同时考虑到每个位置上替补队员的安排。

（2）攻守均衡原则

每个轮次，力争做到攻守力量相对均衡，尽量避免弱轮次的出现。

（3）相邻默契原则

要注意把平时合作默契的传、扣队员安排在相邻的位置上，使之能运用娴熟的配合，产生一定的战术效应。

（4）轮次针对原则

根据对方队员的位置，轮次安排要有针对性。如拦网能力强的队员对准对方攻击性强的队员，以遏制对方的进攻；遇对方进攻强的轮次时，可安排发球攻击性强的队员发球，以破坏对方的一传，阻止对方进攻战术的组成，取得先发制人的效果。

（5）优势领先原则

轮次的安排要注意发挥本队的优势。如把攻击力量强的队员安排在最得力的位置上；把发球性最强的队员安排在最先发球的位置上；争取开局优势，以鼓舞本队士气等。

3.阵容配备的形式

根据各队不同的技术水平和战术特点，一般有以下三种阵容配备。

（1）"四二"配备

"四二"配备指场上有两个二传手、四个攻手（其中两个主攻手、两个副攻手），被安排在对称的位置上。每一轮次前排都有一个二传队员和两个进攻队员，便于组织前排二传传球的两点进攻和后排二传插上传球的三点进攻，但进攻队员必须熟悉两个二传队员的传球特点，配合比较困难（图 5-12）。

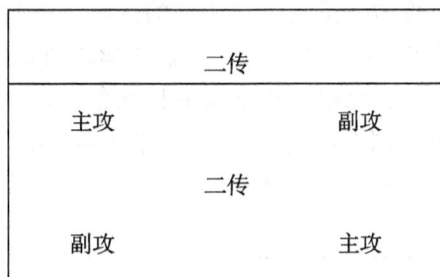

```
┌─────────────────────────────────────┐
│                二传                  │
├─────────────────────────────────────┤
│    主攻                      副攻    │
│                                      │
│                二传                  │
│                                      │
│    副攻                      主攻    │
└─────────────────────────────────────┘
```

图 5-12　"四二"配备

"四二"配备的优缺点：优点是前排每一个轮次都有一个二传队员和两名进攻队员，便于组织"中二三""边二二"进攻，战术配合有一定的稳定性。缺点是前排进攻点相对较少，隐蔽性差，不适应高水平球队的要求。但是，"四二"配备中如果二传队员具有较强的进攻实力，则可以在每一轮都安排后排的一名二传队员插上组织前排的三点进攻，这样就使前排的进攻实力得到加强。不过这也有一定的缺点——后排防守压力加大，而且进攻队员要适合二传手的传球特点，对二传要求也比较高，既要能传，又要能攻，难度较大。所以在如今世界排坛诸强中，只有古巴女排采用"四二"配备。

（2）"五一"配备

"五一"配备指场上一个二传队员、五个进攻队员。为了弥补有时主要二传队员来不及传球而出现的被动局面，通常在二传队员的对角位置上，配备一名有进攻能力的接应二传队员。二传队员在前排时采用两点进攻，二传队员在后排时采用插上传球的三点进攻，由于前排三个队员都是攻手，可以加强进攻和拦网的力量。"五一"配备中，全队进攻队员只需适应一名二传队员传球的习惯、特点，容易建立默契的配合。但防守时，二传队员如在后排，要插上传球，难度较大（图 5-13）。

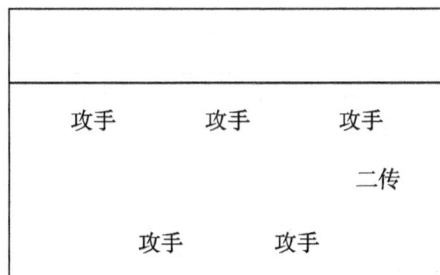

```
┌─────────────────────────────────────┐
│                                      │
├─────────────────────────────────────┤
│   攻手        攻手        攻手       │
│                                      │
│                           二传       │
│                                      │
│       攻手        攻手               │
└─────────────────────────────────────┘
```

图 5-13　"五一"配备

"五一"配备的优缺点：优点是加强了拦网和前排进攻力量，使全队的进攻队员只需要适应一名二传队员的技术特点，有利于统一指挥、相互配合，能够更好地控制比赛的进行，使进攻战术富于变化。缺点是当二传队员轮转到前排时，有三轮次前排只有两名进攻队员，进攻点过于暴露，影响前排整体进攻的威力。

（3）"三三"配备

"三三"配备指三名能攻的队员与三名能传的队员间隔站位，使每一轮次都有传有扣，是初学者常用的一种阵容配备（图5-14）。在初学者或基层球队参加的排球比赛中，队员尚未很好地把握排球技术，无法采用上述两种配备时，可以使传球和防守较好的队员分散站立，使全场攻守力量比较均衡，以减少传接球的失误。

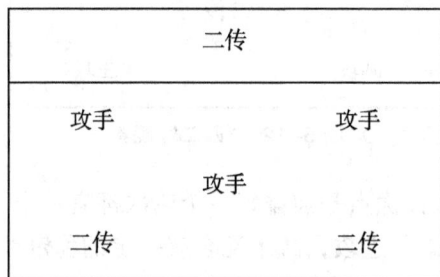

二传	
攻手	攻手
攻手	
二传	二传

图5-14 "三三"配备

（二）进攻战术及其组织形式

进攻战术是指接对方来球后，全队所进行的有目的、有组织的配合。它由一传、二传、扣球三个环节组成。

1."中一二"进攻战术

3号位队员做二传，将球传给4、2号位队员进攻（图5-15）。其优点是一传向网中3号位垫球比较容易，因而有利于组织进攻，适合初学者采用；二传队员在网前接应一传的移动距离近，向2、4号位传球的距离较短，容易传准。缺点是战术变化少，容易被对方识破进攻意图。

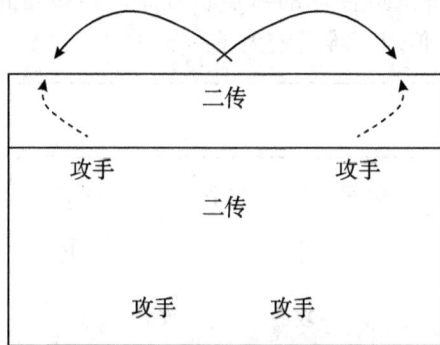

图5-15 "中一二"进攻战术

2."边一二"进攻战术

2号位队员做二传，将球传给3、4号位队员进攻（图5-16）。其优点是右手扣球者在 3、4 号位扣球比较顺手，战术变化较多。缺点是 5 号位接一传时，向 2 号位垫球距离较远；一传垫到 4 号位时，二传传球较为困难。

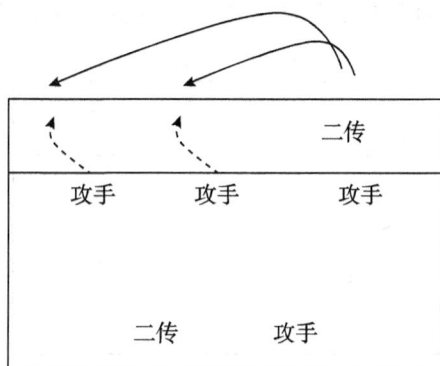

图 5-16 "边一二"进攻战术

3.插上进攻战术

二传队员由后排插入前排做二传，把球传给前排 4、3、2 号位队员进攻（图 5-17）。其优点是能保持前排三点进攻，战术配合变化多，并能利用网的全长组织进攻。缺点是对插上的二传队员的要求较高。

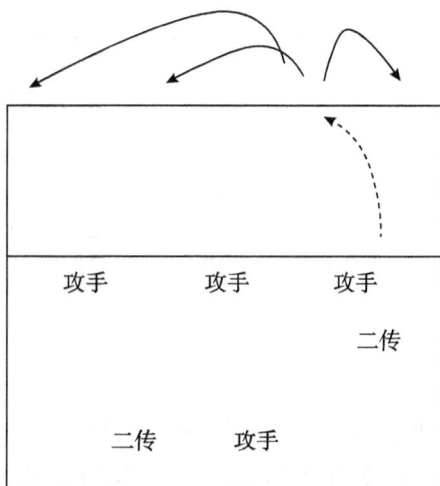

图 5-17 插上进攻战术

4.进攻战术练习方法

徒手模仿进攻战术跑动路线练习；教师在本方场区抛球给二传，结合球的进攻练习；接发球的全队进攻战术练习。

（三）防守战术及其组织形式

防守战术可分为无人拦网下的后排防守、单人拦网防守、双人拦网防守和三人拦网防守。以下介绍的是常用的双人拦网防守阵形。

1. "边跟进"防守阵形

"边跟进"防守阵形是在对方吊球较少时所采用的防守阵形。防守队员在场上成半圆站位，接吊球的任务由1号位或5号位"边"上队员跟进完成（图5-18）。

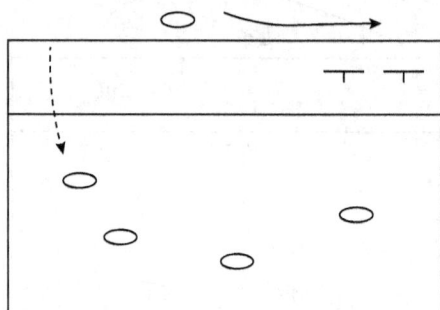

图5-18 "边跟进"防守阵形

2. "心跟进"防守阵形

"心跟进"防守阵形又称6号位跟进防守阵形，在本方拦网配合比较好，对方运用吊球较多的情况下采用此阵形较为有效（图5-19）。

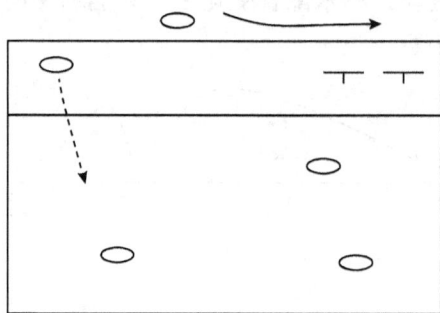

图5-19 "心跟进"防守阵形

（四）交换位置

1. 交换位置的概念

交换位置是为了最大限度地发挥每个队员的特长，调动一切积极因素，加强攻防力量，弥补阵容配备上的某些缺陷，在规则允许的条件下，交换场地上队员的位置用以组织战术的方法。

2. 交换位置的目的

第一，充分发挥每名队员的特长，以取得扬长避短的效果。第二，便于进攻和防守战术的组织，发挥攻防战术的优势。第三，采用专位分工的进攻和防守，以提高攻防战术的质量。

3. 交换位置的方法

（1）前排队员的交换

为了便于组织进攻战术，把二传队员换到2号位或3号位。

为了加强进攻力量，把进攻力量强的队员换到便于扣球的位置上，如右手扣球队员换到 4 号位，左手扣球队员换到 2 号位，扣快球的队员换到 3 号位等。

为了加强拦网，遏制对方的重点进攻，把身材高大或弹跳力好及拦网能力强的队员换到 3 号位，或与对方主攻队员相对应的位置上。

（2）后排队员的换位

为了发挥个人特长，后排队员各自换到自己熟悉的防守区进行专位防守。

为了在比赛中便于运用行进间"插上"战术，把二传队员换到 1 号位或 6 号位，以缩短插上时的距离。

根据临场情况，把防守能力强的队员换到防守任务重的区域，把防守能力弱的队员换到防守任务较轻的区域。

（3）前后排队员的换位

后排队员插上时，可从 1 号位、6 号位、5 号位插上，到 2、3 号位之间的位置，准备做二传，前排 2、3、4 号位队员则后退，准备接球或进攻（图 5-20，图 5-21，图 5-22）。

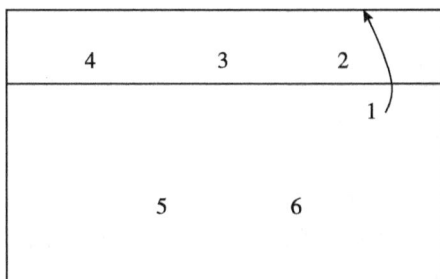

图 5-20　"1 号位"插上

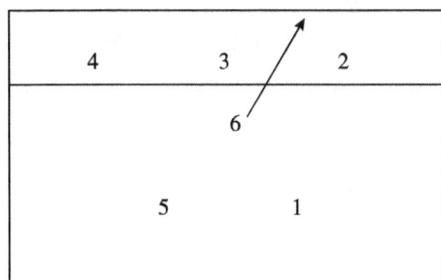

图 5-21　"6 号位"插上

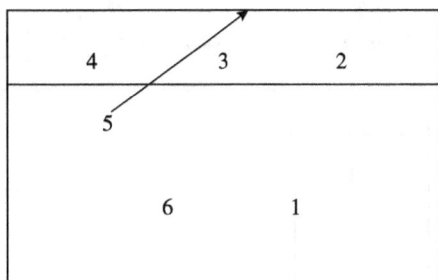

图 5-22　"5 号位"插上

（4）交换位置时应注意的事项

换位前的站位，既要防止"位置错误"犯规，又要考虑缩短换位距离。当发球队员击球后，即开始换位，应力求迅速地换到预定位置，立即准备做下一个动作。在对方发球时，应首先准备接对方的来球，然后再换位，避免造成接发球混乱。换位时，队员之间要注意行动配合，防止互相干扰，做到互相弥补。换位后，当该球成死球时，应立即返回原位，各自做好下次接球或进攻的准备。

（五）"自由人"的运用

1."自由人"的定义

"自由人"是指不用经裁判允许，不受换人次数的限制，可以替换后排任何一名队员完成防守任务，并能够在规则允许的范围内自由进出比赛场地参加比赛的队员。

2.运用"自由人"的目的

运用"自由人"的主要目的是加强后排防守和一传，促进攻守平衡，使排球比赛更加精彩激烈。

3."自由人"的运用

替换场上进攻能力强而防守能力弱的队员。替换因进攻、拦网而体力消耗大的主力队员。替换上场后，适时传达教练员的临场指挥意图。

第四节　排球运动竞赛规则

一、比赛场地与设备

（一）比赛场地

排球比赛场地为 18 米 ×9 米的长方形（图 5-23），四周至少有 3 米的无障碍区。从地面垂直向上至少有 7 米的无障碍空间。地面必须平坦、水平、划一。室外场地为了便于排水，每米可有 5 毫米的坡地。

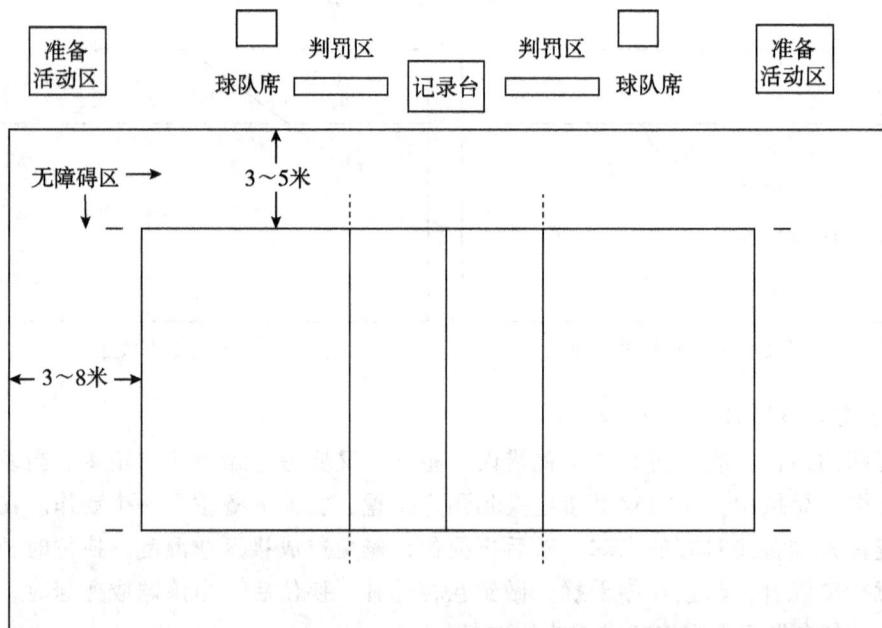

图 5-23　排球比赛场区图

比赛场地所有界线均为 5 厘米宽，且包括在相应区域内。界线的颜色应有别于地面的颜色，并不得用任何坚硬物体作为场地界线。

（二）球网和网柱的基本规格

1.球网

球网为深色，网长 9.5 米，宽为 1 米，网孔 10 厘米 ×10 厘米，网上沿缝有 5 厘米宽的双层白帆布。男子球网高度为 2.43 米，女子球网高度为 2.24 米。

2.标志带

两条宽 5 厘米，长 1 米的白色标志带，应分别设在球网两端并垂直于边线和中线的交接处。其宽度应计算在场内上空。

3.标志杆

长 1.80 米，直径 10 毫米。在一端 80 厘米的长度上，每隔 10 厘米应涂红白相间的颜色，其余部分为白色，两标志杆分别装在球网两端的异侧面上。

4.网柱

高 2.55 米，两网柱应垂直固定在距两条边线 0.50～1 米的中线延长线上。

二、排球运动介绍

排球运动需两队，每队各 6 名选手，现在又增设了"自由人"。排球运动的进行方法是使击出的球稍高于网前伸出的双手，从而使球落入对方的半场而得分。每队的球员都有自己固定的位置，三名选手在网前，三名选手靠近底线。每一方击球过网不得超过三次，原则上一名攻击手和一名队友在网前拦截，阻止球落入本方半场并可以通过拦截直接得分。简单来说，运动员不得持球，不得连续击球两次。他们可以用身体的任何一个部位击球，但是如果球从球员身上的某一部位弹到另一部位，将被认作是两次击球，按违例计。如果球员在界外击球或击球时身体的某一部位触网，将被判失分。

（一）排球比赛方法简介

裁判员鸣哨即开始比赛，首先选择发球的队，其 1 号位的队员在发球区发球，直接得分或经过反复争夺后得分，则继续发球；如发球失误或在往返过程中本方失误，则换由对方 2 号位队员发球，继续比赛。

（二）必要说明

1.发球的相关规定

每方的 6 名球员按顺时针方向轮流发球。每次本队获得发球权后，由发球球员在本方半场的右后角将球发入对方半场开始比赛。发球球员可以用上手或下手发球，也可以用拳、伸开的五指或手臂发球。可以在底线后的任一处开球，规则允许进行跳发球的队员在落下时进入场内。排球可以落入对方半场的任何一处，该发球队员将继续发球直至本队失去发球权。比赛过程中，失误的一方，位置不变；得到发球权的一方，顺时针轮转一个位置。

2. 胜一局、胜一场

在新的得分规则下，一方在获得发球权时同时得分，即所谓每球得分制。

先得 25 分并同时超出对方 2 分的队胜一局。胜 3 局的队胜一场。如果 2：2 平局，决胜局先得 15 分并领先对方 2 分为胜全场。

3. 暂停和换人

每局可暂停 2 次，每次时间 30 秒；分数达 8 分和 16 分时有两次技术暂停，每次时间 1 分钟；每队每局最多可替换 6 人次，替补队员每局只可上场一次。

4. 位置错误

发球击球瞬间，队员不在正确的位置上。同列队员前后位置、同排队员左右位置出现错误。

5. 界外球

球接触地面的部分完全在界线以外；球触及场外物体、天花板或非场上比赛队员；球的整体或部分从过网区以外过网；球的整体从网下空间穿过等。

6. "自由人"

新设置的"自由人"是一名防守专家，可无须经过裁判替换任一名后排队员，帮助本队抵御对手的进攻；在前场区传球时，进攻"自由人"不能将高于球网上沿的球扣到对方场区；不能担任场上队长；不能参与发球和拦网。

（三）场上队员的位置

靠近球网的 3 名队员为前排队员，其站位左为 4 号位、右为 2 号位、中间为 3 号位；另外 3 名队员为后排队员，其站位左为 5 号位、右为 1 号位、中间为 6 号位。

（四）常见的犯规

1. 发球犯规

第一，取得发球权的队未按记录表上所登记的发球次序进行发球。第二，发球时球未抛起。第三，第一裁判鸣哨后 8 秒内未将球击出。

2. 击球时的犯规

（1）持球

没有将球击出，造成接住或抛出的现象。

（2）连击

一名队员连续击球两次。

（3）四次击球

一个队连续击球四次。

（4）借助击球

借助同伴或任何物体的支持击球。

3．球网附近的犯规

（1）过网击球

在对方场区空间内击球。

（2）从网下穿越

进入对方空间并妨碍对方比赛。

（3）过中线

比赛中，队员的整个脚或身体任何部分越过中线，触及对方场区。

（4）触网

队员击球或试图击球的情况下触及9.50米以内的球网、标志杆、标志带。

4．后排队员的进攻性犯规

后排队员在前场区，将高于球网的球直接击入对方场区。

5．在前场区进攻性击打对方发球的犯规

6．拦网犯规

第一，在对方进攻性击球前或击球时，在对方场区空间拦网触球。第二，后排队员或后排"自由人"完成拦网或参与完成了集体拦网。第三，拦对方发球。第四，在标志杆外把手伸入对方空间拦网。

（五）其他规则

第一，球员可在球越过网之前进行拦截，但是不得触网或是干扰对手。第二，拦网不算作一次击球。第三，球不得触网，也不得碰到同队的队友。第四，每个队在每局的比赛中都有两次暂停机会。

（六）比赛的器材与设备

排球比赛的器材除规则中规定的网柱、球网、标志带、标志杆外，还需有下列设备。

1．球队用的长椅

长椅的长度至少能坐9人。

2．记录台

记录台一般坐两个人，一名正式记录员，一名辅助记录员。国内比赛一般只有一名记录员和一名广播员在记录台就座。

3．裁判台

裁判台要能升降，下部要用防护套包好，以防队员救球时受伤。

4．量网尺

量网尺长度要在2.50米以上，并在男子网高2.43米处和女子网高2.24米处画上标记，同时在这两个标记上方2厘米处画上另一标记，因为规则规定，球网两处的高度不得超过规定网高2厘米。

5. 气压表

规则规定比赛球的气压为每平方厘米 0.40～0.45 千克，所有比赛用球的气压必须一致。

6. 比赛用球和球架

国际比赛时要求将 5 只比赛球放在球架上，比赛采用三球制。

7. 计分器

计分器除要能显示双方的比赛分数外，还要能显示双方的暂停和换人次数。

8. 换人牌

换人牌两副，每副编号为 1～18。两副牌的颜色最好有区别，并用盒子装好。

9. 拖把

需要有 6 个 1 米宽的拖把供擦地员使用。

10. 小毛巾

至少需要 10 块供快速擦地员和捡球员使用的小毛巾，毛巾最小为 40 厘米 ×40 厘米，最大为 40 厘米 ×80 厘米。

11. 气筒

在球压不足时，供充气用。

12. 蜂鸣器

最好让教练员和记录员都能使用。

13. 表格

包括记录表、位置表、成绩报告单和广播员用表等。

本章思考题

1. 怎样通过排球课的学习来提高自己的综合素质？
2. 准备姿势与移动对完成各项击球技术有何意义？
3. 怎样合理地运用垫球技术来接好各种发球？
4. 拦网在比赛中有怎样的地位？
5. 试论述排球比赛阵容配备的原则、要求和形式。
6. 交换位置有哪几种方法？交换位置时应注意哪些事项？
7. "自由人"在排球比赛中有哪些作用？
8. 试述"中一二""边一二""插上"进攻战术的变化，并示例说明。
9. 简述进攻阵形的种类及特点。
10. 试述双人拦网下"心跟进"和"边跟进"的防守阵形，并画图说明。

本章参考文献

[1] 吴中量，李安格. 球类运动：排球 [M]. 2 版. 北京：高等教育出版社，1997.

[2] 黄汉升. 球类运动——排球 [M]. 2 版. 北京：高等教育出版社，2009.

[3] 毛振明. 大学生体育文化与实技教程 [M]. 沈阳：东北大学出版社，2013.

第六章

乒乓球运动

第一节　乒乓球运动概述

一、乒乓球运动的起源

乒乓球起源于英国，是从网球演变过来的。19世纪后半期，大约1880年，网球在欧美上层社会中相当流行。后来有人把网球搬进室内，欧洲人称之为"室内网球"，因为在桌上打，又起名叫"桌上网球"（table tennis）。该运动传入日本后，被日本人称为"桌球"。在我国这项运动开展最早的上海，它被称为"台球"。

起初，英国一些大学生在室内以餐桌为球台，用书或两把高背椅子挂上一根线当作球网，用软木或橡胶做成的球，把羔皮纸贴在长柄椭圆形空心球拍上，将球在台子上打来打去。1900年左右，人们普遍使用羔皮纸球拍，击到球和碰到台后会发出"乒乓"声音，于是就将这项运动称为"乒乓球"。

二、乒乓球运动的发展历程

（一）欧洲乒乓球运动的鼎盛时期（1926—1951年）

运动员最初使用的木制球拍击出的球速度慢、旋转弱、打法单调，只是将球挡来挡去。随着胶皮拍的出现，弹性与摩擦力增大，可以制造一定的旋转，击球技术也有了变化，欧洲运动员创造的削球打法成为乒乓球运动发展的重要技术创新。

（二）日本乒乓称霸时期（1952—1959年）

日本运动员在第19届世界乒乓球锦标赛中，采用中远台单面长抽打法，利用快速的步法移动，击败了欧洲的削球打法，体现出了上旋的优势。这种新的打法比速度慢、旋转弱、攻击力不强的防守型打法先进。

（三）中国直拍近台快攻打法的崛起（1960—1969 年）

在 20 世纪 50 年代日本称霸世界乒坛的时候，中国也开始登上世界乒坛的舞台。通过参加几届世界乒乓球锦标赛，中国乒乓球队总结了经验与教训，在技术上坚持"快""狠"和"准"的特点，在训练上狠抓基本功，加强了击球的准确性和变化性，提高了对削球的拉攻技术，逐渐形成了以"快、准、狠、变"为技术风格的直拍近台快攻打法。

（四）欧洲复兴，欧亚对抗（1970—1987 年）

进入 20 世纪 70 年代，世界乒乓球运动发展突飞猛进，欧洲选手经过了近 20 年的努力，终于开辟了一条新路。他们兼取了中国快攻和日本弧圈球打法的特点，创造了弧圈结合快攻和快攻结合弧圈这两种新打法，从而使欧洲乒乓运动走向复兴之路，开始与中国抗衡。在此阶段，中国近台快攻打法在保持原有技术特点的基础上又有了新的发展，一是在传统正胶球拍近台快攻打法的基础上，提高回击弧圈球的技术能力以及进攻下旋球的技术能力，二是在结合弧圈球技术的基础上，对我国传统正胶海绵拍近台快攻打法进行合理改造，采用反胶海绵拍，把正手的拉打及反手的推挡结合起来，形成的反胶近台快攻的打法。

（五）中国一枝独秀（1988 年至今）

1988 年，乒乓球被列入奥林匹克运动会正式比赛项目，这大大推动了世界乒乓球运动的进一步发展，世界乒乓球强国更加重视乒乓球运动的普及和提高。二十多年来，随着乒乓球职业化的发展，比赛的不断增加，乒乓球正反胶近台快攻、直拍横打、快攻结合弧圈等技术得到了快速的创新与发展。同时，乒乓球竞赛规则也有了一些重大的变化，这些变化对乒乓球技术打法的发展产生了重大影响。在此期间，中国乒乓球队一次次创造了奇迹，多次包揽奖牌，在世界大赛上屡创佳绩，一直走在世界乒坛的前列。继在 2008 年北京奥运会上包揽男单、女单、男团、女团四枚金牌之后，在 2012 年、2016 年奥运会上，中国乒乓球队再次包揽男单、女单、男团、女团四枚金牌。在创造辉煌的同时，乒乓球运动也正面临着中国队一枝独秀，抗衡世界的局面。

三、中国乒乓球运动的发展

大约在 1904 年，乒乓球从日本传入中国，最初是在一些沿海大城市，如上海、天津等地，之后逐渐传到内地。由于当时打球用的器材都是从国外进口的，所以这个时期乒乓球运动只限于一些上层社会的人参加，运动水平也很低。

中华人民共和国成立后，我国的乒乓球运动得到飞速的发展。特别是 20 世纪 50 年代，在全国范围内开展的群众性乒乓球运动，使乒乓球技术水平得到了很大的提高。1959 年，我国优秀乒乓球运动员容国团第一次夺得了世界乒乓球锦标赛的男子单打冠军，标志着我国乒乓球运动在世界的崛起。1961 年，我国主办了第 26 届世界乒乓球锦标赛。比赛中，我国运动员力争上游，一举夺得了 3 项冠军、4 项亚军，其中包括首次夺得的被视为最能反映乒乓球整体实力水平的男子团体赛冠军奖杯——斯韦思林杯。1981 年，我国的乒乓球运动达到了一个新的高峰。在这一年举行的第 36 届世界乒乓球锦标赛上，我国乒乓球运动健儿经过奋勇拼搏，夺得了 7 项冠军，创造了乒坛历史上的奇迹，为中国乒乓球运动史写下了辉煌的篇章。

在我国，乒乓球运动深受广大群众喜爱，且成为开展最广泛的体育运动之一。这不仅是因为它能锻炼身体、强健体魄、丰富生活、增添乐趣，而且在一些特定的历史时期，乒乓球运动起到了鼓舞士气、振奋民族精神的作用，其作用已大大超出了体育本身的功能。特别是 20 世纪 70 年代，毛泽东主席和周恩来总理根据当时的国际形势，采用"乒乓球外交"，用"小球"带动"大球"，震动了全世界，成为乒坛史上的一段佳话。

中国乒乓球运动的发展，已居世界领先地位。我国运动员的水平普遍较高，许多退役的中国乒乓球优秀选手，被欧洲、北美、东亚诸国争相聘用，或当教练，或为俱乐部打球，遍布世界各地。这就是人们常说的"海外兵团"。

从 2000 年 10 月 1 日起，国际乒联将比赛用球的直径改为 40 毫米。2000 年悉尼奥运会是小球时代的最后一次大赛，在这届奥运会上，中国乒乓球队再次包揽金牌，孔令辉在男单决赛中战胜瓦尔德内尔，成为世界乒坛第三位大满贯得主。

小球时代结束了，正值巅峰期的中国乒乓球队为自己的小球时代画上了一个圆满的句号。在大球时代的第一场世界杯大赛上，马林夺冠，成为大球时代的第一位世界冠军，这枚金牌也预示着迈进大球时代的中国乒乓球队将继续辉煌与荣耀。

四、乒乓球主要赛事简介

世界乒乓球锦标赛、奥运会乒乓球赛、世界杯乒乓球赛、国际乒联职业巡回赛、世界乒乓球总冠军赛是五大世界级乒乓球赛事。一般来说，获得前三项赛事单打冠军的运动员被称为获得大满贯的运动员。截至 2016 年，获得大满贯的乒乓球运动员共有 10 位，分别是瓦尔德内尔、邓亚萍、刘国梁、王楠、孔令辉、张怡宁、张继科、李晓霞、丁宁、马龙。

（一）世界乒乓球锦标赛

世界乒乓球锦标赛，简称世乒赛，是国际乒乓球联合会主办的一项最高水平的世界乒乓球大赛。第一届世界乒乓球锦标赛于 1926 年 12 月在英国伦敦举行，从 1959 年起，世乒赛每两年举行一届，设有 7 个项目：男子团体、女子团体、男子单打、女子单打、男子双打、女子双打和混合双打，每项都设有专门的奖杯。

（二）奥运会乒乓球赛

奥运会乒乓球比赛始于 1988 年。奥运会乒乓球比赛每隔四年举行一次。第 24~28

届奥运会乒乓球比赛设有男子单打、男子双打、女子单打、女子双打、混合双打 5 个比赛项目。第 29～31 届奥运会改为男子团体、男子单打、女子团体、女子单打 4 个比赛项目。2017 年，国际乒联宣布恢复混合双打比赛。

（三）世界杯乒乓球赛

世界杯乒乓球赛，是国际乒联主办的世界性高水平乒乓球比赛。第一届世界杯乒乓球赛于 1980 年在香港拉开帷幕。世界杯乒乓球赛开始只设男子单打，1996 年后增加女子单打，1990 年至 1992 年，男子双打、女子双打项目也曾是世界杯乒乓球赛的项目，但两届以后就被取消。世界杯乒乓球赛也有团体赛，前四届举办得很不规律，现每年举办一次（奥运会年停办）。本赛事于 2013 年起更名为世界乒乓球团体经典赛。

（四）国际乒联职业巡回赛

国际乒联职业巡回赛，全称为国际乒联乒乓球职业巡回赛。国际乒联职业巡回赛由来已久，是国际乒联组织的一项具有世界影响的国际大型单项体育赛事。一般设立男子单打、女子单打、男子双打、女子双打四个项目，国际乒联的成员均可派出选手参赛。每年年终安排该赛季各站巡回赛积分排名靠前的运动员进行国际乒联巡回赛总决赛。

（五）世界乒乓球总冠军赛

世界乒乓球总冠军赛是此前"国球大典"的升级版，主办方在得到国际乒联授权后邀请奥运会乒乓球赛、世乒赛、世界杯乒乓球赛、职业巡回赛总决赛传统四大赛事的男女冠军进行对决。这是国际乒坛第三个以"世界"命名的 A 级赛事，级别与前四项赛事相当。

第二节 乒乓球运动基本技术

一、乒乓球基本理论

（一）球台

如图 6-1，球台的上层表面称为"台面"。台面长 274 厘米，宽 152.5 厘米，离地面高 76 厘米。台面两端长 152.5 厘米、宽 2 厘米的白线称为"端线"。台面两侧长 274 厘米、宽 2 厘米的白线称为"边线"。台面正中，与边线平行的，宽 3 毫米的白线称为"中线"。台面被平行于端线的球网分开，划为两个大小相等的"台区"。

（二）击球范围

中线将每个台区分为左、右两个"半台"（其左右方位依击球方而定）。半台又称"1/2台"。台区左侧 1/3 部分称为"左 1/3 台"；台区右侧 1/3 部分称为"右 1/3 台"。台区左侧 2/3 部分称为"左 2/3 台"；台区右侧 2/3 部分称为"右 2/3 台"。

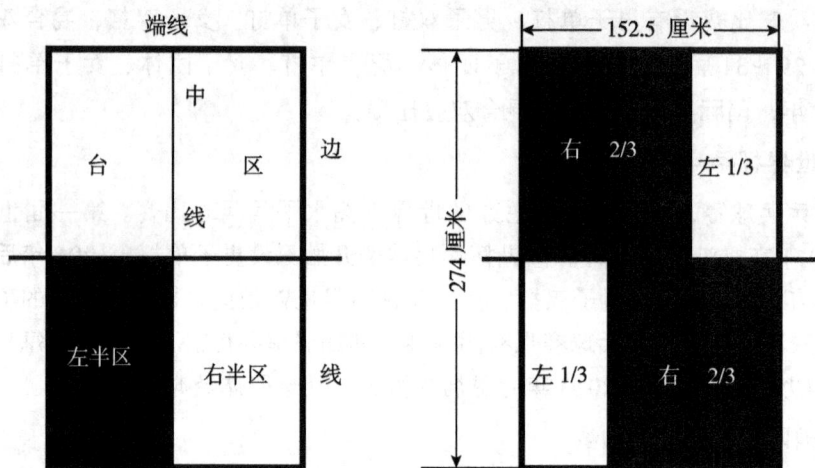

图 6-1　球台

（三）站位

运动员站立的位置叫站位。根据运动员所站立的位置与球台端线之间的距离，可将站位划分为近台、中台、远台、中近台和中远台。

近台：距离端线 50 厘米以内的范围。

中台：距离端线 70～100 厘米的范围。

远台：距离端线 150 厘米以外的范围。

（四）击球点

击球点是指击球时，球拍与球体相接触那一点的空间位置。击球点的位置是相对击球者身体而确定的，主要包含三个方面的内容：一是击球点相对于身体的前后位置；二是击球点相对于身体的左右位置；三是击球点相对于身体的高低位置。

（五）击球时间

击球时间是指击球时球拍触球的瞬间，球体的位置空间所处的时期。来球从着台点反弹跳起至回落到地面的整个过程，可分为上升、高点、下降三个时期（图 6-2）。

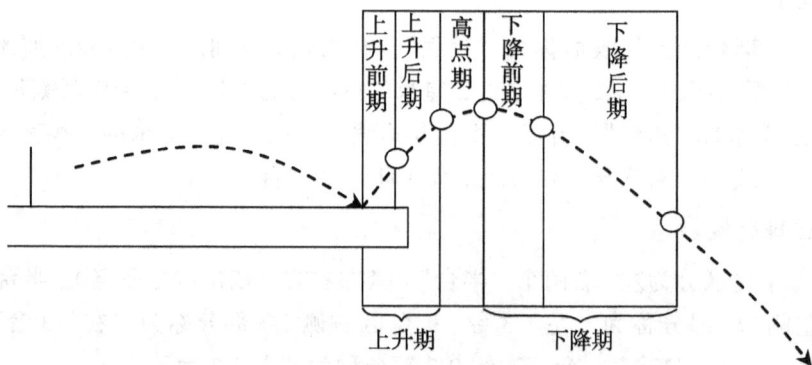

图 6-2　击球时间

1. 上升期

来球从台面弹起到接近最高点这段过程称为"上升期"。上升期又可分为上升前期和上升后期。

上升前期：指来球从台面弹起后上升的最初一段时间。

上升后期：指球继续上升至高点期的一段时间。

2. 高点期

弹起的球处于最高点或接近最高点这段过程称为"高点期"。

3. 下降期

球从高点期回落至地面这段过程称为"下降期"。下降期又可分为下降前期和下降后期。

（六）击球部位

击球部位是指触球瞬间，球拍击在球体上的位置。

击球部位的划分，可以击球员为准，先将一个球分为 4 个面，即前面（很少击到此面，只在偶然遇到对方打的回头球时，击球者随球跑过网，才会击到此面），后面（最常见的击球面），左侧面（如侧身正手高抛式发球时，多在此面触球），右侧面（如发正手奔球时，多在此面触球）。以上的每一面，又可按钟表的一半刻度（12～6）划分为 7 个部分（图 6-3）。

上部：接近 12 的部位。

上中部：接近 1 的部位。

中上部：接近 2 的部位。

中部：接近 3 的部位。

中下部：接近 4 的部位。

下中部：接近 5 的部位。

下部：接近 6 的部位。

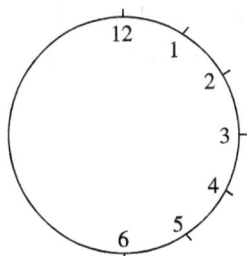

图 6-3 击球部位

（七）拍形

拍形是指击球时拍面所处的角度和方向。

1. 拍面角度

击球时，击球拍面与水平面所形成的夹角（以拍面的下沿与水平面相交为基准）叫"拍面角度"。拍面角度大于 90 度时，称为"后仰"。击球时的拍面角度（图 6-4），按其击球部位的不同，可以分为：

拍面前倾——击球的上中部。拍面稍前倾——击球的中上部。拍面垂直——击球的中部。拍面稍后仰——击球的中下部。拍面后仰——击球的下中部。拍面向上——击球的下部。

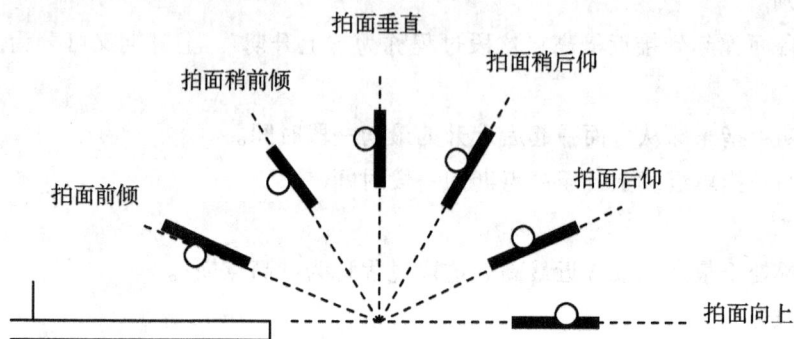

图 6-4　拍形

2. 拍面方向

击球时，击球拍面所朝向的方位叫"拍面方向"。拍面方向的确定以击球者为基准，拍面向左时，击球的右侧；拍面向右时，击球的左侧。

一般情况下，球拍击球正后方的情况实际上并不多。在多数情况下，不是偏左，就是偏右。因此，要依靠调节拍面方向来掌握击球动作。

（八）击球线路

击球点与落点之间的连线的投影线叫"击球线路"，在乒乓球台上，有五条基本的击球线路，即右方斜线、右方直线、左方斜线、左方直线和中路直线（图 6-5），击球线路的方位依击球者而定。

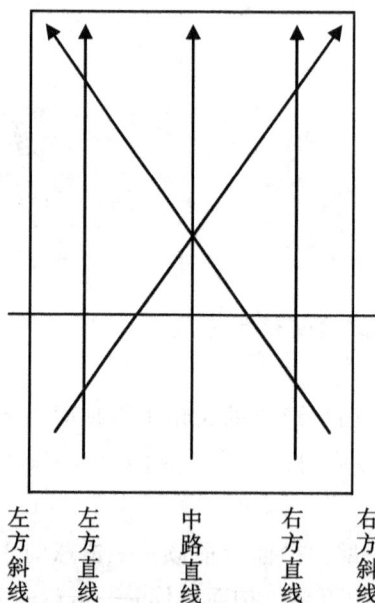

| 左方斜线 | 左方直线 | 中路直线 | 右方直线 | 右方斜线 |

图 6-5　击球线路

二、握拍法

乒乓球握拍方法分直拍握法和横拍握法两种，不同的握法都有各自的优点。

（一）直拍握法

食指和拇指自然弯曲，食指的第二指关节和拇指的第一指关节分别压住球拍的两肩。其他三个手指弯曲斜形重叠，顶在球拍背面 1/3 处（图 6-6）。

图 6-6　直拍握法

（二）横拍握法

横拍握法又称"八字式"握法，虎口压住球拍右上肩，中指、无名指和小指自然地握住拍柄，拇指在球拍的正面轻贴于中指旁边，食指自然伸直，斜贴在球拍的背面（图 6-7）。

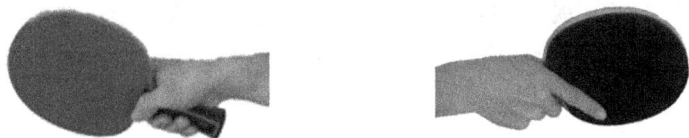

图 6-7　横拍握法

三、基本姿势与站位

（一）基本姿势

两脚开立，比肩稍宽，两膝微屈，上体略前倾，重心置于两脚之间，持拍手自然弯曲，置于身体右侧，手腕适当放松（图 6-8）。

图 6-8　基本姿势

（二）基本站位

选择基本站位时，应遵循有利于发挥自身技术特长的原则。其决定因素主要有运动员的打法类型、运动员的技术特点及身体条件、对方运动员的打法特点。左推右攻打法的基本站位在近台中间偏左。弧圈型打法的基本站位在中台偏左。削攻结合打法的基本站位在中台附近。以削为主打法的基本站位在中远台附近。

四、基本步伐

（一）单步

单步通常是在来球离身体较近时使用，以一只脚为轴，另一只脚向不同的方向移动。当移步完成时，身体重心也随之落到移动脚上（图6-9）。

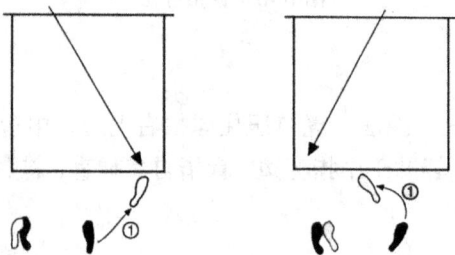

图6-9　单步

（二）跨步

跨步动作幅度比单步大，一只脚向不同方向跨出一大步，另一只脚也迅速滑动，身体重心随即落到前移动脚上（图6-10）。

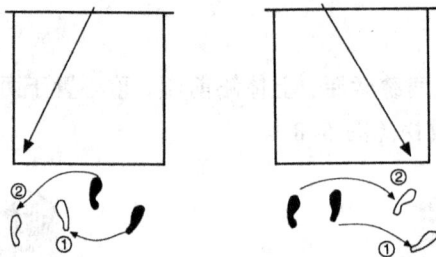

图6-10　跨步

（三）并步

并步移动幅度比单步大，远离来球方向的脚用力蹬地向另一只脚移一小步；另一只脚在先动脚落地后迅速向同方向移动，移动时没有腾空动作（图6-11）。

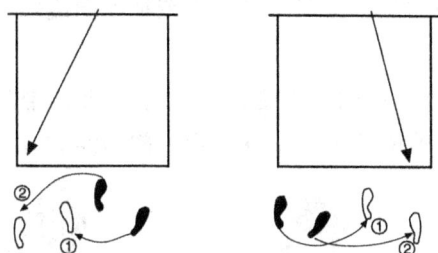

图 6-11　并步

（四）跳步

以远离来球方向的一只脚蹬地发力为主，两脚同时或几乎同时离地向来球的方向移动，蹬地用力大的脚先落地，另一只脚跟着落地站稳（图 6-12）。

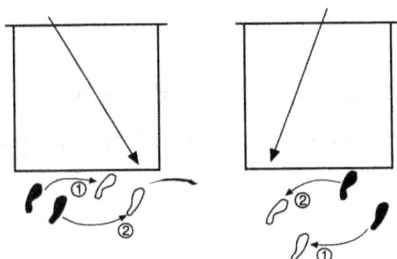

图 6-12　跳步

（五）交叉步

通常是在来球离身体比较远时使用，以靠近来球方向的脚作为支撑脚，远离来球的脚迅速向前或后或左或右（不同的方向）跨出一大步，原支撑脚向已移动的脚的方向再迈一步（图 6-13）。

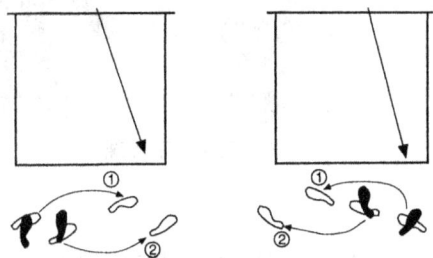

图 6-13　交叉步

五、发球与接发球技术

（一）发球技术

在乒乓球技术中，发球是唯一不受对方来球制约的技术。它具有很强的主动性，运动员可以选择自己最合适的站位，按照自己的意图把不同旋转方向的球发到相应位置。

1. 正手平击发球

站位近台中线偏左，抛球的同时向右后方引拍，大臂带动前臂转腰向左前方挥动，拍面稍前倾，当球下降至与球网同高处击球的中上部向左前方发力击球（图6-14）。

图6-14 正手平击发球

2. 反手平击发球

站位球台中线偏左，右脚稍前，身体略向左转，抛球的同时向左后方引拍，前臂外旋，拍面稍前倾，大臂带动前臂转腰向右前方挥动，当球下降至球网高处击球的中上部向右前方发力击球。

3. 正手发下旋球

站位近台中线偏左，左脚在前，右脚在后，抛球的同时右臂外旋向右后上方引拍，当球从高点下降至稍高于网或与网同高时，前臂加速向左前下方发力，以球拍远端（拍头）触球，击球中下部向底部摩擦（图6-15）。

图6-15 正手发下旋球

4. 正手发左侧上（下）旋球

站位近台中线偏左，左脚在前，右脚在后，抛球的同时右臂外旋，拍面方向略偏向左侧，向右上方引拍，当球从高点下降至接近网高时，右臂向左下方挥动，前臂加速向左下方挥摆，腰部配合左转。击球中部向左侧上方摩擦可发出左侧上旋球，击球中下部向左侧下方摩擦可发出左侧下旋球（图6-16）。

图 6-16　正手发左侧上（下）旋球

5.反手发右侧上（下）旋球

站位近台中线偏左，右脚稍前，重心在右脚上。抛球的同时向左后方引拍，腰略向左转，拍面稍后仰，手腕适当内旋，当球下落时手臂自左上方向右下方挥摆。在触球瞬间加入小臂、手腕的爆发力。击球中部向右侧上方摩擦可发出右侧上旋球，击球中下部向右侧下方摩擦可发出右侧下旋球（图 6-17）。

图 6-17　反手发右侧上（下）旋球

（二）接发球技术

1.接发球的判断

接发球判断的正确与否，直接影响接发球的方式和接发球的成败。接发球的重点和难点是正确判断来球的旋转性能、飞行弧度和落点。可以通过以下几个方面进行判断。

第一，根据对方发球时的站位决定自己接发球的站位。第二，观察对方发球前的引拍方向。第三，观察球拍触球瞬间摩擦球的方向，判断球的旋转性质。第四，观察对方发球时挥臂的动作幅度和手腕用力大小，判断球的落点。第五，根据发球的第一落点判断来球的长短。第六，根据球在空中的飞行弧线判断旋转方向。第七，记住不同颜色的球拍各自的性能。

2.接发球技术的运用

（1）接上旋球（奔球）

使用正、反手攻球或推挡，拍面适当前倾，击球的中上部，调节好向前的力量。

（2）接下旋长球

用搓球、削球、提拉球回接，搓或削时多向前用力。

（3）接左侧上（下）旋球

可使用攻球和推挡（搓球或拉球）回接，拍面稍前倾（后仰）并略向左偏斜，击球偏右中上（中下）部位，以抵消来球的左侧上（下）旋力。

（4）接右侧上（下）旋球

可采用攻球或推挡（搓球或拉球）回击，拍面稍前倾（后仰）并向后右偏斜，击球偏左中上（中下）部位，以抵消来球的右侧上（下）旋力。

（5）接近网短球

用快搓、快点或台内突击回接，主要靠手腕和前臂的力量。

（6）接转与不转球

在判断不准的情况下，可轻轻地托一板或撇一板，但要注意球的弧线和落点。

（三）接发球技术的练习方法与步骤

第一，两人台上练习，一人做各种发球练习，一人做接发球练习。

第二，先接固定旋转、落点的球，然后进行复杂的综合性的多种发球和接发球的练习。

第三，两人台上练习，一人做规定线路的各种发球练习，另一人做接发球练习，规定用攻、搓、削中的任何一种技术接对方的单一发球。

第四，两人一组，一人配套发球，另一人用多种技术接发球，交换进行。

第五，进行接发球比赛，发球方专练发球，接发球方专练接发球。

六、推挡球技术

推挡球是左推右攻型打法的基本技术之一，其特点是站位近、速度快、动作小、变化多，在相持或防御时使用能起到调动对方的作用。常用的推挡球技术有平挡球、快推、加力推、减力挡、推下旋、快拨等。

（一）平挡球

1.技术特点

平挡球是借助对方来球的反弹力进行挡击的一种技术。这种球球速慢，力量轻，动作简单，容易掌握。

2.动作要领

站位近台，左脚稍前，两膝微屈，手臂自然弯曲，将球拍引至身体的前方，拍面稍前倾或与台面垂直，食指用力，拇指放松，前臂和手腕稍向前迎击，在来球的上升期击球的中部偏上处，以借助来球的反弹力将球击回，击球后迅速还原成准备姿势（图6-18）。

图 6-18　平挡球

（二）快推球

1. 技术特点

具有动作小，回球速度快，变化多，稳定性比较好等特点。比赛中可用落点变化控制对方，适用于对付旋转力量较弱的拉球、推挡球和力量较轻的攻球。

2. 动作要领

站位近台，左脚稍前，上臂内收靠近身体右侧，后撤引拍，前臂稍外旋，拍面稍前倾，手腕外展，食指用力，拇指放松，在来球的上升期击球中上部，击球时手臂向前挥，并迅速还原成击球前的准备姿势（图 6-19）。

图 6-19　快推

（三）反手快拨

1. 技术特点

具有动作幅度小，速度快，落点变化多和有一定的力量、速度等特点。是横握拍进攻型选手的一项重要技术。

2. 动作要领

两脚平行，两膝微屈，重心在两脚之间，球拍向后下引，肘关节稍前倾，手腕内收，右肩稍沉。拍面稍前倾，前臂以肘关节为轴向前上方挥动，在来球的上升期击球的中上部。击球后随挥距离不能太长，应迅速还原成准备姿势（图 6-20）。

图 6-20　反手快拨

（四）推挡技术的常见问题

第一，推球前，手臂未后撤引拍，击球距离太短，无法发力。第二，上臂和肘部离开身体右侧，影响用力和推球的速度，动作不稳定。第三，站位过死，左脚过于靠前，难以运用腰、腿之力，影响推挡的力量，也不利于回击大角度的来球。第四，只有手臂动作，未运用身体重心的转移，动作不协调，缺乏稳定性，难以发大力。

（五）推挡球技术的练习方法与步骤

第一，按照技术要领做徒手模仿练习，体会动作要点。

第二，双方上台进行挡球练习，先练中路再练斜线和直线逐步加快速度。

第三，双方在台上进行反手推挡，练习不限落点，但动作要正确并能击球过网。

第四，在双方基本掌握快推的基础上，练习加力推、减力推、推下旋等技术。

第五，先练定点、一点推两点，再练不定点。

第六，先练对推，再练一方推、一方攻。

七、攻球技术

攻球是乒乓球技术中非常重要的组成部分，是进攻型选手在比赛中争取主动，克敌制胜的主要手段。随着乒乓球运动的发展，攻球技术水平有了很大的提高，特别是弧圈球技术发展迅速。竞赛规则的改变，对攻球技术提出了更高的要求。攻球技术的稳定性及准确性能力是决定比赛胜负的基础和根本。

（一）正手快攻

1. 技术特点

正手快攻是所有正手攻球技术的基础，其特点是站位近，动作小，出手快，多借力还击等。在比赛中，运用正手快攻技术可直接得分或在相持中结合落点变化调动对方，伺机进攻得分。

2. 动作要领

站位近台，身体离台 40～50 厘米，左脚稍前，两脚相距半脚掌，两膝稍屈，重心在前脚掌上。腰、髋向右转动，前臂引拍至身体右侧，右肩稍低，重心移至右脚，大臂与身体夹角约一拳，前臂与地面大致平行，拇指用力，食指放松，拍面稍前倾呈半横状。来球后，右脚蹬地，前臂在腰、髋左转的带动下，向左上方挥拍，手腕配合前臂做内旋转动，在来球上升期击球的中上部，以打为主，略带摩擦，身体重心由右脚移至左脚。击球后，随势挥拍至前额，并迅速还原（图6-21）。

图6-21 正手快攻

（二）正手快拉

1. 技术特点

正手快拉技术具有速度较快，动作较小，线路较灵活的特点。在比赛中，用正手提拉出各种落点不同和轻重力量相结合的上旋球，一般用于对付下旋发球、搓球和削球，以此作为过渡为扣杀创造条件。

2. 动作要领

站位稍离台，击球前，前臂下沉，将球拍引至身体右后下方，略低于来球。击球时，上臂带动前臂加速向左前上方挥动迎球，当来球跳至高点期（或下降前期）时触球。若来球下旋强，拍面要稍向后仰击球中下部，多向上摩擦；若来球下旋较弱，拍面要接近垂直，击球中部，适当减少向上摩擦成分，多向前用些力将球击出，击球后手臂随势向前上挥拍。球击出后，迅速还原（图6-22）。

图6-22 正手快拉

（三）正手中远台攻球

1. 技术特点

具有站位远，动作幅度大，主动发力击球，进攻性较强的特点，常在对攻或在防御反击时使用。

2. 动作要领

左脚稍前，身体离台1米左右，前臂自然弯曲约与地面平行。随着腰、髋向右转动，手臂将球拍引至身体的右侧后方，同时上臂拉开和身体的距离。在来球的下降前期拍面前倾，击球的中部并向上摩擦。上臂带动前臂加速向左前上方挥动，腰和髋转动配合发力。击球后，手臂继续向左前上方随势挥动，并迅速还原。

（四）反手快攻

1. 技术特点

具有站位近台，动作小，球速快，攻击性强等特点。在比赛中，能扩大主动进攻范围。是直、横拍握法两面攻选手最常用的一种主要基本技术。

2. 动作要领

站位中近台，右脚稍前，身体适当左转，右肩下沉，前臂与台面平行，向左后方引拍，使拍略高于来球，以肘关节为轴，上臂带动前臂向右前方挥动，手腕配合手臂外旋，在来球的上升后期或高点期击球的中部或中上部（图6-23）。

图6-23　反手快攻

（五）反手中远台攻球

1. 技术特点

指击球员站位远台采用反手还击对方高而长的球的攻球方法。具有力量重，球速较快，攻击力强，线路较活的特点。在比赛中当对方突然回击高球而自己来不及侧身用正手进攻时，或由相持阶段转入侧身正手抢攻时常用此技术。

2. 动作要领

右脚稍前，身体离台1米左右，前臂与地面略平行，上臂靠近身体，将球拍引至身体的左侧后方。拍形稍前倾，手腕控制拍面角度，在来球的下降前期击球的中上部，以前臂带动上臂向右前上方挥动，腰和髋转动配合发力。击球后，手臂继续随势挥动，并迅速还原（图6-24）。

图6-24　反手中远台攻球

（六）攻球的练习方法与步骤

模仿示范动作，理解动作要领，建立正确的动作表象，反复进行原地和走动中的徒手挥拍，练习形成正确的动作。多球练习，先进行多球一球一击，再进行多球单练；一推一攻练习；对攻练习；进行1/2台、2/3台和全台的定点或不定点的攻球练习；进行结合实战的组合技术训练。

八、直拍横打技术

直拍横打技术是我国于20世纪80年代末创造的，改变了原有直拍单面击球、反手缺乏进攻性的状况。此技术在球拍的另一面粘上覆盖物，使球拍正反面都可以击球。直拍横打完善、丰富、发展了直拍反手位技术。通过拨、拉、打、带、挑、撕等技术的运用，极大程度地弥补了直拍反手位的进攻不足，使直拍的打法类型更加全面，促成了直拍与横拍的对抗。

（一）直拍反面攻球

1. 技术特点

直拍反面攻球技术具有动作较大，力量较重等特点，主要用于半高球扣杀，或扑正手位后还原时回左方大角度的击球。

2. 动作要领

站位中近台，右脚稍前，身体重心在左脚上。肘关节略前顶。前臂外旋，手腕稍内屈向左后上方引拍。击球时，拇指和中指用力，食指放松，利用腰部和挺腹的力量协助发力，在来球的高点期或下降前期摩擦球的中上部并顺势向前方挥动（图6-25）。

图 6-25　直拍反面攻球

（二）直拍反面拉球

1. 技术特点

直拍反面拉球具有力量大，旋转强，并带有侧上旋的性质等特点。是直拍对付反手位下旋球的有效的进攻手段。

2. 动作要领

两脚开立略比肩宽，重心在两脚之间，含胸收腹，身体重心下降。腰略向左转，肘关节略前倾。前臂外旋，手腕稍内屈，手臂下沉引拍至腹前下方。拇指压拍，食指放松，拍形稍前倾，在高点期或下降前期摩擦球的中部偏上位置，向前上方挥拍。击球后，随势挥拍的动作稍大一些，然后迅速还原成准备姿势（图6-26）。

图6-26　直拍反面拉球

九、搓球技术

搓球是近台还击下旋球的一种基本技术，它的技术特点是站位近、动作幅度小，出手较快，过网后球的弧线较低，旋转与落点变化较丰富，常用于接发球或过渡球。

按搓球的时间，分为慢搓和快搓；按搓球的旋转性能，分为搓转球与不转球和搓侧旋球；按搓球的落点，分为搓长球和搓短球等。

（一）慢搓

1.技术特点

具有动作幅度相对较大，回球速度较慢，稳定性较强的特点。适用于回接线路稍长，旋转较强的来球。

2.动作要领

（1）反手慢搓

左脚稍前，站位近台，前臂和手腕内旋将球拍引至身体左上方，拍面后仰，在来球下降前期用球拍的下半部摩擦球的中下部。击球后，前臂随势前送，然后放松并迅速还原（图6-27）。

图6-27　反手慢搓

（2）正手慢搓

右脚稍前，站位近台，前臂和手腕外旋使拍面稍后仰，身体略向右转，向右上方引拍。

在来球的下降前期用球拍的下半部摩擦球的中下部。击球后，前臂随势前送，然后放松并迅速还原。

（二）快搓

1. 技术特点

具有击球动作幅度较小，回球速度快，弧线低，借助对方来球的反弹力进行回击的特点。常用于接近网下旋球。

2. 动作要领

（1）反手快搓

站位近台，手臂自然弯曲，手腕适当放松，球拍稍向后引至腹前。击球时，拍面稍后仰，身体重心前移主动迎球，在来球上升期击球中下部，前臂手腕向前下方用力（图6-28）。

图6-28　反手快搓

（2）正手快搓

站位近台，前臂外旋向右上方提起，后引动作稍小。击球时，拍面稍后仰，身体重心前移主动迎球，在来球上升期击球中下部，前臂手腕适当用力向前下方挥拍。

（三）搓转球与不转球

1. 技术特点

用相似的动作搓出转与不转两种球来造成对方判断失误，从而获得直接得分或为进攻创造条件。它和其他搓球技术结合使用，是各种类型打法选手争取主动的过渡手段，也是组成搓攻战术的主要技术。

2. 动作要领

搓转球时，要增加拍面后仰角度，前臂、手腕加速用力用球拍的下半部向前下方摩擦球。

搓不转球时，要减少拍面后仰角度，用球拍的上半部和中部撞击球的中部偏下处，以向前的力为主。

（四）搓球技术的练习方法与步骤

模仿示范动作，理解动作要领，建立正确的动作表象，反复进行徒手挥拍练习形成正确的动作。一人发下旋球，一人将球搓回；两人中路直线对搓，再斜线对搓；练习正、反手快搓短球；搓转球与不转球；随机搓定点与不定点、转与不转球。

十、弧圈球技术

弧圈球是一项融旋转和速度为一体的现代乒乓球进攻技术，是比赛主要得分手段。现在无论对哪一种打法类型的运动员，弧圈球都是一项必须掌握的技术。

弧圈球技术主要分为正手弧圈球技术和反手弧圈球技术。根据弧圈球技术的旋转特征可分为加转弧圈球和前冲弧圈球。

（一）加转弧圈球

1. 技术特点

加转弧圈球具有飞行弧线较高，球速较慢，上旋很强，落台后下滑速度快的特点。是对付下旋球的有效技术，往往能使对方回击出界或出高球，从而直接得分或为扣杀创造机会。

2. 动作要领

正手拉加转弧圈球：左脚在前，手臂自然下垂向右后下方引拍，身体随之向右转动，身体重心较低，右肩下沉，重心在右脚上。拍面稍前倾，拍触球时右脚用力蹬地，转腰，大臂带动前臂向前上方挥动，手腕配合发力，身体重心向左侧转动。在来球的下降前期击球的中部或中上部，击球瞬间迅速收前臂加大摩擦力。击球后，身体稍向上抬起，随势挥拍至头部高度，重心移至左脚，并迅速还原（图6-29）。

图6-29　正手拉加转弧圈球

（二）前冲弧圈球

1. 技术特点

具有出手快、球速快、弧线低、上旋强以及落台后前冲力大等特点。它是一种将力量和旋转结合得较好的进攻性技术，也是接发球、搓球、削球、推挡以及在相持中对拉的常用技术。

2. 动作要领

正手拉前冲弧圈球：左脚稍前，根据来球选择站位远近。手臂自然下垂向右后下方引拍，身体随之向右转动，右肩下沉，重心在右脚上。拍面前倾，在上臂带动下前臂加速向前上方挥动，手腕配合发力，在来球的上升后期或高点期摩擦球的中上部。随势挥拍，身体重心转至左脚，后放松，迅速还原（图6-30）。

图 6-30 正手拉前冲弧圈球

（三）弧圈球技术的练习方法与步骤

徒手做模仿拉弧圈球的动作；多球练习，一人发中路出台的下旋球，另一人练习拉弧圈球；多球练习，一人推挡，另一人连续拉弧圈球，先定点，再不定点；交替练习拉加转弧圈球和前冲弧圈球；掌握拉弧圈球技术后，着重练习拉前冲弧圈球。

第三节 乒乓球运动基本战术

一、乒乓球战术的概念和构成

（一）战术的概念

战术是指运动员在比赛中根据对方的打法、类型及技术特点而采用的各种技术手段与方法，是对技术、意志、智能和素质在比赛中有针对性的综合运用。

运动员在比赛中，根据不同对手的情况，将自身掌握的各项技术有意识、有目的地组合起来，制约对方的长处，抓住对方的弱点，充分发挥自己的技术风格与特长，为战胜对手而采用各种手段和方法，从而形成了战术。

（二）战术的构成

乒乓球战术由战术观念、战术指导思想、战术意识、战术知识、战术行为等构成。

1. 战术观念

战术观念是指运动员对战术的概念、战术的作用、战术的原理和规律等进行认识和思维后产生的观念。战术观念的形成与运动员知识结构、竞赛经验、认识特点和思维方式有密切的联系，认识程度越高、战术观念越强。战术观念对运动员在比赛中战术能力的表现有着重要作用。

2. 战术指导思想

战术指导思想是在战术观念的影响下和对战术规律认识的基础上，根据比赛情况提出的战术运用的准则。现代乒乓球战术指导思想正向力争积极主动、加快速度、加强旋转和加大力量等方面发展，速度和旋转相互结合渗透，要求技术结合更完善，技术水平向更快、更新、更狠的方向发展。

3. 战术意识

战术意识是指运动员在比赛中为达到特定战术目的而决定自己战术行为的思维活动过程。包括运动员在比赛中对自己所采取的战术方法的认识和理解，以及在复杂的比赛环境中适应环境，随机应变，迅速正确决定自己的战术行为的思维。

4. 战术知识

战术知识是在战术实践活动中，人们获得的经验的总和，包括经验性知识和理论性知识。经验性知识主要是靠运动员在长期比赛实践过程中逐步认识和积累起来的；理论性知识通常是以无数个体经验性知识为基础，抽取它们之中的共同要素和成分而形成的，因而反映了客观事物发展和运动的一般性规律，具有普遍意义。

5. 战术行为

战术行为是指为达到某个战术目的而采用的具有战术意义的动作系列或动作组合。即战术是通过战术行为来表现的，战术行为是运动员的战术观念、指导思想、意识和知识的具体表现，是完成战术任务的具体方式。

二、乒乓球战术的影响因素

（一）战略与谋略因素

乒乓球竞赛就其对抗性本质而言，就是一种斗智斗勇的活动。战术的形成和发展，与军事学、谋略学的影响密切相关。战略与谋略就是对抗双方为了赢得胜利，调动自己最大的智慧，所寻求的制胜的方法策略。

（二）心理学与思维科学因素

运动员的心理素质是比赛中战术实施的重要影响因素。战术能否在比赛中得以应用，取得好的效果，往往取决于运动员的心理素质的好坏。

（三）技能与体能因素

技能是乒乓球运动员掌握的各种基本技术能力。技术掌握是否全面，技术水平的高低，直接影响战术质量。主要由运动员掌握技术的熟练程度及应用水平决定。体能是在比赛中采用战术或实施战术配合的先决条件，在比赛过程中，体能会影响回球的技术质量，体能对运动员各种技术的运用和保证战术质量，有着至关重要的作用。

三、基本战术的具体应用

乒乓球的基本战术方法适用于各种打法类型的运动员。不同类型、打法的运动员，在具体的运用过程中，使用的技术手段有所不同。

（一）发球抢攻战术

发球抢攻战术是我国运动员的主要战术之一。它充分发挥"前三板"的进攻技术，实施抢攻得分，或发球直接得分。

1. 反手发侧上、侧下旋球至对方中间偏右近网球，配合发大角长球伺机抢攻

这是两面攻打法常用的一套发球抢攻战术。利用发短球后两面起板抢攻，尤以反手起板出手快，使对方较难防御。左推右攻型运动员发短球后可用快速侧身抢攻，如能结合反手抢攻则效果更好。发短球要注意落点不宜出台，以免让对方抢先拉起（但若对付削球打法，有时可发至中路偏右侧刚出台处，使对方既难加转，又不易回短，利于抢攻），待对方站位靠近球台时，突然配合发长球进行侧身为主的抢攻。发球旋转要变化，落点要灵活，使对方瞻前顾后不敢轻易抢攻。如果对方是两面拉打法，有时可发中路长球，待对方轻轻将球托起时再进行抢攻。

2. 以反手发急下旋球为主，配合短球和急上旋球后抢攻或抢推

这是擅长推挡得分的选手常用的发抢战术。由于球速较快，有下旋，对方不易发力回击。如向上托起便可加力推压或侧身抢攻。如对付两面拉选手，在对方站位离台较远时效果稍差，因为对方可以发力拉起，此时应发短球将其引至台前，再发急下旋球效果较好。这套发抢战术对付使用近台进攻型打法或正手单面进攻的打法的对手比较有效。发球角度要大；对付两面拉弧圈的落点发至中路近身。

3. 以正手发转与不转短球至对方右方或中路为主，伺机进行抢攻，配合发长球至对方反手

通常先发加转下旋球，然后再发不转球达到抢攻目的。由于发转球与不转球时动作相似，旋转变化大，因而经常使对方回接下网或接出高球，有时甚至还接出界外。该套发球以中路靠右近网为主，使对方正手搓球不易控制，有时亦可发出台球，造成对方直接拉球失误。

4. 侧身发高、低抛左侧上、下到对方中路或左大角，结合右路急长球进行抢攻

运用此发球抢攻战术时，短球要尽可能发得短而不出台；发长球时要敢于发力，加强球的旋转并加快球的速度，角度要变化。旋转、落点、速度的变化，往往能限制对方的发力拉或使其拉球失误。如对方用轻拉回接，则要大胆抢攻。

（二）对攻战术

对攻是用进攻类打法相互对抗时，双方利用速度、旋转落点变化和轻重力量来控制对方，力争主动的一种重要方法和手段，主要适用于快攻类和弧圈类打法的运动员。快攻类打法依靠正、反手攻球和反手推挡、快拨等技术，充分发挥速度的优势，调动压制对方以达到攻击的目的。弧圈类打法依靠正、反手的拉弧圈球技术，发挥旋转的威力牵制对方，达到攻击目的。

1. 压制反手，结合变线，伺机抢攻

先用推挡或反手攻（拉），压住对方反手位，角度要大，迫使对方不能侧身抢拉或被动侧身拉球，并在连续压反手后快速变直线到对方右边空当，伺机侧身抢攻。如果对方侧身抢冲，则要灵活配合变线，以牵制调动对方，自己伺机抢攻。

2.调右压左

所谓"调右压左",就是先打对方的正手,把对手调到正手位迫使其离台,然后再打反手,使对方不能发挥近台反手抢攻和侧身抢攻特长。"调右"和"压左"两者之间联系紧密,要明确调右的目的是为了压左。左手握拍的运动员和右手握拍的运动员相遇时,如运用"调右压左"的战术,其效果更为明显,谁用得好谁就能获得主动。值得注意的是,不论是用推挡、用反手攻还是用侧身进攻对方的正手,都必须有较快的速度,并且回球的角度要大些,才容易把对方调动到右方。

3.加、减力推压中路及两角,伺机抢攻

这是对付两面拉弧圈打法的主要对攻战术。可先用加力推挡或反手攻球压住对方的反手或中路迫使对方离台回击,再用减力推挡到其中路,或快推两大角,以调动对方前后、左右移动,然后快攻中路或两角。

4.连压中路或正手,伺机抢攻

这是对付两面攻或横拍反手攻球能力较强的选手所采用的对攻战术。上述选手往往反手进攻技术好,正手球较弱,中路球更是其致命的弱点。故可用推挡或反手攻球压对方中路或正手,待对方攻势较弱时,伺机用正手侧身抢攻。对横拍快攻结合弧圈球打法的选手,可视情况连压中路或正手,或交叉进行。

5.被动中打回头球

在乒乓球比赛中,主动与被动的关系随时发生变化。回头球战术的运用,实际上是临场观察对手的攻击特点,及时进行反击,打对方一个措手不及。在对攻中当对方主动变线袭击正手或中路时,应坚决用近台正手快攻斜线或侧身攻两角;一般自己变直线至对方正手时,就要准备对方正手攻斜线,以便迅速打回头球,以打中路、直线较好。

(三)拉攻战术

拉攻战术是进攻类打法对付削球打法的主要战术。首先,拉球的基本功要扎实,只有拉得稳,有落点、旋转、力量的变化,才能制造机会赢得先机。其次,拉球必须拉中有突击或拉中结合冲,有连续扣杀和前冲的能力,才能达到良好效果。

1.拉两大角,攻击中路

用稳健的拉球攻击两角,从中抓住机会扣或冲中路(近身球)得分。

2.拉中路,压两角

以拉球中路(近身)为主,扣杀左角或右角并连续扣杀或抢冲得分。

3.拉反手,突击正手

在拉球的过程中,压住对方反手位,突然扣或冲杀正手直线,取得主动或得分。

4.长、短结合,拉、吊结合

将加转弧圈球和前冲弧圈球相结合,拉加转球吸引对方靠前削球,再用前冲弧圈球迫使对手后退,为连续冲或扣杀创造条件。

以前冲弧圈球迫使对手退台削接,再以搓球吊小球,使对方近台回球,再冲杀近身

或空当得分。"真、假"弧圈球交替运用，伺机冲杀或扣杀。

（四）搓攻战术

搓攻战术是进攻型选手的一项辅助战术。主要是利用搓球的旋转、落点变化控制对方，为进攻创造条件。运用这一战术搓球的次数不能过多，一般快搓一两板就须寻找机会主动进攻，否则将使自己陷入被动。

1. 以快搓、摆短为主，结合搓长球至对方反手，伺机抢攻

快搓、摆短至对方中路近网，伺机侧身扣杀或冲直线。用转与不转搓长球至对方反手位底线，使其不容易侧身，然后伺机抢攻或冲右方大角。

2. 搓转与不转结合落点变化，伺机抢攻

用转与不转的搓球搓长或短的球至对方左或右，伺机抢冲、扣杀。搓下旋球和搓侧旋球至对方反手位，伺机进行抢、冲或扣杀。

（五）接发球战术

接发球所采取的对策，包括前三板战术的运用，对能否获得整个战局的主动权起着主要作用。比赛中，双方都力争积极主动，如果接发球处理不好，很快就会陷入被动。因此，运动员在运用接发球战术时，要树立争抢主动的思想，运用不同的技术手段去接发球，并与自身特长技术密切结合，在比赛中争得主动。

1. 接发球抢攻

以快打、快拉、快拨、快推等手段，回击所有长球，并抢先上手，连续进攻。

2. 用快搓、摆短等手段回接，使对方难以发力抢攻或抢拉，自己抢先上手取得主动

我国选手刘国梁、孔令辉、杨影、李菊等在国际比赛中，常以娴熟的快搓、摆短技术回接对手的发球，破坏其发球抢攻或抢拉弧圈球的战术意图，为自己争取主动。

3. 用"快点"回击各种侧旋、上旋或不转的短球，伺机进攻，争取主动

接发球战术，应在比赛中根据具体情况灵活运用，才能破坏对方发球抢攻或抢拉的战术意图，争取主动，创造机会。

四、双打配对与战术

（一）双打配对

双打配对要求同伴之间有默契，并能互相鼓励，彼此谅解，在技术上要能互相补充，共同发挥特长，常见的配对形式有以下几种。

第一，弧圈球选手和快攻选手配对。一前一后，一快一转，互为补充。第二，同为快攻或者弧圈球选手，左右手相互配对。第三，一名直拍正胶快攻选手和一名直拍反胶弧圈球选手配对。第四，一名使用两面不同性能球拍的选手和一名使用反胶胶皮拍的选手配对。第五，两名削球选手配对。一人站位稍前，善于逼角；一人站位稍远，以削加转球与不转球为主，但两人都应具有较强的反攻能力。

（二）双打战术

1. 选择接发球

第一，优先选择接发球，以便选择有利的发、接球次序。第二，以强对强，以弱打弱。例如在混合双打比赛中，选择男接球并发球的战术。第三，以强对弱。在女子或男子双打中，选用本方强者接对方弱者的球，有利于打击对方强者，使对方强者的攻击力量难以发挥，造成其被动局面。

2. 发球与发球抢攻

第一，双打的发球区是固定的，这对发球提出了较高的要求，应优先选择发球质量高的运动员为第一发球员，在混合双打中，选择男运动员为第一发球员较为有利。第二，发球员要与同伴默契配合，发什么球，要用手势告诉同伴，以便有利于同伴第三板的还击。第三，双打的发球落点应以近网不出台或接近中线端线为好，因为接近中线的球，对方不易大角度打击。第四，发球后要积极抢攻，一旦自己被对方接发球抢攻，要有积极防御的准备，如果对方回过来的球难以抢攻，不要盲目扣杀，可用中等力量打对方弱点或控制一板，为同伴创造下一板进攻的机会。

3. 接发球与接发球抢攻

双打的接发球比单打难度小些，照顾范围也小，因此接发球员应积极利用接发球的有利条件，千方百计抢攻，力争主动，为同伴创造进攻机会。

接发球手段要灵活多变，如快搓、摆短，不给对方抢攻的机会，或利用快攻、快拉、快点等变化，力争控制主动权。

第四节　乒乓球运动竞赛规则

一、乒乓球比赛器材

（一）球台

球台的上层表面叫作比赛台面，应为与水平面平行的长方形，长274厘米，宽152.5厘米，离地面76厘米，不包括与球台台面垂直的侧面。

比赛台面可用任何材料制成，应具有一致的弹性，即当标准球从离台面30厘米高处落至台面时，弹起高度应约为23厘米。

比赛台面应呈均匀的暗色，无光泽，每个比赛台面边缘沿长度方向各有一条2厘米宽的白色边线，沿宽度方向各有一条2厘米宽的白色端线。比赛台面由一个与端线平行且垂直于台面的球网划分为两个相等的台区，各台区的面积应是台面整体面积的一半。

双打时，应用一条3毫米宽的白色中线在各台区划分出两个相等的"半区"。中线与边线平行，并应视为右半区的一部分。

（二）球网装置

球网装置包括球网、悬网绳、网柱及将它们固定在球台上的夹钳。

球网应悬挂在一根绳子上，绳子两端系在高 15.25 厘米的直立网柱上，网柱外缘离开边线外缘的距离为 15.25 厘米。整个球网的顶端距离比赛台面 15.25 厘米，底边应尽量贴近比赛台面，两端应整体与网柱完全相连。

（三）球

球应为圆球体，球直径为 40 毫米，重 2.7 克，应用赛璐珞或类似的塑料制成，呈白色或橙色，且无光泽。

（四）球拍

球拍的大小、形状和质量不限，但底板应平整、坚硬，底板材料至少应有 85% 的天然木料。加强底板的黏合层可用诸如碳纤维、玻璃纤维或压缩纸等纤维材料，每层黏合层厚度不超过底板总厚度的 7.5% 或 0.35 毫米。

用来击球的拍面应用一层颗粒向外的普通颗粒胶覆盖，连同黏合剂厚度不超过 2 毫米；或用颗粒向内或向外的海绵胶覆盖，连同黏合剂，厚度不超过 4 毫米。普通颗粒胶是一层无泡沫的天然橡胶或合成橡胶，其颗粒必须以每平方厘米不少于 10 颗，不多于 30 颗的平均密度分布于整个表面上。海绵胶是在一层泡沫橡胶上覆盖一层厚度不超过 2 毫米的普通颗粒胶后得到的。覆盖物应覆盖整个拍面，但不得超过其边缘。靠近拍柄的部分以及手指执握的部分可不予以覆盖，也可用任何材料覆盖。

底板、底板中的任何夹层以及用来击球一面的任何覆盖物及黏合层均应为厚度均匀的一个整体。

球拍两面不论是否有覆盖物，必须无光泽，且一面为鲜红色，另一面为黑色。由于意外的损坏、磨损或褪色而造成拍面的整体性和颜色上的一致性出现轻微差异的球拍只要未明显改变拍面的性能，可以允许使用。

比赛开始前及比赛过程中运动员需要更换球拍时，必须向对方和裁判员展示将要使用的球拍，并允许他们检查。

二、基本定义

（一）回合

球处于比赛状态的一段时间。

（二）球处于比赛状态

从发球时，球被有意向上抛起前，静止在不执拍手掌上的最后一瞬间开始，直到该回合被判得分或重发球，这段时间内球都处于比赛状态。

（三）重发球

不予判分的回合。

（四）一分

判分的回合。

（五）执拍手

正握着球拍的手。

（六）不执拍手

未握着球拍的手。

（七）击球

用握在手中的球拍或执拍手手腕以下部分触及处于比赛状态的球。

（八）阻挡

当球处于比赛状态时，对方击球后，在比赛台面上方或向比赛台面方向运动的球，尚未触及本方台区，即触及本方运动员或其穿戴（带）的任何物品，即为阻挡。

（九）发球员

在一个回合中，首先击球的运动员。

（十）接发球员

在一个回合中，第二个击球的运动员。

（十一）裁判员

被指定管理一场比赛的人。

（十二）副裁判员

被指定在某些方面协助裁判员工作的人。

（十三）运动员穿或戴（带）的任何物品

包括他在一个回合开始时穿或戴（带）的任何物品，但不包括比赛用球。

（十四）越过或绕过球网装置

除从球网和比赛台面之间通过以及从球网和网架之间通过的情况外，球均应视作已"越过或绕过球网装置"。

（十五）球台的端线

包括端线两端的无限延长线。

三、基本规则

（一）发球

发球时，球自然地置于不执拍手的手掌上，手掌张开，保持静止。随后发球员须将球几乎垂直地向上抛起，不得使球旋转，并使球在离开不执拍手的手掌之后上升不少于16厘米，球从下降到被击出前不能碰到任何物体。当球从抛起的最高点下降时，发球员方可击球,使球首先触及本方台区,然后直接触及接发球员的台区。在双打中,球应先后触及发球员和接发球员的右半区。从发球开始,到球被击出,球要始终在比赛台面的水平面以上和发球员的端线以外;而且从接发球方看,球不能被发球员或其双打同伴的身体或他(她)们所穿戴(带)的任何物品挡住。

(二)还击

对方发球或还击后,本方运动员必须击球,使球直接触及对方台区,或触及球网装置后,再触及对方台区。

(三)比赛次序

在单打中,首先由发球员发球,再由接发球员还击,然后发球员和接球员交替还击;在双打中,除特殊情况外,首先由发球员发球,再由接发球员还击,然后由发球员的同伴还击,再由接发球员的同伴还击,此后,运动员按此次序轮流还击。

(四)重发球

回合出现下列情况应判重发球。

第一,发球员发出的球,触及球网装置后成为正确发球或被接发球员或其同伴阻挡。第二,接发球员或接发球方未准备好时,球已发出,而且接发球员或接发球方没有企图击球。第三,由于发生了运动员无法控制的干扰,而使运动员未能合法发球、合法还击或遵守规则。第四,裁判员或副裁判员暂停比赛。

(五)得分

除被判重发球的回合,下列情况运动员得1分。

第一,对方运动员未能正确发球;第二,对方运动员未能正确还击;第三,运动员在发球或还击后,对方运动员在击球前,球触及了除球网装置以外的任何东西;第四,对方击球后,该球没有触及本方台区而越过本方台区或端线;第五,对方阻挡;第六,对方运动员不执拍手触及比赛台面;第七,双打时,对方运动员击球次序错误。

(六)一局比赛

在一局比赛中,先得11分的一方为胜方,10平后,先多得2分的一方为胜方。

(七)一场比赛

一场比赛应由奇数局组成。

(八)发球、接发球的方位和次序

选择发球、接发球的方位的权力应由抽签来决定。中签者可以选择先发球或先接发球,或选择先在某一方位。当一方运动员选择了先发球或先接发球,或选择了先在某一方位后,另一方运动员必须有另一个选择。

在获得每2分之后,接发球方即成为发球方,依此类推,直至该局比赛结束,或者直至双方比分都达到10分或实行轮换发球法,这时,发球和接发球次序仍然不变,但每人只轮发 1 分球。

在双打的第一局比赛中，先由有发球权的一方确定第一发球员，再由接发球方确定第一接发球员。在以后的每局比赛中，由先发球的一方确定第一发球员，第一接发球员则是前一局发球给他的运动员。在双打中，每次换发球时，前面的接发球员应成为发球员，前面的发球员的同伴应成为接发球员。

一局中首先发球的一方，在该场下一局应首先接发球。在双打决胜局中，当一方先得 5 分时，接发球方应交换接发球次序。一局中，在某一方位比赛的一方，在该场下一局应换到另一方位。在决胜局中，一方先得 5 分时，双方应交换方位。

（九）发球、接发球次序和方位的错误

裁判员一旦发现发球、接发球次序错误，应立即暂停比赛，并按该场比赛开始时确立的次序，按场上比分由应该发球或接发球的运动员发球或接发球；在双打中，则按发现错误时那一局中首先有发球权的一方所确立的次序进行纠正，继续比赛。

裁判员一旦发现运动员应交换方位而未交换时，应立即暂停比赛，并按该场比赛开始时确立的次序，按场上比分对运动员应站的正确方位进行纠正，再继续比赛。

在任何情况下，发现错误之前的所有得分均有效。

四、竞赛方法

乒乓球比赛的常用方法主要有单循环赛和单淘汰赛两种，如把这两种方法结合运用则叫混合制。比赛方法的选用要依据比赛的目的、场地、参加队数（人数）等条件而定。

（一）单循环赛

参加比赛的队或运动员之间轮流比赛一次，称为单循环赛。这种赛制能使参加比赛的各队或运动员之间都有比赛的机会，能比较准确地决出参赛队或运动员的名次。但单循环赛的场数多，比赛时间长，需用的场地、器材多，因此参加单循环赛的队数或人数不宜过多。

（二）单淘汰赛

单淘汰赛制将所有参赛的运动员或队，按一定的秩序编排，相邻的两名运动员或队进行比赛，负者淘汰，胜者进入下一轮，以后逐轮进行比赛，直到最后一场比赛结束，获胜者即为冠军。这种赛制的比赛，双方运动员具有强烈的对抗性，非胜即负，负者即失去比赛的权利。这种比赛办法，可在较短时间内，安排大量的运动员或队进行比赛，而且比赛逐步走向高潮，最后决出冠亚军。

五、比赛编排的基本要求

第一，种子选手要合理分开，同单位的选手要合理分开，尽可能留到最后相遇。第二，保证运动队和运动员合理的比赛强度。第三，合理安排不同项目的比赛。第四，合理安排场地。

本章思考题

1. 阐述乒乓球运动的起源与发展。

2. 正手快攻技术的动作要领是什么？

3. 正手发下旋球与不转球的区别是什么？

4. 搓球技术的分类有哪些？

5. 发球抢攻、接发球抢攻、搓攻战术的特点及方法是什么？

6. 双打有哪些战术？

7. 单循环赛与单淘汰赛的区别和各自的优点是什么？

8. 62人参加单淘汰赛，决出冠军共需要多少轮，多少场比赛？

本章参考文献

[1] 苏丕仁. 乒乓球运动教程 [M]. 北京：高等教育出版社，2004.

[2] 吴健. 体育锻炼与欣赏——乒乓球 [M]. 郑州：郑州大学出版社，2006.

[3] 林志超. 大学体育标准教程 [M]. 北京：北京体育大学出版社，2007.

[4] 中国乒乓球协会. 乒乓球竞赛规则（2007）[M]. 北京：人民体育出版社，2007.

[5] 刘建和. 乒乓球教学与训练 [M]. 北京：人民体育出版社，2004.

第七章

羽毛球运动

第一节 羽毛球运动概述

一、羽毛球运动起源

早在两千多年前，一种类似羽毛球运动的游戏就在中国、印度等国出现。中国叫打手毽，印度叫浦那。19世纪70年代，英国军人将在印度学到的浦那游戏带回国，作为茶余饭后的消遣娱乐活动。

在14—15世纪时，日本人当时使用的球拍为木制的，球是用樱桃核插上羽毛制成。这种球由于球托是樱桃核，所以太重，飞行速度太快，使得球的羽毛极易损坏，加之造价太高，风行一时很快便销声匿迹了。

大约18世纪时，人们在印度的浦那发现了一种与早年日本的羽毛球极相似的游戏，球用直径约6厘米的圆形硬纸板在中间插上羽毛制成，类似中国的毽子，拍球的球板是木质的，玩法是两人相对站立，手执木板来回击球。

现代羽毛球运动起源于英国。1873年，在英国伯明顿镇，有一位叫鲍费特的公爵，一次在家中宴请宾客，由于下雨，客人只得聚在客厅，时间一长，大家都感到乏味。当时，有位从印度退役的英国军官，将其在印度见到的浦那向大家做了介绍，这种游戏引发了客人的兴趣。当时室内场地呈葫芦状，他们在场地中央拉了一根绳代替网，规定每局比赛只能由两人参加，并有一定的分数限制。大家玩得十分开心，他们又把这种运动带回各地，后来这种游戏被称为"伯明顿"，这就是现代羽毛球运动的起源和它的英文"badminton"名称的由来。

据记载，世界上第一部关于羽毛球比赛、用品、装备、场地等内容的规则于19世纪草拟于印度的浦那，被称为"浦那规则"。比较完善的羽毛球比赛规则出现于1886年的英国。1893年英国成立第一个羽毛球协会。1899年，英国伦敦举行了历史上首届羽毛球比赛，称为全英羽毛球锦标赛，此后，该赛事每年举办一次，延续至今，影响广泛。因此，国际体育界普遍认为现代羽毛球运动起源于英国。

1934年，加拿大、丹麦、英国、法国、爱尔兰、荷兰、新西兰等国成立了国际羽毛球联合会（后与世界羽毛球联合会合并，现称羽毛球世界联合会），总部设在伦敦（现在在吉隆坡）。从此，羽毛球国际比赛日渐增多。在1988年汉城奥运会上，羽毛球被列为表演项目，在1992年巴塞罗那奥运会上，成为正式比赛项目，设男、女单打和男、女双打四项比赛。1996年的亚特兰大奥运会上，增设了混合双打。从此，羽毛球运动进入了新的发展时期。

二、羽毛球运动的发展历程

世界羽毛球运动发展，主要经历了以下几个时期。

20世纪上半叶，羽毛球运动在欧美迅速发展。英国、丹麦、美国、加拿大等国的羽毛球运动技术水平进步很快。在1947年全英羽毛球锦标赛上，丹麦取得了5个单项中的4项冠军。第二年又囊括了5个单项的全部冠军。美国也不甘示弱，继1949年全英锦标赛首次夺得男单冠军后，女子又首创了第1、2、3届尤伯杯赛的"三连冠"战绩。这一时期羽毛球技术风格的突出特点是慢和稳，打法多以慢拉、慢吊为主。

20世纪40年代末至50年代初，亚洲羽毛球运动日渐发展。马来西亚率先打破欧美一统天下的局面，他们用"以快制慢，以攻为主"的技术、战术，在连续夺得第1、2、3届汤姆斯杯（简称汤杯）赛冠军的同时，又在1950年的全英锦标赛中一举获得男子单、双打冠军。国际羽坛开始出现了亚欧选手竞争的局面，亚洲选手后来居上，而且势头明显。

20世纪50年代后期，印度尼西亚羽毛球选手异军突起，他们在广泛吸收欧亚羽毛球强国选手先进技术的基础上，加快了击球的速度并注意对球落点的控制，在稳和准的前提下发展了快速进攻，在第4届汤杯赛中击败马来西亚选手获得冠军，此后，又连续获得第5、6届汤杯赛冠军，开创了汤杯赛史上第二个"三连冠"纪录。在1958—1979年的8届汤杯赛中，印度尼西亚队共夺得7次冠军。

20世纪60年代中后期，中国羽毛球运动开始走向世界。中国选手在吸收欧、亚强手先进技、战术的基础上，着重在基本手法和步法上进行大胆革新，创造出一整套独特的训练方法。在"快、狠、准、活"的技术风格和"以我为主、以攻为主、以快为主"的比赛风格的指导下，在双边比赛中两度击败世界冠军印度尼西亚队并打败北欧劲旅丹麦、瑞典等强队。但由于中国当时没有加入国际羽毛球联合会，不能参加正式的世界比赛，所以在这段时期，中国羽毛球运动被誉为世界羽毛球运动的"无冕之王"。

20世纪70—80年代，世界羽坛成为亚洲的时代。1981年世界羽毛球联合会和国际羽毛球联合会合并后，推动了这项运动的发展，而亚洲选手占据了世界羽毛球运动的优势地位，男子以中国、印度尼西亚、韩国、马来西亚为龙头，女子以中国、印度尼西亚、韩国和日本为首，几乎垄断了汤杯、尤伯杯、苏迪曼杯、世界锦标赛等各种世界大型比赛中的各项桂冠。亚洲选手在原来快攻打法的基础上，全面提高了控制与反控制的技术能力，世界羽毛球运动技术、战术都进入全面发展时期。

20世纪90年代以来，中国羽毛球队雄霸羽坛。这一时期世界羽毛球基本格局可以概括为欧洲式微，亚洲强大。而在亚洲诸强中，中国整体一枝独秀。亚洲国家夺得29枚金牌中的28枚，仅有1枚奥运金牌被欧洲选手获得，在银牌、铜牌方面，亚洲国家也占据绝对性优势，美洲、非洲、大洋洲国家的竞技水平还不能与亚欧国家抗衡，各洲在总体的竞技水平上存在明显的差距。

2012年奥运会中国羽毛球实现五金包揽，实现了历史性的突破，但各国对中国的优势地位虎视眈眈，全力阻击中国羽毛球的奥运新征程。从2016年的里约奥运会比赛中可以看出，中国羽毛球在各个单项上已没有绝对的优势。世界羽坛的竞技格局开始转变，中国的优势地位逐渐受到了日本、马来西亚、印度尼西亚以及欧洲老牌劲旅的冲击，在诸多项目中差距逐渐被缩小甚至有被赶超的趋势。

三、中国羽毛球运动的发展概况

现代羽毛球运动约于1918年传入我国，最早在上海，随后在广州、天津、北京等城市的基督教青年会和学校中开始出现。当时参加人数很少，活动的目的是娱乐、健身与游戏。新中国成立后，党和政府十分关心人民群众的健康，体育运动蓬勃发展，羽毛球运动也逐渐为群众所喜爱，并作为我国重点开展的项目之一，其发展经历了四个阶段。

（一）学习起步阶段

在周恩来总理和贺龙副总理的关怀下，1953年在天津举行了全国篮球、排球、网球、羽毛球四项球类运动会，当时羽毛球为表演项目。虽然当时技术水平很低，但为羽毛球以后的发展奠定了良好的基础。1954年，一批报效祖国的赤子先后回国，以王文教、陈福寿为代表的印度尼西亚华侨，带回了先进的羽毛球技术，第一次组建了国家羽毛球集训队，给我国羽毛球运动带来了希望，全面推动了我国羽毛球运动的发展。1958年，中国羽毛球协会（简称中国羽协）成立，标志着我国羽毛球运动新纪元的到来。

（二）赶超世界先进水平阶段

20世纪60年代初期，汤仙虎、侯佳昌、陈玉娘等第二批印度尼西亚华侨青年相继回国。在中国羽协和教练们的重视培养下，这些优秀羽毛球选手成了我国羽坛的中坚力量。1963年，连续获得第四届、第五届汤姆斯杯冠军的印度尼西亚队来我国访问比赛，我国羽毛球队取得了6胜4负的战绩。1964年印度尼西亚第二次访问我国，我国4胜1负。同年11月，中国羽毛球队到印度尼西亚访问比赛，取得了全胜战绩。他们以快速、灵活、准确的技术特点闻名世界羽坛。虽然那时我国羽毛球队没有参加过正式比赛，但与世界冠军队的互访比赛，表明了我国羽毛球运动水平已达到了世界先进水平。

1964年，在第一次全国羽毛球训练工作会议上，我国羽毛球人士总结了经验，明确提出我国羽毛球"快、狠、准、活"的技术风格和"以我为主、以快为主、以攻为主"的指导思想，以理论指导促进训练比赛实践。

（三）复苏阶段

经历一段低谷后，到20世纪70年代初，我国羽毛球队取得了一些比赛的胜利，但老队员体力不支，力不从心，青年选手水平较低，青黄不接现象严重，导致我国羽毛球队刚刚在世界获得的优势又完全丧失。为重振我国羽坛雄威，迅速调整、恢复我国羽毛球运动水平，1978年国家体育运动委员会、中国羽协联合召开第二次羽毛球训练工作会议，总结经验教训，重申我国羽毛球技术风格和指导思想，制定了赶超世界先进水平的新的规划和具体措施，使我国羽毛球运动的发展出现了新的生机。

（四）全面夺取世界冠军阶段

1981年7月，在第1届（美国）世界运动会上，我国运动员陈昌杰、孙志安、姚喜明、刘霞和张爱玲夺取了男女单、双打的四项冠军。1982年，我国第一次参加了全英羽毛球锦标赛，张爱玲夺得女子单打冠军；同年，中国队第一次参加汤杯赛，夺得冠军。1983年徐蓉、吴健秋夺得全英羽毛球锦标赛女子双打冠军，栾劲勇夺男子单打冠军。1984年，在马来西亚的吉隆坡，我国羽毛球女队又夺得了第10届尤伯杯比赛冠军。

之后，我国又涌现出了杨阳、赵剑华、熊国宝、李永波、田秉毅和林瑛、吴迪西、李玲蔚、韩爱萍等一批世界羽坛顶尖高手，创造了中国羽毛球历史上的辉煌时期。

1996年，在亚特兰大奥运会上，葛菲、顾俊勇夺女双冠军，实现了我国羽毛球项目在奥运会上零的突破，此时，涌现了一批新的优秀运动员，如吉新鹏、张军、夏煊泽、龚智超、高崚、张宁等。

进入21世纪，中国羽毛球可以说是雄霸天下，奥运会金牌四成有三。中国羽毛球队在2000年悉尼奥运会获得4枚金牌，2004年雅典奥运会获得3枚金牌，2008年北京奥运会获得3枚金牌，2012年伦敦奥运会包揽5枚金牌，2016年里约奥运会获得2金1铜的好成绩。先后出现一批新的优秀运动员，如林丹、谌龙、陈金、谢杏芳、李雪芮、蔡赟、傅海峰、杜婧、于洋、张楠、赵云蕾等。

第二节　羽毛球运动基本理论

一、球拍和球

（一）球拍

羽毛球拍是用木料、铝合金或碳素纤维等质地轻而坚实并富有弹性的材料制作而成的，由拍柄、拍弦面、拍头、拍杆、连接喉组成整体框架（图7-1）。

球拍长不超过680毫米，宽不超过230毫米，不允许有附加物和突出部分，除非是为了防止磨损、断裂、振动或调整重心的附加物，或预防球拍脱手而将拍柄系在手上的绳索，但其尺寸和位置必须合理，球拍上不允许附加任何可能从本质上改变球拍形式的装置。拍弦面应是平的，用拍弦穿过拍头十字交叉或其他形式编织而成，编织的式样应保持一致，尤其是拍弦面中央的编织密度，不得小于其他部分。拍弦面长不超过 280 毫米，宽不超过 220 毫米。

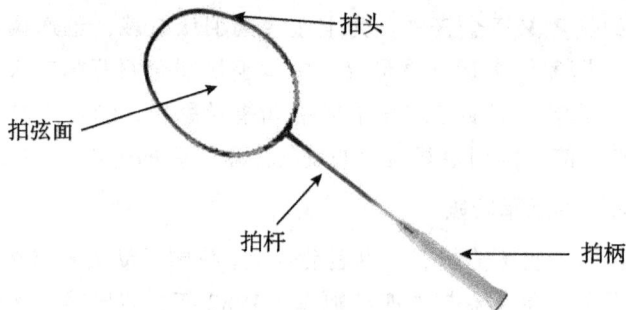

图 7-1　羽毛球拍

（二）球

羽毛球应由 16 根羽毛固定在球托上制成。每根羽毛从球托面至羽毛尖的长度，统一为 62~70 毫米。羽毛顶端围成圆形，直径为 58~68 毫米。羽毛应用线或其他适宜材料扎牢。球托底部为球形，直径为 25~28 毫米。球重 4.74~5.50 克（图 7-2）。在因海拔或气候等条件不适宜使用标准球的地方，只要球的一般式样、速度和飞行性能不变，经有关会员协会批准，可以变通以上规定。

图 7-2　羽毛球

二、场地器材

（一）场地

标准的羽毛球场地是一个长方形，长 13.40 米，单打场地宽 5.18 米、双打场地宽 6.10 米。球场四周 2 米以内、上空 9 米以内不得有任何障碍物。场地线的颜色最好是白色、黄色或其他容易辨别的颜色。场地上画线的宽度均为 4 厘米，所有场地线都是它所确定区域的组成部分（图 7-3）。

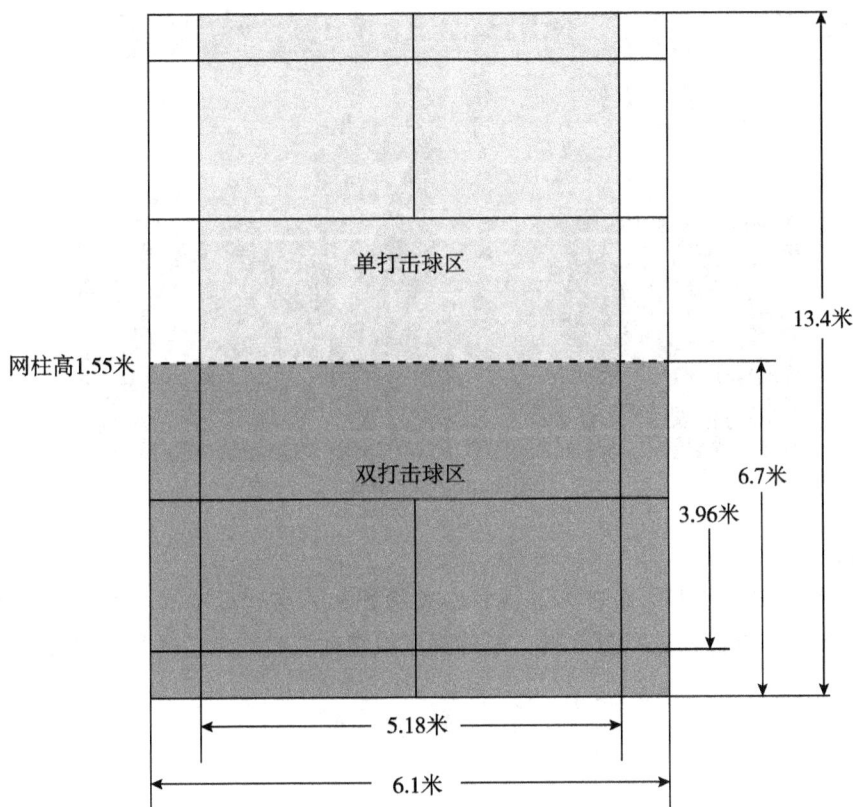

图 7-3　羽毛球场地

　　比赛场地一般采用木质地板或塑胶地面，这样的场地应具有一定的弹性，滑涩程度适中。比赛应在场地四周比较暗的环境中进行，一般灯光的设计和布局有两种方法：一种是白炽灯泡，安装在球场两侧网柱的上空；另一种是荧光灯，挂在与球场边线平行并且长度一样的地方。为避免自然光线的干扰，场馆内应挂上窗帘，场地上的照度要求达到 500～750 勒克斯。

（二）器材

1. 球网

　　场地中间张挂的球网应是深色的，用优质的细绳织成。从球场地面起，球网中央顶部应高 1.524 米，双打边线处网高 1.55 米。当球网被拉紧时，网柱应与地面保持垂直。网孔为方形，各边长均为 15～20 毫米，球网全长至少 6.1 米，上下宽 76 厘米。网的顶端用 75 毫米宽的白带对折成夹层，用绳索或钢丝从中穿过，夹层的上沿必须紧贴绳索或钢丝；绳索或钢丝也必须有足够的长度和强度，能牢固地拉紧并与网柱的顶端持平，球网两端与网柱之间不应有空隙（图 7-4）。

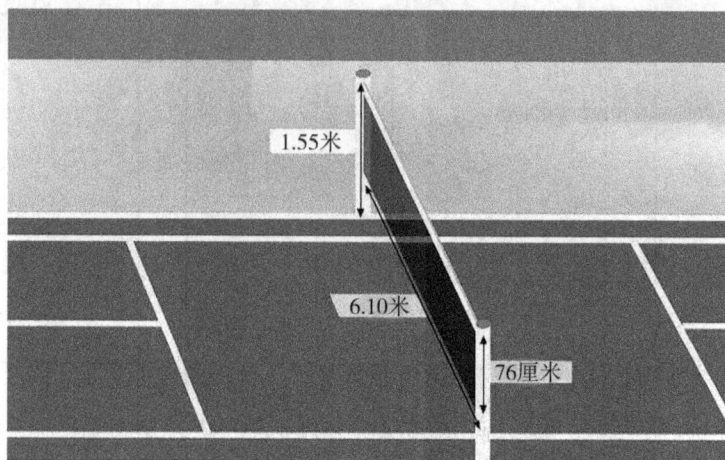

图 7-4　羽毛球网

2. 网柱

从球场地面起，网柱高 1.55 米。网柱必须稳固，并与地面垂直。网柱应使球网保持拉紧状态。不论是单打还是双打比赛，网柱都应放置在双打边线上（图 7-5）。

图 7-5　羽毛球网柱

第三节　羽毛球运动基本技术

一、握拍法

羽毛球运动是一项借助球拍的运动，因此对于每个初学者来说首先要学习和掌握的就是握拍技术。正确而灵活多变的握拍方法，是击球手法的前提条件，握拍要有利于手腕的发力，能控制击球力量的大小和球的飞行方向。羽毛球技术中握拍法和指法是多种多样的，但是基本的握拍法有两种，即正手握拍和反手握拍（本书以右手持拍为例）。

（一）正手握拍

将持拍手的虎口对着拍柄窄面的内侧小棱边，拇指和食指贴在拍柄的两个宽面上，食指和中指稍分开，中指、无名指和小指并拢握住拍柄，掌心空出，拍柄端与近腕部的小鱼际肌齐平，拍面基本与地面垂直。一般来说，正手发球、右场区击球和左场区头项击球等都采用这种握拍法（图7-6）。

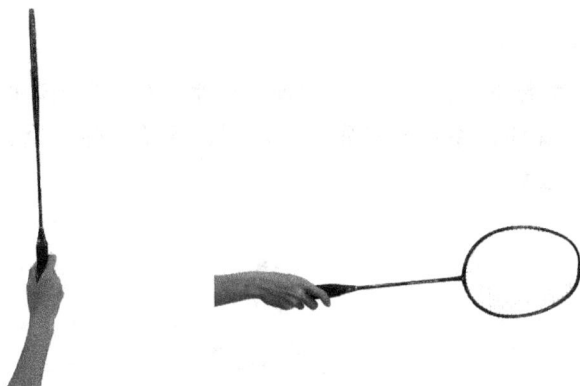

图7-6 正手握拍

注意事项：拍柄与掌心不要贴紧，应留有空隙，在击球的一刹那才紧握球拍，便于击球发力。一般情况下，握拍的位置以球拍底端靠近手掌的小鱼际肌为宜。握拍力度适宜，恰似握住一个鸡蛋，重则破损，轻则滑落。

（二）反手握拍

在正手握拍的基础上，拇指和食指将拍柄稍向外转，拇指上提自然贴在拍柄内侧的宽面上，中指、无名指和小指并拢握住拍柄，食指稍向下靠，下三指放松。反手握拍击球时，靠食指以后的三指紧握拍柄，同时拇指前顶发力击球。一般来说，击身体左侧来的球采用反手握拍法（图7-7）。

图7-7 反手握拍

注意事项：为了便于发力，掌心、拍柄与小鱼际肌之间要留有充分的空隙，挥拍时配合拇指前顶发力。

握拍法的关键：无论是正手握拍还是反手握拍，它们共同的技术要点是，一要放松，二要灵活，三要手指能最大限度地发挥力量。击球前，手部的肌肉要适当地放松，食指与中指间有一定的距离（正手握拍时更明显），手心不要靠在拍柄上，手心与虎口之间应留有空洞（反手握拍时更明显）。在击球时，握拍才由放松到握紧，虎口也随之夹紧，食指与中指靠拢，虎口到手心之间的空洞也不见了。但在球击出后，又要很快地呈放松握拍的姿势。

二、基本姿势与站位

（一）基本姿势

左脚在前，全脚掌着地。右脚在后，前脚掌触地。双膝稍微弯曲，身体重心在左脚上。右手握拍自然举放在胸前，左手自然屈肘于左侧，保持身体平衡，两眼注视前方，判断对方的发球方向准备接发球（图7-8）。

图7-8　基本姿势

（二）基本站位

单打接发球站位应距前发球线约1.5米。在左发球区接发球，一般选择有效发球区域中心位置站位，能照顾到前后左右发来的各种落点球（图7-9、图7-10）。

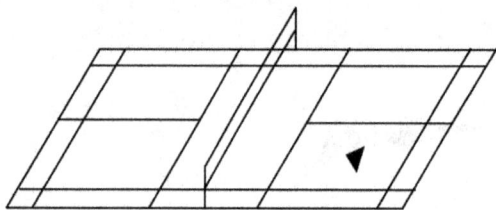

图7-9　单打左接发球区接发球站位

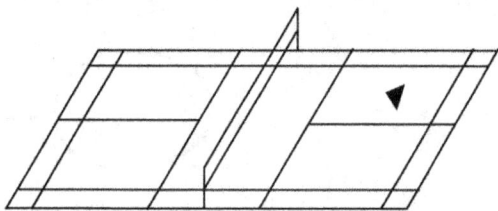

图7-10　单打右接发球区接发球站位

三、基本步法

步法是打好羽毛球的一项很重要的基本技术，它与手法相辅相成，不可分割。学习和掌握熟练、快速、准确的步法是打好羽毛球、提高技术水平的重要环节。

步法是由单个步伐组成的在场上移动的方法，每一组步法都是从球场中心位置开始，按结构可分为起动、移动、到位击球和回动四个部分，按移动方向有向前、向后和左右两侧的移动，在实际运用时可分为前场上网步法、后退步法和中场两侧移动步法，下面逐一介绍。

（一）上网步法

上网步法是完成上网搓球、推球、勾球、扑球及挑球的步法，它包括跨步上网、垫步或交叉步上网和蹬跳上网。不论正手或反手，根据来球远近，上网步法可采用三步、两步或一步上网击球。

不管采用哪种步法上网击球，上网前的站位及准备姿势基本相同，即两脚站立约与肩同宽（一般右脚在前，左脚稍后），两膝微屈，前脚掌着地，后脚跟稍提起并左右微动，上体稍前倾，右手持拍于体前，两眼注视对方的来球。

1. 跨步上网

判断准对方来球后，左脚掌内侧用力蹬地并侧身向来球方向迈出，接着右脚也向前迈一大步，脚掌外侧和脚跟先落地，再过渡到前脚掌，右膝关节弯曲并成弓箭步，紧接着左脚自然地向前脚着地方向靠上小半步。击球后，右脚蹬地用小步、交叉步或并步回到中心位置。左侧跨步上网，动作方法同右侧跨步上网，方向相反（图7-11）。

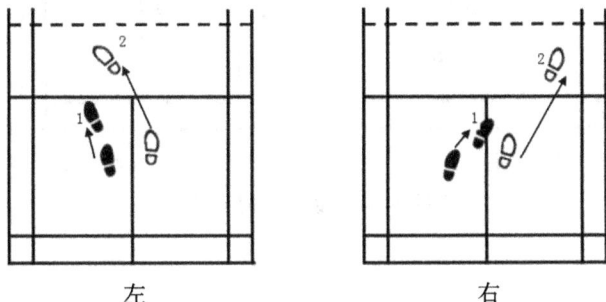

图7-11　跨步上网步法

跨步上网须注意，右脚成弓箭步时，要防止因上网前冲力过大使重心越过右腿而失去平衡，另外，着地时，前脚脚尖应朝着边线方向，而不应朝向内侧。

2. 垫步或交叉步上网

判断准对方来球后，右脚先迈出一小步，左脚立即向右脚垫一小步（或从右脚后交叉迈出一小步），左脚着地后，脚内侧用力蹬地，右脚再向网前跨一大步成弓箭步，身体重心落在两脚之间。击球后，前脚朝后蹬地，用小步、交叉步或并步退回到中心位置。左侧垫步或交叉步上网，动作方法同右侧垫步、交叉步上网，方向相反（图7-12）。

垫步或交叉步上网的优点：步子调整能力强，在被动情况下，能利用蹬力大、速度快的特点迅速调整脚步，去迎击来球，垫步或交叉步上网的注意事项同跨步上网。

左　　　　　　右

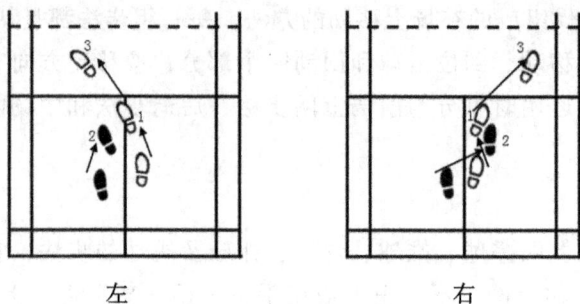

图 7-12　垫步或交叉步上网步法

3.蹬跳上网

在预先判断来球的基础上，利用脚的蹬地，迅速扑向球网，以争取在球刚越过网时立即进行还击。单打或双打中常用此步法上网扑球。其步法是站位稍靠前，对方一有打网前球的意图后，右脚稍向前一点地便起蹬侧身扑向网前。击球后应立即退回中心位置。蹬跳上网既要快，又要防止因前冲力过大而触网或过中线犯规（图 7-13）。

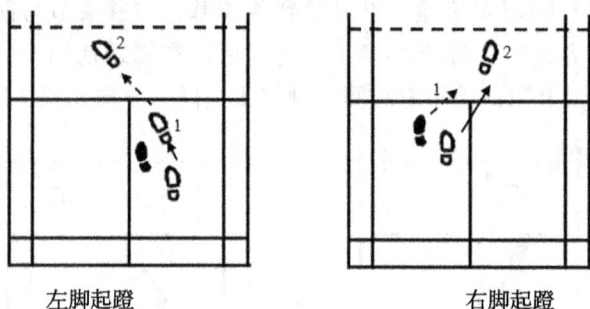

左脚起蹬　　　　　　右脚起蹬

图 7-13　蹬跳上网步法

（二）后退步法

后退步法有右后场区后退步法和左后场区后退步法。右后场区后退步法主要是正手的后退步法；左后场区后退步法包括头顶后退步法和反手后退步法。

1.正手后退步法

正手后退步法有并步后退（图 7-14）和交叉步后退（图 7-15）两种。实战中可根据场上情况和个人特点灵活使用。

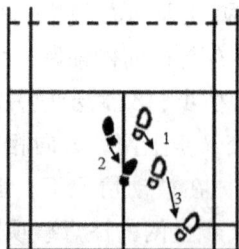

图 7-14　并步后退法　　　图 7-15　交叉步后退法

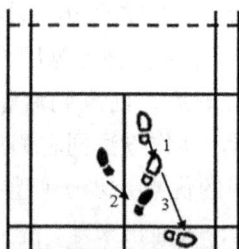

判断准来球后，先调整重心至右脚，然后右脚蹬地迅速向右后撤一小步，同时上身右转，左肩对网，接着左脚用并步靠近右脚（或从右脚交叉后撤一步），右脚再向后移至来球位置。在移动的同时，必须完成挥拍击球前的预备动作，待球在右肩上方下落时，做正手原地或起跳击球。击球后，身体重心随右脚前移，并用小步跑或并步回到中心位置。

2. 头顶后退步法

头顶后退步法是对方来球向左后场区，用头顶正手击球技术还击时所采用的后退步法（图 7-16）。头顶后退步法也可用并步或交叉步移动后退。

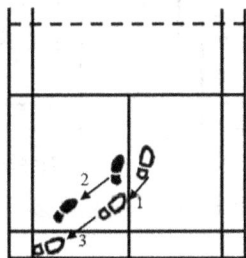

图 7-16　头顶后退步法

判断准来球后，右脚蹬地撤向左后方，同时，髋关节及上身向右后方转动（转动的幅度比正手后退要大些），且稍后仰，接着左脚用并步或交叉步后撤，右脚再退至来球位置用正手击球技术回球，击球后迅速回到中心位置。

3. 反手后退步法

调整重心后，右脚后撤一步，接着上身左转，左脚随即向左后退一步，右脚再跨出一步，背对网，做底线反手击球。反手后退步法应根据来球距离的远近调整步法。

如离来球较近，可采用两步后退步法，上身向左后转，左脚同时后撤一步，右脚再向左后跨一步，做底线反手击球。如距来球较远，则采用三步或五步后退步法，右脚先垫一步，而后左脚向后方跨一步，再按右、左、右向后退。但无论是几步，反手击球后退步法最后一步应右脚在后，重心在右脚上（图 7-17）。

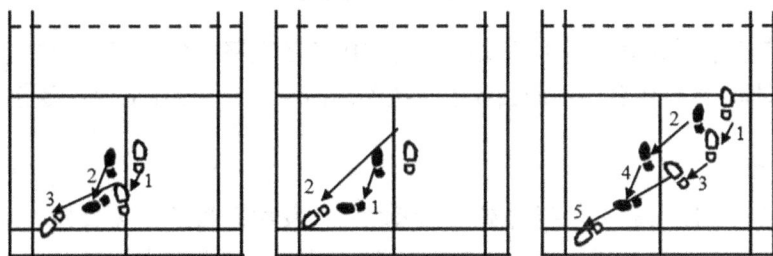

图 7-17　反手后退步法

（三）中场两侧移动步法

两侧移动步法多用于接对方的杀球或半场平低球，可分为向左侧移动和向右侧移动两种步法。其站位和准备姿势与上网步法基本相同。

1. 右侧移动步法

两脚左右开立，脚跟稍提起，根据来球调整重心，上身稍倒向左侧，左脚掌内侧用力起蹬，右脚同时向右侧转跨一大步，如距来球较远，左脚向右脚垫一小步再起蹬，右脚同时向右侧转跨一大步（图 7-18）。

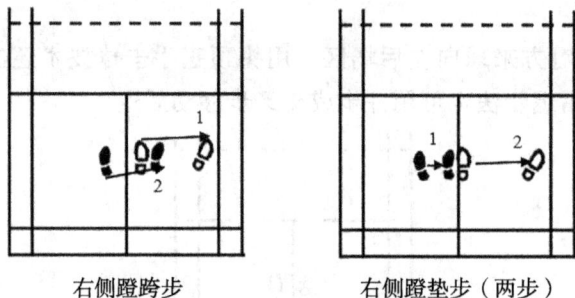

右侧蹬跨步   右侧蹬垫步（两步）

图 7-18　右侧移动步法

2. 左侧移动步法

根据来球调整重心，上身稍倒向右侧，右脚掌内侧用力起蹬，左脚同时向左侧转跨一大步，如距来球较远，左脚先向左侧移半步，上身向左转身的同时右脚向左前交叉跨一大步（图 7-19）。

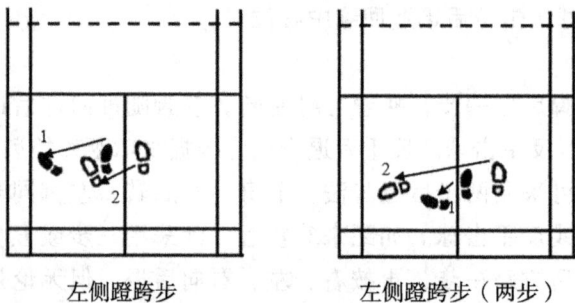

左侧蹬跨步   左侧蹬跨步（两步）

图 7-19　左侧移动步法

以上是羽毛球步法中最基本的几种步法，初学者在平时的练习和比赛中，应按照要求去体会和掌握，并在比赛中不断去摸索步法移动的规律，以适应比赛中瞬息万变的情况。

四、发球技术

发球是羽毛球运动非常重要的基本技术之一。发球质量的好坏直接关系到比赛的主动与被动，甚至直接关系到比赛的胜负，只有重视发球技术的掌握和合理运用，方能在比赛中获胜。羽毛球运动的发球技术，按其动作分为正手发球和反手发球。

（一）正手发球

发球站位：单打发球在中线附近，站在离前发球线约 1 米处；双打发球站位可靠近前发球线。

准备姿势：身体左肩侧对球网，左脚在前，右脚在后，重心在右脚上，右手持拍向右后侧举起，肘部放松微屈，左手拇指、食指和中指夹住球，举在胸腹间。

引拍动作：持球手松开，使球自然下落，此时左手随引拍动作收至身体左侧。同时，右上臂随转体外旋，并带动前臂自下而上沿半弧做回环引拍动作，充分伸腕，身体重心随转体和引拍动作逐渐前移。当拍挥至身体右侧前下方、身体转至近于面对球网时，准备击球。

击球动作：最佳击球点在身体右侧前下方。在拍面与球接触的瞬间，右臂迅速内旋，带动手腕快速向前上方闪动、展腕屈指发力，用正拍面将球击出，身体重心随转体动作逐渐由右脚移至左脚。

随后动作：身体重心完全移至左脚，持拍手随击球动作完成后的惯性向左上方挥动，然后两臂还原成接球前的准备动作。

根据发球用力的大小和球出手后飞行的弧度，正手发球种类可分为高远球（图7-20）、平高球、平快球、网前球。

图 7-20 正手发后场高远球

（二）反手发球

发球站位：站在发球区中线附近靠近前发球线 10～50 厘米的位置。

准备姿势：面向球网，两脚前后站立（左右均可），上体稍前倾，身体重心在前脚上。右手反手握拍，左手拇指、食指和中指捏住球的羽毛斜放在球拍前面。

引拍动作：将球拍稍往后摆动至一定距离。

击球动作：前臂向前上方推送，同时，带动手腕由屈到微伸向前摆动，利用拇指的顶力用反拍拍面、以斜拍面向前轻轻推送切击球托，使球尽可能低地沿网上方飞过。如发后场，拍子要向下移动，距离也要长一些，发力要突然，可以使用拇指向上或向前来调整球飞行的弧度和距离。

随后动作：击球后，前臂继续往上摆到一定高度后回收至胸前。

根据发球用力的大小和球出手后飞行的弧度，反手发球种类可分为网前小球（图7-21）、平高球、平快球。

图7-21　反手发网前小球

五、后场击球技术

（一）高远球

以较高的弧线将来球击到对方场区底线附近的球叫高远球。它具有主动性强，击球力量大等特点，迫使对方退到底线去接球，而有较多的时间来调整自己的站位，摆脱被动局面，是初学者必须首先学会的技术动作。

1. 正手高远球

判断来球的方向和落点，迅速侧身后退，使球处在自己的右肩前上方。左肩对网，左脚在前，右脚在后，重心在后脚上。左手自然上举指向来球，右手持拍手臂自然弯曲举于右肩上方，两眼注视来球。击球时，持拍臂后上引至头部上方偏右位置，然后后脚蹬地，在转体收腹的协调用力下，以肩为轴，上臂带动前臂快速向前上方甩腕，在手臂伸直到最高点的位置击球，击球后，持拍手臂顺惯性向前左下方挥动并收拍至体前，同时，右脚向前迈出，身体重心由后脚移到前脚（图7-22）。

图7-22　正手击后场高远球

2. 反手高远球

当球飞向左场区的底线附近，击球者无法移动到位用正手击球时采用反手高远球。首先判断来球的方向和落点，迅速将身体转向左后方，步法到位后，右脚前交叉跨到左

164

侧底线，背对网，身体重心在右脚上，使球在身体的右肩上方。击球前，由正手握拍迅速换为反手握拍，并持拍于胸前，拍面朝上。击球时，以大臂带动小臂，通过手腕的闪动、自下而上的甩臂将球击出。在最后用力时，要注意拇指的侧压力与甩腕的配合，同时还要利用两腿的蹬地、转体等全身的协调用力。

（二）吊球

把对方击来的后场高球还击到对方网前区的击球法称为吊球（图7-23）。它的作用是与其他后场技术结合运用，调动对方站位，以争取场上的主动权。

其击球前的准备动作应与击高远球一样，要保持动作的一致性，使对方不易判断己方打出的是何种球。

1. 正手吊球

准备动作与正手击后场高远球相同，只是击球时，击球点要稍靠前些。击球时用手指、手腕发力，做快速切压球动作，击球托的后部和侧后部。吊直线球时，拍面正对前方，向前下方切削球托；吊斜线球时，球拍切削球托的右侧并向左下方发力。

2. 头顶吊球

头顶吊球的引拍动作和击球动作与正手吊球的基本相同，只是将击球点选择在头顶的上方。击球动作同样是由前臂内旋带动手腕由伸至屈收、手指捻动发力，向右前下方切击球托右后侧部位。如果是采用滑拍击法，则用手指推转拍柄，使球拍向内旋转以斜拍面向前下方"切击"球托后部的左侧。

（三）杀球

把对方击来的高球全力向下扣压叫杀球。杀球的特点是飞行弧线直，下落速度快，力量大，能给对方造成很大的威胁，是羽毛球比赛中的主要得分手段。

其击球前的准备姿势和击球动作与正手击高远球基本一样。不同的是击球点更靠前和最后用力的方向朝下，而且要充分利用蹬地、转体、收腹以及手臂和手腕的爆发力全力地将球向下击出，击球时，前臂内旋，手腕快速闪动发力杀球。

至于后场正手是杀直线球还是斜线球，主要根据手腕、手指控制击球的拍面和方向来决定。用正拍面向正前下方击球则杀直线球，用正拍面向斜前下方击球则杀斜线球。

图7-23 正手高远球、吊球、杀球击球点拍面角度

六、网前击球技术

网前击球技术是一项可以调动对方，使战术多变的击球方法，讲究的是细腻，力量小、动作小、步法灵活、以巧取胜，所以在学习网前击球技术时，除了要注意动作规范之外，还应细心体会击球时手指、手腕的细小感觉。

准备姿势：侧身对网，右脚跨步呈弓箭步，左脚在后自然拉开，上身略有前倾，右手持拍前伸约与肩平，肘关节微屈，注意握拍要放松。

网前击球技术包括放网前球、搓球、勾对角球、推球和扑球，下面分别介绍。

（一）放网前球

将对方击来的网前球，轻轻一托或一击，使球向上弹起后恰好过网下落的方法称为放网前球。质量好的放网前球可以扭转被动局面。

要领：准备姿势如上，击球时，右臂和手腕自然后伸，小臂稍外旋，手腕由外伸至内收转动，右手轻松握拍，食指和拇指夹住球拍，在手腕和手指的控制下，轻击球托底部将球轻送过网（图7-24）。反手放网前球（图7-25）除握拍不同外，其他要领相同。

图 7-24　正手放网前球

图 7-25　反手放网前球

（二）搓球

在网前用球拍切击球托，使球在摩擦力的作用下旋转翻滚过网的方法称为搓球。搓球技术是在放网前球的基础上发展起来的，因球的飞行轨迹异常，能给对方的回球造成困难，从而增加了进攻的机会。

要领：准备姿势如上，击球时，在球拍举至最高点，前臂稍外旋，手腕由后伸至内收与网前击球前期动作一致。击球时，加快挥拍速度，体现"搓切"的动作，使球击出后旋转或滚动过网。搓球一般在对方来球较靠近网时运用。正反手搓球除握拍不同外，其他要领相同。

（三）勾对角球

在网前用手腕动作调整拍面，将来球回击到对方对角近网区的方法称为勾对角球。它是一种技巧性比较高的技术，具有欺骗性和突然性的特点，如与推球和搓球等技术相结合，可获得意想不到的效果。

要领：准备姿势如上，前臂稍外旋，手腕稍后伸，右手握拍将拍柄向外捻动，使拇指指腹贴在拍柄的内侧宽面，食指的第二指节贴在拍柄的外侧宽面上，掌心空出。击球时，靠前臂稍内旋，并往左拉收，手腕由微伸至内收抖腕，手腕要控制好拍面角度，击球托的右侧下部，使球沿着网的对角飞行至对方网前角落（图7-26）；反手勾对角时，击球托的左侧，同时向右内勾动（图7-27）。

图7-26 正手勾对角球

图7-27 反手勾对角球

（四）推球

把对方击来的网前球用较平的弧线，快速推到对方后场底线区域的方法称为推球。球的飞行弧线较低平，球速较快，给对方造成回击上的困难。

要领：准备姿势如上，击球时前臂稍外旋，手腕后伸，拍面对准来球，握拍放松，在击球的一瞬间利用前臂带动手指手腕的快速闪动将球击出。击球时，食指向前下压，小指、无名指突然握紧拍柄，使球沿边线飞向对方后场底线。正手推球多用食指力量，反手多用拇指力量（图 7-28、图 7-29）。

图 7-28　正手推球

图 7-29　反手推球

（五）扑球

在对方击来或发来的网前球，刚越过网顶上空时，迅速上网抢高点挥击下压的方法称为扑球。扑球飞行弧线短，球速较快，威胁性大，是网前技术中的一项进攻技术，也是双打必练的技术之一。

要领：准确判断来球路线和高度，快速蹬步上网，身体右侧扑向网，同时伸手向前、屈肘、仰拍，拍面向上，手腕带动手指的快速闪动向下发力，击球后立即收拍，以免触网犯规。扑球时判断要准，上步快、抢点高、动作小，正反手均可（图 7-30）。

图 7-30　正手扑球

七、低手击球技术

低手击球一般是在防守时所采用的击球技术。它虽然不像上手击球那样具有进攻性威胁，但如运用得当，往往也能起到守中有攻的效用。因此，对低手击球技术，不论是高水平运动员还是初学者都应引起重视。特别是初学者，往往重攻而轻守，这样就会影响技术的全面掌握和提高。

低手击球技术包括：挑球、抽球和接杀球。

（一）挑球

把对方击来的吊球或网前球回击到对方后场底线上空的方法称为挑球。挑球的飞行弧度高，下落时间长，可使挑球者争取时间将重心调整回到中心位置。它是在比较被动的情况下，或在过渡局面中常常采用的一种防守技术。

要领：判断来球，快速上网，左脚积极蹬地，右脚跨步向前成弓箭步，侧身对网，重心在右脚。正手握拍，手臂自然向右前方伸出，小臂外旋伸腕。击球时，以肘关节为轴，前臂带动手腕、手指由右下方向前上方挥拍击出。反手挑球除握拍不同外，击球点与正手挑球相反（图7-31、图7-32）。

图7-31　正手挑球

图7-32　反手挑球

（二）抽球

把对方击来的低于头部高于腰部和身体两侧的球，回击到对方底线场区的方法称为抽球。抽球击球点低，其用力要领是以躯干为竖轴做半圆式拍击球动作。它是一种反控制技术，主要用于还击对方的长杀、半场球和平球对攻。

要领：判断来球，快速移动步伐，左脚蹬地，右脚向右侧跨出，上体向右侧倾，重心在右脚上，右臂侧上摆，屈肘，前臂稍外旋，击球时小臂急速向右侧前方挥动，并由外旋转为内旋，手腕由后伸至伸直闪腕，手指握紧拍柄快速挥拍击球，由后向右侧稍平地抽压过去。击球后，右脚蹬地，身体重心置于两脚之间。反手抽球的握拍、用力方向和击球点与正手抽球（图7-33）刚好相反。

图7-33　正手抽球

（三）接杀球

把对方扣杀过来的球回击到对方场区的方法称为接杀球。它是被动状况下采用的一种防守性技术，需要反应快、判断准、手法准，回球的落点和路线运用适当，突出一个"快"字。接杀球看起来被动，但当对方杀球质量不高时，接杀球如处理得当，就会为本方创造转守为攻的机会甚至直接得分。

要领：两脚左右开立，膝关节微屈，手放松握拍于胸前，两眼紧盯着球，根据来球的方向选择跨步接球的点。击球时，借助来球本身的力量和速度，将球回击到对方场区。根据回击球的力度，可将球轻挡回对方网前，也可将球平抽或推送到对方中后场（图7-34、图7-35）。

图7-34　正手接杀球

图 7-35 反手接杀球

第四节 羽毛球运动基本战术

要想成为一名高水平的羽毛球运动员，不仅要有扎实的羽毛球基本技术，还要具备良好的战略思想和战术意识。在羽毛球运动中，基本技术是基础，战术运用是关键。在瞬息万变的比赛中，运动员应根据自身条件和特点，形成具有自己特色的打法，又要针对对手做出相应的战术变化，以己之长攻彼之短，把握比赛的主动权，最终赢得比赛的胜利，所以战术的运用与变化尤为重要。

初学者在掌握了一定的基本技术之后，就应了解一些羽毛球的打法和简单战术，并找出适合自己特点的打法，掌握一些在比赛中的战术原则。现简单介绍如下。

一、羽毛球战术的概念

羽毛球战术是指运动员在比赛中为表现出高超的竞技水平并战胜对手而采取的计谋和行动。

在羽毛球比赛中，双方都想要控制住对手，力争主动。以己之长，克彼之短，抑彼之长，避己之短，控制与反控制的竞争是十分激烈的。能够根据不同对手的特点，采取相应变化的技术手段战而胜之，这便是战术的意义。

二、羽毛球战术的基本原则

在羽毛球比赛中，如何正确地运用战术是一个很重要的问题，运用得当，可使自己牢牢地掌握场上的主动权，相反，错误的战术则使自己处于被动。当然，在双方技术水平悬殊时，再合理的战术也无济于事。只有在技术水平相当的情况下，战术才能起到决定性的作用。正确运用战术时，应注意以下三个基本原则。

（一）知己知彼

指战术的制定和打法的选择，必须以比赛双方的技术、身体素质、心理素质、打法特点，以及比赛场地条件等众多的客观因素为主要依据。自古以来，用兵之道历来强调

"知己知彼，百战不殆"。因此，赛前不仅要对自己的上述因素有"自知自明"，更要通过各种途径去进行必要的观察了解和分析研究，从而尽可能做到对对方的情况了如指掌。这样才可能在比赛前制定出避实就虚、扬长避短的合理战术。

（二）以我为主、以快为主、以攻为主

不受对方影响，积极施展自己的特长技术和打法，避开对方进攻锋芒，压制对方技术发挥，战术善于变化，掌握比赛场上的主动权。抢时间，争速度，抓住有利时机速战速决，但由于战术变化的需要，有时也可适当放慢速度，这种快、慢节奏变化是为了使快速进攻收到更好的效果。进攻是得分的最好手段，任何时候都要把进攻放在第一位，但羽毛球比赛双方都力争主动进攻，攻守转换是经常出现的，因此又要求运动员能攻善守，强调在防守时仍要利用各种球路变化积极转守为攻。

（三）随机应变

球类比赛场上的情况是千变万化的，我们在战术运用上也必须有应变的能力。在比赛中，选手除了要坚持既定的战术之外，还要不断地检验战术的效果。如双方僵持不下或本方比分落后，自己应尽快找出原因，改变对策，制定出新的战术。运动员应根据临场情况随机应变，才能保证在比赛中经常处于主动地位。

三、羽毛球战术的种类

战术与打法的关系是很密切的，在实战中，战术是根据双方的打法和场上的具体情况而定的。"以己之长，攻彼之短"是一大原则，现简单介绍一些常用的战术如下。

（一）单打战术

一个球员掌握的技术越全面、熟练、正确和实用，那么他对战术的运用和实现也就越有保证。因此，战术必须建立在熟练和正确地掌握一定数量和质量的技术动作的前提下，伺机在一定的时间和空间条件下，合理地、灵活地组合运用才能有效。

1.发球抢攻

发球抢攻要求根据对方的站位、反击能力、回击球的路线和当时的思想状态等因素，有意识地通过多变的发球，争取从第一拍开始就掌握场上的主动，为自己创造进攻的机会。这种战术对付经验不足和防守薄弱的选手比较有效，一般以发网前球、平射球和后场高远球为主要手段，通过这三种发球的变化争取第三拍的主动。

2.控制网前抢点突击

通过运用各种技术主动抢先放网，或迫使对方先放网后，再凭借自己良好的网前手法，灵活运用搓、推、勾技术，造成对方网前直接失误，或抓住其被动击球的有利时机进行中后场的杀、劈、吊和网前的扑球得分。这种打法的特点是先发制人，攻势凌厉，速战速决。要求进攻速度快而准，出手快，击球点高，扣杀力重，步法移动快，弹跳能力强，善于用小步加蹬跨步、蹬跳步。包括杀、吊上网打法，发球抢攻打法，下风组攻打法等几种打法。

3. 压后场底线

这是一种以重复后场球压对方底线，迫使对方后退，然后寻找机会以大力扣杀或吊网前空当从而争取得分的打法，也是初学者必须学会的基本打法。这种打法对付后退步法较慢或基本技术掌握较差的对手十分有效。应当注意：压后场球时，不论是高远球还是平高球，都要压得低，压得狠，如果压后场球不到位则很容易遭受对方攻击，致使自己陷于被动。

4. 逼反手战术

一般来说，后场反手球的攻击力不强，球路也较简单，对于后场反手较差的对手要毫不放松地加以攻击。先拉开对方位置，使对方反手区露出空当，然后把球打到对方反手区，迫使对方使用反手回球，在重复攻击对方反手区迫使其远离中心位置时，突然吊对角网前。

5. 拉、吊结合杀球

这是一种以进攻性的平高球快压对方后场两底角，结合快吊或劈杀引对手上网，迫使对方每次击球都要在场上来回奔跑的打法。使用这种战术时，对不同特点的对手要采用不同的拉、吊方法。对后退步法慢的可以多打前、后场；对盲目跑动满场飞的可使用重复球和假动作；对灵活性差的应多打对角线，尽量使对方多转身。

6. 打四方球

以高球和吊球准确地将球击到对方场区的四个场角，调动对方前后左右跑动，打乱其阵脚，在对方来不及回中心位置或回球质量不高时，抓住空当和弱点进行突击。这种打法对步伐移动慢、技术不全面、体力差的对手较为有效。要求击球时落点角度大，稳和准，路线变化多，才能取得好的效果。

7. 杀、吊上网

先在后场以轻杀配合吊球把球下压，落点要选择在场地两边，使对方被动回球。对方还击网前时，迅速上网以贴网的放网、搓球、勾对角球或快速平推球创造半场扣杀的机会；若对方在网前挑高球，可在其后退途中把球直接杀到他身上。

8. 守中反攻

这种战术对付那种盲目进攻而体力又差的对手比较奏效。比赛开始，先以高球诱使对方进攻，在对方只顾进攻疏于防守时，即可突击进攻，或者在对方体力下降，速度减慢时再发动进攻。这是以逸待劳，后发制人的战术。

（二）双打战术

1. 攻人战术

双打比赛中配对的选手，总有一个人稍好，而另一个人逊色些，这时可集中攻击对方有明显弱点的那个人，即使两个人水平差不多，但若能集中力量攻击其中一人，也可给其造成很大的心理压力，从而使其出现失误。这种战术可集中优势兵力以多打少、以优打劣，形成主动或直接得分。

2. 攻中路战术

不论对方把球打到什么地方，已方攻球的落点都应集中在对方两人之间的结合部，并靠近防守能力较差者一侧，或者在中线上。攻中路战术可造成对方抢球或漏球，或限制对方挑出大角度的球路，有利于已方网前的封网。

3. 攻直线战术

攻直线战术是指杀球路线和落地均为直线，没有固定的目标和对象，只依靠杀球的力量和落点来取得得分效果。当对方的来球靠边线时，攻球的落点就在边线上；当对方的来球在中间区时，就朝中路进攻。这个战术在使用上较易记住和贯彻。杀边线球时虽然难度高一点，但效果不错，便于网前同伴的封网。

4. 攻后场战术

如遇对方扣杀能力差，本方可采用平高球、推平球、接杀挑底线，把对方一人紧逼在后场底线两角移动。当对方被动还击时，则抓住机会大力扣杀。如另一对手后退支援时，即可攻网前空当。

5. 后攻前封战术

当本方处于主动进攻前后站位时，站在后场的队员见高球就杀或吊网前球，迫使对方接球挡网前，为本方前场队员创造封网扑杀机会。前场队员要积极封锁网前，迫使对方被动挑高球。一旦对方挑高球达不到后场，就为本方创造了再次进攻的机会。这种打法要求站在后场的运动员具有连续扣杀的能力，站在前场的运动员具有较强的封网意识和技术。

第五节 羽毛球运动竞赛规则

一、发球员与接球员

运动员应各自站在球网的一边，先发球的运动员叫作发球员，另一边的运动员叫作接球员。

二、挑边

比赛前用掷钱币的方法来决定如何选择场区或首先发球权、接发球权。胜者，有权选择或要求对方选择。选择发球或接发球者，应让对方选择场区。选择场区者，应让对方选择发球或接发球。

三、计分方法

除非另有规定，一场比赛应以三局两胜定胜负。先得 21 分的一方胜一局。对方"违例"或球触及对方场区内的地面成死球，则该方胜这一回合并得一分。20 平后，领先得 2 分的一方胜该局。29 平后，先到 30 分的一方胜该局。一局的胜方在下一局首先发球。

四、交换场区

以下情况，运动员应交换场区：

第一局结束；第二局结束（如果有第三局）。在第三局比赛中，一方先得 11 分时，应交换场地。如果运动员未按规定交换场区，一经发现，在死球时立即交换，已得比分有效。

五、发球

一旦发球员和接发球员做好准备，任何一方都不得延误发球。发球时发球员球拍的拍头做完后摆，任何迟滞都是延误发球。

发球员和接发球员，应站在斜对角的发球区内，得分者方有发球权。如果本方得单数分，从左边发球；得双数分，从右边发球。脚不得触及发球区和接发球区的界线。

从发球开始，至发球结束前，发球员和接发球员的两脚，都必须有一部分与场地的地面接触，不得移动。

发球员的球拍，应首先击中球托。发球员的球拍击中球的瞬间，整个球应低于发球员的腰部，球拍杆应指向下方。

发球开始后，发球员必须连续向前挥拍，直至将球发出。发出的球向上飞行过网，如果未被拦截，球应落在规定的接发球区内（落在界线上或界线内）。

发球员发球时，应击中球。

一旦站好位置准备发球，发球员的球拍头第一次向前挥动，即为发球开始。一旦发球开始，发球员的球拍击中球或未能击中球，均为发球结束。

发球员应在接发球员准备好后才能发球，如果接发球员已试图接发球，即被视为已做好准备。

双打比赛发球时，发球员和接发球员的同伴应在各自的场区内。其站位不限，但不得阻挡对方发球员或接发球员的视线。

六、单打

（一）发球区和接发球区

一局中，发球员的分数为偶数时，双方运动员均应在各自的右发球区发球或接发球，发球员的分数为单数时，双方运动员均应在各自的左发球区发球或接发球。

（二）击球顺序和位置

一回合中，球应由发球员和接球员交替从各自所在场区一边的任何位置击出，直至成为死球。

（三）得分和发球

发球员胜一回合则得一分。随后，发球员再从另一发球区发球。接发球员胜一回合则得一分。随后，接发球员成为新发球员。

七、双打

（一）发球区和接发球区

一局中，发球方的分数为0或双数时，发球方均应从右发球区发球；发球方的分数为单数时，发球方应从左发球区发球。

接发球方上一回合最后一次发球的运动员应在原发球区接发球。他的同伴接发球的站位与其相反。接发球员应是站在发球员斜对角发球区的运动员。

发球方每得一分后，原发球员则变换发球区再发球。

（二）击球顺序和位置

每一回合发球被回击后，由发球方的任何一人和接发球方的任何一人，交替在各自场区的任何位置击球，如此往返直至死球。

（三）得分和发球

发球方胜一回合则得一分。随后发球员继续发球。接发球方胜一回合则得一分。随后接发球方成为新发球方。

（四）发球顺序

每局比赛的发球权必须如下传递：

首先是发球员，从右发球区发球；其次是首先接发球员的同伴，从左发球区发球；然后是首先发球员的同伴；接着是首先接发球员；再接着是首先发球员，如此传递。

一局胜方的任一运动员可在下一局先发球；一局负方的任一运动员可在下一局先接发球。

八、发球区错误

发球区错误包括发球或接发球顺序错误；在错误的发球区发球或接发球。

如果发现发球区错误，应予以纠正，已得比分有效。

九、违例

以下情况为"违例"。

（一）发球不正确

发球时，羽毛球触网并停留在网上；发球时，羽毛球越过网后，卡在网上；发球时，羽毛球被接发球球员的同伴击打；不能保证整个球低于发球员的腰部，为过腰违例；发球员发球时，球拍框不明显低于整个握拍手，为过手违例。

（二）在对打过程中的羽毛球违例

在球场边界以外落地（不是在边界上或边界内）；在球网里或网下越过；未能过网；触到天花板或边墙；触到球员的身体或衣服；触到球场外的任何物体或人；（由于球场建筑物的需要，各地可修改关于羽毛球触到障碍物的条款细节）在一次击球中，球被球拍卡住然后再掷出；被同一球员连续两次击打，但羽毛球在一次击打中同时击中拍头和有弦区域则不算"违例"；被一方球员及其同伴连续击打；触到球员的球拍，但未能回到对方球场。

（三）在对打过程中的球员违例

球拍、身体或衣服触到球网或支撑物；球拍或身体从球网上方进入对方场地（在击球动作后，击球者的球拍跟随球越过球网上方且击球点位于本方场地，这种情况除外）；球拍或身体从球网下方进入对方场地，阻碍或干扰了对方；阻挡对方，如当球在飞越球网上方时防止对方进行合法的击球动作；以任何动作故意干扰对方，如大喊或做手势。

十、重发球

"重发球"可以由裁判或球员（没有裁判时）提出，以停止击球。

以下情况可以"重发"：

发球方在接发球方准备好前发球；发球时，发球方和接发球方都有违例；发球被接回后，羽毛球触网且停留在网上；发球被接回后，羽毛球过网后被网卡住；发球被接回后，击球过程中，羽毛球损坏，球托完全与羽毛分离；发球被接回后，裁判认为比赛混乱，或者一方球员认为被对方教练干扰；发球被接回后，司线裁判未看清且主裁判不能决定；发球被接回后，发生任何未预料到的意外情况时。

发生"重发球"时，最后一次发球后的比分不计，由最后发球的球员重新发球。

十一、停止击球

羽毛球在以下情况下应停止击打：

羽毛球击打到球网或网柱，并在击球者一方开始向地面下落；羽毛球触到球场地面；发生"违例"或"重发球"。

十二、比赛的连续性，犯规、不当行为及处罚

（一）比赛的连续性

比赛从第一次发球起至比赛结束应是连续的。

技术暂停：每一局当一方在比赛中得到 11 分时，双方运动员休息 1 分钟；除特殊情况（比如地板湿了，球坏了），球员不可再提出中断比赛的要求。

两局比赛之间的休息时间为 2 分钟。

（二）犯规

以下情况在羽毛球运动中皆属犯规：

第一，发球不正确。

第二，发球员在发球时击球落空。

第三，发球时，球过网后挂在网上。

第四，球落在场区以外的地方。

第五，球穿过球网或在网下进入对方场区。

第六，球不能过网。

第七，球接触到运动员的身体或衣物。

第八，球接触到场边的物体或人。

第九，不在自己的场区内击球。

第十，先以球拍停球，然后再把球送出。

第十一，同一球员连续击球两次或以上。

第十二，球过网前与同伴相继击球。

第十三，球员的球拍、身体或衣物触网。

第十四，球员的球拍或身体侵入对方场区。

第十五，阻碍对方合法击球。

第十六，故意以行动（包括大叫）骚扰对方球员。

（三）中止比赛

当出现球员不能控制的情形时，裁判可以中止比赛，由裁判判断其必要性；特殊情况下，裁判长可以命令裁判中止比赛；比赛中止后，已有得分将被保持，比赛将从该得分起重新进行。

（四）拖延比赛

球员不得拖延比赛以恢复体力，或接受建议；只有裁判能判定球员是否拖延比赛。

（五）建议与离开球场

比赛过程中，只有在羽毛球停止击球时，球员允许接受建议；比赛过程中，没有裁判的许可，球员不得离开球场。

（六）球员不得出现的行为

故意拖延或中止比赛；故意弄坏羽毛球以改变球的速度和飞行特性；采取无礼的行为；采取其他未包含在本规则内的不当行为。

（七）犯规的管理

裁判负责对犯规的行为执行：

向犯规一方提出警告；对已警告过的犯规方进行罚分；同一方两次以上罚分可被视为连续犯规；对于严重犯规、连续犯规，裁判应对犯规方罚分并立即报告裁判长，裁判长有权判定犯规方丧失比赛资格。

本章思考题

1. 羽毛球的起源是怎么样的？
2. 简述羽毛球运动在中国的发展。
3. 羽毛球基本步法有哪些？
4. 简述羽毛球正手发后场高远球的动作要点。
5. 简述羽毛球正手击高远球的动作要点。
6. 羽毛球比赛战术执行原则有哪些？
7. 简述羽毛球单打战术类型及特点。
8. 简述羽毛球双打战术类型及特点。

本章参考文献

[1] 肖杰，骞子.羽毛球实战技巧 [M].北京：北京体育大学出版社，2003.

[2] 肖杰.羽毛球运动理论与实践 [M].北京：人民体育出版社，2005.

[3] 中国羽毛球协会.羽毛球竞赛规则：2013[M].北京：北京体育大学出版社，2013.

[4] 刘瑞豪.羽毛球基础与实战技巧 [M].成都：成都时代出版社，2007.

[5] 郑兆云，许绍哲.羽毛球 [M].北京：北京体育大学出版社，2010.

[6] 郝卫宁.羽毛球竞赛规则问答 [M].2版.北京：北京体育大学出版社，2008.

第八章

网球运动

第一节　网球运动概述

一、网球运动的起源

网球运动最早起源于 12、13 世纪法国传教士在教堂回廊里用手掌击球的一种游戏，后来成为宫廷里的一种室内消遣娱乐活动。也有人认为，网球运动的起源应追溯到"百年战争"（1337—1453 年英法两国战争）。以前，在法国民间流传着一种名叫海欧·德·巴乌麦的球类游戏。据说，这种游戏是两个人进行的，每人各执一个球拍，球场的周围筑有围墙，球撞到墙上后被弹回去，而后过网。无论从使用的场地和器具上，还是从进行游戏的方法上，它与现代网球运动都有许多相似之处，所以有人把它看作网球运动的原初形态。

到了 14 世纪中叶，法国的一位诗人把这种球类游戏介绍到法国宫廷，使它成为皇室贵族男女的消遣。当时玩这种游戏的场地是宫廷内的大厅，没有网也没有球拍，球是用布卷成圆形后用绳子绑成的。场地中间拉起一条绳子为界，人们利用两手作球拍，把球从绳上丢来丢去。这种运动法语叫作"tenez"，英语叫作"Take it! Play!"，意即"抓住！丢过去！"，今天"网球（Tennis）"一语即来源于法语。不久，木板制成的球拍被用来代替两手。16 世纪初，这项球类游戏被法国国民发现，人们出于好奇心而开始仿效，并很快地传播到各大城市，同时改良了用具。球制造得比较耐用，拍子由木板改为羊皮纸板，拍面面积扩大，握把的柄也加长。场地中间的绳子，则绑上无数短绳向地面垂下，使球从绳子下面经过时，可以明显地被发觉。17 世纪初，场地中间不再用绳帘，而改用小方格网子，作用更好，拍子改用穿线的网拍，富有弹性而且轻巧方便。

现代网球运动是从 1873 年开始的。那年，英国人沃尔特·克洛普顿·温菲尔德将早期的网球打法加以改进，使之成为夏天在草坪上进行的一种体育活动，并取名"草地网球"。同年他还出版了一本以"草地网球"为题的小册子，对这种活动进行宣传和推广，所以温菲尔德被称为"近代网球的创始人"。此后网球成为一项室内、户外都能进行的体育项目。1875 年，网球被引入全英草地槌球俱乐部。这个俱乐部建造了世界上第一个网球场地，并于 1877 年举办了全英草地网球男子单打锦标赛，即后来闻名于世的温布尔登网球锦标赛。1874 年，在百慕大度假的美国女士玛丽·奥特布里奇观看了英国军官的网球比赛后，对这项体育活动颇感兴趣，于是将网球规则、网拍和网球带到纽约。在美国，网球运动最初是在东部各学校中开展的，不久就传到中部、西部，进而在全美得到普及。此时网球运动已经由在草地上演变到可以在沙土地上、水泥地上、柏油地上举行的体育活动，于是"网球"（tennis）这一名称就慢慢替代了"草地网球"（lawn tennis）这一名称。这是今天"网球"名称的由来。

1878 年，第一次男子双打锦标赛在英格兰举行。1879 年，第一次女子单打和混合双打比赛在爱尔兰举行。1884 年，温布尔登网球锦标赛增加了女子单打和男子双打锦标赛，1913 年又增加了女双和混双锦标赛。1881 年，世界上出现了第一个全国性的网球协会，即美国全国草地网球协会（"全国"两字于 1920 年取消）。该协会于当年 8 月 31 日至 9 月 3 日，在罗德岛纽波特港举行了第一届美国草地网球男子单打和男子双打锦标赛，采用了温布尔登的比赛规则，参加比赛的有 26 人。总之，网球运动的由来和发展可以用四句话来概括：孕育在法国，诞生在英国，开始普及和形成高潮在美国，现在盛行全世界。网球现被称为世界第二大球类运动。目前，国际网球组织机构有：国际网球联合会（ITF）、职业网球联合会（ATP）、国际女子职业网球协会（WTA）。

二、网球重大赛事

（一）大满贯

国际网球联合会将澳大利亚网球公开赛、法国网球公开赛、温布尔登网球锦标赛和美国网球公开赛定为四大世界性公开赛，俗称"网球四大满贯"。

1. 澳大利亚网球公开赛

澳大利亚网球公开赛始创于 1905 年，是四大公开赛中最迟创建的赛事，但是每年却最早开赛，于 1 月底至 2 月初在墨尔本举行。男子赛始于 1905 年，女子赛始于 1922 年，刚开始使用草地网球场，到 1988 年才改为硬地网球场。打法全面的选手在硬地上比赛最占优势，但是墨尔本的酷热气候使球员体力消耗大，发挥不稳定，影响比赛的圆满结束。

2. 法国网球公开赛

法国网球公开赛始创于 1891 年，比温布尔登网球锦标赛晚 14 年，通常在每年的 5 月至 6 月举行。法国网球公开赛开始只限于本国人参加，1925 年以后对外开放，成为公开赛。法国网球公开赛的场地设在巴黎西部的罗兰·加洛斯大型体育场内。球场属慢速红土球场，每场比赛采用5盘3胜淘汰制，一场比赛打上4小时是习以为常的事。在这样的球场上要获取优胜是不易的，球员要有超人的技术和惊人的毅力。

3. 温布尔登网球锦标赛

温布尔登网球锦标赛也称"全英草地网球锦标赛"，创办于1877年7月，是现代网球史上最早举办的比赛。每年6月底至7月初举行比赛。这项网球赛初创时只有男子单打一个项目，1879年增设男子双打，1884年始有女子单打，之后又增加了女子双打，最后于1913年增设了男女混合双打。温布尔登网球锦标赛初始只限英国人参加，1901年起允许英联邦各国派代表参加比赛，从1905年开始扩大为国际性的球赛。

4. 美国网球公开赛

美国网球公开赛，其历史仅次于温布尔登网球锦标赛，始创于1881年，使用硬地场地。美国公开赛的首届比赛于1881年在罗德岛纽波特市举行，当时只是国内赛事，而且只有男子单打，之后每年一届，女子比赛始于1887年。每年的8月底至9月初，在美国纽约举行比赛。1968年，该赛事被列为四大公开赛之一，设有5个单项的比赛，是每年四大公开赛中最后举行的大赛。美国网球公开赛在四大网球公开赛中以奖金最多而闻名。2017年，奖金总额高达5400万美元，其中男、女单打冠军奖金也破纪录地达到370万美元。

（二）大师赛

由职业网球联合会主办的最高水平的9项网球大师赛，级别仅次于"大满贯"，冠军可获得500排名积分。九场比赛的举办地分别是印第安维尔斯站、迈阿密站、蒙特卡洛站、罗马站、上海站、多伦多/蒙特利尔站、辛辛那提站、马德里站、巴黎站。

（三）ATP世界巡回赛总决赛

ATP世界巡回赛总决赛是职业网球联合会设立的年终总决赛，只有当年排名前八的网坛顶尖好手才有资格参加这项奖金总额高达800万美元的赛事。职业网球联合会年终排名，由每年11月在英国的伦敦举行的ATP世界巡回赛总决赛最后确定。对这8名选手来说，能有资格参加这项赛事本身就是一种荣誉。职业网球联合会双打排名，由在美国哈特福德举行的ATP双打锦标赛最后确定。国际女子职业网球协会年终排名，由在美国纽约举行的WTA世界锦标赛最终确定。

（四）黄金巡回赛

黄金巡回赛是由职业网球联合会主办的较高水平的网球赛事，级别次于大满贯和大师赛，按奖金和排名积分分为两个级别。冠军可获得300排名积分的赛事，比赛地点为迪拜和巴塞罗那。冠军可获得250排名积分的赛事在鹿特丹、孟菲斯、阿卡普尔科、斯图加特、基茨布赫、东京、维也纳举行。

（五）国际巡回赛

国际巡回赛是由职业网球联合会主办的普通级别网球赛事，级别低于大满贯，大师赛和黄金巡回赛，按奖金和排名积分分为四个级别。冠军可获得 250 排名积分的赛事举办地为多哈、维也纳、莫斯科、巴塞尔、圣彼得堡；冠军可获得 225 排名积分的赛事举办地为伦敦、哈勒、斯德哥尔摩、里昂；冠军可获得 200 排名积分的赛事在马赛、埃斯托利尔、华盛顿、纽黑文举行；冠军可获得 175 排名积分的赛事在阿德莱德、清奈、奥克兰、悉尼、维纳德马尔、德尔雷海滩、巴西、圣何塞、布宜诺斯艾利斯、萨格勒布、拉斯维加斯、瓦伦西亚、休斯敦、慕尼黑、波特查赫、卡萨布兰卡、索波特、赫特根伯什、诺丁汉、格斯塔德、纽波特、巴斯塔德、阿默斯福特、印第安纳波利斯、乌马格、洛杉矶、布加勒斯特、孟买、北京、曼谷、梅斯。

（六）戴维斯杯网球赛

戴维斯杯网球赛是每年一度的世界男子网球团体赛，也是世界网坛层次最高、影响最大的国际性团体赛，由国际网球联合会主办，是除奥林匹克网球比赛外历史最长的网球团体比赛。戴维斯杯是采用单淘汰制的网球男子团体世界联赛，其构成类似金字塔，顶级为 16 支世界组参赛队伍，紧接着第二层为美洲区第一组、亚太区第一组和欧非区第一组，其下分别为美洲区、亚太区、欧非区的第二组、第三组和第四组。其中，第四组获胜的球队下一年升入第三组，而第三组除了产生下一年升级到第二组的球队之外，其排名最后的球队还要降入第四组，依此类推，最终产生 8 支第二年参加世界组资格赛的球队。其中美洲区和亚太区第一组各有两个出线名额，而欧非区第一组则有四个出线机会。上一年在各区出线的 8 支球队，将与世界组第一轮比赛失利的 8 支球队争夺下一年参加世界组比赛的资格。而在世界组第一轮比赛中获胜的 8 支球队，除了保住来年参加世界组比赛的资格之外，还有机会争夺最后的冠军。

（七）联合会杯网球赛

联合会杯网球赛是 1963 年为庆祝国际网球联合会成立 50 周年而创办的每年一度的世界最高水平的女子网球团体赛，是衡量一个国家（地区）女子网球整体水平的重要比赛。联合会杯网球赛是和戴维斯杯网球赛齐名的团体赛事，第一届是在伦敦的女子俱乐部进行的，共有 16 支代表队参加。联合会杯赛每年进行一次，至 2017 年已进行了 55 届。随着女子网球运动的不断普及，参加联合会杯赛的国家也慢慢地多了起来。

目前联合会杯世界组每年有三大"比赛日"，一般在四月份进行世界组的四分之一决赛，而其余组则进行各大区的预选赛，并进行晋级升组赛或降组赛。7 月中旬进行世界组附加赛（决定升组队伍）以及世界组的半决赛。9 月进行最高水平的世界组决赛。2008年的联合会杯赛，由郑洁、晏紫、李娜、孙甜甜组成的中国队历史性地进入了世界组四强。

三、网球运动在中国的发展

中华人民共和国成立以后，网球运动得到了进一步的发展。1953 年，我国成立了中国网球协会（图 8-1），并在天津市举办了 1949 年以来的首次全国网球表演赛。此后，除"文化大革命"期间曾中断过五六年外，网协每年都要举办不同形式的全国网球比赛。在历年的全国比赛中，涌现了不少著名的选手。

图 8-1 中国网球协会图标

中华人民共和国网球运动的国际交往是从 1956 年开始的。第一个访问我国的是印度尼西亚队，我国第一次派网球队出访是 1957 年去斯里兰卡。以后，中国网球运动员曾先后同 30 多个国家和地区交往，参加过不少大型的国际比赛，并取得了较好成绩。如 1959 年中华人民共和国第一代网球选手朱振华和梅福基，在波兰索波特国际网球赛中首次赢得男子双打冠军。

20 世纪 60 年代初期，由于国家经济困难，全国性的网球比赛一度停顿。1972 年，国家逐渐恢复开展相关活动，安排了一些网球比赛，但参与人数少，水平低。改革开放后，中国网球运动飞速发展。1980 年中国网球协会被国际网联接纳为正式会员。此后，我国的网球运动员获得了一些令人鼓舞的成绩：1980 年 10 月，余丽桥在东京女子网球公开赛上获单打冠军；1981 年 1 月，李心意和胡娜获美国白宫杯少年网球锦标赛女子双打冠军；1983 年，中国男子网球队在吉隆坡摘取了亚洲最高水平的男子团体赛的桂冠——加法尔杯赛冠军；1986 年，中国女子网球队在第十届亚洲运动会的团体赛中夺冠，从此结束了中国在亚运会上无网球金牌的历史。

20 世纪 90 年代初，中国引进了国际大赛，开始举办全国巡回赛。1990 年和 1994 年，潘兵蝉联两届亚运会男单冠军；1995 年 1 月，李芳闯进了世界排名的前 50 名大关。1993 年，中国开始尝试走职业化道路。1998 年，建立了具有中国特色的职业化网球俱乐部，并举办网球俱乐部联赛，次年有八支队伍参加，后因各种原因俱乐部联赛夭折。这个时期，有一个大家很容易记住的名字：李芳，第一位参加四大网球公开赛的中国选手；唯一闯入世界排名前 50 位的选手；唯一走出国门，靠自己打球来养活自己的职业运动员。1992 年，李芳进入澳网第三轮，这是中国选手征战大满贯赛的最好战绩，保持了 12 年之久；1994 年，李芳进入法网第二轮，这是中国选手多年来征战法网的最好战绩，也保持了 10

年之久。

2004 年 8 月 22 日，雅典奥运会的网球比赛进入了最后一天，结果在女子双打的决赛中，中国网球运动新的一页终于被翻开。中国女双组合李婷和孙甜甜，经过 1 小时 29 分钟的激战，以两个 6∶3 战胜了 2 号种子西班牙名将帕斯库尔和马丁内兹组合，获得中国奥运会史上第一块网球金牌。奥林匹克的网球馆里，历史性地升起五星红旗，奏响了中国国歌（图 8-2）。

图 8-2　李婷和孙甜甜获 2004 年雅典奥运会女子网球双打冠军

同时，在中国网球发展史上，大家将永远铭记这一刻：2006 年 1 月 27 日，中国选手郑洁、晏紫在澳大利亚墨尔本公园击败澳网头号种子雷蒙德（美国）、斯托瑟（澳大利亚），夺得中国网球界在四大满贯赛成年组双打比赛中的第一个冠军（图 8-3）。

图 8-3　郑洁、晏紫获 2006 年澳网冠军

可以肯定的是，北京奥运会后，网球已褪下"贵族运动"的外衣，走入寻常百姓家。近年来，我国北京、上海、武汉、广州、深圳等省市相继引进一些高水平的国际赛事，尤其是北京的中国网球公开赛、上海网球大师赛、武汉网球公开赛等一系列高水平网球赛事，有力推动了网球运动在中国的普及与发展。

我国网球格局总体呈现"阴盛阳衰"的局面，中国大陆方面，男子网球单、双打至今均不理想，但发展的速度较快，与亚洲部分国家的差距在逐步缩小。女子在亚洲乃至全世界都有很大的影响力，除了李娜之外，还有郑洁、晏紫、彭帅等几朵金花（图8-4）。遗憾的是，李娜之后国内再无有相匹配名气的后起之秀，存在运动员梯队严重断层、后备队员不足等问题。

图8-4　李娜2011年法网夺冠

第二节　网球运动基本技术

一、发球技术

在现代网球运动中，发球技术是非常重要的，是网球比赛基本技术之一，是唯一由自己掌握不受对方制约的技术，能够在较大的程度上发挥出个人的特点，用以控制对方，为自己的进攻创造有利条件。相对于底线击落地球而言，发球对大部分网球初学者来说是一项比较难掌握的技术，因为发球时动员的身体部位较多，需要肌肉的协调程度较高，击球落地区域小。高水平比赛中，球员保住自己的发球局是赢取胜利的关键和基础。为此，要求运动员必须比较全面地掌握各种发球技术，以利于在比赛中争取主动。

发球是指队员在发球区内用球拍将自己抛起的球直接击入对方场地的接发球区域内的技术动作。发球技术基本部分主要由站位、抛球、挥拍击球和随挥动作组成。

（一）发球站位与抛球

发球的站位要求在端线后，中点与边线之间的位置，身体自然、舒适、放松地站好，两脚分开与肩同宽，前脚与端线呈45度角，重心放在后脚上，后脚与端线平行，左肩侧对着球网，前脚距离端线 7～10 厘米。发球的握拍方法是采用大陆式握拍法或东方式反手握拍法（如图 8-5-1）。

1　　　　　　2　　　　　　3　　　　　　4

图 8-5　发球技术图解

发球的关键是抛球，它是一个"释放"动作，只有掌握好手臂的惯性，使球平稳、缓和地离开手指，才能获得最佳的抛球效果。要避免用手臂手腕的突然动作，而要用稳定的、均匀的力量和动作将球抛出。

1. 抛球方法

在准备动作的基础上，持球手的肘部渐渐伸直并向下靠近持球手同侧的大腿，然后从腿侧自下而上将球抛起。在整个动作过程中，手臂保持伸直状态，其走势与地面垂直，掌心向上，以拇指、食指、中指三指将球平稳托起。尽量避免勾指、甩手腕等手部小动作，以免影响球的平稳定势，球在空中的旋转越少越好。球脱手的最佳点在手掌走势的最高点，脱手过早或过晚都不利于对球的控制，脱手时托球的三手指最大限度地展开，球不是被"扔"到空中而是像被电梯"送"到空中去，初学者应对此多做体验。

2. 球脱手后在空中的位置

一般来说，第一发球强调出球的速度与攻击力，击球点较靠前，因此球也抛得较靠前。第二发球较为保守，在保证成功率的前提下强调球的旋转和控制球的落点，击球点也就相应后移，球自然要抛得靠后一些。对于大部分网球爱好者而言，两次都采用较保守的发球，寻找合适的发球落点，也是一种很好的选择，这样可以保证两次发球都有一定攻击力，并能减少发球的"双误"。

3. 抛球高度

球抛到空中的高度不能低于持拍时伸直手臂后球拍所能触及的高度，究竟多高才合适要视个人情况而定。初学者抛球由于抛球不稳、击球不准，因此抛球不易太高。

（二）挥拍击球

抛球与挥拍同时进行的挥拍击球方式是当前网坛常用的发球挥拍方式（图 8-5-2、图 8-5-3），这种方式节奏感强，比较容易掌握。挥拍较抛球滞后的发球方式，近年来也被许多顶级职业球员所采用，目的是为加快拍头挥速，让击球的力量更大，但对击球节奏的要求更高，较难把握。

一般来说，挥拍击球的环节包括以下几个部分。

1. 引拍动作

目前网坛存在三种引拍方式，一是传统的后引拍，即以准备姿势为基础向持拍手一侧转身，同时持拍手引导球拍贴近身体像钟摆一样将球拍摆至体后来完成引拍动作；二是侧引拍，即以准备姿势为基础向持拍手一侧转身，同时持拍手引导球拍摆向持拍手一侧来完成引拍动作；三是前引拍，即以准备姿势为基础向持拍手一侧转身，同时持拍手引导球拍直接向上摆至肩上方完成引拍动作。三种引拍方式各有其利，后、侧引拍整个过程流畅，重心有前后移动利于力量发挥；前引拍重心靠前，击球点前移，更能提高发球稳定性。

2. 背弓动作

球拍摆至一定高度后（此高度因各人习惯而异，至少上臂不应紧夹在体侧），以肘为轴，小臂、手、拍头依次向体后、背部下吊，同时屈双膝并伴随身体后展呈"弓"状。

3. 搔背动作

经过背弓动作后，紧接着进行挥拍击球时，有一个以肘部为轴带动小臂、拍头挥向击球点的过程。这一过程好像在用拍头给后背搔痒，故被称为"搔背动作"。其目的是使持拍手能有一个足够的获得摆动速度的过程，是为了击球一瞬间充分地把力量爆发出来。搔背动作完成得是否到位，关键要看搔背时肩、肘、腕是否得到了充分的放松，如果在手臂十分僵硬的情况下完成此动作，那么到达击球点时一定会感到整个身体的弹性系统都已被破坏，难以发力。

4. 挥拍击球

在屈膝、反弓动作的基础上自下而上依次蹬直膝部、反弹背弓，并向前向上伸展，与此同时仍以肘为轴带动手、拍头鞭打击球。发力是自下而上一气呵成的，以前臂带动手腕有一个内旋的"鞭打"动作，这是发球发力的关键所在，也是重心前移、蹬地、转体挥拍等力量聚集的总和。球拍走势最快、最具爆发力的时刻应在到达击球点那一瞬间，在击球点时身体已全部面向击球方向。

在击球时击球点是值得重视的，球员持拍在空中所能争取到的最高点就是击球点。这时屈膝、背弓积蓄力量及蹬地发力是一个比较连贯的动作，因为根据第一发球和第二发球的不同需要，击球点是有相应变动的，但力争高点击球却是在选择击球点时最基本的原则。有了高点，不仅动作可以舒展地做出来，更重要的是在控制球路和球的落点以及力量上获得优势。

（三）随挥动作

击中球时虽然挥拍击球动作已告完成，但整个发球过程却仍在继续。到达击球点后球员应顺着身体及挥拍的惯性做收腹、转肩和收拍的动作，最终拍子由大臂带动收向非持拍手的体侧，身体跳入场内，缓冲因发球起跳产生的惯性，结束发球动作。

二、正手击球

正手击球技术由准备姿势、转体引拍、挥拍击球和随挥动作四个基本环节组成。

（一）准备姿势

面对球网，双脚向前自然分开与肩同宽，双膝微屈，身体略向前倾，重心在双脚的前脚掌上，右手以正手握拍法放松握拍，左手轻托拍颈，双肘微屈，球拍舒适地放在身前，拍头稍高于拍柄并指向前方，两眼注视对方来球，做好击球准备（图8-6）。初学者要注意左手的作用，左手要扶住拍颈或用双手握拍法握拍，这样既可减轻右手的负担，还可以帮助右手快速变换握拍方法及做出向后转体引拍动作。

（二）转体引拍

当判断来球需用正手回击时，应该及时转肩带动右手向后摆动做引拍动作，同时右脚尖向外侧转，重心落在右腿上。双脚可采用"关闭式""开放式"或"半开放式"步法。此时头部应保持固定，面朝前眼睛盯住来球。引拍采用弧形或直线后摆将球拍拉向身后，手臂保持放松，肘关节弯曲、自然下垂，拍头略高于手腕，球拍引至拍头指向身后挡网处。与此同时，左手向前伸出，以保持身体的平衡（图8-7）。初学者特别要注意做转体转肩的动作，保证引拍充分，避免只用手臂去打球。

图 8-6 正手准备姿势　　　　　图 8-7 正手转体引拍

（三）挥拍击球

后摆结束准备向前击球时，球拍要徐徐下降，大部分挥拍是自下而上的挥动，以保持流畅的挥摆轨迹，且使球稍带上旋。击球时，应蹬地发力并向左转动身体，以左侧身体为轴，重心由后腿过渡到前腿，借助髋和腰的扭转，上臂带动前臂沿着来球的轨迹向前挥拍击球，此时应握紧球拍，肘关节微屈，击球点一般在身体的右前方，尽量保持在腰部高度击球，击球高度可通过屈膝、调整身体重心高度来调节。球拍触球时手腕固定，球拍面与地面垂直，身体保持侧对球网，眼睛注视击球点，保证击球的准确性（图8-8）。

对初学者而言，能控制拍面，使拍面能对着击球方向最为重要，因为触球瞬间拍面所对的方向也就是球的飞行方向。由于拍面触球时方向的不同，导致击球落点大相径庭。良好的击球一定是拍面对着击球方向，并要保持拍面角度的不变和稳定向前上送。

（四）随挥动作

击球后，球拍沿着球飞行的方向继续向前上方挥动，随惯性挥至左肩上方，重心前移落在左脚，身体也随着转向球网，肘关节向前（图8-9）。随挥结束，立即恢复成准备姿势，准备下一次击球。初学者应注意，随挥动作是击球动作的有机组成部分，能使击球动作变得流畅、协调和舒展，更能保证击球的力量并控制球的飞行弧线和落点。

图8-8　正手挥拍击球　　　　　　图8-9　正手随挥动作

三、反手击球

反手击球技术也是网球技术中最常见的击球方法，是网球运动中又一项基本技术。由于反手击球时关节反向向前运动，相比正手击球的力量要小，再加上大部分人是以右手为主力手，习惯在身体的右侧做事，正手的拉拍动作既方便又容易，身体向右转动已成习惯。正手有了一定的基础，对球的弹跳规律已熟悉，再学习反手就比较容易。另外，反手的许多动作要领与正手相似，只是方向相反。所以，初学者一般先学正手再学反手。由于底线反手击球的力量较正手小，再加上大部分人学习后不太重视反手击球的练习和提高，于是在比赛中往往被当作弱点受到攻击，正手击球特长也将失去优势。如果底线反手击球技术掌握得好，就能在比赛中扭转被动挨打的局面，提高自身的控球能力。双手握拍促进了反手击球的进攻性，也使得底线技术朝着更加均衡的方向发展。反手击球有单手和双手两种握拍方式，可根据自己的身体特点进行选择。

反手击球分为单手握拍反手击球（简称单反）和双手握拍反手击球（简称双反），每个人根据自己的力量和习惯采用单反或双反，两种击球技术都是由准备姿势、引拍动作、挥拍击球和随挥动作四个环节组成。

（一）准备姿势

准备姿势与底线正手击球准备姿势相同。单反选手左手扶住拍颈，便于调整握拍，双反选手采用双手握拍法（图8-10）。

（二）引拍动作

当判断对方来球飞向反手侧而决定用反手球时，应立即转肩，单手反手选手应在左手的帮助下迅速完成反手握拍动作，并转肩带动球拍向左后方摆动。同时，左脚掌转动，右脚随着身体左后方转动做向前方上步动作，成"关闭式"步法，并使右肩或右背对网，拍柄底部对着击球方向也可适当增大幅度，全身自然放松，注意力集中，单手反手选手握拍时肘关节弯曲并贴近身体（图 8-11）。

图 8-10　双手反手接球准备姿势　　　图 8-11　双手反手引拍动作

（三）挥拍击球

向前挥拍击球时，应蹬地发力并向右转动身体，以右侧身体为轴，沿着来球的轨迹向前挥去，球拍由后下向前上方挥出。在击球时手腕应固定，拍面垂直于地面。击球点一般在身体的左前方，与腰齐高或稍高于腰，击球高度可通过屈膝，并调整身体重心高度来调节。初学者应注意，当向前挥拍击球时，朝着球网一鼓作气地回身转腰，手腕紧锁，在将要击中球的一刻，身体重心由后脚移向前脚，使身体重心顺畅地往前移动（图 8-12）。

（四）随挥动作

反手击球动作由于腰的扭转，击球后身体面向球网，为了控制球，球拍跟进动作应向上挥到肩或头部的高度，同时保持身体平衡并准备下一拍的击球（图 8-13）。

图 8-12　双手挥拍击球图　　　8-13　双手反手随挥动作

四、截击球技术

正手截击球速度快，角度刁，封网的面积比较宽，可以变换多种击球方法，节奏的变换使对手回球困难。此种技术在双打比赛当中应用较多。

（一）动作方法

来球向正手侧飞来时，身体快速向右转体引拍，左脚向右前方跨出，拍头要高于握拍手，肘关节自然弯曲，球拍和手臂呈"V"字形，手腕固定。身体重心主动跟上，在左脚着地的同时球拍撞击球，以便产生较大的击球力量。截击时的动作以撞击或挡击的方式完成，拍面短促向前撞击的同时，微微向下做切削球的动作，使球以下旋的形式飞出，击球时保持拍面打开，手腕固定。击球后手仍紧握球拍，并向前做小幅度送拍动作（图8-14）。

图8-14 截击动作连贯图

（二）动作要领

两膝微屈，上体稍前倾，后脚跟提起，将球拍置于体前；注意拍头不要下垂，要保持拍头高于手腕，截击时引拍动作不应过大。击球时小幅度移动右脚，手腕固定，握紧球拍。当球飞来时迅速向前跨步迎击球，球拍在脸的右前方撞击来球。

（三）反手截击技术

反手截击球出球比较稳定，球击出后下旋较强，与正手配合使用可以封堵较大的面积，并可以通过手腕力量的变化回击出不同落点、不同线路的球，从而在比赛中争得主动。

1.动作方法

当来球向反手侧飞过来时，身体快速向左转体引拍，拍头要高于握拍手，肘关节微曲，球拍和手臂呈"V"字形，手腕固定。挥拍击球时，左手松开稍向后伸，右手握紧球拍前挥并在身体前方切削来球。身体重心主动跟上，在右脚着地的同时，球拍撞击球。向前挥拍时，两只手的动作好像在拉长一根橡皮筋，以保持身体平衡。由于在左侧击球，限制了右手的引拍幅度，反手截击往往比正手截击更容易掌握（图8-15）。

图 8-15　反手截击动作连贯图

2. 动作要领

反拍截击时，自击球的开始到结束，要有持拍手手背撞向球的感觉。触球的瞬间，要保持拍头高于手腕，截击时转体的后摆引拍动作不应过大，手腕固定，握紧拍子。球飞来时迅速向前跨步迎球，球拍在脸的左前方撞击来球。

五、高压球技术

（一）握拍与移动

高压球握拍方式跟发球握拍方式一样。在准确判断来球位置及轨迹的基础上，以交叉步、滑步或并步的方式快速侧身移动到球即将下落位置的前面。打高压球对步法的灵活性及准确性要求非常高，因为来球不受己方控制，球在空中飞行时可能会因风向、旋转等因素而产生一些难以预知的变化，这就要求击球者快速反应、灵活移动、准确取位以获得理想的击球点，否则很难打好高压球。即使感觉已经处于很好的位置，双脚也要不停地在原地做碎步的调整。这对保持重心是很有好处的，如果你的双脚"钉"死在一个地方，那你可能被突如其来的一点儿变化弄得措手不及。打高压球时无论以什么样的方式移动身体，最后都应尽全力采用"持拍手同侧的脚在后，另一脚在前，两脚连线与球网近乎垂直"的双脚前后站位，左手指向来球，保证击球点在身体的前方。

（二）引拍动作

在脚步开始移动后，转身并以最短捷的动作将球拍引至肩上，拍头向上，左手自然上抬，眼睛盯球，类似于发球击球前阶段动作，做好击球准备。高压球在移动定位时非持拍手应指向空中的来球，这不仅有助于判断击球点的位置，而且对保持身体的平衡也有积极的作用。

（三）挥拍击球

准确判断击球点并移动到位后，以双脚为支撑向击球点方向蹬地、转体、收腹继而挥拍击球。发力顺序与发球相似，击球点在能保证球过网的前提下，其位置越靠前越利于发力和控制球出手的角度，越靠前越具有杀伤性，这与发球时力争高点是不同的，到达击球点时身体应已完全面向球网。高压球不单纯依靠手臂或手腕的甩动发力，而是靠腰腹、腿部及身体整体的协调发力，这与发球是一样的道理。手臂挥拍动作与发球一样有个搔背再迎接来球的过程，不要硬压大臂以期"高压"来球，而是要将小臂和拍头"甩"出去。

（四）随挥动作

高压球的随挥动作仍与发球类似，击球过后顺势将球拍收于持拍手异侧腿侧就可以了。这在击球点比较合适（如在身体的前上方）的情况下比较容易做出来。如果击球点很靠后或很偏，不适合正常发力，那么随挥动作就有可能被强行的扣腕或旋腕动作所代替，这要求击球者具有良好的腰腹力量及手腕的控制能力，初学者遇到这样的情况时最好能够量力而行，若勉强为之容易受伤。

六、挑高球技术

（一）防守型挑高球

防守型挑高球亦称下旋挑高球，带有一定意义的被动性。它飞行弧线高，比上旋挑高球更易控制，具有失误少的优点。把球挑过上网者的头顶，通常是挑到另一边的场地深处，完全是防守型的打法，其意图并不是急于得分，而是争取时间守住场地，利用球在空中飞行的时间，迅速跑回场地的有利位置，以扭转被动的局面。

在被动时挑高球虽然是渡过危机的防御手段，但只要运用得当同样可以获取得分的先机。成功挑出的高球可以轻易越过对手的头顶，让其无法凌空扣到，并迫使其不得不转身跑向后场救球。能够打出这样的挑高球，机会也就来了，趁对手向后跑动，可以游击到网前，准备用截击或是高压来对付回球。

动作要领：采用大陆式握拍法，动作要隐蔽。因此，握拍、侧身转肩、向后引拍应尽量与底线正、反拍击下旋球动作一致。击球时拍面朝上，触球的中下部，由后下方向前上方平缓挥拍击球，似向前切推。为了更好地控制球的高度和深度，要尽量使球在球拍上停留时间长一些，动作要柔和。随挥动作与底线正、反拍击下旋球相同，面对球网，重心稍后，跟进动作要充分。

（二）进攻型挑高球

进攻型挑高球一般用上旋打法，大多带有主动性，球落地后弹起的前冲力较大。主动上旋挑高球可以成为颇具威胁的进攻武器，利用此种球下坠急、落地后前冲猛的特点，常用在对方上网时，这样，自己既能打两边破网球，又可以挑高球使自己处于有利位置上，令球越过对方头顶，以逼迫其反身回迫，球会落在后场较深处。球落地后反弹很快，使对方没有时间跑回去把球救起，往往就是破网得分的一种手段，也可置对方于被动的境地。防守型挑高球一般用大陆式握拍法，进攻型挑高球同打落地球一样握拍。

动作要领：挑高球动作要尽可能和底线正、反拍上旋抽击球动作一样。完成拉拍动作时，要使手腕保持后屈。在挥拍击球时，拍头低于手腕的位置，由后下向前上挥拍，做弧线形鞭击动作，使球拍在击球瞬间进行擦击，以产生强力上旋，击球点在身体侧前，重心落在后脚。击球后，球拍必须朝着自己设想的出球方向充分跟进，随挥动作要放松并在身体左侧结束。

七、放小球技术

放小球技术的准备姿势及引拍动作同正反手击球动作技术基本一样，这样对方就会误认为你准备打深球而留在后面。击球前一定要"伪装"好，不要过早地暴露击球意图。放小球的击球动作类似于反手削球或正手下旋球，相比较而言它的引拍动作要稍微小一些，而随挥动作要小得多。采用大陆式握拍法，击球时，侧身对网，眼睛要盯住球，拍面稍开放，轻轻削击球的中下部，腕部松开，球拍在触球时向下移动。充分向上倾斜拍面，同样可以制造更多下旋，不过需要在隐蔽动作的最后一瞬间做出，否则会被对手识破。要控制好挥拍速度，在球拍将要与球接触的过程中逐渐放慢拍速能起到卸力的作用。在放小球时球拍不要握得过紧，放松持拍手有利于让自己的击球变得更柔和，并且能够改进触球瞬间的感觉。尽量使拍触球的时间长一些，拍头沿着前下方移动，形成下旋球，球落地后弹得低。切记击球必须在能够控制的范围内产生。击球结束后，球拍一定要朝着球出去的方向做随挥动作，随挥动作幅度很小，通常大约在腰部高度结束，随挥动作结束时，拍面打开。然后，面对球网，迅速跑到有利位置上准备下一次击球。

八、反弹球技术

反弹球技术一般采用大陆式或东方式反手握拍法。当决定要打反弹球时，要立即侧身转体，尽早引拍，后摆的幅度不要太大，屈膝降低身体重心，拍柄和地面平行，保持下蹲姿势，球拍靠近地面，绷紧手腕，尽量在前脚前面击球；击球时，拍面与地面几乎垂直，整个击球动作是由下向上的挥动。击球时眼睛必须看球，手腕与前臂紧固，拍面略开，随身体重心前移从下向上做反弹击球，同时使球略带上旋。球拍接触球的时间尽可能长一些。为了确保击球深度，击球后要有随挥动作。随挥幅度取决于击球的深度，回击深，随挥动作就大，反之，就小一些。

总之，反弹球技术动作中的几个重要环节是降低重心、跨步、深蹲、后腿膝关节几乎触地、身体保持平衡、眼睛盯住来球、在球弹起瞬间击球、拍头不要下垂。当对方挥拍击球时，应注意观察，同时放慢前冲速度并判断出对方的击球方向，判断时应有一个两脚开立的跳步，然后衔接的是向左或向右的跨步击球动作，这也是上网步法的特定要求。

第三节　网球运动基本战术

一、初中级战略

（一）稳扎稳打、减少失误

在网球比赛中，最重要的是要做到减少非受迫性失误，特别在难以打出制胜球时，寻求回球安全是至关重要的。尤其对于初级阶段的球员来说，主动进攻得分的能力一般不强，得分、失分主要依靠对方和己方的失误来决定，这样，失误少的一方就很可能赢得比赛。

（二）打对方弱手侧

一般情况下球员（包括职业球员）正反手击球能力都不均衡，绝大多数人反手都比正手弱，而且反手可能是初中级选手最大的心病所在，所以不管和谁比赛，首先考虑到的是打对方的反手，攻击其弱点，迫使对方回球失误。

（三）打斜线球

当你和对手底线相持的时候，如果没有好的机会，尽量打斜线对角球。这主要基于三方面考虑：第一，球网中间最低，减小了下网的概率；第二，斜线的距离最长，减小了出界的概率；第三，斜线球过网后，如果对方打直线，可能因为球网高、距离短而失误，此时，对方最好的回球可能也是对角斜线球，如此相比，打直线球你就可以少跑一些距离。

（四）发挥自己的长处

要了解自己技术上的长处，比赛中善于使用擅长技术。如果你正手技术比反手技术好，就要尽量多使用正手进行进攻，时间上允许时，可以在反手位侧身打正手球。如果不能很好地迎击反弹后处于上升期的球，就应退至底线后，以击反弹后处于下降期的球为主。

（五）发球确保成功率

网球发球技术相对复杂，技术难度高，对大部分网球初中级球员而言，发出力量大、角度刁的球是不现实的。即使你的发球很慢，但只要发到对方反手，一般的初中级选手是很难一拍把你"打死"的。对业余选手和网球爱好者来说，两次发球都选择上旋发球，也是一个不错的做法。只要你把球发过去，保证命中率，还是有机会拿下这一分的。对于一些初级选手，有时二发也可以选择下手发球，避免网球比赛演变为"双误"比赛。

二、高级战略

（一）善于调动不善于跑动的对手

调动的战术，所要针对的是那些倚仗正手或其他某种攻击利器，而不喜欢频繁跑动的人。对于那些在跑动中越战越勇的人不能使用这一招，对他们倒不如将球打向中部，打深，再伺机变招打出大角度球或把他们调到网前，尽量不让他们找到进攻节奏。

（二）制造机会球

制造机会球，尽量让对手只能打防守球不能起拍进攻，具体策略有：

用攻击性的重球打向对方深处；大角度的球把对手拉出其所在的位置制造空当；打有弧度、落点深的旋转球，把对手逼到底线后的位置，迫使其回出浅球；打对手薄弱之处，使其不能回出有质量的球；让对手来回奔跑。

现实中要根据对手水平区别使用，否则会适得其反变成对手的机会。

（三）有机会勇敢上网

如今发球上网的人越来越少。主张发球上网的人总是希望有更多的人选择发球上网。尽管眼下发球上网的人很少，但有理由相信，现在有很多优秀选手都可以发球上网。一些优秀的上网选手，如埃德伯格、桑普拉斯和费德勒等，他们常常在对手不知不觉时跑到发球区内截击。

那么今后的趋势是否又到了发球上网的"轮回"了呢？这就取决于教练员了。一般情况下当教练员看到大多数网球高手都是靠底线抽击赢球时，他们肯定也让他们的队员老实地待在底线上。只有当教练员发现发球上网流行时，他们才敢于将他们的球员送到网前去。

（四）接一发斜线过网，接二发上前一步攻其反手

即使面对一位发球上网选手，接发球打斜线也是最安全的路径。在很多情况下，试图通过接发球得分或得到巨大优势的想法很容易导致失误。接二发时，要让对手为一发失误付出代价，上前一步是一个有效手段。如果这时对手想发力把你逼回去，也许会得手一两次，但"双误"定会增加，一发也会受到影响。

三、网球比赛基本战术打法

网球比赛中基本战术打法主要是为了利于自己的攻击、反击和防守，同时抵消对方的攻击力量，寻找并利用对方的弱点打击对方的士气等来确定的。网球打法有三种类型，即底线型、上网型和综合型。运动员可根据自己的技术、身体素质及心理属性，来确定合理的打法类型。

（一）底线型打法

运动员基本上保持在底线位置抽球，较少上网。利用球的落点、速度和旋转变化迫使对手处于被动。优秀的底线型运动员均能掌握扎实的正、反手击落地球技术，并具有相当强的威胁性，利用快速有力的抽击，打出落点深且角度刁的球，能够一拍接一拍地运用上旋球与对手对攻，迫使对手处于被动局面。当出现中场浅球时，能以快速前压的

动作进行致命一击,这种打法类型虽在比赛中很少上网,但一有机会也能抓住时机进行网前攻击。另外在接发球和破网技术方面,能顶住对方强有力的发球,既会用隐蔽动作完成破网技术,又会抽挑结合,使对方在网前难以发挥实力。

(二)上网型打法

积极创造一切机会和条件上网,上网后利用控制速度和角度的截击球给对方还击造成困难。这种打法积极主动、富有攻击性,但也有一定冒险性。优秀的上网型运动员都掌握发球上网和随球上网的战术,发球技术凶狠、力量大、角度刁钻,很有威胁性,截击球和高压球的杀伤力强。

运用发球上网战术要求发球有力,落点变化多,上网速度快、中场截击、攻击力强,能为近网攻击创造有利条件,网前截击迎前动作快,击球角度大、落点变化丰富。随球上网要求能创造有利时机,一拍击球质量高,上网快,判断准,网前截击威力大。高压球要求判断准,反应和移动快,下拍坚决果断,落点好,保护后场的能力强。

(三)综合型打法

所谓综合型,是底线型和上网型两种打法的综合运用。优秀综合型运动员的技术,无论是发球、接发球,还是截击和高压球,都较为均衡和全面。能够根据对手特点,在不同的情况下采用相应战术。有时底线对抽,有时伺机上网截击,时而发力猛抽,时而稳扎稳打,有时削放轻球,有时挑出上旋高球,充分运用多样化技术,并结合敏捷的步法,机智灵活地争取主动。

四、单打基本战术

(一)发球战术

发球是比赛的开始,只有发好球才能确保自己处于有利的局面。当今发球已经成为网球比赛最直接、最简便、最有效的得分武器。相反,丢掉一个发球局便意味着自己处于整盘、甚至整场比赛的不利地位,因此发球在比赛中至关重要。

最好的发球是力量、落点及旋转的完美结合。一般来说,比赛中的第一发球采用速度较快的平击发球,发向对方场地的内角或外角,以加强攻击性,给对方造成压力。第二发球都采用旋转强烈且稳定性高的上旋、侧旋球,发向对手的中路或其薄弱之处。通常第一发球快速、冲击力强;第二发球应具有稳健性,以保证较高的命中率,尽量减少"双误"。具体表现在以下几方面。

1.发球的站位

单打发球的站位一般来说距中点较近,因为有利于准备下一次击球。但根据自身的特点和对手的站位可以有所改变。例如,右区选手稍靠近边线一侧站位发球,有利于发出角度更大的外角球,可以充分将对手拉出场地,更有利于下一拍球的进攻。

2.发球落点

发球落点通常取决于球的旋转类型和飞行路线。在右区,通常用平击球发对手的内角，用带切的侧旋球发对手的外角，用稳健的上旋球发对手的中路近身；在左区，通常采用平击球发对手的内角或外角，用带切的侧旋球发对手的内角，用上旋球发对手的中路近身或外角。

3. 发球上网

是否要发球上网在发球之前就应该决定，如果准备在第一发球后上网，发球时可站在靠近端线中点标志的地方，发球要深，一发发向对方接发较弱的一边。这种发球通常比抛球要更靠前一些，并尽量向前上方跳起，然后向网前冲去；在对方击球时，应该立刻跳步停住，以便判断来球的方向，然后再对着球，向前去做网前第一次截击，多数情况下，利用良好的一发上网截击得分，至于移动到什么地方击球，则取决于发球的落点和接球员回球的角度，尽可能地沿回球线路移动上网截击。要注意的是：不要希望在第一次截击时得分，除非对方回球又高又软，否则应当力图把球打深，尽量击向对手的弱处，使对手留在端线，迫使其回球质量不高，同时使自己可以来到网前，站在更具有威胁性的位置上，再通过第二拍击垮对手。大部分中上水平的运动员，特别是专业运动员，都会利用第一发球的成功，立即上网截击。

（二）接发球战术

在接对方发出的角度大而弹出边线的球时，若球速快，可用进攻方法还击；亦可还击大角度球，以牵制对方发球后的抢攻。接大角度球时，不要向后跑，而应向球落点处直线迎击球，用抽球还击。接发球时应选择合适位置，其原则是正手和反手各有50%的机会接球。切忌在中场等球，应将中场视为接球时不站人的区域。

如果用一种方法接发球效果不佳，就应改变或使用不同的方法，进行站位的前后变化，打击力量的轻重变化，角度大小的变化等调整。对付不同的发球，可用不同的接发球战术以赢得主动。

1. 接一发

接一发时要稳，力求不让对方一发轻易得分。如对手留在后场，接发球时用挡击打一个深的直线球或有角度的球，或用上旋高球送至对方反手。根据接发球的类型，上网截击或留在后场。

2. 接二发

每当出现机会时，应有攻击二发的意识。攻击二发时，当球上升至肩高处击球，以保持场上的主动。用正手侧身攻或跑动中正手打直线球，偶尔打一个轻吊球。

3. 对不同的区域、不同的发球类型有针对性应对

对方左区平击发球，球至外角，坚决地沿发球飞行的轨迹还击。

对方左区侧旋发球，球至内角，以一深度球还击到对方的底线中央。

对方左区上旋发球，球至外角后高挑，可还击至对方的反手角或以小斜线还击。

对方右区平击发球，利用深度和速度沿发球飞行的轨迹还击。

对方右区侧旋发球，尽可能早还击至发球队员一侧，如对方上网，则对准其脚面还

击或对准其人体还击。

对方右区上旋发球，球至外角，坚决地将球还击至对手的脚边或以小斜线还击。

（三）底线战术

底线战术是以底线正、反拍击球为基础组织的战术。它的指导思想是必须用速度、旋转、落点的变化来创造进攻机会。底线型打法的主要战术有：对攻、拉攻、侧身攻、紧逼攻、防守反击等。

1. 对攻战术

底线型打法的两面对攻战术，是利用底线正反手连续抽击进攻能力，配合速度和落点变化与对方展开阵地战，达到限制对方的目的。具体战术方法如下：

以正、反拍抽击，控制球的速度、力量攻击对方的弱点，用速度压住对方；用正、反拍强有力的抽击球，连续攻击其一点；用正、反拍的有力击球，调动对方大角度跑动，同时寻找进攻得分机会；在调动对方两边跑动时，突然连续打重复球，再突然变线；在3/4的场地内用正手进攻和回击所有可能的回球；反手打斜线是为了底线对攻，打直线是为了随球上网抢分；感到紧张时，勿放小球；坚持打深，使用斜线对攻战术以争取时间和控制。伺机采用组合击球战术（如打深的直线球后接打对角斜线球）。

2. 拉攻战术

拉攻战术是底线型打法中比较普遍的一种战术。它用正反手拉上旋球，或正拍拉上旋球，反拍切削球，来使对方左右跑动，一旦出现机会，立即给予其致命一击。

正、反拍拉强力上旋球于对方底线两角深处，不给对方上网及底线反攻的机会，寻找机会进行突击。正、反拍拉上旋球时，适当增加拉正、反拍小斜线球，增加对方跑动距离并使其出现质量低的回球，然后伺机进攻。逼拉对方反拍深区，伺机正拍偷袭。如对方主动打你的反手，尽量朝反手方向移动，用正手攻击。处于被动时，多打控制球，少发力，用高而深的慢速球变换速度，击打角度刁或速度快的来球。

3. 侧身攻战术

侧身攻战术是底线型打法中的一项主要进攻手段。它利用强有力的正拍抽击球，配合良好的判断和步法移动，在2/3的场地上用正拍对对方施加有力的攻击。具体战术方法如下：

连续用正拍对对方进行攻击，创造得分机会。用正拍进攻，调动对方移动；反拍控制落点，伺机侧身用正拍突击进攻。用全场正拍进攻对方反手位，再变线突袭正手位。用正拍进行攻击时，连续打出重复球（即回马枪）。

4. 紧逼攻战术

底线型打法的紧逼战术是以其快速的节奏对对方进行攻击的一种重要手段，也是当今世界上优秀选手们常用的一种攻击对方的战术。紧逼战术主要是发挥其良好的底线正、反拍抽击球技术，迎击上升期的球。准确控制落点，节节紧逼，以达到攻击对方的目的。具体战术打法有：

接发球时就紧逼向前进攻，使对方发球时产生心理压力和发完球有来不及准备的感觉。连逼对方反拍，突袭正拍，伺机上网。紧逼对方两边，使其被动或回球质量下降，伺机上网。

5. 防守反击战术

防守反击战术在底线型打法中占有很重要的位置，在执行防守反击战术时利用良好的底线控球能力，发挥反应判断快、步法耐力好、击球准确的特点，来调动对方，以达到在防守中寻找机会进行反击的目的。

在对方运用发球上网战术进攻时，接发球可采用迎上借力接球，把球打到对方脚下或两边小角，然后准备第二拍反击破网。

对方进行底线紧逼进攻战术时，可采用底线正、反拍拉上旋球到对方底线两角深处，不给对方进攻得分机会，然后再伺机进行反击。

在对方运用随球上网进攻时，应提高底线穿越第一拍的成功率和突击性，及穿越球的质量，以寻求第二次反击穿越的机会。

（四）上网战术

上网战术的指导思想就是利用网前进攻为主要得分手段。它的基本战术可分为发球上网、随球上网、接发球上网、偷袭上网及放小球上网等。

第四节　网球运动竞赛规则

一、场地设备

球场是一个长方形，长 23.77 米，宽 8.23 米。用球网将全场横隔为二等区，球网悬挂在直径不超过 0.8 厘米的绳或钢丝绳上，球网两端悬挂在或越过直径不超过 15 厘米的圆形网柱或边长不超过 15 厘米的正方形网柱顶上。网柱高不得超过网绳顶部 2.5 厘米。网柱中心距边线外沿 0.914 米。网柱高度应使网绳或钢丝绳的顶部距地面 1.07 米。当一兼有双打和单打的场地（见规则第三十四条）挂着双打球网用于单打时，球网必须用高度为 1.07 米的两根支柱支撑，这两根支柱称为"单打支柱"。它的直径或边长不得超过 7.5 厘米，单打支柱中心距单打场地边线外沿 0.914 米。球网应充分展开，完全填满两柱间之空隙，网孔大小以不让球穿过为准。球网中央高 0.914 米，并用不超过 5 厘米宽的白色中心带绷紧束于地面。网顶的绳或钢丝绳要用白色网边布包缝，每边宽不得少于 5 厘米，也不得多于 6.3 厘米。在球网、中心带、网边白布或单打支柱上均不得有广告。球场两端的界线叫作端线；球场两边的界线叫作边线。在球网两侧 6.40 米处的场内各画一条与球网平行的横线叫作发球线。连接两发球线的中点画一条与边线平行的线，线宽 5 厘米，叫作中线，中线与球网呈"十"字形，将发球线与边线之间的地面分成四个相等的区域叫作发球区。在端线的中心，向场内画一条 10 厘米长、5 厘米宽的垂直于端线的短线叫作中点。全场除端线可宽至 10 厘米外，其他各线的宽度均不得超过 5 厘米，也不得少于 2.5 厘米。全场各区的丈量，除中线外都从各线的外沿计算。所有的线应用同一颜色，如在球场后面放置广告或其他物品时，则不得使用白色或黄色。任何浅颜色，只有当其不妨碍运动员视线时，方可使用。如广告放置在位于球场后面的司线员的坐椅上，这些广告也不得使用白色或黄色。任何浅颜色，只有当其不妨碍运动员视线时，方可使用。

注：戴维斯杯，或国际网联主办的其他正式锦标赛规定，端线以外至少要有 6.40 米的空地，边线以外至少要有 3.66 米的空地。司线员的座椅可安置在球场后面 6.40 米的空地内，或安置在球场旁边 3.66 米的空地内，只要座椅凸出该区不超过 0.914 米即可。

二、球场固定物

球场固定物包括球网、网柱、单打支柱、绳或钢丝绳、中心带、网边白布，还包括球场四周的挡网、看台、固定的或可移动的座位或座椅及其占有人；安置在场地周围及上空的设备，以及在各自位置上的裁判员、辅助裁判员、脚误裁判员、司线员、拾球员等。

三、球的大小、重量和弹力

球呈白色或黄色，外表毛质均匀，接缝处没有缝线。球的直径是 6.35～6.67 厘米，重量是 56.7～58.5 克。球的弹力为：从 2.54 米的高处自由落下时，能在混凝土地面上弹起 1.35～1.47 米。

四、球拍

球拍如不符合下列规格，则不得在比赛中使用。

第一，球拍的击球面必须是平的，由弦线上下交替编织或连接组成，其组成格式应完全一致。每条弦线必须与拍框联结，特别是穿线后其中心密度不能小于其他任何区域密度。弦线不应有附属物或突起物。如有附属物，只限用以限制或防止弦线的磨损、振动或分散重力，其大小和布置均应合理。

第二，拍框和拍柄的总长不得超过 81.28 厘米，总宽不得超过 31.75 厘米。拍框内沿总长不得超过 39.37 厘米，总宽不得超过 29.21 厘米。

第三，拍框包括拍柄，不应有附属物或设备。如有附属物或设备，只限用以限制或防止拍框和拍柄的磨损、振动或分散重力。任何附属物或设备，其大小和布置必须合理。

第四，拍框包括拍柄和弦线，在比赛期间，不应有任何可使运动员从本质上改变球拍形状或其重力分配的设备。

五、发球员和接球员

运动员应各自站在球网的一边，先发球的运动员叫作发球员，另一边的运动员叫作接球员。

六、选择权

第一局比赛用掷钱币的方法来决定选择场区权或首先发球权、接发球权。得胜者，有权选择或要求对方选择。选择发球或接发球者，应让对方选择场区。选择场区者，应让对方选择发球或接发球。

七、发球

发球应按下列方法将球发送出去：

发球员在发球前，应先站在端线后，中点和边线的假定延长线之间的区域里，然后用手将球向空中任何方向抛起，在球接触地面以前用球拍击球（仅能用一只手的运动员，可用球拍将球抛起），球拍与球接触，就算完成球的发送。

八、脚误

发球员在整个发球动作中，不得通过行走或跑动改变原来的位置。发球员发球时如两脚轻微移动而未变更原位，不算行走或跑动。两脚只准站在端线后，中点和边线的假定延长线之间，不能触及其他区域。

注：脚是指踝关节以下部分。

九、发球员的位置

每局开始发球时，发球员应先从右区端线后发球；得（失）一分后，应换到左区发球。这样每得（失）一分就轮流交换发球位置。如发球位置错误而未察觉，比分仍然有效；一旦察觉，应立即纠正。发出的球，在对方还击前，应从网上越过，落到对角的对方发球区内或其周围的线上。

十、发球失误

发球时发生下列任何一种情况，均判失误：

发球员违反规则第七、第八和第九条的各项规定；未击中球；发出的球，在落地前触及固定物（球网、中心带、网边白布除外）。

十一、第二次发球

发球员第一次发球失误后，应在原发球位置进行第二次发球。如第一次发球失误后，发觉发球位置错误时，应按规则第九条改在另区发球，但只能再发一次球。

十二、发球时间

发球员须待接球员准备好后，才能发球。接球员做还击姿势就算已做准备；如接球员表示尚未准备，即使所发的球没有落到发球区内，他也不能要求判此球失误。

十三、重发球和重赛

凡根据规则必须重发球或比赛受到干扰时，裁判员应示意"重发球"。对此可做下列解释：宣报发球无效时，仅该球不算，重发球；其他情况下，该分重赛。

十四、发球无效

下列任何一种情况，应判发球无效，并重发球：

第一，合法的发球触及球网、中心带、网边白布后，仍落到对方发球区内，或发球触及球网、中心带、网边白布后，在落地前触及接球员身体或其穿带物件。

第二，不论发出的球成功还是失败，接球员均未做准备（参阅规则第十二条）。如为重发球，则那次发球不予计算，但原先的第一次发球失误不予取消。

十五、发球次序

第一局比赛终了，接球员成为发球员，发球员成为接球员。以后每局终了，均依次互相交换直至比赛结束。如发球次序发生错误，发觉后应立即纠正，由应发球的球员发球。发觉错误前双方所得的分数都有效。如发觉前已有一次发球失误，则不予计算。如一局终了才发觉次序错误，则以后的发球次序就以该局为准按规定轮换。

十六、运动员何时交换场地

双方应在每盘的第一、三、五等单数局结束后，以及每盘结束双方局数之和为单数时，交换场地。如一盘结束，双方局数之和为双数，则不交换场地，须等下一盘第一局结束后再进行交换。如发生差错未按正常顺序交换场地，一经发现，应立即纠正场区，按原来顺序进行比赛。

十七、"活球"期

自球发出时起（除失误或重发外），至该分胜负判定时止，为"活球"期。

例：甲方运动员还击失误，裁判员未判，比赛继续进行。乙方运动员可否在往返对打结束后声称他应得这一分？

答：不可以。甲方还击失误，但比赛继续，只要乙方未受妨碍，乙方就不得有此要求。

十八、发球员得分

出现下列任何一种情况，判发球员得分：

发出的球（发球无效除外，参阅规则第十四条）在着地前触及接球员或他穿戴的任何物件时；接球员违反规则第二十条的规定而失分时。

十九、接球员得分

出现下列任何一种情况，判接球员得分：

发球员连续两次发球失误时；发球员违反规则第二十条的规定而失分时。

二十、失分

出现下列任何一种情况，均判失分：

（a）在球第二次着地前未能还击过网［规则第二十四条（a）和（c）款除外］。

（b）还击的球触及对方场区界线以外的地面、固定物或其他物件［规则第二十四条（a）和（c）款除外］。

（c）还击空中球失败（站在场外击空中球失败也算失分）。

（d）在比赛中，运动员故意用球拍拖带或接住球，或故意用球拍触球超过一次。

（e）"活球"期间运动员的身体、球拍（不论是否握在手中）或穿戴的其他物件触及球网、网柱、单打支柱、绳或钢丝绳、中心带、网边白布或对方场区以内的地面。

（f）来球尚未过网即在空中还击（过网击球）。

（g）除握在手中（不论单手或双手）的球拍外，运动员的身体或穿戴的物件触球。

（h）抛拍击球。

（i）比赛进行中，运动员故意改变其球拍形状。

二十一、阻碍击球

甲方的举动妨碍乙方击球时，该举动若属故意，判甲方失分，若系无意则判该分重赛。

二十二、压线球

落在线上的球都算界内球。

二十三、球触固定物

击出的球，落到对方场区地面后再触及固定物（球网、网柱、单打支柱、绳或钢丝绳、中心带、网边白布除外）时，判击球者得分；球在落地前触及固定物，判对方得分。

二十四、有效还击

出现下列任何一种情况，都是有效还击：

（a）球触球网、网柱、单打支柱、绳或钢丝绳、中心带或网边白布后，从网上越过落入对方场区内。

（b）对方发出或还击的球，落到本方有效场区内又反弹回去或被风吹回对方场区上空时，本方运动员挥拍过网击球，使球落到对方场区内，身体、衣服或球拍并未触及球网、网柱、单打支柱、绳或钢丝绳、中心带、网边白布或对方场区的地面。

（c）将球从网柱或单打支柱以外还击至对方场区（不论还击的球是高于还是低于球网或是触及网柱或单打支柱）。

（d）合法击球后，球拍随球过网。

（e）对方发出或击出的球，碰到本方场区内的另一球，而还击的运动员仍能回球到对方场区内。

注：单打比赛时，为了方便起见，可在双打场上另装单打支柱。单打支柱以外的球网、双打网柱、绳或钢丝绳及网边白布等都算固定物，不算单打网柱或球网的一部分。还击的球，如果从单打支柱和双打网柱中间钢丝绳下穿过，并且没有触及钢丝绳、球网或双打网柱而落到有效场区以内，算有效还击。

二十五、意外阻碍

运动员遇到不能控制的意外阻碍（球场固定物及规则第二十一条的规定除外），妨碍其击球时该分应重赛。

二十六、胜一局

运动员每胜一球得一分，胜第一分记分 15，胜第二分记分 30，胜第三分记分 40，先得四分者胜一局。但遇双方各得三分时，则为"平分"。"平分"后，一方先得一分时，为"该运动员占先"（简称"占先"）。"占先"后再得一分，才算胜一局；如一方"占先"后，对方又得一分，则仍为"平分"。依此类推，直到一方在"平分"后净胜两分结束该局。

二十七、胜一盘

一方先胜六局为胜一盘。但遇双方各得五局时，一方必须净胜两局才算胜一盘。

决胜局记分制可作为本条规则（a）款平局时长盘的变通办法，但要在比赛前宣布这一决定。决胜局记分制规则：决胜局记分制可应用于每盘的局数为六平时，但三盘两胜制的第三盘和五盘三胜制的第五盘不得使用此制度，应使用本条（a）款的长盘制，除非另有规定并在比赛前宣布。

决胜局记分制如下。

单打：

（a）先得七分者为胜该局及该盘。若分数成六平时，比赛须延长到某方净胜两分时止。决胜局应全部采用数字记分制。

（b）该轮的发球员发第一分球，然后由对方发第二分及第三分球；此后轮流交替发球，每人连发两分球，直至决出该局与该盘的胜负为止。

（c）该轮的发球员在右区发第一分球后，即改由对方依次在左区和右区发第二、三分球；此后轮流交替发球，每人连发两分球，其中每个循环的第一分球均应在左区发球。如果从错误的半区发球，在发觉前已得的分数均有效，但在发觉后应立即纠正错误的站位。

（d）运动员应在每六分及决胜局结束时交换场地。

（e）更换新球时，决胜局作为一局计算。如逢该局更换新球，应暂缓更换，待下一盘第二局开始时，再行更换。

双打：

单打比赛的规定都适用于双打比赛。轮到发球的运动员发第一分球，此后发球次序仍按该盘比赛中原先的发球次序排定，每人轮流交替发两分球，直到决出该局与该盘的胜负为止。

轮换发球：

运动员（或双打时一对运动员）在决胜局首先发球者，在下一盘第一局中为接球方。

二十八、最多盘数

一场比赛最多盘数是五盘，女子参加时最多盘数是三盘。

二十九、连续比赛和休息时间

从第一次发球开始，到全场结束，比赛应按下列规定连续进行。

（a）如第一次发球失误，发球员必须毫不延误地开始第二次发球。接球员必须按发球员合理的速度进行比赛，当发球员准备发球时，接球员必须准备去接球。交换场地时，从前一局结束至下一局第一分发球时，最多有 1 分 30 秒的间歇。当有外界干扰使比赛无法连续进行时，裁判员可酌情处理。由国际网球联合会承认的国际巡回赛和团体赛的组织者，可以决定分与分之间允许间歇的时间，在任何时候，间歇的时间都不得超过 25 秒。

（b）决不应该为了使运动员能够恢复力量、呼吸或身体素质而暂停、延误或干扰比赛。但是运动员如因事故而受伤，裁判员可允许一次暂停（3 分钟）。由国际网球联合会承认的国际巡回赛和团体赛的组织者，可以延长这一次暂停时间，从 3～5 分钟。

（c）若某些情况非运动员所能控制，如运动员的服装、鞋或器材（不包括球拍），因料理不当而不能或难以继续比赛时，裁判员可暂停比赛，直到料理好。

（d）当需要和适宜时，裁判员在任何时候都可以暂停或延缓比赛。

（e）男子比赛在第三盘打完之后，女子比赛在第二盘打完之后，双方球员可以有不超过 10 分钟的休息时间。地处北纬 15 度及南纬 15 度之间的国家，则以不超过 45 分钟为限。此外，当出现球员无法控制的特殊情况时，裁判员有权暂停适当的时间。如果比赛被暂停至第二天才能恢复，则运动员在第二天打完第三盘之后（女子第二盘之后）才有休息权。第一天未打完的一盘作一盘计算。如果在同一天内，比赛被暂停超过十分钟，在没有间断的情况下，要再连续打完三盘后（女子比赛打完二盘后）才有休息权。上一段没有打完的一盘作一盘计算。任何国家或委员会在组织锦标赛或一般比赛时，有权从竞赛规程中变更或取消这一条款，只要在比赛开始前宣布即可，但国际网球锦标赛（戴维斯杯赛和联合会杯网球团体赛）除外。

（f）锦标赛的委员会有权决定给运动员做准备活动的时间，但不可超过五分钟，并且必须在比赛开始前宣布。

（g）当使用批准的罚分制（指三级罚分制）和不积累的罚分制（指每次罚一分制）时，裁判员应在上述罚分制条款的范围内做出裁决。

（h）若运动员违反了比赛应连续进行的原则，裁判员在发出警告后，有权取消犯规运动员的比赛资格。

本章思考题

1. 网球重大赛事有哪些？
2. 网球竞赛的初中级、高级战略有什么特点？
3. 网球比赛基本战术打法及特点有哪些？
4. 简述网球发球的动作要点。
5. 简述网球正手击球要点。
6. 简述网球比赛基本战术打法及特点有哪些？
7. 简述网球单打战术类型及特点。

本章参考文献

[1] 陶志翔. 网球运动教程 [M]. 北京：北京体育大学出版社，2007.

[2] 陶志翔，汪鸽，周正，等. 网球 [M]. 北京：北京体育大学出版社，2000.

[3] 汪浚. 网球全程点拨 [M]. 北京：人民体育出版社，2001.

[4] 应圣远，王加强，钱宏颖，等. 网球——普通高校体育选项课教材 [M]. 北京：北京体育大学出版社，2002.

[5] [美] 尼克·波利泰里尼著. 波利泰里尼网球手册. 陈毕欣译. 北京：人民体育出版社，2008.

[6] 唐小林. 网球运动教学与训练 [M]. 北京：人民体育出版社，2009.

第九章

田径运动

第一节 田径运动概述

　　田径运动是人类在长期社会实践过程中逐步产生和发展起来的，是社会文化的一个重要的组成部分。田径运动起源于古时人类生活，跑、跳、投掷是人类当时为了生存所必备的行为素质，人类通过快速走、跑、跳越过各种障碍，以及投掷石块等方式来捕获猎物，逐渐有意识地发展成为各种练习和比赛形式。在军事训练和实战中，这些素质是士兵所必备的基本技能，它们在很大程度上促进了田径运动的发展和提高，成为田径运动的萌芽。

　　田径运动包括竞走、跑、跳跃、投掷以及由跑、跳、跃、投掷的部分项目组成的全能运动。以高度、距离和长度计算成绩的跳跃、投掷项目叫田赛；以时间计算成绩的竞走和跑的项目叫径赛。田径比赛由田赛、径赛组成，此外还包括部分田赛和径赛项目组成的"十项全能"。

　　在大型综合运动会中，田径是公认的大项，它的奖牌数最多，素有"得田径者得天下"的说法。田径运动可以全面地发展身体，能够有效地发展速度、耐力、力量、协调性等身体素质，使人获得运动技能并培养其意志品质。发展速度可以采用短跑等练习，发展耐力可以采用中长跑练习，发展爆发力可以采用各种跳跃练习，而跨栏跑、撑竿跳高等项目可以发展人的灵敏性及协调性等。因此，很多其他的运动项目都将田径作为全面发展身体素质的重要手段。在各个项目进行的身体素质测量中，也都将田径的成绩指标作为重要的衡量依据。

　　田径运动的项目较多，锻炼形式多样化，场地、设备和器材比较简单，练习时不易受性别、人数、时间和季节等条件限制，便于开展。经常从事田径运动，能促进机体的新陈代谢，改善与提高内脏器官的机能。田径运动是各项运动的基础，它能全面地、有效地发展人的身体素质和运动技能，对其他各项运动技术的发展和成绩的提高都有很好的作用。因此，各项体育运动都把田径运动作为提高身体素质的训练手段，也有田径项目是"各项运动项目之母"的说法。

一、田径运动的功能

1. 健身功能

田径运动是锻炼身体、增强体质的重要手段。田径运动能提高人体走、跑、跳、投等基本活动能力，促进人体正常生长发育和各器官系统的发展，全面发展力量、速度、耐力、柔韧性、灵敏性等身体素质，提高人体对外界环境的适应能力，因此成为锻炼身体和增强体质的重要手段和主要内容。短距离跑是人体在无氧条件下进行的一种运动，它能使有氧系统酶的活性增加，能提高人体的最大摄氧量，有利于提高中枢神经系统兴奋和抑制的灵活性，是发展人体快速运动能力和提高无氧代谢水平的重要手段。从事长距离跑和竞走能增进心脏和呼吸系统的工作能力。人体在有氧情况下进行运动消耗的能量较大，能防止人体内脂肪储存过多。跳跃是人体在短时间内通过高强度神经活动和肌肉用力克服障碍的运动，能使人的感觉机能得到提高和加强，是提高人对身体控制能力和集中用力能力、发展协调性和灵敏性的有效手段。投掷类项目是表现人体力量的运动，能使人体肌肉发达、力量增强，能改善人体灵活性。旋转类项目能使神经活动具有高度的均衡性，能使前庭具有很高的稳定性，是提高肌肉力量、改善神经过程和提高力量素质的手段。

2. 竞技功能

田径运动的竞技职能在于推动田径运动的普及，有加强国际交往、提高一个国家的国际威望、振奋民族精神，以及消遣娱乐和教育的作用。

3. 基础功能

作为一项最基础的体育运动项目，田径运动不仅能全面地提高人体的运动能力和运动素质，而且能对培养人和塑造人起到重要作用，因此，田径运动在学校体育、社会体育和竞技体育中均占据重要地位。

4. 教育功能

田径运动是思想品德教育的有力手段。田径运动的各项目都要求运动员在具有一定限制的条件下表现出最大的能力，要始终保持必胜的信心，要有克服一切困难和正视一切挑战去实现自己目标的勇气。因此，它能培养人吃苦耐劳、坚忍不拔、勇敢顽强、拼搏进取的意志品质。田径运动是在严密的组织下，按严格的规则和要求进行的。同时运动员要通过个人努力才能取得优异成绩，这样有助于个性的形成，有利于心理素质的培养。

二、世界田径运动现状

1.重视开展群众性田径运动

许多国家定期在职工、农民、军人和学生群体中举行田径运动会，有的国家开展田径运动健身内容与方法的研究和终身田径运动的实践。成千上万个大、中、小城市，利用各自的环境特点，定期地、纪念性地举行万人赛跑。

2.比赛次数增多，高水平运动员训练周期缩短，比赛期延长

在每4年举行一届的奥运会的基础上，1983年起国际田径联合会（简称国际田联）每2年或每4年举行各种洲际规模比赛，如亚洲田径锦标赛、欧洲田径锦标赛及世界室内田径锦标赛，等等。世界与国际大规模田径赛开展频繁，为各国高水平运动员提供了很多的比赛机会。高水平运动员为参加大赛，全年的准备期较短，比赛期延长。

3.田径运动员职业化，训练更加科学系统化，世界纪录不断更新

国际田联曾经是业余的国际田径组织。以前参加国际田联举办的比赛的运动员必须是业余选手。随着体育运动的迅速发展和竞技水平的提高，体育向商业化、职业化转变，许多运动员将参加田径运动竞赛等作为自己的职业。他们收取出场费、奖金、训练补贴和辅导业余训练报酬等。职业运动员能更自觉、更集中精力地投入训练，保证训练的科学系统性。现代田径训练充分利用科技手段，如用电脑控制负荷量的强度，用各种仪器测试运动员身体机能状况和身体素质发展水平，用高速摄影机录像分析研究技术动作，用专门器械发展专门能力等，使训练更具有针对性、目的性。在中长跑、竞走和马拉松运动员训练中还科学地进行高原训练。运动员的职业化训练的科学系统化，极大地提高了训练效果。田径场馆、器械设备的现代化以及裁判工作广泛采用的现代科技电子仪器等也为提高运动竞赛水平创造了条件。

4.重视营养与恢复，加强兴奋剂检查

现代田径运动水平很高，运动员训练负荷和强度较大，体能消耗也很大，没有必要的营养补充和恢复手段是不行的。科学的营养搭配，合理的膳食和有针对性的营养补给快速补充体力和营养物质的消耗，增加肌肉内ATP、CP及糖原的储备量等是很必要的。通过按摩、牵拉、桑拿浴等各种手段加快代谢物质的消除过程，消除局部肌肉的僵硬或痉挛，使收紧后的肌肉得以充分放松。听轻快优美的音乐，以使神经系统和精神状态放松和恢复等。

使用兴奋剂的现象，已达到泛滥程度，屡禁不止。20世纪90年代以来国际田联采取了更加严厉的兴奋剂检查措施。科学的营养补充与违禁药物有严格区别。赛外飞行检查（简称飞检），即在事先不通知的情况下，突然对运动员进行检查。飞检人数、次数逐年增加，有些运动员一年内要接受10～20次检查，为制止兴奋剂泛滥起到很大作用。这些措施保护了广大运动员的利益，使田径运动得以健康发展。

第二节　田径运动基本技术和练习方法

　　田径运动技术是人们在田径运动实践中，合理地运用和发挥自身的机体能力，有效地完成跑得快、掷得远的目标的方法。在田径运动实践中，由于运动者的个体差异，导致技术风格各异。从整体上看，任何人的技术都必须符合运动生物力学、人体解剖学、人体生理学等的有关要求。评定田径运动技术的标准是实效性和经济性。实效性是指人在完成动作时能充分发挥人体的运动能力，从而产生最大的作用并获得最佳的运动效果。经济性是指运动过程中合理地运用体力，在获得最佳运动效果的前提下，最经济地利用人体的能量，避免人体能量不必要的消耗。

　　完善的技术应表现为：消除多余和紧张的动作，在预备动作和次要动作阶段尽量节省力量，在主要技术阶段能增大用力程度并充分发挥身体素质的作用，表现出更高的运动效能。

一、跑的基本动作技术和练习方法（短跑、中长跑）

　　跑是人体水平位移的一种基本运动形式，是单脚支撑与腾空相交替、蹬与摆相结合的周期性运动项目。跑的每个单步包括一条腿的折叠前摆、下压扒地、着地缓冲和后蹬四个相连贯的动作过程。

　　决定跑速的因素主要是步长和步频。过分加大步长或过分加快步频，都会影响跑速的提高。后蹬的方向和角度对提高后蹬的效果和保证跑的直线性有重要的作用，后蹬方向正确，后蹬角度适宜，才能获得更大的与跑进方向一致的支撑反作用力。后蹬方向偏左或偏右，后蹬角度过小或过大，都会减小步长和影响跑的直线性，从而降低跑速。摆动腿正确的前摆为后蹬动作创造良好的条件，摆动的力量、速率、方向、幅度直接影响后蹬的效果。摆动腿前摆的要求：方向要正、速率要快、力量和幅度要大、与后续动作密切配合。掌握步长和步频的动作结构特点及其受影响的因素，才能使两者合理搭配，达到提高跑速的效果。

（一）短跑技术

　　短跑是田径径赛项目之一，是在确定的跑道内以最快速度跑完规定距离的运动项目。一般包括50米跑、60米跑、100米跑、200米跑、400米跑、4×100米接力跑、4×400米接力跑等。当代短跑技术具有完善合理的技术结构：步长、步频的最佳比值，高水平的协调放松能力，合理的全程节奏。短跑是人体在大量缺氧的条件下完成的大强度的工作，在人体机能供能方面，表现为最大限度发挥人体能力，并负有大量氧债，以无氧代谢为主要供能方式。现代短跑技术的特点是高重心，大摆幅，快频率的跑、蹬、摆协调配合，摆臂动作幅度大，扒地明显，送髋积极，动作放松，富有弹性。现代短跑技术发展的特点是伸髋、摆动和积极落地技术。

　　短跑的完整技术包括起跑和起跑后的加速跑、途中跑、终点跑、终点冲刺及撞线。

短跑的成绩主要取决于起跑的反应速度，起跑后的加速度，保持最高跑速的距离及各部分技术动作的质量。

1. 起跑

起跑的任务是使人体迅速摆脱静止状态，获得向前的冲力，为起跑后的加速跑创造有利条件。

以蹲踞式起跑为例，其动作包括"就位""预备""鸣枪"三个环节。听到"各就位"口令后，做几次深呼吸，自然地走或跑到起跑器前，屈体，两手撑地，有力腿在前，两脚依次蹬在起跑器上，后腿跪在地面上；前腿膝盖和前脚足弓在一条线上，后腿膝盖和前脚足弓之间有10厘米的距离；两手拇指相对，其余四指并拢，虎口向前，两手约与肩同宽撑于起跑线后，两臂伸直，肩微移超过起跑线；颈部自然放松，两眼视前方半米处，注意听起跑信号。预备口令发出后，后边支撑腿稍抬，臀部和肩平或者稍高于肩，后边腿要弯曲，不要伸直，两眼视前方三米处，注意听枪响。当听到枪声时，两手迅速推离地面，并屈臂迅猛有力地前后摆动，两腿迅速蹬离起跑器，后腿膝关节领先沿着地面迅速向前上方摆出，用前脚掌扒地，同时在前起跑器上的腿要把髋、膝、踝三个关节充分蹬直，把身体向前送出。起跑器的安装方法主要有普通式、拉长式和接近式，前两个安装方法较常见（图9-1）。

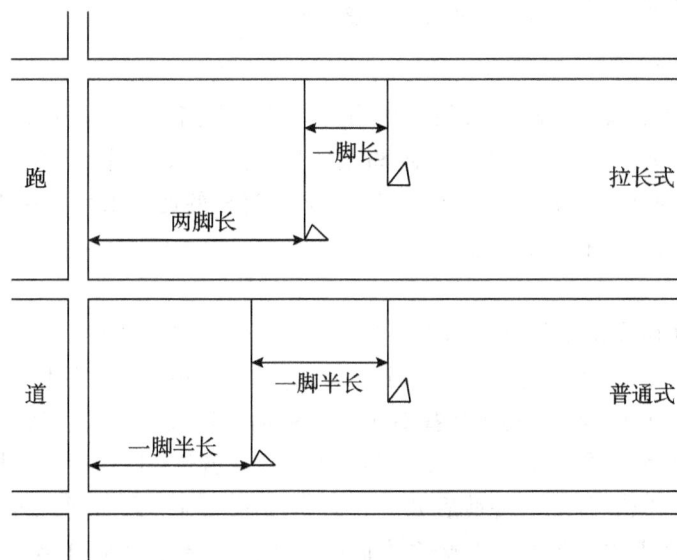

图9-1 常见起跑器的安装方法

2. 起跑后的加速跑

起跑后的加速跑是蹬离起跑器到途中跑之间的一段跑程，加速跑的特点是上体前倾较大，随跑速的加快逐渐抬起。加速阶段的步频较快而步长逐渐加大至进入途中跑才稳定下来。加速跑的距离与身体素质和训练水平有关，一般25米左右即进入途中跑。

3. 途中跑

途中跑是短跑全程中距离最长、速度最快的一段,其任务是继续进行和保持高速奔跑。在途中跑时头部正直,体稍前倾。两臂前后摆动要轻快有力。摆动腿的膝关节迅速有力地向前上方摆出,支撑腿在摆动腿积极前摆的配合下,快速有力地伸展髋、膝和踝关节,蹬离地面,形成支撑,与摆动腿协调配合。

4. 终点跑

终点跑是全程跑的最后一段,任务是尽力保持途中跑的高速度跑过终点。要求在离终点线15~20米处,尽量保持上体前倾角度,加快两臂摆动的速度和力量,在跑到距离终点线一步时,上体急速前倾用胸部或肩部撞终点线,并跑过终点,然后逐渐减慢跑速。

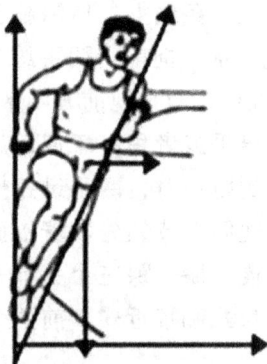

5. 弯道跑

从直道进入弯道时,身体应有意识地向内倾斜,加大右腿的蹬地力量和摆动幅度,右臂亦相应地加大摆动的力量和幅度,有利于迅速从直道跑进弯道。弯道跑中,身体应向圆心方向倾斜,后蹬时右脚前脚掌的内侧用力,左脚前脚掌的外侧用力。弯道跑的蹬地与摆动方向都应与身体向圆心倾斜的方向趋于一致(图9-2)。

图9-2 弯道时人体受力情况

(二)中长跑技术

中长跑是800米以上距离的田径运动项目,是中距离跑和长距离跑的简称。中距离跑项目有男、女800米和1500米;长距离跑项目有男子5000米和10000米,女子3000米、5000米和10000米。中长跑是历史悠久且开展普遍的运动项目,在2000多年前的古代奥林匹克运动会上就有中长跑比赛。

1. 起跑

中距离跑用半蹲踞式或站立式起跑,长距离跑采用站立式起跑。

半蹲踞式起跑:两臂一前一后,一手的拇指与其他四指成八字形撑于起跑线后,另一臂在体侧,体重主要落在前腿和支撑臂上。起跑动作近似蹲踞式起跑。

站立式起跑的动作顺序按下列口令进行:听到"各就位"口令后,先做一两次深呼吸,然后走或慢跑到起跑线后,两脚前后开立,有力的脚在前,紧靠起跑线的后沿,前脚跟和后脚尖之间的距离约一脚长,两脚左右间隔约半脚,体重大部分落在前脚上,用后脚前脚掌支撑站立。眼看前方3~5米处,身体保持稳定姿势,集中注意力听枪声或"跑"的口令。听到枪声或"跑"的口令时,两腿用力蹬地。后腿蹬地后迅速前摆,前腿迅速蹬直,两臂配合两腿动作做快而有力地摆动,使身体快速向前冲出,在短时间内获得较快的跑速。

2. 途中跑

中长跑呼吸:在刚开始跑时可在自然的情况下加深呼吸,呼吸的节奏要和跑的节奏相配合。一般是跑两三步一呼气，跑两三步一吸气，并有适宜的呼气深度。随着疲劳的出现，呼吸的频率有所加快，应着重将气呼出。

途中跑上体的姿势：正确的上体姿势是正直或稍前倾，头部自然，眼平视，面部和颈部的肌肉要放松。

腿部动作：跑的速度快慢取决于步长和步频。

后蹬与前摆：在一个跑的周期中，当身体重心移过支撑点后，开始后蹬与前摆的动作。摆动腿通过与身体垂直的位置向前摆动时，支撑腿的各个关节要迅速蹬伸，首先伸展髋关节，再迅速有力地伸展膝关节和踝关节。后蹬结束时，腿几乎蹬直或伸直。

腾空：后蹬腿蹬离地面后，身体进入腾空时期。当后蹬腿的大腿开始向前摆动时，小腿顺惯性自然摆起，膝关节弯曲，形成大小腿折叠的姿势。

脚的着地与缓冲：当摆动腿的大腿开始下落时，膝关节亦随之自然伸直，并用前脚掌着地。

摆臂动作：中长跑时，两臂稍微离开躯干，肘关节自然弯曲，以肩为轴前后自然摆动，摆幅要适当。

途中跑有一半以上的距离是在弯道上跑的。弯道跑的技术与短跑基本相同，只是动作的幅度与用力程度较小。

3. 终点跑

终点跑是临近终点的一段加速跑，进入最后的直道时，要竭尽全力进行冲刺跑。加速跑时间，要根据比赛的距离、个人训练水平和战术决定。

（三）练习方法

1. 短跑技术练习方法

（1）摆臂技术要领

手半握拳，手腕放松，肘关节自然弯曲成90度，以肩为轴前后摆动。重点：颈肩放松，手臂前后摆，前摆稍向内略高于肩，肘关节弯曲角度稍小于90度，同侧肩前送，异侧肩后引。后摆稍向外，大臂不过肩，小臂几乎于躯干平行，手臂经体侧肘，肘关节弯曲角度最大150度。

（2）小步跑

小步跑练习是帮助学生体会和掌握跑的扒地和着地技术，也可作为提高动作速率的练习手段。要求上体正直，头部自然放松，两眼平视前方，大腿抬起与水平线成35～45度角。髋、膝、踝关节放松，提膝前摆，大腿积极下压，小腿靠惯性前伸，脚掌积极"扒地"，脚尖缓冲着地，两臂自然前后摆动。小步跑要求步幅小而步频快，原地做小步跑练习，由慢节奏的小步跑逐渐加快步频。上体正直，肩放松，两臂前后自然摆动，足前掌扒地。要求：膝前抬（半高半抬程度）；髋、膝、踝关节放松；腿、脚柔和向下，向后"扒地"伸直膝关节。

（3）高抬腿跑

高抬腿跑练习能帮助学生体会和掌握跑的抬腿和摆动技术，也可作为增进大腿屈肌、腰腹肌力量的练习手段。要求：上体正直或前倾，头颈放松，眼平视前方，大腿抬起与躯干约成90度角，然后积极下压，膝关节要放松，小腿下垂，用前脚掌缓冲着地，支撑髋、膝、踝关节充分伸展，骨盆前送，两臂前后摆动配合两腿动作。行进间做高抬腿跑练习。上体逐渐前倾，加快跑的频率，过渡到加速跑。

（4）后蹬跑

后蹬跑练习是帮助学生体会和掌握跑的蹬地与蹬摆配合技术动作，也可作为增强腿部爆发力的练习手段。要求：上体稍前倾，支撑腿快速有力地蹬伸，摆动腿的膝关节领先向前摆出，大腿积极下压，小腿自然前伸做"扒地"动作。前脚掌着地，两臂配合两腿做前后摆动。两腿交换跳，动作幅度由小到大，上体正直，蹬地时摆动腿向前上方摆出。从跨步跳过渡到后蹬跑，然后由后蹬跑过渡到加速跑。

（5）车轮跑

车轮跑练习是帮助学生体会和掌握跑的两腿折叠和前摆的技术动作，也可作为发展大腿屈肌、腰腹肌力量和协调性的练习手段。上体正直或稍向后仰，大小腿折叠前抬，脚跟接近臀部，大腿向前摆动与躯干约成90度，然后大腿积极下压，膝关节放松，小腿顺势摆出并尽量摆平，做"扒地"动作，前脚掌着地，两臂配合大腿的动作。

（6）短跑起跑

帮助运动员缩短比赛开始时的反应时间。起跑开始设定10米，之后20米、30米，最后60米，用起动信号（如鸣枪或口令）进行练习。主要采用的训练手段和方法有：蹲踞式起跑5米，主要训练起跑蹬摆技术、上体前倾动作及第一步前摆落地技术；半蹲式起跑加速跑10米，主要训练加速跑前几步前摆下压技术、上体前倾动作及两脚着地的位置；30～60米蹲踞式起跑，或者听枪声跑。

（7）短跑起跑后的加速跑

起跑后的加速跑（20～30米）、途中跑（30～50米），利用助跑（10～15米），在短时间内获得更高的速度；拉引跑，利用有弹性的皮筋拉住身体，比平地跑速度慢0.3～0.5秒；利用下坡的全力加速跑；下坡训练，利用2度至3度的斜坡，比平地快0.2～0.3秒。

（8）短跑冲刺段

专项距离的训练（速度、耐力训练），练习距离比专项距离长，力图达到速度持续能力的极限，是一种高质量的训练方式。通过小组集体跑的方式，从一开始就积极加速，以消除自身对保持速度距离的不自信。同组对手时刻处于一种激烈的对抗状态，提高彼此的竞争意识和能力。分段计时的组合训练（前半段＋后半段）距离组合均等，相对于前半段，后半段更为重要。按照比赛成绩指标设定前后两段的分段成绩，前半段达到成绩指标的70%～80%，后半段完成成绩指标，这就是后半段训练的重点。如果不能达到后半段的分段计时时间，可以通过降低前半段的负荷来达到目标，如果能完成，则可逐渐提高前半段的负荷（70%→80%→90%），直至接近100%的程度。

2. 中长跑技术练习方法

（1）间歇跑

用较大的强度跑完规定距离后，按计划休息一定的时间再跑，以增强心血管系统的机能和无氧代谢的能力。练习方法：200～400 米段落的间歇跑，要求速度接近或超过比赛速度。400～600 米段落的间歇跑，要求速度慢于比赛速度。注意事项：间歇跑的速度快于比赛速度时，休息时间长一些，当练习者心率接近 120 次 / 分时进行下一次练习；慢于比赛速度，休息时间短些，心率远高于 120 次 / 分时，就进行下一次练习。以次极限强度进行间歇训练对发展运动员的糖酵解供能系统非常有效，它可以提高运动员制造乳酸的能力，使运动员体内乳酸的堆积量超过比赛时的最高值。运用间歇训练法进行训练时首先要考虑的是训练强度与间歇时间。一般来说，应选用 85%～95% 的次极限强度进行训练。间歇时间应根据运动员的训练水平和恢复能力来确定，通常以心率恢复到每 10 秒 20～22 次开始下一次练习为宜。其次要考虑的是间歇跑的距离、数量与专项特征及个人特点的一致性。

（2）定时跑

发展学生的一般耐力和跑的能力，掌握和改进跑的技术，增强内脏器官机能，培养学生的速度感觉。练习方法：只规定跑的时间，不要求跑的距离；场地内 5、10、15、20 分钟定时跑；公路或田野 30 分钟定时跑。要求：跑得放松，速度快、慢均可，到时间结束；在规定时间内跑完一定距离。注意事项：在巩固、提高途中跑技术阶段，多采用此方法，来培养学生跑的节奏和速度感。集体练习时让跑的节奏好的同学领跑。

（3）重复训练法

重复次数应根据学生的体力来定，恰当地掌握休息时间，休息时间太短，容易疲劳，影响教学效果；休息时间过长，又达不到教学目标。为了提高中长跑运动员对乳酸的耐受能力，选用略短于专项的距离进行多次极限强度训练的方法。训练中要求跑速等于或高于专项目标成绩的平均速度。由于训练强度大，因此每次课的重复次数以 2～4 次为宜，重复跑之间的恢复时间应确保运动员得到充分的休息和恢复，一般在 10～15 分钟。重复训练法对强化专项能力，提高专项成绩有着非常重要和直接的作用。

（4）变速训练法

在中长跑的训练中，常采用不同速度长时间的交替跑，变速跑分为越野变速跑和场地变速跑两种。越野变速跑多在公路和草地上进行，由于路线多变和距离测量不精确，因此加速快跑的次数、距离和速度一般由运动员自己掌握。而场地变速跑，由于距离测量准确，教练员可以对快跑和慢跑的距离、速度提出具体的要求，而且不以运动员恢复到什么程度为标准，因此训练难度相对较大。变速训练法分为两种，一种是短段落、短间歇、重复次数多，如（100 米快 +100 米慢或 200 米快 +100 米慢或 400 米快 +100 米慢）×（10～20）次；另一种是长段落、短间歇、重复次数少，如（1000 米快 +200 米慢或 2000 米快 +400 米慢）×（4～8）次。变速训练法对改善运动员不同代谢方式的转换能力有很大帮助。

发展中长跑运动员专项耐力的关键在于如何因项、因人而异，控制好有氧、无氧及混合代谢供能的训练比例，科学制定跑的速度、距离以及间歇时间。只有根据专项特征，在强化有氧代谢训练的基础上，逐步加大无氧供能训练和混合供能训练的比重，才能最大限度地挖掘运动员的潜力，提高专项成绩。

二、跳跃的基本动作技术和练习方法（跳高、跳远）

田径运动中的跳跃类项目，是人体运用自身的能力或借助一定的器材，通过一定的运动形式，使人体腾越尽可能的高度或远度的运动项目。田径运动的跳跃类项目是周期性和非周期性相结合的混合性质的运动。各跳跃项目虽然运动形式和要求不同，但它们都是从人体的水平位移转变为抛射运动，都可以划分为以下 4 个紧密相连的技术阶段：助跑、起跳、腾空、下落着地。跳跃各阶段的技术要求如下。

1. 助跑

跳跃类项目的助跑任务是获得必要的水平速度和为起跳产生必要的垂直速度创造条件。不同的跳跃类项目助跑虽有差异，但助跑技术的共同要求是：动作轻松、自然，身体重心移动平稳，便于在短时间内达到能顺利完成起跳动作的最大速度；步长和节奏稳定，便于在助跑结束时能准确踏上起跳点或起跳板；助跑最后几步加速节奏明显，适当降低身体重心，为改变人体运动方向创造良好的条件。

2. 起跳

起跳是正确、合理地运用助跑获得的水平速度，通过起跳动作，使人体向预定方向腾起的过程。起跳的任务是获得必要的垂直速度以获得尽量大的腾起初速度和适宜的腾起角度。起跳是田径跳跃类项目最关键的技术阶段，包括放脚、缓冲和蹬伸 3 个有序的动作过程以及与之相配合的摆动腿与两臂的摆动动作。不同的跳跃类项目采用不同的起跳方式，但共同的要求是：放脚着地动作要积极、快速，脚跟接触地面后应迅速滚动至全脚掌着地；屈膝缓冲是踏跳腿肌肉完成退让性收缩，为用力蹬伸做好充分准备的过程。膝关节的弯曲要适度，身体重心要快速前移，以缩短缓冲时间，加强缓冲效果并获得蹬伸动作前的合理身体姿势。蹬伸动作要快速、有力、充分，要使蹬伸动作的反作用力尽可能地通过身体重心。摆动腿和两臂的摆动要积极、迅速、有力，并与蹬伸动作密切配合。

3. 腾空

当人体离地腾空后，没有外力的作用身体重心运动的轨迹是不会改变的。因此，腾空阶段的主要任务是利用起跳时的身体重心运动轨迹，根据不同项目的需要，做出一定的姿势和动作，以使整个身体顺利越过横杆或维持好身体平衡，为下落着地动作创造良好的条件。对腾空阶段的共同要求是：各种空中姿势和动作要做得适时，并能取得实效；要利用和控制好起跳产生的身体旋转，跳高项目有时还需要做一些动作来加快过杆时的身体旋转，跳远项目则主要需抑制身体的前旋。另外，在跳远项目中，还要使腾空阶段的姿势和动作为下落着地或下次起跳创造良好的条件。

4.下落着地

在跳高项目中，下落着地的主要任务是通过屈膝、屈肘、团身、倒体等动作来做好缓冲，以防止外伤并减少体力的消耗。跳远项目的下落着地动作对运动成绩会产生一定的影响。因此，即将着地前，两腿要上举、前伸、两臂后摆，在两脚接触沙坑瞬间，身体总重心距离地面的高度越低，两腿触地点距身体重心投影点越远，就越能取得好成绩。着地时，要迅速屈膝、团身、两臂前摆，使身体重心尽快通过着地点，也可采用侧倒或向前滑倒在落地点前面的动作，避免身体后倒或坐入沙坑而影响成绩。

（一）背越式跳高技术

跳高成绩由3个部分组成（图9-3）：一是腾空前身体重心的高度，它取决于身高、腿长和腾空前的身体姿势；二是腾空前身体重心高度到腾空最高点的垂直距离，它取决于起跳离地时身体重心腾起的初速度和腾起角度；三是腾空最高点时身体重心与横杆的垂直距离，它取决于过杆时的身体姿势和过杆动作。

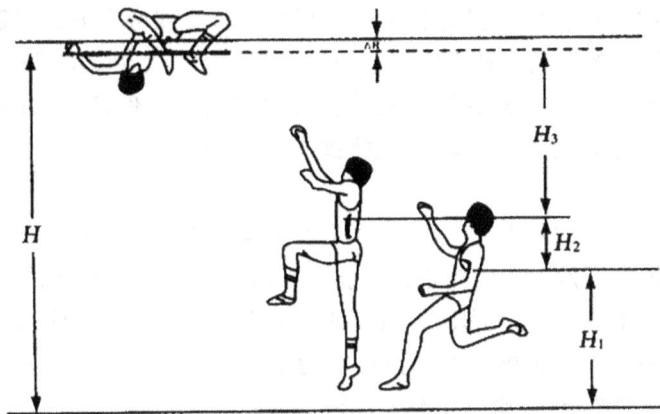

图 9-3　跳高成绩的组成

1.助跑

（1）助跑的任务

从背越式跳高的助跑路线可以看到，在助跑前段的直线跑，应尽可能获得大的水平速度。在助跑后段的弧线跑应为起跳创造尽可能大的向心加速度，有助于向横杆方向运动。

（2）助跑的技术要点

开始采用直线助跑，双肩要下垂，用前脚掌着地，跑时具有弹性；提高重心，步幅均匀，不断加速；进入弧线跑时，外侧摆动腿富有弹性地蹬地。为了克服向心加速度的作用，上体应稍向弧线内侧倾斜。前脚掌沿弧线落地，身体重心轨迹向内越出足迹线。助跑的节奏要快，特别是助跑最后两步髋关节前送幅度要大，迈步时上体保持较垂直的姿势，摆动腿积极摆动，充分后蹬，起跳腿快速前伸，同时髋部自然前送。助跑过程中两臂应积极有力地前后摆动，弧线跑时外侧手臂的摆动幅度应大于内侧手臂的摆动幅度。

2. 起跳

起跳的目的在于使助跑获得的水平速度迅速转变为垂直向上的速度，以使身体充分向上腾起，并为过杆做好准备。起跳动作可分为起跳腿的着地、缓冲和蹬伸及起跳时摆动腿与双臂的协调配合。

（1）起跳腿的着地、缓冲和蹬伸技术

加快起跳的速度，起跳腿应大幅度、平稳地以脚掌外侧着地，并迅速从脚跟向前脚掌滚动。这时由于迈步放脚时髋关节的积极快速前送和迅速的弧线助跑而形成了身体向后、向内的倾斜姿势。在起跳的缓冲阶段，为了提高起跳的速度，还应减小屈膝的幅度，以利于保持水平速度。在这个阶段当身体由倾斜转为垂直，身体重心移至起跳腿的上方时，迅速有力地充分蹬直起跳腿的三个关节，躯干在离地前瞬间几乎垂直地立于起跳脚之上。这时起跳腿的蹬伸方向应在身体重心的外侧，从而产生了过杆所必需的旋转冲力。

（2）起跳时摆动腿与双臂的协调配合技术

起跳时离横杆较远的一臂使劲地向上摆动，另一臂不要充分摆出或较早地制动，这样有利于肩轴倾向横杆。摆动腿的摆动应从屈膝的起跳腿旁开始，以膝盖领先，先屈膝折叠，之后在跳高架的远端支柱上方用力摆出。当摆动腿摆到起跳腿前方之后应向里转，而小腿和脚要稍许外展。这样的积极动作，有助于使骨盆保持在起跳力量的作用线上，围绕纵轴产生转身动作。此时，头应补偿性地转向横杆。

3. 过杆和落地

过杆就是充分利用起跳获得的腾空时间改变身体姿势，缩短身体重心与横杆之间的距离，并利用身体的屈伸、旋转越过横杆。过杆时，立即屈髋收腹，下颚迅速引向前胸，同时双腿补偿性地高举，两小腿积极向上甩起。应注意，落地前要收腹举腿，以背先着地，或团身以肩先着地，然后再做一个后滚翻。为了控制腾越方向，头部不能后仰，要注意在落垫过程的"视力监督"，眼睛始终要注视横杆的方向。

（二）挺身式跳远技术

跳远的成绩由3个部分组成（图9-4）：一是腾空前身体重心投影点距起跳板前沿的水平距离；二是腾空阶段身体重心飞行的水平距离；三是着地时身体重心投影点与着地点之间的水平距离。身体重心腾越的远度主要取决于腾起的初速度和腾起角度。腾起的初速度是起跳离地瞬间的水平速度和垂直速度的合速度，腾起角度是由水平速度和垂直速度的比例关系决定的。由于要获得最大的水平距离，跳远应以理想的（以能完成充分的起跳动作为前提）最大速度助跑，并在起跳阶段取得适宜的垂直速度的前提下，尽量减少水平速度的损失，以获得更大的腾起水平分速度。由物体抛射远度公式得知在抛射角成45度时射程最远（不考虑空气阻力时），但在跳远起跳时，通过助跑获得的水平速度不能损失太多，垂直速度的提高又受到人体机能的限制（当水平速度与垂直速度相等时，抛射角成45度，优秀运动员的水平速度可超过10米/秒，但垂直速度却很难达到4.5米/秒）；另外，考虑到起跳离地时的身体重心和着地时的身体重心不在一个水平面上，因此，跳远适宜的腾起角度不可能是45度。根据运动员不同的身体形态和不同的身体素质水平，适宜的腾起角度通常为 18 度至 24 度。

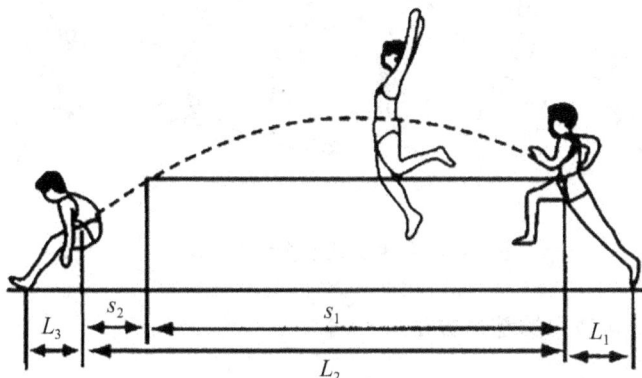

图 9-4 跳远成绩的组成

1. 助跑

助跑是为了获得最大的水平速度，为强有力地起跳做好准备。助跑的速度应该逐渐加快，有节奏并富有弹性，同时保持身体重心平稳。

2. 起跳

起跳是把助跑获得的水平速度转化为腾空速度的阶段，使身体中心以适宜的腾起角度前进，以达到最大远度。起跳是动作技术以全脚掌着地，并迅速过渡到前脚掌，上体保持正直，起跳脚短暂着地屈膝缓冲后快速蹬直，髋、膝、踝关节充分伸展，同时摆动腿屈膝迅速前摆；摆动腿同侧的臂屈肘侧摆，异侧臂屈肘向前摆，当两臂的肘关节摆至与肩同高时骤停，用前脚掌蹬离起跳板，完成起跳动作。起跳过程可分为着地、退让、蹬伸三个部分。着地要求快速柔和，退让幅度要适宜，身体要迅速前移，蹬伸要求动作要快而充分。应保持固定的起动姿势，这有利于步点准确，为起跳做好准备。

3. 腾空

腾空开始时，两臂保持一前一后，当摆动腿放下时，两臂同时下落。然后，摆动腿继续向后运动，并挺胸送髋，使躯干成反弓形，继而收腹举腿，两臂上举，准备做落地动作。起跳后，起跳腿自然留在体后形成腾空，当身体在整个腾空过程的三分之一时，摆动腿的大腿积极下放向后摆动，两臂向下向后摆动。摆动腿与起跳腿靠拢并带动髋关节向前，两臂继续向下向后摆动，胸部自然挺出，形成"挺胸展髋"姿势，当身体在整个腾空过程的三分之二处时，用力收腹，两臂由侧后经上向前向下挥摆。上体继续前倾，同时两腿屈膝上收准备落地，两臂继续由侧后经上向前向下挥摆，上体稍前倾。

4. 落地

着地前两腿屈膝高抬成团身姿势。做这一动作时膝关节要主动向胸部靠拢。即将着地时，膝关节迅速伸直，使小腿前伸，脚跟先接触沙面。着地后，立即屈膝，骨盆前移，两臂前摆，使身体迅速移过落点，避免坐在地上。

挺身式跳远全程技术动作见图 9-5。

图 9-5　挺身式跳远全程技术动作

（三）背越式跳高技术的练习方法

1. 学习和掌握起跳技术

（1）原地蹬摆练习

站立，一手抓支撑物，起跳腿在前，摆动腿在后，摆动腿向异侧肩的前上方摆动，起跳腿配合充分蹬伸。要求摆动腿屈膝折叠膝内扣，加速摆至最高点，异侧臂配合上摆，同时拔腰、顶肩，髋部前送并扭转。

（2）迈步走动起跳练习

站立，起跳腿在后，摆动腿在前，起跳腿向前迈步放脚，摆动腿积极向前摆动。要求沿直径为 15～20 米的圆圈走动，起跳腿积极主动向前迈步放脚，并在摆动腿与手臂的有力配合下迅速完成跳腿。

（3）弧线助跑起跳练习

在练习（2）的基础上分别用 1 步、2 步、3 步助跑并转体四分之一垂直纵跳，两脚落地。要求蹬摆配合协调一致，动作快速有力，助跑节奏清楚，最后两步和起跳连贯，体会弧线助跑转入起跳时上体由内倾到竖直的垂直用力感觉。双脚落地，是为了使摆动腿努力下沉，有利于按"桥"形姿势完成过杆动作。此练习可在两个跳高架之间吊拉橡皮筋球，高度宜控制在练习者起跳后头顶刚好能够触及的范围内。

2. 学习和掌握过杆落地技术

（1）原地倒肩挺髋练习

背对海绵包站立，倒肩挺髋成"桥"。肩背着垫。要求挺髋挺腹，两臂屈肘外展。

（2）立定背越式跳高练习

背对海绵包站立，两腿屈膝半蹲，然后提踵发力向上跳起，形成典型的"桥"形腾空姿势。接着屈髋，向上积极甩小腿，用整个背垫落地。要求用力向上起跳之后，两臂配合上摆，挺髋、挺胸、肩后倒下沉，两小腿放松下垂。体会空中背弓的肌肉感觉。落地前两小腿积极上甩，动作自然放松。此练习开始可以不用横杆，动作熟练后再用橡皮筋、横杆。为了增加腾空高度，可站在低跳箱或起跳板上进行。

（3）弧线助跑做背越式跳高练习

先采用 1 步助跑，然后 3 步、5 步助跑做背越式跳高练习。弧线助跑最后两步起跳要与过杆技术有机衔接。开始练习时，应将重点集中在起跳和腾空动作的正确结合上。初学者可在起跳点放置起跳板，增加腾空高度。另外，也可以增加垫子的高度。在技术上要求做到助跑点准确，起跳充分向上"旋转"，过杆时身体舒展成"桥"与横杆大致成十字交叉；头、肩、背和小腿依次越过横杆后，肩背领先落垫。

3.学习和掌握全程助跑背越式跳高练习

（1）全程助跑和丈量方法（以左脚起跳为例）

走步丈量法：先确定起跳点。起跳点的位置一般在离近侧跳高架的立柱1米左右处（或横杆长的四分之一处），离横杆投影点50～90厘米处。由起跳点沿横杆的平行方向向前自然走5步，再向右转成直角向前自然走6步做一标志，以此点向起跳点的距离（约5米）为半径画弧，即成最后4步的助跑弧线；从标记点再向前自然走7步画起跑点，即确定前段直线跑5步的距离。全程共跑8步。

等半径丈量法：助跑距离为9～13步。起跑点离横杆15～20米，与内侧跳高架向外延伸线之间的距离为3～5米。助跑弧线的半径取决于助跑的速度，速度越快，半径越长。初学者助跑弧线半径变化幅度为6～8米。起跳点和横杆之间的距离视横杆的增高高度而向外移。

（2）全程助跑的练习方法

弯道弧线跑练习：此练习可先采用沿田径场弯道做加速跑的方法。然后再缩小半径，沿直径10～15米的圆圈快跑。要求身体向内倾斜，平稳向前移动，注意摆臂的幅度内小上大。直段跑切入弧线跑练习：可在直线加速5至7步后转入弧线跑，过渡要自然连贯，节奏要逐步加快。

全程助跑起跳练习：采用7至9步助跑距离，即直线跑3至4步，弧线跑4至5步的方法进行助跑起跳练习。要求助跑速度快，节奏性强，步点频率高。注意体会助跑与起跳的结合，尽量保持"旋起"动作至高垫顶上。

完整技术练习：在熟练掌握全程助跑与起跳节奏的基础上，先做较低高度过杆练习，熟练后逐渐提高横杆的高度。在完整技术练习中，要做到最后4至5步助跑的足迹落在弧线上，起跳脚的着地点要正，起跳力的方向要正。起跳结束时，身体由倾斜转入直立姿势向上腾起。过杆时，后引双肩、挺髋、小腿放松下垂，完成好"桥"的动作。助跑身体重心移动要稳，过杆后肩背落垫要平稳。

（四）挺身式跳远技术的练习方法

1.挺身式跳远的专门练习方法

（1）速度练习

小步跑、高抬腿跑、后蹬跑过渡到加速跑；各种短距离行进间跑；下坡全程助跑与平地全程助跑交替进行练习；40～60米的加速跑或变速跑；利用助力（顺风、下坡）40～60米的加速跑；30～60米的牵引重物或负重跑。

（2）快速力量练习

负轻重量杠铃原地双脚跳练习；负中等重量杠铃的提踵练习；负中等重量杠铃 50 米弓箭步走练习；负杠铃半蹲跳练习；负杠铃半蹲起练习；弓箭步快速连续抓举轻杠铃练习；负轻重量杠铃快速挺举练习；负轻重量杠铃体前屈、体侧屈练习；仰卧起坐接抛实心球练习（两人配合）；前后抛铅球或实心球练习；负较大重量的杠铃深蹲起练习；各种形式组合的力量练习。

（3）跳跃能力练习

立定跳远练习；立定三级、五级、七级、十级跳远练习；30～60 米的单足跳练习；30～60 米的跨步跳练习；30～60 米的换腿跳练习；10～20 米的连续蛙跳练习；5～10 个低栏，双脚连续跳起过栏练习；由下向上的跳低台阶练习；由上向下的各种高度的跳深练习；各种负重的跳跃练习。

2. 学习和掌握助跑与起跳相结合的技术

（1）原地模仿起跳练习

两脚前后站立，摆动腿在前稍屈膝，起跳腿在后，身体重心落在前脚上。动作开始时，摆动腿蹬地，起跳腿积极地由后向前迈步，模仿向下放脚的踏板动作，全脚掌着地，随即缓冲和蹬伸起跳，同时两臂要配合双腿的动作积极摆动。要和身体各部分配合协调，起跳腿蹬伸迅速，摆动腿向前上方摆动积极，身体重心迅速跟上。

（2）缓步跑练习

在跑道上连续做缓跑 3 步或 5 步结合起跳的练习，用摆动腿落地。

（3）学习起跳后腾空步动作的练习

在跑道上助跑 4～6 步，起跳后完成腾空步动作。下落时摆动腿落进沙坑，接着向前跑出。

（4）辅助练习

在离起跳标志 2 米左右处设置一个高 60～80 厘米的跳箱，学生起跳后，摆动腿落在跳箱上；在沙坑边摆放一个低栏架（或拉一根高度 30～50 厘米的横皮筋），短距离助跑后，起跳完成腾空步，摆动腿越过障碍物后下落进沙坑并向前跑出；助跑起跳成腾空步，用头部触及前上方的悬挂物。

（5）短、中程距离助跑起跳练习

短程距离约为 8 步，中程距离约为 12 步。助跑距离的估量方法可以用走步数折算。例如，8 步助跑跳远，助跑距离 ≈ 8×2.2 步，量出后试跑 1～2 次，进行适当调整即可。这种练习，要求起跳快速，应有一定的腾起高度，尽量保持腾空步动作的时间，还应注意保持较固定的助跑起动方式，起跳时用力集中、协调。

（6）全程助跑起跳练习

这种练习首先应根据每个学生的实际，确定自己全程助跑的距离。学生在跑道上做40～50 米的冲刺跑，测量出每个人达到最大速度前的那一段距离，找出每次冲刺跑时起跳脚落地的足印，经若干次练习，即可大致确定符合自己实际的全程助跑距离，以此距离在跳远助跑道上进行助跑起跳练习，经适当调整后，全程助跑距离就可确定下来。将此距离测量记录下来。以后便可按此距离进行全程助跑起跳。进行全程助跑起跳练习时，应注意助跑起动的方式和姿势要保持固定。助跑要快速、放松，跑直线、稳定而有节奏，起跳时要做到摆（摆臂和摆腿）、蹬（起跳腿蹬伸）、挺（挺胸）、拔（拔腰）、顶（顶头）诸方面协调一致，用力集中。

3. 学习和掌握挺身式跳远腾空与落地技术的练习方法

（1）原地模仿挺身式跳远的空中动作

支撑腿为起跳腿，摆动腿屈膝前摆，随即放腿并向右摆，髋部前展，同时两臂配合腿的动作从下侧后方绕摆至侧上方，注意体会放腿与展髋的动作。

（2）听口令练习

起跳腿支撑站立，随口令做摆臂、摆腿、放腿、挺身、展髋的单足立定跳远的练习，着重体会臂和腿的配合动作。

（3）弹簧板练习

利用弹簧板做短程助跑起跳成腾空步后，下放摆动腿并落在沙坑内然后跑出。体会摆臂与展体的动作。

（4）利用起跳板做短中程助跑挺身式跳远

要求摆动腿自然下放，髋部前移，展体挺身，收腹举腿落入沙坑。

（5）全程练习

全程助跑挺身式跳远练习，体会完整的技术动作。

三、投掷的基本动作技术和练习方法（铅球、标枪、铁饼技术）

投掷是人体运用自身的能力，通过一定的运动形式，将手持的规定器械进行抛射并尽可能获得远度的运动项目。它们都可以分为以下5个紧密相连的技术阶段，即准备阶段，包括握持器械和预备姿势；预加速阶段（由于器械、场地等条件不同，预加速阶段有助跑、滑步、旋转三种形式）；过渡阶段（转化阶段），由人体携持器械水平移动向器械抛射运动转变的开始阶段；最后用力阶段，由人体携持器械进入器械抛射运动的阶段；结束阶段，器械出手后的身体平衡阶段。以上5个阶段，对成绩影响最大的是最后用力阶段，过渡阶段（转化阶段）是关键。决定投掷成绩的因素主要由3个部分组成（图9-6）：一是器械出手点的投影点到丈量成绩的起点（起掷弧内沿）之间的水平距离；二是器械出手点高度到出手点高度水平线与器械飞行抛物线的交点之间的水平距离；三是出手点高度水平线与器械飞行抛物线的交点的投影点到器械落地点之间的水平距离。

投掷远度取决于身高、手臂长、器械出手时的身体姿势以及器械出手的初速度、出手角度、出手高度、空气作用力。因此，在投掷项目中必须在保证适宜出手角度的前提下尽量伸直投掷臂并在保证不犯规的情况下身体重心尽量向前。投掷铅球、铁饼、标枪和链球等运动是抛点高于落点（不在同一水平面上）的斜抛运动。根据抛射物体运动远度公式：$s = v_0^2 \sin 2\alpha / g$ 得知，器械飞行的远度主要取决于器械出手时的初速度和出手角度。除此以外，在投掷铁饼和标枪时，出手高度和空气作用力对投掷远度也有影响。

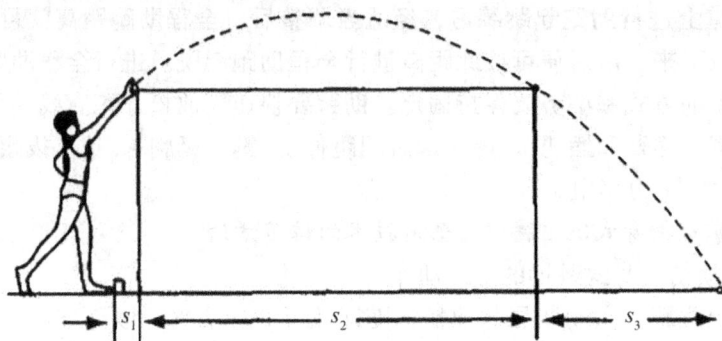

图 9-6　投掷成绩的组成

　　根据抛射物体运动远度公式和运动实践证明，器械飞行的远度主要取决于器械抛射的初速度。投掷技术的重点是要力争在适宜的投掷角度前提下，最大限度提高器械出手的初速度。在决定抛射远度的因素中，抛射角度对抛射远度虽有影响，但这种影响相比出手速度有一定限度。田径运动的投掷项目中，器械的出手点和落点不在一个水平面上，出手点高而落点低。出手点和落点的连线与水平线之间有一夹角，通常叫地斜角（图9-7）。由于受地斜角和空气作用力的影响，因此，适宜的出手角度对提高投掷远度的值也有重要的作用。投掷项目的出手角度都小于45度。在实践中，各投掷项目的适宜出手角度如下：推铅球38～42度，掷标枪和掷铁饼30～35度，掷链球42～44度。

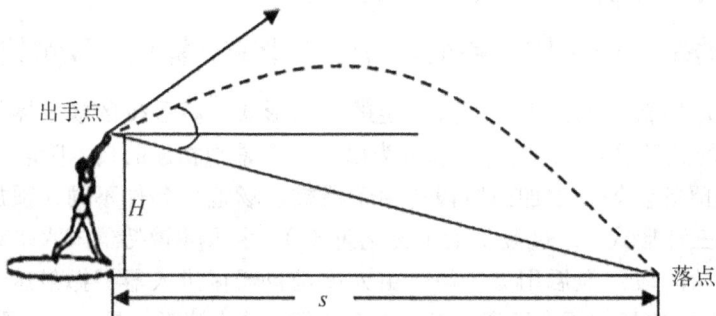

图 9-7　出手点高于落点的抛体运动

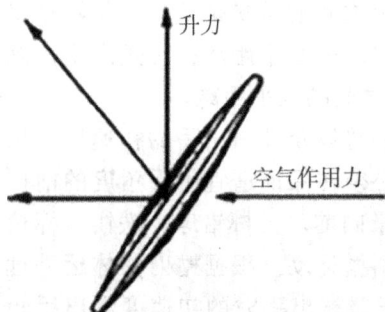

图 9-8　空气对器械的升力

　　器械在空中飞行时，除了受阻力作用以外，还受其他力的作用。其中对器械飞行远度起积极作用的是空气对器械的升力（图9-8），它能延长器械在空中的飞行距离。升力的大小，除了与器械飞行速度、器械倾斜角等因素有关外，还与风向和风速关系密切。当在逆风情况下投掷标枪和铁饼时，气流对器械的阻力大，升力也大。如果升阻系数比值（升阻比）大，升力占优势时，器械飞行的距离也远。

在掷标枪和掷铁饼时，要根据风向和风速，掌握好器械飞行的倾斜角和器械的出手角。通常在微逆风情况下投掷时，出手角和倾斜角要小些；在顺风情况下投掷时，出手角和倾斜角应大些，以减小空气的阻力作用并增加空气的升力作用。

用鞭子急速抽打的特点可以说明鞭打动作原理。抽鞭子是人体通过发力使较粗的鞭根产生加速运动，然后突然制动，鞭根的动量向游离端——鞭梢传递，由于鞭梢的质量比鞭根小很多，鞭梢便产生比鞭根大得多的运动速度，其理论基础是动量的传递。同样的鞭打动作形式在人体运动中也存在，如推铅球、掷标枪、掷铁饼和掷链球最后用力推掷器械时，其动作原理同上肢一致。投掷技术中的鞭打是手部游离（或持物），上肢做类似鞭子急速抽打的摆臂动作，典型的鞭打动作是掷标枪最后用力阶段中的投掷臂动作。鞭打动作有一个特点，即每一环节的最大运动速度是在前一环节达到最大速度后获得的，近端环节制动的同时远端环节做加速运动，远端环节的动量是由此近端环节的动量传递依次叠加而成的，使远端获得很大的角速度及线速度。

（一）铅球投掷技术

推铅球运动的发展历史悠久，其形成与发展大致经历三个阶段：投掷石块、投掷炮弹和推铅球。1340年前，在苏格兰和爱尔兰的民间游戏中有一种比赛力量的游戏，其方法和推铅球比赛的方法基本相似，称它为铅球的雏形。到了1340年欧洲有了炮兵，士兵们为了作战时能快速装填炮弹，就用同样重的16磅（7.257千克）的石头做比赛力量的游戏，后来改为铅制的、铁制的及灌铅的各种器材。1978年国际业余田径联合会（现在的国家田联）决定把成年男子铅球重量改为7.26千克。背向滑步技术主要分为：握球与持球、预备姿势、预摆与滑步、最后用力、维持身体平衡。

1. 握球和持球（以右手持球为例）

握球的方法：推球臂的手五指自然分开，将球放在食指、中指和无名指的指根处，大拇指和小指扶在球体两侧，手腕背屈。将球握好后，放置在锁骨窝处，头部稍向右靠，用颈部和下颌贴紧铅球，右手抵球，肘部稍外展，完成持球动作。

2. 预备姿势

预备姿势是为滑步做好技术上和心理上的准备，为顺利、平稳地进入滑步阶段创造条件，分为高姿势和低姿势两种，多数人采用高姿势，其方法是：握持好球后，背对投掷方向，两脚前后开立，相距20～30厘米，右脚在前，脚尖紧靠投掷圈后沿，左腿在后并自然弯曲，以脚尖或前脚掌着地。上体正直放松，左臂自然上举，体重落在伸直的右腿上。这种姿势的优点是全身肌肉比较放松，能使运动员较协调和顺利地进入滑步，有利于进一步提高滑步速度。

3. 预摆和滑步

滑步前可做1～2次预摆，目的是检查身体和铅球的稳定性，降低身体重心，以保证人体和铅球在滑步中的平衡。预摆时，弯曲的左大腿平稳地向后上方摆动，同时上体前屈，左臂前伸或自然下垂，头与背部基本成一条直线。左腿摆到一定高度使身体平衡后，迅速回收靠近右腿，与此同时右腿逐渐屈膝，形成弓背团身姿势，即完成一次预摆。预摆1～2次后即可进入滑步阶段。滑步时，首先使身体重心向投掷方向移动，左腿随之以膝关节和髋关节伸展的方式向投掷方向摆出，同时右腿快速、有力地蹬伸，蹬、摆动作协调配合，开始滑步，推动身体向投掷方向移动。右腿蹬伸和左腿摆动结束后，迅速收拉右腿滑步。右脚脚尖向内转动，然后在投掷圈圆心附近与投掷方向成90度至135度角着地。紧接着左脚积极下落，脚尖稍向外转，用前脚掌内侧在投掷圈正对投掷方向的直线左侧与投掷方向约成45度角着地，并使左脚尖与右脚跟在一条直线上。此时，肩轴与髋轴呈交叉扭紧状态，为最后用力创造条件。

4. 最后用力

当左脚一着地，即开始最后用力。首先用髋部大肌肉群发力，右腿用力蹬转，髋部前移并左转，同时左臂稍内旋经体前带领左肩边移、边抬、边转至投掷方向；紧接着右腿开始转蹬，两腿进行爆发式蹬伸，左肩制动，右肩充分向前，抬肘、伸右臂、用手指拨球，将铅球从肩上向前上方推出。

5. 维持身体平衡

铅球出手后，由于身体重心较高，身体有很大的向前惯性，容易失去平衡冲出投掷圈造成犯规。因此，铅球出手后，要及时交换左、右腿的位置，屈膝、屈髋降低身体重心或改变身体重心运动方向，从而维持铅球出手后的身体平衡。

（二）标枪投掷技术

标枪是田径运动的投掷类项目。1908年男子标枪被列为奥运会正式比赛项目，当时对枪的长度、重量、绳把的位置等做了统一规定。掷标枪比赛是在4米宽的跑道上进行的，投出的标枪必须枪尖先落地，还必须落在约29度角范围的投掷区内才有效。现代标枪的规格是，男子标枪重800克，长260～270厘米，女子标枪重600克，长220～230厘米。掷标枪时，应手握把手，从肩部或投掷臂上臂上方掷出，不得抛甩或采用非传统姿势进行投掷；标枪掷出前，身体不得完全转向背对投掷的方向。运动员进入投掷圈开始投掷后，身体的任何一部分不得触及圈外的地面；投掷动作完成后，必须从投掷圈半圆的延长线的后面走出；每次试投的时间限制为1分钟。投掷标枪技术按其动作的运动学特征，可分为持枪助跑、投掷步引枪、最后用力及出手后的身体平衡四个基本技术。

持枪助跑阶段又称为预加速阶段，其加速方式在技术层面上更接近于加速跑的技术。在10米至15米的距离内逐渐加大步长并加快步频使人体和器械获得一定的预先速度。投掷步通常采用4步或6步交叉步，引枪，形成良好的最后用力开始姿势，特别强调最后两步的动作节奏；最后用力的动作技术表现为动作幅度大，强调大的"满弓"动作，动作速度快，强调力的作用线完全通过标枪的纵轴，投掷出手角度为28度至35度。

投掷标枪技术特点：通过持枪助跑获得较快的速度，通过投掷步引枪保持助跑速度形成良好的最后用力条件，顺利完成由助跑向最后用力的过渡，并在最后用力阶段中利用人体整体的鞭打动作形式使标枪获得最大的出手初速度和适宜的出手角度，从而把标枪投掷到最大的远度。

1. 握法和持枪

（1）握法

在日常训练中常见的握枪方法有现代式和普通式两种（图9-9）。现代式握法，标枪斜放于掌心，大拇指和中指握在标枪缠绳把手末端第一圈的上沿，食指自然弯曲斜握在枪杆上，无名指和小指自然地握在缠绳把手上。这种握法可加长投掷半径，便于控制标枪出手角度和飞行的稳定性，为多数运动员采用。普通式握法，手腕紧张，不利于控制标枪出手角度，很少有人采用。

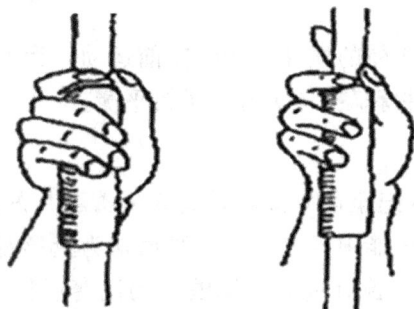

現代式握法　　　　普通式握法

图9-9　常见的两种握法

（2）持枪

大多数人都采用肩上持枪，持枪于右肩上方，稍高于头，枪尖稍低于枪尾，用这种持枪法手腕放松，便于向后引枪；持枪于右肩上方右耳旁，枪身与地面几乎平行，用这种方法引枪时，能较好地控制标枪的角度，但投掷臂与手腕比较紧张；持枪于头右侧，枪尖稍向上，用这种持枪法臂和手腕紧张，很少有人采用。

2. 助跑于引枪

助跑的目的，是在最后用力阶段前获得预先速度，并在助跑中做好引枪动作，为最后用力创造条件。助跑的距离一般为25～35米。预跑阶段从第一标志线到第二标志线，为预跑段，长度为16～20米。跑双数步8～12步，跑单数步9～13步。预跑时动作自然，上体微前倾，逐渐加速，用前脚掌着地，持枪臂随跑的节奏自然前后摆动，从容地进入投掷步。投掷步阶段从第二标志线到起掷弧线，为助跑的第二阶段。投掷步一般采用5步，也有采用6步或7步的。投掷步的第一步：左脚踏上第二标志线，右脚积极向前迈步，脚掌落地部位稍偏右，右肩向右转动并开始向后引枪，左肩向标枪靠近，左臂在胸前自然摆动，眼视前方。投掷步的第二步：当右脚落地，左脚离地前迈时，髋轴向右转动，右肩继续向右转动并完成引枪动作。上体转成侧对投掷方向，左脚掌落地后，与投掷方向成较大的角度，左臂摆至身体左侧，上体正直，眼前视。投掷步的第三步（交叉步）：投掷步第二步左脚落地时，右腿自然弯曲，大腿带动小腿积极向前迈步，左腿猛蹬伸，右大腿加速前迈，成交叉步，左臂自然摆至胸前，投掷臂伸直充分后引，右脚尖与投掷方向成 45 度角左右，躯干与右腿成一条直线。投掷步的第四步：从助跑过渡到最后用力的衔接步，交叉步结束前，左腿积极迈第四步，用脚掌内侧落地。

3. 最后用力和出手后的身体平衡

（1）最后用力

投掷步第四步落地后，右腿积极蹬地转髋，肩轴向投掷方向转动，投掷臂上臂向上转动，带动前臂和手腕向上翻转。当上体转到正对投掷方向时，投掷臂翻到肩上，左肩内收，成"满弓"姿势。然后，上臂带动前臂向前做爆发式的"鞭打"动作，使标枪向前飞出。在标枪离手的一刹那，甩腕、指，使标枪沿纵轴顺时针方向转动。

（2）维持身体平衡

标枪出手后，运动员随向前的惯性，继续向前运动，为了防止犯规，应及时向前跨一至二步，身体稍向左转，并降低身体重心，维持平衡。

（三）铁饼投掷技术

铁饼起源于公元前 12 世纪至前 8 世纪希腊人投掷石片的活动。公元前 708 年第 18 届古代奥运会将其列为五项全能项目之一。铁饼最初为盘形石块，后逐渐采用铜、铁等金属制作。现代奥运会史上，曾有过双手掷铁饼的比赛项目（左手＋右手）。掷铁饼技术经历过原地投、侧向原地投、侧向旋转投、背向旋转投几个发展过程。铁饼比赛的投掷区为直径 2.50 米的圆形区域，四周设"U"形的护笼。铁饼为圆盘形，中间厚，四周薄，多以金属和木料制成；男子铁饼重 2.005～2.025 千克，直径 21.8～22.1 厘米；女子铁饼重 1.005～1.025 千克，直径 18～18.2 厘米。铁饼比赛中，运动员应单手投掷；进入投掷区开始投掷后，选手身体的任何一部分不得触及区外的地面、护笼和抵趾板的上面；投掷动作完成后，必须从投掷区半圆延长线的后面走出；每次试投的时间限制为 1 分钟；掷出的铁饼必须落在 34.92 度的扇形投掷区内方为有效。掷铁饼的技术动作分为握法、预备姿势和预摆、旋转、最后用力和维持身体平衡等技术动作环节（图 9-10）。

图 9-10　完整掷铁饼技术

1. 握法

五指自然分开，拇指和手掌平靠铁饼，其余四指的最末指节扣住铁饼边沿，铁饼的重心在食指和中指之间，手腕微屈，铁饼的上沿靠在前臂上，持饼臂自然下垂于体侧（图 9-11）。

230

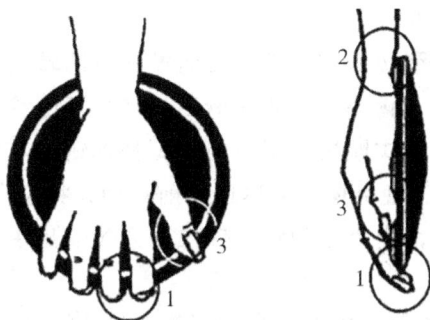

图 9-11　铁饼握持方法

2. 预备姿势和预摆

（1）预备姿势

背对投掷方向，两脚左右开立约一肩半，站于圈内靠后沿处的投掷中线两侧。两脚平行开立或左脚稍后，持饼臂自然下垂于体侧，眼平视。

（2）预摆

预摆是为了获得预先速度，为旋转创造有利条件。目前常见的预摆有两种。

a. 左上右后摆饼法

开始时，持饼臂在体侧前后自然摆动，当铁饼摆到体后时，体重靠近右腿，接着以躯干带动持饼臂向左上方摆起，当铁饼摆到左上方时，左手在下托饼，体重靠近左腿，上体稍左转。回摆时，躯干带动持饼臂将铁饼摆到身体右后方，身体向右扭紧，体重处于右腿上，上体稍前倾，左臂自然微屈于胸前，眼平视，头随上体的转动而转动。

b. 身体前后摆饼法

开始时，持饼臂在体侧前后自然摆动，当铁饼摆向体前左方时，手掌逐渐向上翻转，右肩稍前倾，体重靠近左腿。铁饼回摆到体后时，手掌逐渐翻转向下，体重由左向右移动，上体向右后方充分转动，使身体扭转拉紧。这种方法动作放松，幅度大。

3. 旋转

预摆结束后，弯曲的右腿蹬地，上体向左转动，同时左膝外展，体重由右脚向边屈边转的左腿移动。接着两腿积极转动，并以左脚前脚掌为轴向投掷方向转动，身体向投掷方向倾斜，投掷臂在身后放松牵引铁饼。当左膝、左肩和头即将转向投掷方向时，右膝自然弯曲，以大腿发力带动整个腿绕左腿向投掷方向转扣（右脚离地不能过高），这时左髋低于右髋，身体靠左侧单腿支撑旋转，接着以左脚蹬地的力量推动身体向投掷圈的中心移动，右腿、右髋继续转扣。当左脚蹬离地面，右腿带动右髋快速内转下压，左腿屈膝迅速向右腿靠拢，左肩内扣，上体收腹稍前倾。接着，左脚积极后摆，以脚掌的内侧着地，落在投掷圈中线左侧，圆圈前沿稍后的地方，身体处于最大限度的扭转拉紧状态，铁饼远远留在右后方，左臂自然微屈于胸前，为最后用力做好准备。

4.最后用力和维持身体平衡

当左脚着地时，右脚继续蹬转，使右髋积极向投掷方向转动和前送。接着，头向投掷方向转动，左臂微屈于胸前，胸部开始向前挺出，重心逐渐移向左腿。当重心移向左腿时，右腿继续蹬伸用力，爆发式地快速用力向前挺胸挥饼。与此同时，左腿迅速用力蹬伸，左肩制动，用左腿支撑，使身体右侧迅速向前转动，将全身的力量集中在铁饼上，当铁饼挥至右肩同高并稍前时，用小指到食指依次用力拨饼出手，使铁饼沿顺时针方向转动向前飞行。

铁饼出手后，应及时交换两腿，身体顺惯性左转，同时降低身体重心，维持身体平衡。

（四）练习方法

1.背向滑步推铅球技术练习方法

（1）手的力量练习

手指俯卧撑、连续抓不同重量的铅球；用不同重量的杠铃代替不同重量的铅球快速前推、斜推、原地推。

（2）身体素质练习

连续蛙跳、阻力负重连续滑步；负重进行体侧屈—体侧转的练习，用橡皮条牵拉完成技术动作的练习；负重半蹲起结合提踵的练习，持不同重量的铅球完成推铅球技术动作；各种跳跃练习，快速跑练习。

（3）学习握、持球

握好球后，为了更好地体会球的重量，有良好的球感，可将球在两手之间交换，身体重心随球前后移动。持好球后，可做下蹲、站起练习；做轻轻向上跳起，保持球不晃动的练习。

（4）学习原地正面推铅球（或实心球）

面对投掷方向，两脚左右开立与肩同宽；单手持球，推球前身体后仰或成背弓，然后挺胸将球推出；或推球前两腿弯曲呈下蹲姿势，然后快速蹬伸髋、膝、踝，最后挺胸、抬头，投掷臂加速将铅球向前上方推出。要求动作开始于两腿蹬地，自下而上用力；利用全身力量协调推球，身体左侧及时制动，协同配合身体右侧用力。

（5）学习原地前后开立推铅球（或实心球）

面对投掷方向，两脚前后开立，左脚在前伸直支撑，右脚在后提踵跪膝支撑，身体后仰大部分体重在右腿上，然后右脚蹬地送髋前移，当重心移至左腿上时，左腿及时配合向上蹬伸。随即挺胸、抬头，投掷臂加速将铅球向前上方推出。要求：体会自下而上的用力顺序；利用全身力量协调推球，身体左侧及时制动与支撑，协同配合身体右侧用力。

（6）正面对墙推实心球

正面对墙开立（距离约1米），右手持球于右肩颈部，左手扶球，然后伸臂把球快速推到墙上，手腕、手指用力拨球，双手把球接回。要求：球推在墙上的高度根据学生的身高等情况选定，主要体会扣腕拨指动作。

（7）快速向下推铅球（或实心球）

两脚开立，右手持球于右肩颈部，左手扶球，然后快速垂直地推向地面，手腕、手指用力拨球。要求：球的落点在两脚之间稍前处，右臂要加速用力，主要体会快速出手的肌肉感觉和正确推球的感觉。

（8）原地"蹬、转、送"徒手模仿练习

做好预备姿势，然后右脚积极蹬地，转右腿，推送右髋，身体重心从右腿移动到左腿上；或与同伴一起做蹬、转、送、抬体徒手模仿练习，模仿者做好推铅球预备姿势，同伴在后面抓住其右手，起到固定作用，模仿者反复进行蹬、转、送抬体练习。要求：右脚蹬地有力，右脚、右腿、右髋转动迅速，并且每次都要力争转正，在转动的同时髋部积极向前上顶送。上体放松，不要积极转动或向上抬起。左臂放松，紧扣左肩使肩轴和髋轴形成交叉，身体处于扭紧状态。主要让学生体会下肢的用力顺序。完成蹬地转右腿，推送右髋的练习。

（9）原地徒手完成"蹬、转、送、抬、挺、撑、推、拨"的练习

要求：保持上体和上肢的适度放松，保持较好的左侧支撑，体会完整的用力顺序。

（10）背向滑步持铅球（或实心球）最后用力完整技术练习

要求：动作协调连贯放松，用力顺序正确，能够掌握正确的最后用力方法。主要让学生体会完整的最后用力顺序。可以利用摄像机把学生的技术动作录制下来，进行分析、纠正。

（11）"弹振"推铅球练习

做好推铅球预备姿势，蹬、转、送髋，抬体、顶肩，不伸臂，利用蹬、转、送、抬的速度将球弹出。要求上、下肢协调配合，蹬、转、送、抬、挺依次用力。主要解决只注重上肢用力，而不会下肢用力的问题。

（12）推轻铅球练习

使用轻于5千克的铅球进行练习（体育考试采用重5千克的铅球），一般在训练初期和在进行以跑、跳速度、力量为主的训练中投掷轻铅球。单独使用轻铅球的时间不宜过长。

（13）推重铅球练习

使用重于5千克的铅球进行练习，一般在力量训练课之后安排投掷重铅球。单独使用重铅球的时间不宜过长。

2.标枪投掷技术练习方法

（1）学习原地掷枪的专门练习

原地正面掷枪练习：面对投掷方向，两脚前后站立，左脚在前，上体微向右转，持枪于肩上方，枪尖向前下方。然后蹬伸右腿，沿枪尖指向的方向掷出（投掷距离以10～15米为宜）。

原地侧向掷枪练习（图9-12）：侧对投掷方向，两脚左右开立，左腿伸直，右腿弯曲并负担体重，右臂伸直持枪于右侧后方，然后右腿用力蹬地，推髋向投掷方向转动，上体前移，以胸带动上臂，将枪掷出。

图 9-12 原地侧向掷枪练习

（2）学习引枪和投掷步的技术

学习引枪技术：原地引枪练习，走步和慢跑中引枪练习。

学习投掷步技术：上两步引枪，动作要点同技术部分中引枪的第一步和第二步。

持枪做交叉步练习：左侧对投掷方向，两脚左右开立比肩稍宽，右臂持枪后引，眼看投掷方向，然后右腿向投掷方向迈出交叉步，上三步结合引枪，上四步投掷，动作要点同技术部分。

学习助跑掷标枪技术：在跑进中两步完成引枪动作。

持枪助跑结合引枪练习：持枪助跑结合引枪和投掷步，动作要点同技术部分；中速短程助跑掷枪；全程助跑掷枪。

3. 铁饼投掷技术练习方法

（1）滚饼、拨饼、摆饼

以肩为轴前后摆动将饼沿地面向前滚动，使学生能够体会沿顺时针方向运用右手指依次用力拨饼的动作，主要是要掌握食指用力拨饼的动作；用髋及躯干的转动力量带动持饼摆动，肘部不要用力，动作幅度要大，而且放松自然。

（2）原地正面投铁饼

两脚左右开立，约一肩半宽，做左上右后或前后摆饼练习，幅度要逐渐加大，最后一次要摆至身体的最大限度的部位，两腿微屈，回摆至体侧约与肩同高时，两腿蹬地将铁饼掷出。

（3）原地侧向掷铁饼

身体左侧对投掷方向，两脚左右开立约一肩半宽，左脚略向后，当铁饼摆至体后最大限度部位时，上体略前俯扭转，右腿弯曲并负担体重，左臂自然微屈于胸前，然后蹬腿转髋以胸带臂将饼投出。

（4）学习正面投转掷铁饼

徒手或持铁饼，身体正对投掷方向，两脚前后开立，左脚在前，铁饼摆至体后最大限度部位时，右脚向前一步并转体，右肩侧对投掷方向，右脚落地后，左腿弯曲以右脚前脚掌为轴成单脚支撑旋转，左脚围绕右腿方向摆插，呈原地侧向预备姿势，然后按动作要领将铁饼掷出。

（5）正面旋转掷铁饼

脚的落位准确，转动平衡，由慢至快，转成原地投预备姿势再连接最后用力。

（6）侧向旋转掷饼

徒手或持铁饼旋转掷饼，身体左侧对投掷方向，两脚左右开立，铁饼摆至最大限度时，左臂由右前方向投掷方向（以左肩为轴）摆动，并维持身体平衡，同时以左脚前脚掌为轴向投掷方向转动。当身体重心移至左脚时，抬右腿大幅度呈弧形摆动，右脚内扣并以前脚掌着地（距离约一肩半）成单脚支撑旋转，左腿围绕右腿向后摆插，呈原地侧向投铁饼预备姿势，然后"转"（向投掷方向转动右髋部位），"蹬"（两腿蹬伸），"挺"（挺胸抬头），"挥"（挥臂），"拨"（食指拨饼）。要求：用力动作必须快速连贯，不能有停顿现象。

（7）背向旋转掷饼

站位在圈内后缘处，背对投掷方向，两脚左右开立于中线的两侧，间隔大于肩的宽度。

双脚支撑：预摆结束开始进入旋转，弯曲的右腿蹬地，头部和上体左转，右臂左摆，左脚以前脚掌为轴向左转动。当身体重心移向左腿时，右腿蹬离地面，换左脚支撑。

单脚支撑：右脚蹬离地面不要过高，右腿自然弯曲，大腿带动小腿围绕左腿做弧形大幅度向投掷方向摆动，这时身体的转动以左侧为轴。

腾空：随着身体的转动，左脚蹬离地面，使身体腾空，右腿带动右髋向内转动，这时身体在转动中向前移动，右脚向圆圈中心处着地。

单脚支撑：右脚前脚掌在圆圈中心处着地。弯曲的右腿负担着体重。最重要的是右脚要继续转动，不能停顿，左肩处于右膝的上方，左腿屈膝靠近右膝，迅速向身体后面摆插，做迅速着地的动作。

双脚支撑：右脚转动中，左脚摆插外展用内侧有力地着地，形成有力而稳固的两脚支撑。体重在弯曲的右腿上，这时腰部已充分扭紧，铁饼处于身体的后方，左臂微屈于体前，形成最后用力的有利姿势。

最后用力：转、蹬、挺、挥、拨。

铁饼出手后身体的平衡：铁饼出手后，为了防止向前的惯性冲出圈外，应迅速做交换两腿的动作，同时降低身体重心，或继续旋转，缓冲向前的冲力，维持身体的平衡。

第三节　田径运动竞赛通则

参加比赛的运动员必须佩戴号码布，否则不得参加比赛。除跳高和撑竿跳高以外，其他项目必须在胸前和背后佩戴两个号码，且必须与秩序册中的记录一致。如采用终点摄影装置，短裤侧面须佩戴胶带式号码。

在径赛分道跑和部分分道跑项目的比赛中，运动员应自始至终在自己的分道内跑动。下列情况除外：运动员在直道上跑出自己的分道或在弯道上跑出自己分道的外侧分道线，未从中获利，也未阻挡别人。

径赛运动员挤撞或阻挡别人而妨碍别人走或跑时，应取消其比赛资格。在比赛中如发生此类情况，裁判长有权命令除被取消资格以外的运动员重赛。如发生于预赛，可允许任何由于受推或阻挡而受到严重影响的运动员参加下一赛次的比赛。在田赛的某一次试跳、试掷中，因故受阻的运动员，裁判长有权给予其重新试跳、试掷的机会。不管是否存在取消比赛资格的情况，在特殊情况下，裁判长如认为重新比赛是公正并有理由的，都可下令重赛。

如果一名运动员参加一项径赛和一项田赛或多项田赛，则裁判长每次可以允许该运动员在某一轮的比赛中，或在跳高和撑竿跳高的每次试跳中以不同于赛前抽签排定的顺序进行试跳（掷）。如果该运动员后来在轮到他试跳（掷）时未到，一旦该次试跳（掷）时限已过，则应视其该次试跳（掷）为免跳（掷）。

在所有的田赛远度项目中，记录测量距离的最小单位均为 0.01 米，不足 1 厘米不计。

一、各项竞赛名次判定与成绩相等时的处理办法

（一）径赛项目

判定运动员到达终点的名次是以运动员躯干（不包括头、颈、四肢）的任何部分抵达终点线后沿的先后顺序为准。以决赛成绩判定该项目的最后名次，而不以预、次、复赛的成绩来判定。

如遇两人或两人以上成绩相等时，采用下列方法解决：在任一赛次中，按成绩录取进入下一赛次时出现成绩相等的情况，则终点摄影主裁判应考虑有关运动员的精度为 1/1000 秒的实际时间。如果成绩依然相等，则有关运动员均应进入下一赛次。如实际条件不允许，则应抽签决定进入下一赛次的人选。

决赛中出现第一名成绩相等的情况，有关裁判长有权根据实际情况决定这些成绩相等的运动员是否重新比赛。如该裁判长认定无法安排重赛，则成绩相等的运动员名次并列。其他名次的运动员成绩相等时，按并列处理。当使用手计时出现成绩相等的情况时，应根据判读精确到 1/100 秒的成绩处理。

（二）田赛高度项目的名次判定与成绩相等时的处理方法

应以每名运动员最好的一次试跳成绩，包括因第一名成绩相等而进行的决名次赛的试跳成绩，作为其最后的决定成绩，然后以个人最好成绩排列名次。

按下列规定解决成绩相等的状况：在出现成绩相等的运动员中，试跳次数较少者名次列前；如成绩仍然相等，则在包括最后跳过的高度在内的全赛中，试跳失败次数较少者名次列前；如成绩仍相等，涉及第一名时，则在造成其成绩相等失去了继续试跳权的最低失败高度上，每人再试跳一次。如有关运动员都跳过或都未跳过而仍不能判定名次时，则横杆应提升或降低：跳高为 2 厘米，撑竿跳高为 5 厘米。其应在每个高度上只试跳一次，直到分出名次为止。有关运动员必须参加决定名次的每次试跳。

如成绩相等而不涉及第一名时，则运动员的比赛名次并列。

（三）田赛远度项目的名次判定与成绩相等时的处理方法

以全部试跳（掷）的最好一次成绩来判定名次。

如成绩相等，应以其次优成绩判定名次；如仍相等，则以第三优成绩判定，以此类推。如仍相等，并涉及第一名者，则令成绩相等的运动员按原比赛顺序进行新的一次试跳（掷），直到决出名次为止。

（四）全能项目的名次判定与成绩相等时的处理方法

以运动员全部单项得分的总和排定名次，总积分多者名次列前。

如总积分相等，应以单项得分多的项目较多者名次列前；如仍不能判定，则以任何一个项目单项得分高者名次列前；如再次成绩相等，则以第二得分高的单项分数较高者列前，依此类推。

（五）团体总分名次的判定与总分相等时的处理方法

（a）总积分较多者列前。

（b）如总积分相等，应以破纪录项或次数多者列前；若仍相等，则以第一名多者列前；若仍相等，则以第二名多者列前，依此类推。

二、径赛主要规则

（一）计时

在跑道上举行的径赛项目，手计时成绩应判读到较差的 1/10 秒。部分或全部在场外举行的径赛项目，手计时成绩应判读到较差的整秒，如马拉松的时间为 2：09：44.3 应进位成 2：09：45。

停表时，如指针停在两线之间，应按较差的时间计算。使用 1/100 秒的表或人工操作的数字式电子表，当百分位不为零时，应进位至较差的 1/10 秒，如 10.11 秒应进位成 10.2 秒。

在三只正式表中，两只表所计时间相同而第三只表不同时，应以这两只表所计时间为准；如三只表所计时间各不相同，则应以中间时间为准；如只使用两只表，所计时间不相同时，应以较差的时间为准。

计时应从发令枪或经批准的发令器材发出的声音、闪光或烟开始，直至运动员的躯干（不包括头、颈、四肢）的任何部位抵达终点线后沿垂直面的瞬间为准。

（二）起跑

在 400 米及 400 米以下（包括 4×200 米和 4×400 米接力的第一棒）各项目中，运动员必须使用起跑器进行蹲踞式起跑。在"各就位"口令之后，运动员必须走向起跑线，完全在自己的分道内的起跑线后做好准备姿势。双手和一个膝盖应触地，两脚应接触起跑器。发出"预备"口令时，运动员应立即抬高身体重心做好起跑姿势，此时运动员的双手仍须与地面接触，两脚不得离开抵脚板。运动员已就位时，其双手或双脚均不得触及起跑线或线前地面。

运动员做好最后预备姿势之后在鸣枪之前开始起跑动作，应判为一次起跑犯规。对一次起跑犯规的运动员，必须给予警告。对两次起跑犯规负有责任的运动员，应取消其比赛资格。400 米以上的各个项目起跑时，运动员单手或双手不得触地。

注：自 2003 年 1 月 1 日起，对第一次起跑犯规的运动员应给予警告，之后每次起跑犯规的运动员均应被取消该项目的比赛资格。在全能比赛中，如果一名运动员两次起跑犯规，将被取消比赛资格。

（三）跨栏

运动员在过栏瞬间其脚或腿低于栏顶水平面，或者跨越他人栏架，或者裁判长认为其有意用手推或用脚踢倒栏架，应取消其比赛资格。除以上所述外，运动员碰倒栏架，不应取消其比赛资格，也不妨碍承认其纪录。

（四）接力跑

运动员必须手持接力棒跑完全程。如发生掉棒，必须由掉棒运动员捡起。允许掉棒运动员离开自己的分道捡棒，但不得因此缩短比赛距离。如遵守上述程序，并未侵犯其他运动员，则不因掉棒而被取消比赛资格。

在所有接力赛跑中，必须在接力区内传递接力棒。仅以接力棒的位置确定运动员是否在接力区内完成接力，而不取决于运动员的身体或四肢的位置。在接力区外传接棒将被取消比赛资格。4×400 米接力的第三、第四棒的运动员应在指定裁判员的指挥下，按照同队传棒运动员跑完 200 米时的先后顺序（由内向外）排列各自的接棒位置。一旦传棒运动员跑过 200 米处，接棒运动员即应保持其排列顺序，不应改变其在接力区起点处的位置。

注：任何运动员如不遵守本规定，应取消其接力队的比赛资格。

三、田赛主要规则

（一）跳高

应抽签排定运动员的试跳顺序。运动员必须用单脚起跳。

如出现下列情况之一者，应判为试跳失败：试跳后，由于运动员的试跳动作，致使横杆未能留在横杆托上；在越过横杆之前，运动员身体的任何部位触及立柱前沿（离落地区较近的边沿）垂直面以外的地面或落地区。如果运动员在试跳中一只脚触及落地区，而裁判员认为其并未从中获得利益，则不应因此原因而判该次试跳失败。

运动员可以在主裁判事先宣布的横杆升高计划中的任何一个高度上开始试跳，也可在以后任何一个高度上根据自己的愿望决定是否试跳。但在任何高度上，只要运动员连续三次试跳失败，即失去继续比赛的资格。因第一名成绩相等而进行的决名次赛的试跳除外。

允许运动员在某一高度上第一次或第二次试跳失败后，在其第二次或第三次试跳时请求免跳，并在后继的高度上继续试跳。但只要在某一高度上请求免跳后，不准在该高度上恢复试跳，除非出现第一名成绩相等的情况。

所有测量应以厘米为单位，从地面垂直量至横杆上沿最低点。

（二）远度项目

应抽签决定运动员试跳（掷）的顺序。如参赛运动员超过8人，每名运动员均有3次试跳（掷）机会，有效成绩最好的前8名运动员可再试跳（掷）3次。如出现第八名成绩相等的情况，按田赛远度项目成绩相等的规定处理。当运动员的人数只有8人或少于8人时，每人均有6次试跳（掷）机会。丈量成绩时，应从运动员身体或四肢的任何部位在落地区内的最近触地点量至起跳线或起跳线的延长线。测量线应与起跳线或其延长线垂直。

1. 跳远项目中的犯规

在未做起跳的助跑中或在跳跃中，运动员以身体任何部位触及起跳线前方的地面。

从起跳板两端之外起跳，无论是否超过起跳线的延长线。

触及起跳线和落地区之间的地面。

在助跑或跳跃中采用任何空翻姿势。

在落地过程中触及落地区以外地面，而落地区外的触地点较落地区内的最近触地点更靠近起跳线。

离开落地区时，运动员在落地区外地面的第一触地点较落地区内最近触地点和在落地区内因身体失去平衡而留下的任何痕迹更靠近起跳线。

注：运动员在任何位置跑出助跑道白色标志线不算犯规；如果运动员的脚或鞋的一部分触及起跳板两端以外起跳线后面的地面，不算犯规；如果运动员以正确方式离开落地区后，再向后穿过落地区不算犯规；如果运动员从起跳线后45米以外处开始助跑，应判该次试跳失败。

2. 投掷项目的规则

应在投掷圈内完成铅球、铁饼或链球的试掷。应在助跑道内完成标枪的试掷。在圈内进行试掷时，运动员应从静止姿势开始试掷。允许运动员触及铁圈内沿，包括铅球抵趾板内沿。如果运动员在试掷中出现下列情况，则应判为试掷失败。

铅球或标枪出手姿势不符合规定。

在进入投掷圈内并开始投掷之后，身体的任何部分触及铁圈上沿或铁圈外地面；推铅球时，身体的任何部分触及抵趾板上沿。

掷标枪时，身体的任何部分触及投掷区标志线或标志线外地面。如果在试掷过程中违反上述规则，运动员可终止已开始的试掷，将器械放在投掷圈、助跑道内或外边，也可离开投掷圈或助跑道。

铅球、铁饼、链球球体（包括器械着地时未触地的任何部分）和标枪枪尖完全落在落地区角度线内沿以内，试掷方为有效。

运动员在器械着地后方可离开投掷圈或助跑道。

运动员在圈内完成试掷，离开投掷圈时，首先触及的铁圈上沿或圈外地面应完全在圈外白线的后面。该线在理论上应能通过投掷圈的圆心。掷标枪时，当运动员离开助跑道时，首先触及的助跑道标志线或助跑道外地面应完全在投掷弧两端的白线后边，该线与助跑道标志线垂直。

每次投掷后均应立即进行成绩丈量：从铅球、铁饼和链球球体落地痕迹的最近点取直线量至投掷圈内沿，测量线应通过投掷圈的圆心。标枪项目中，从标枪尖的首次触地点取直线量至投掷圈内沿，测量线应通过投掷圈的圆心。

本章思考题

1. 田径运动的功能有哪些？
2. 简述世界田径运动的发展趋势。
3. 简述短跑技术的动作要领。
4. 常见长跑的训练方法有哪些？
5. 简述起跑器的两种安装方式。
6. 简述背越式跳高技术的动作要领。
7. 简述挺身式跳远技术的动作要领。
8. 简述鞭打动作在投掷项目中的作用。
9. 简述田赛远度项目的名次判定与成绩相等时的处理方法。

本章参考文献

[1] 席凯强，李鸿江. 田径技术教学程序与设计 [M]. 北京：北京航空航天大学出版社，2011.

[2] 孙南，熊西北，张英波. 现代田径训练高级教程 [M]. 北京：北京体育大学出版社，2011.

[3] 刘建国. 田径 [M]. 北京：高等教育出版社，2006.

[4] 文超. 田径运动高级教程（修订版）[M]. 北京：人民体育出版社，2003.

第十章

击剑运动

一、击剑运动的起源及发展

（一）古代击剑运动

击剑运动的起源，要从击剑使用的器械——剑谈起。从文献的记载看，古代世界各民族在剑的发明和使用上有相似之处。随着人类生产力的发展、私有制的建立和阶级的出现，生活工具也逐步改变了形式与性质。剑逐渐发展为作战的兵器。随着冶炼技术的出现和发展，剑也从石制、骨制发展到青铜制、铁制和钢制。最初，击剑是军队中训练士兵的重要手段，战争的发展和作战的需要，促进了击剑的普及与其技术的提高。

击剑在古代埃及、中国、希腊、罗马、阿拉伯等国家已十分盛行。击剑在希腊的古籍中曾被提到过，并且有 32 种不同的简单使用原则。

古代的武器构造既长大又笨重，军人在作战时，头戴金属制的头盔，身穿厚重的铠甲。进攻时以力量为主，用双手来握剑，技术动作大多是砍头，防守时采用下蹲和低头，或是向左右移动闪躲，有时加用角力手段。公元前 200 年盛行的角斗士比武，是当时最受上层人士欢迎的一种"娱乐"，但是比武的结果，轻者受伤，重者死亡，参加比武的多是奴隶阶级，这种比武在历史上被称为击剑。

（二）击剑运动的发展

14 世纪末期，随着枪炮的诞生，击剑逐渐失去了在军事上的重要作用，便沿着健身和表演的方向发展，剑也变得越来越轻巧和便于操练控制，从此击剑以决斗和健身形式保留下来。中世纪时，欧洲对使用剑很重视，击剑在当时被列为骑士的七种高尚情操之一，"骑士七艺"即是骑马、游泳、投枪、击剑、打猎、下棋和吟诗，这是一种以军事训练为主要内容的教育制度。

现代击剑运动是奥运会的传统项目。1896年在雅典举行的第1届现代奥运会上就设有男子花剑、佩剑的比赛。1900年在巴黎举行的第2届奥运会上增加了男子重剑比赛。1924年在巴黎举行的第8届奥运会上又增加了女子花剑比赛。1992年在巴塞罗那举行的第25届奥运会上，女子重剑被列为正式比赛项目。女子佩剑于2004年雅典奥运会上被正式列为奥运会项目。

中国击剑运动启蒙于20世纪50年代，1955年苏联专家赫鲁晓娃在北京体育学院（现北京体育大学）开设击剑专修课，把击剑运动引入中国。1974年中国加入国际击剑联合会（简称国际剑联），标志着中国击剑运动走上国际舞台。2002年8月20日，在世界击剑锦标赛女子佩剑个人项目决赛中，中国选手谭雪勇夺冠军，实现了中国在击剑世锦赛上金牌零的突破。这是中国在女子佩剑项目上的第一个世界冠军。2006年10月3日，王磊在世界击剑锦标赛男子重剑个人决赛中获得冠军。2006年10月7日，在意大利都灵举行的2006年世界击剑锦标赛女子重剑团体赛决赛中，由骆晓娟、李娜、张莉和仲维萍组成的中国女子重剑队以45：26击败上届冠军法国女子重剑队，夺得冠军，这是中国队在这个项目上首次夺冠。2010年中国男子花剑队在巴黎举行的世界击剑锦标赛男子花剑团体决赛中首次夺得世锦赛团体冠军。

2011年10月17日，由马剑飞、雷声、朱俊、张亮亮组成的中国男子花剑队在意大利世界击剑锦标赛男子团体决赛中，以45：44险胜法国男子花剑队，成功卫冕。2012年中国队获亚洲击剑锦标赛女子重剑团体冠军。

2012年8月5日，李娜和队友在伦敦奥运会团体决赛中以39：25逆转大胜韩国队，为中国首次夺取奥运会上的击剑团体金牌（图10-1）。

图10-1　2012年伦敦奥运会李娜、孙玉洁、许安琪、骆晓娟（女子重剑团体金牌）

二、击剑运动的特点和作用

击剑运动是一项对抗性强、竞争激烈的格斗项目，其动作结构为多元变异组合。以对手身体上规定的部位为攻击目标，按规则进行攻防格斗，获得优先裁判权（重剑除外）的一方才能得分。在很大程度上，参赛个人的动作受对手行为的制约，很难按预想的程式进行。在不断变化的形势下进行攻防格斗，运动员要根据场上千变万化的实际情况，随机应变地采取对应的解决办法。这就要求运动员必须掌握全面而熟练的技术，具有精确地控制能力，提高刺（劈）的准确性，同时必须具备敏锐的观察和预判能力及良好的身体素质、心理素质。

通过击剑运动的锻炼，参与者可以提高各项能力：培养爱国主义精神和高尚的道德品质；提高身体素质和改善机体感觉器官的功能；改善提高人体形态和机能；培养优良的心理品质。

三、击剑运动的剑种

（一）花剑

花剑在台湾被称为"钝剑"，在大陆曾被称"轻剑"，1973年改为现名（图10-2）。花剑总长110厘米，重量不超过500克。剑身为钢制，横断面为矩形，护手盘小，长度不超过90厘米；剑柄长度不超过20厘米；剑头直径为5.5～7.0毫米，长为1.5厘米左右。护手盘为圆形，最大直径为12厘米，护手装于剑身与剑柄之间，禁止偏心，弯曲角度小于1厘米。花剑有电动花剑和普通花剑之分。前者剑身前端包有15厘米的绝缘物，剑柄与剑身、护手盘绝缘；后者剑头直径为5.5～7.0毫米，长约1.5厘米。1955年起，比赛采用电动裁判器，剑的末端装有电钮，运动员在比赛中只能刺，不能劈打。当运动员刺出的力量大于500克时，剑头的开关就会接通，裁判器上会显示信号。

图10-2 花剑

花剑项目分男子和女子，均有个人赛和团体赛。比赛时，只准刺对方躯干有效部位，不可劈打。正式比赛使用电动花剑，运动员穿金属背心，当击中金属背心上的有效部位时，电动裁判器显示彩灯；击中无效部位显示白灯。互相击中时，主裁判按优先裁判权原则进行判决。若双方同时进攻，并同时击中（或一方击中）无效部位，不做判决，比赛继续。花剑由于轻巧，有效击中面积小，因此对技术、战术尤为讲究。奥运会花剑有男子个人（1896年列入）、团体（1904年列入），女子个人（1924年列入）、团体（1960年列入）4个比赛项目。

（二）重剑

重剑是击剑运动比赛项目之一。出现于 19 世纪中叶，起初主要用于格斗。重剑的用剑全长 110 厘米，重量不超过 770 克；剑身为钢制，长 90 厘米，横断面近似三角形，重剑的剑身较硬而不易弯曲，剑身与剑柄间有直径 13 厘米的圆形护手盘（图 10-3）。只准刺，不得劈打。有效部位为全身，手臂、腿、脚是主要攻击目标。

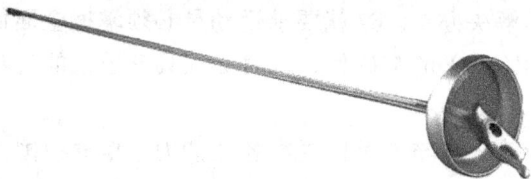

图 10-3　重剑

重剑项目分男子和女子，均有个人赛和团体赛。它是最早采用电动裁判器（1931 年）的击剑运动项目。双方在 1/25 秒内同时击中为"互中"，一方超过 1/25 秒以后击中，电动裁判器只显示先被击中一方的灯光。现代的重剑比赛以击中一剑决胜负。由于有效部位大，无优先裁判权规则，故运动员在比赛时比较谨慎，重视时机的选择。奥运会重剑有男子个人（1900 年列入）、团体（1908 年列入），女子个人（1996 年列入）、团体（1996 年列入）4 个比赛项目。

（三）佩剑

佩剑又称军刀或马刀，大部分有着弯曲的刀身与单面刀锋（因军队使用的真实军刀未必都是单刃的刀，所以后来也译佩剑）。佩剑原是匈牙利人所使用的武器，使用的历史最早可追溯到公元 9 世纪前后，多为骑兵所使用。为了方便在马上单手使用，佩剑造得轻巧，剑身也尽量造得较长。剑身共有直剑身、微弯剑身、大弯剑身三种。根据国际剑联剑种说明，现代的运动项目用的佩剑是由 19 世纪末海军用剑发展而成的（图 10-4）。

图 10-4　佩剑

佩剑分男子和女子项目，均有个人赛和团体赛。比赛中，一方用剑尖刺击对手，使剑尖准确无误地刺在有效部位并具有刺入的性质。最后有效部位击中数多的一方获胜。按规则，循环赛在四分钟内击中五次，淘汰赛在九分钟内击中十五次，最先击中对方达有效次数，或时间到后击中对方次数多者获胜。团体赛中最先击中对方达 45 次的团队获胜。击剑运动有三种武器：重剑、花剑、佩剑。三种武器的有效击中点及比赛规则有所不同，故每种武器都有其竞技特点。相比而言，花剑更具运动性，佩剑速度最快，重剑则更需要技巧和准确性。佩剑比赛时以劈为主，也可刺，腰部以上（包括头部和胸部）为有效部位。参赛者在有效部位穿金属衣并戴金属面罩。击中有效部位时，电动裁判器显示彩灯；击中无效部位时不显示灯。互相击中时，主裁判按优先裁判权原则进行判决。若双方同时进攻，并同时击中，不做判决，双方在原地重新开始比赛。佩剑由于动作幅度较大，进攻速度快，威胁力强，因而对运动员步法的灵活性和战术快速应变能力等要求高。1989 年起使用电动裁判器。奥运会佩剑有男子个人（1896 年列入）、团体（1908 年列入），女子个人（2004 年列入）、团体（2008 年列入）4 个比赛项目。

（四）团体赛

在击剑运动团体比赛中，每个队由 3 名队员组成，其顺序由队长决定。允许有替补队员。队与队之间的相遇，须打满 9 场，每场限时 4 分钟。第一场打到 5 剑，第二场打到 10 剑，第三场打到 15 剑……以此类推，至第九场打到 45 剑。如果 4 分钟结束，未达到接力规定的比分，则下一对队员从原有的比分开始继续比赛。先胜 45 剑的队或在规定时间结束时获胜剑数多的队为胜队。如果 1 名队员和 1 名替补队员弃权或被罚下，则该队为负。在最后一场接力的规定时间结束时，双方比分相等，则抽签决定优胜权，随后加时 1 分钟，由最后 2 名队员决一剑。

第二节　击剑运动基本技术

击剑技术是指进行击剑运动时能充分发挥运动员身体能力，合理、有效地完成击剑动作的方法，即进行进攻与防守动作方法的总称。

"合理"即指必须遵循人体运动规律，符合生物力学原理与方法；"有效"是能充分发挥人体潜能，能进行攻防，最终刺（劈）中对手。合理、有效的动作方法是以一种理想的动作模式为衡量标准的，通过实践经验的不断总结归纳，通过科学计算、分析、设计而形成的。它反映了一般规律，具有共性特点。但是由于每个人都有着各自的个性、不同的身体条件、使用动作的不同习惯，遇到不同对手有不同对抗形式的特点等原因，技术还有其个性特点。因此，必须寻求共性与个性的统一。随着技术实践的发展，技术也不断地丰富，不是固定不变的，所以合理、有效是相对的。尽管如此，具有共性的击剑技术还是科学合理的，因此击剑运动员在训练、比赛中，完成的动作越接近标准模式的要求，就说明运动员所掌握的技术越科学越合理，技术水平就越高。运动员掌握基本的技术，对提高竞技能力，在比赛中创造优异成绩有很大意义。所以基本技术是击剑的基础，也是发展高、难、新技术，形成特长和绝招的基础。

一、基本技术

（一）剑的握法（佩剑）

握剑方法就是运用正确的方式握剑。这种握剑姿势必须对挥剑以及手指、手腕、持剑臂的运动起稳定的作用，还要看击剑者持剑时是否迅速准确、轻松舒适、手不会感到过度疲劳。这里介绍普通式的握法，即佩剑的握法（图10-5）。

图10-5 剑的握法

握法：拇指放在食指第一关节上，其他三指把在柄上。不管采用哪一种握法都不能握死，掌心与剑柄之间应留有空隙。

（二）立正、稍息与敬礼

立正：立正姿势加握一把剑。

稍息：是击剑者在教学过程中短时间休息时的身体姿势。

敬礼：是比赛前击剑者向裁判员、对手及观众致敬的动作。动作过程是，持剑臂手心向上伸平，剑尖指向裁判员（对手、观众），然后屈肘垂直举剑致敬（图10-6）。

图10-6 立正、稍息与敬礼

（三）实战姿势

实战姿势指实战中准备进行进攻或准备进行防守时的动作。它的基本姿势由击剑者的脚、身体和手臂的姿势组成（图10-7）。

图 10-7　实战姿势

实战姿势的动作要点如下。

左脚向左，右脚尖向前，两脚跟在同一直线上，两脚成直角，两脚间的距离约同肩宽。两膝稍屈成"坐"姿，使前膝正好在前脚背上方。左膝约与左脚尖在同一垂直平面上稍向内侧边，重心在两腿之间。上体自然挺直，右肩向前。持剑手臂的肘关节距身体一掌半左右。屈起持剑臂肘关节，手心侧向上，使小臂与剑成一直线，剑柄在手腕中间。握剑手保持在比胸部稍低一点的高度，在体侧偏右边，剑尖与眼平行，两眼向前看。非持剑臂于身体侧面自然放松，不能遮挡有效部位，两肩自然放松，头部侧转，眼睛观察剑尖位置（图 10-8）。

图 10-8　前后脚的位置及下肢各关节的角度

（四）基本防守姿势（以佩剑为例）

击剑实战，其实是攻防对抗。为了便于叙述防守姿势，首先对有效部位、击中做如下介绍。

有效部位：运动员处于实战姿势时，有效部位包括由大腿和躯干形成的褶痕顶点水平线以上的身体的任何部分（图 10-9）。

图 10-9　佩剑击中有效区

佩剑是一种使用剑尖、剑刃和剑背的武器。用剑刃、扁平部分或剑背做出的任何劈打都算击中（正劈和反劈）。如果用剑身触碰对手（不包括护手盘），击中了有效部位以外的地方，不算击中，但不能因此停止一系列交锋，随后的击中也不取消。如果运动员通过遮掩或者不正常动作，用无效部位取代有效部位，裁判将对其进行处罚。

佩剑的基本防守姿势共5个。这5个基本防守姿势是根据佩剑规定的有效部位而产生的，为了叙述方便，以右手持剑为例。现将5个基本防守姿势分述如下。

1. 第一防守姿势

从实战姿势开始，前臂内旋180°，护手盘向下，剑尖经由前下做弧线移动至第一部位。大拇指向下手心向外稍偏前，上臂与地面平行，前臂稍低，手腕微屈，剑尖指向下偏斜前方（图10-10）。

图 10-10　第一防守姿势

易犯错误：肘关节向外展，手臂外偏；剑尖离开对手，护手盘月牙转动过多。

2. 第二防守姿势

运动员呈实战姿势开始，护手盘向下，手臂内旋，大拇指向下稍前，手心向外下约与水平线成45度，上臂自然下垂，前臂前伸稍低，手向外稍屈，剑尖向下稍偏前，剑刃对准来剑方向，用强部和护手盘保护第二部位（图10-11）。

图10-11 第二防守姿势

易犯错误：肘关节外展，手臂上抬；护手盘月牙转动过多或不动。

3.第三防守姿势

第三防守姿势即是实战姿势。剑在第三部位，手臂弯曲，肘关节离腰约一拳，上臂自然下垂，前臂与地面平行，大拇指向上，手腕稍向外，护手盘月牙稍偏外，剑尖斜向前内方（图10-12）。

图10-12 第三防守姿势

易犯错误：肘关节向外展，手臂外偏；剑尖离开对手，护手盘月牙转动过多。

4.第四防守姿势

从第三防守姿势开始，月牙和剑刃向内旋转至内斜前方，同时持剑手向内呈弧形移动至第四部位，手臂屈，上臂下垂，前臂与地面平行，大拇指向上，剑尖向上偏内稍前，剑刃对准来剑方向（图10-13）。

图 10-13　第四防守姿势

易犯错误：持剑手过高或过低；肘关节外展；护手盘月牙转动过多或不动。

5. 第五防守姿势

运动员从实战姿势开始，手腕外展，同时前臂内旋，控制月牙向前至斜上方，剑直接向上移动至第五部位，大拇指向内，剑尖向内稍前上，上臂与地面平行，前臂稍前举，剑身高于头（图 10-14）。

图 10-14　第五防守姿势

易犯错误：肘关节过分外展；手臂完全伸直；手臂过于靠前。

以上五个防守姿势，开始时可原地进行练习，清楚动作过程，而后后退一步进行练习。当动作清楚且较协调时，可用后退一步或后退多步的完整练习法进行练习。

二、击剑的基本步法

步法是促进和服从于手上动作的移动方法。其任务在于将运动员送到最有利于进攻和防卫的位置。步法与手上动作配合得当，将产生良好的效果。根据步法的性质，可将基本步法分为一般步法和攻击步法。

（一）一般步法

1. 向前一步

由实战姿势开始，前脚尖微翘起，右腿稍提大腿，并以膝关节为轴，向前摆小腿移动一脚掌的距离。右脚脚跟先着地，然后全脚落地。当右腿前摆时，左脚蹬地（位置重心随之前移）跟上相同距离。重心在两腿之间成实战姿势（图10-15）。

易犯错误：右小腿没有向前摆动；重心上、下波动，不是水平移动；两脚拖地向前。

图10-15　向前一步

2. 向后一步

由实战姿势开始，后脚脚跟稍微抬起，左脚向后退一脚掌的距离，重心随之向后移。左脚向后退的同时，右脚立即蹬地向后移动同样距离，脚跟先落地，然后脚掌落地成实战姿势（图10-16）。

易犯错误：同向前一步，只是方向相反。

图10-16　向后一步

3. 向前跃步

由实战姿势开始，右腿迅速上抬并踢腿向前跨出，同时后脚短暂而有力地蹬离地面，向前跳跃一步，重心水平前移，两脚成实战姿势平稳地同时落地。

易犯错误：重心上下波动；右脚着地后左脚才着地，成了"向前一步"的基本步法。

纠正法：强调双脚有短暂的腾空。

4. 向后跃步

由实战姿势开始，上体稍后倾，重心略向后移，前脚掌用力蹬地的同时，后脚抬起快速向后摆动，两脚在空中几乎保持实战姿势的样子，然后同时落地并保持身体平稳。

易犯错误：重心上下波动；两脚之间距离不正确。

（二）攻击步法

1. 弓步

从实战姿势开始，前脚尖勾起，小腿紧接着向前摆，同时后脚突然强有力地蹬地、伸腿，前脚跟先着地，然后过渡到全脚掌。完成弓步后，前小腿垂直于地面，大腿与地面平行，大、小腿夹角几乎成直角，后脚前脚掌着地，后腿伸直而不僵，上体与后腿成钝角，但不能过分前倾，后臀向后摆动与后腿平行或与前臂成一条线。后臂后摆有利身体平衡和加强刺击冲力（图10-17）。

从弓箭步回到实战姿势时，前脚蹬地伸膝，同时后膝弯曲，使躯干后移，当后膝恢复到后脚上方时，前腿收回成实战姿势。

图 10-17　弓步

2. 组合步法

佩剑交战的距离较近，通常为2～4米，双方常处在实战姿势以剑尖判断进攻距离（中距离），而后保持这个距离做进退移动，在移动中寻找时机进攻对方。在这个距离中，只要一方用大弓步便可能击中对方，但是并不容易做到，因从出手到击中对方的路线较长，只要对方及时后退便能避开刺击。当然，如对方退得过慢或不及时也能被击中。所以，这是一个危险而又相对平衡（安全）的距离。为了较有把握地刺击对方，必须打破这个平衡距离，即向前移动的速度必须压倒对方后退的速度，移动的深度必须破坏这个平衡距离（缩短平衡距离）。为了达到这个目的，在进攻时用快速的复合步去配合手上动作，剑尖到位的成功率将较大。剑尖到位是否能击中对方，这就要看进攻者和防守者的技巧了。

下面将易于破坏平衡距离的组合步法分述如下。

（1）向前一步或多步接弓步

由实战姿势开始，快速向前一步或多步接弓步是击剑选手普遍采用的组合进攻步法。

（2）跃步接弓步

由实战姿势开始，快速向前跃步后，立即迅速开弓步。这是击剑选手普遍采用的组合进攻步法，也是我国佩剑选手惯用的组合进攻步法。

以上各种组合进攻步法，必须一气呵成，快速完成，各环节之间不能有停顿。如能达到这个要求，将具有速度快、路线长的特点。特别是将两种步法连成一气的组合进攻步法，其路线很长，若用这种组合步法追击对方，对方将很难逃脱。

三、击剑的主要进攻技术

（一）击剑线

在对方发动进攻前，伸直手臂，手心向下，剑尖威胁对方有效部位。

（二）直劈头

伸臂使剑刀指向对方头部。当剑尖接近对方头部时，手指、手腕带动前臂向对方头部劈去。

（三）斜带正手劈

伸臂使剑刃威胁对手第四部位，当剑尖接触目标时手腕迅速做顺时针旋转斜劈，使剑尖划劈在对手有效部位后，迅速回复到第三姿势位置。此动作速度快，接触对手有效部位的力量较小。

（四）正手劈

正手劈是手心向斜上方做出劈的动作。伸臂使剑刃威胁对手第四部位，手心向斜下方，当劈中目标时，用手指、手腕稍带动前臂向对手有效部位做一个很小的动作。

（五）反手劈

反手劈是手心向下完成劈的动作。先伸臂使剑刃威胁对方第三部位，手心向下，当剑尖接近目标时，手指、手腕带动前臂向对手有效部位劈去。

（六）直刺

伸臂同时逆转手腕，使手心向下，剑尖下降威胁对方有效部位直接向对方有效部位刺去。

（七）转移劈

先伸臂使剑刃威胁对手某一部位，随后转动手腕劈去或向另一部位劈去。

（八）击打劈

伸臂同时用剑的前部去击打对手剑的弱部或中弱部紧接着向对手被打开的部位劈去。

（九）对抗劈

在对攻中运作，用自己的护手盘和剑的强部，抗击对方的剑，使对手劈来的剑脱离有效部位，而自己的剑劈中对方。

佩剑的复杂进攻是在弓步进攻动作的击剑时间内有一个或几个假动作的进攻，假动作是装出来的一个简单进攻的样子，目的是去引诱对手只在一条线上防守，伺机攻击对手暴露的另一个部位。要使复杂进攻成功，假动作应逼真、快速，最后的进攻动作更快。变换动作节奏是重要的，为达到这个要求，需要瞬间的加速度及持剑的控制能力。

四、实战中的各种感觉

（一）距离感

距离感是运动员对攻守距离的判断能力。能正确判断不同对手的进攻距离和自身后退距离，并根据具体情况及时调整，采取相应步伐，可避免被对手击中并利于击中对手。

1. 距离感在击剑运动中的表现

能正确地判断自己进攻的最佳距离；能正确地判断对方进攻的距离及自己应后退的距离；能正确地判断不同距离，采用不同的进攻方法；能在各种距离上有效地控制对方的各种意图；能根据具体情况（对手身高、技术能力等）及时调整距离。

2. 练习距离感的常用方法

加强步伐练习，尤其是双人跟踪步伐练习；加强不同距离、不同步法的刺靶练习；加强对抗性距离感练习，如紧逼中后退距离等；与各种身材、各种打法的对手进行实战，以便在实战中总结经验，自我调节距离。

（二）剑感

剑感是运动员对剑的知觉。它不是简单的对剑的重量、握持的感觉，而是综合了思维、战术意识、实践经验、视觉判断、本体运动感觉、触觉等综合性知觉。这种知觉使运动员在各种情况下具备良好的控制剑的能力。

1. 剑感良好的表现

能用手指通过剑柄有效地控制剑尖，根据思维活动做随意动作，就像手指直接拿着剑尖一样自由；对各种不同的姿势和距离，都能很好地运用手腕、手指控制住剑尖，找到有利于攻击的角度和方法，能根据击中的触觉来控制剑的弓形；在双方武器接触的情况下，通过视觉和手指感觉、肌肉感觉等表象及经验，知道自己所处的位置是否有利，能迅速化不利为有利，使自己的剑始终便于刺击对方。

2. 练习剑感的常用方法

一人压剑，一人尽量快速摆脱；连续变换防守，要求在不脱离对方的剑的情况下，始终将对方的剑控制在自己的护手盘中根处，并始终使对方的剑尖处在自己身体以外；争夺剑的有利位置；有条件的近战；各种不同距离的刺靶练习；用剑尖来做随意想象的动作或写字。

五、主被动权判定

在一系列交锋中，当双方运动员同时被击中时，可以是同时动作，也可以是相互击中。同时动作因双方运动员的同时想法和同时进攻而产生，在这种情况下，两人的命中均被取消。相互击中则是某一运动员一个明显错误动作的结果。因此，在两次击中之间没有一个击剑时间，判断如下。

（一）防守者一方被击中

如果他对一个简单进攻进行反攻；本应防守，但是他却尽力躲闪，而没有成功；如果在一次防守成功以后，他停顿了片刻（不及时还击），便给了对手重新进攻的权力（连续、延续或重新进攻）；如果他对一个复杂进攻进行反攻，但没有一个击剑时间的优势；如果他处于"击剑线"姿势，在受到一次击打或者对手的剑打开自己的剑以后，他没有对进攻者做出的直接劈刺进行防守，而是出手进攻，或是重新提剑处于"击剑线"。

（二）进攻者一方被击中

当对手处于"击剑线"姿势时，他没有打开对手的剑就发起进攻。裁判应特别注意，若只是轻擦一下，便不能视之为打开对手的剑；如果他寻找对手的剑却未碰到（因为被避开），且继续进攻；如果在一次复杂进攻过程中，对手碰到剑时，他继续进攻而对手立即给予还击；如果在一次复杂进攻中，他回收了一下手臂或犹豫了片刻，此时对手做出反攻劈刺或进攻，而他却继续自己的动作；如果在一次复杂进攻中，他在最后一个动作的击剑时间内遭到反攻；如果他对对手的防守采取延续、连续或重新进攻并击中，而对手在防守以后在同一时间内进行直接、简单的还击，且没有回收手臂。

在相互击中的情况下，当主裁判不能明显判断哪一方有错时，双方运动员恢复准备姿势。

最难判断的情况之一，就是双方运动员启动时动作中包含一种或多种进攻、防守动作，使对方在最后动作结束时不能体现出足够的优先权、主动权。通常在这种情况下，双方运动员的同时错误导致了相互击中，从而不得不恢复预备姿势。这时进攻者的错误在于犹豫不决、缓慢迟钝或假动作不奏效，被进攻者的错误在于反攻击中延迟或缓慢。

第三节 击剑运动基本战术

在击剑比赛中根据双方情况，扬长避短，充分发挥自己的长处，限制对方的长处，为战胜对手而采取的合理、有效的计谋和行动，这就是击剑战术。

在激烈对抗的一对一的击剑格斗中，始终贯穿着发挥与反发挥、限制与反限制的激烈斗争，比赛的双方为力争主动，争取实现胜利的目的，总是采用合理、有效的战术行动。一方面扬己之长，避己之短，即充分发挥自己的优点，弥补自己的不足；另一面抑彼之长，攻彼之短，即限制对方的长处，扩大其弱点并利用之。击剑的战术是击剑运动的灵魂。《孙子兵法·始计篇》："兵者，诡道也。"在击剑比赛中，要利用一切可以利用的击剑动作来欺骗对手，使其在判断上受骗上当，诱发对手暴露弱点，现出破绽，然后抓住机会攻击对手。

战术能使运动员把身体、技术、心理等方面的能力，根据比赛情况合理地运用和充分地发挥。在与对手身体、技术、心理等能力基本相当的情况下，战术常常对取胜有重要作用，但不同年龄和不同水平的运动员情况有所不同。初学者、青少年，在比赛中技术的作用就大得多，在技术水平低的情况下，还顾不上战术问题。随着年龄的增长和技术、身体、心理水平的提高，战术也会随之加强。战术有利于运动员思维水平的提高，在这种斗智的过程中有利于促进智能的发展。一个合理正确的战术，能充分发挥自己的身体、技术、心理的潜能，抑制对手技术的发挥，扰乱对手的心理状态，分散对手的注意力，破坏对手的战术意图，削弱其斗志，使其丧失战斗力，导致其错误。

一、击剑战术的特点

（一）具有独立性

击剑是一对一的攻防格斗，其战术是个人战术，是自己为独立战胜对手而采取的各种计谋和行动。以自己的智慧和强烈的战术意识，运用自己的身体、技术、心理等能力与战术结合，快速有效地去战胜对手。个人的一切行动必然会受到对手的抵抗，进攻与防守要能瞬息转换，行动要快速积极、领先主动；要知己知彼，巧于心计，思于谋略，捕捉战机，善于应变，才能克敌制胜。

（二）具有灵活性、应变性

根据彼我情况制定出的战术，在临场运用时，要能根据当时的情况运用，如情况发生变化，就要做相应的调整。这就是战术的灵活性和应变性。绝对不能刻板地、机械地去执行，这样战术才有可靠性。无论进攻还是防守都要灵活，随机应变。这就要求自己必须不断地了解对手的弱点和破绽，适时掌握攻防时机，采取有效的方法进行突袭，才能取胜。这种灵活性和应变性，要在瞬间快速地进行，决不能有半点儿犹豫和迟缓，否则就会贻误战机，导致失败。

（三）具有预见性、隐蔽性和欺骗性

击剑战术是根据彼我情况做出的合理、正确的预测和判断，双方所采取的计谋和行动，是智慧的较量。有了预测、判断才能有相应的行动，也就是一切行动要立足于事先的准确判断和预见的基础上，才能有的放矢，而这种判断和预见不是凭空的，是根据击剑运动的规律，彼我攻防的特点，临场发生的情况，进行推测、判断得出的。见微知著，才能做出攻防或应变的行动。

隐蔽性和欺骗性，就是指把真实的目的、行动意图和规律及打法隐蔽起来，不暴露给对手，而以诡异的打法和隐蔽或假的行动手段，去扰乱、迷惑、欺骗对方，给对手造成假象和错觉，使其防不胜防，受骗上当，坠入圈套，也就是虚实结合，真假相济，声东击西，突然袭击。

二、战术与身体、技术、心理的相互关系

击剑的竞技能力是由击剑战术、身体、技术、心理等能力组成的。战术能力的作用十分突出，在取胜中占有重要地位。在比赛中战术的作用在于把已获得的身体、技术、心理等的训练水平，根据比赛双方的具体情况，合理、正确地运用和充分地发挥。所以战术与身体、技术、心理有密切的关系。技术是战术的基础，身体是提高技术、战术和实施战术的主要先决条件，心理是技术、战术发挥的保证。同时，战术的提高必然促进身体、技术、心理的更快发展。

（一）战术与技术的关系

在击剑运动中战术与技术是紧密相关的，技术是战术行动的手段。技术是运动员拿着剑完成击剑的动作方法，战术是比赛中把平时学到的动作方法进行的合理运用，就是让运动员知道技术在什么时候用、怎么用，对付什么样的对手用什么技术。所以战术与技术是相辅相成的。技术是战术的基础，考虑战术时应以技术基础为出发点。运用一种战术要有一定的、相应的技术能力，两者是相互依靠的，没有技术就没有战术，战术是技术的生命，没有战术，技术就没有生命力。运动员在比赛中考虑的战术不能超出他本人的技术能力范围和熟练程度的限度。运动员不能掌握击剑的某一种技术，就不可能运用有关这个技术方面的战术。运动员掌握技术越全面、越多样、越精确、越熟练、越实用，对实现战术方案就越有保证，才会有多样化战术，才会做出变幻莫测的战术行动来。

战术比技术难掌握，需要根据运动员本人特点和对手特点而变化，要提高战术能力应在练习技术时多理解每个技术动作本身所包含的使用意图。多与战术知识结合起来学习，以便更快地掌握具有战术性质的技术，这样可以丰富运动员的技术能力与战术知识。从这一角度出发，练习技术时就要动脑筋分析所练技术的效果和优缺点，使它朝向战术方向发展。练习战术时需要考虑当时的具体情况，对所实施的技术做出具有针对性的变化，因此战术与技术是可相互促进的。运动员最初练习的是技术动作的做法，是纯技术性质的，在不断重复练习进入巩固阶段以后，再练习的技术就带有一定的战术性质。要练出动作节奏，选择动作时机，以及动作组合配合，这就带有战术的意图了。所以丰富多彩的战术需要有坚实牢固的技术骨架。

（二）战术与身体的关系

击剑比赛对运动员身体条件有着很高的要求，身体条件是高水平击剑比赛取得胜利的前提，是掌握并提高技术、战术和实施战术的物质基础。战术选得不适当会限制身体能力的发挥，有时也会大大地消耗身体能力。而没有相应的身体条件，技术、战术将得不到应有的实施和发挥。击剑比赛经常是在相对静止和突然快速起动的反复过程中发挥技术、战术能力的，为适应这种情况就需要有极为灵活、快速移动的能力。国外有材料称，仅仅在一剑的争夺过程中，最多要做30～50个弓步出击和回收动作，这样就要求运动员的两腿有很大的负荷能力，如后腿要提供足够的后蹬作用力、前腿伸摆腿落地时要克服前冲的阻力。据我国对女子佩剑优秀运动员技术研究的统计资料看，原地出弓步后蹬力

的平均最大值为802.3牛顿；向前一步接弓步的为1051牛顿，由此可看出击剑对腿部的力量素质要求是很高的。速度素质也是击剑运动员所需的主要素质，突出在爆发式的快速能力上。国外对击剑动作的速度做过计算，运动员做简单的防守还击的速度为0.1秒，做简单的弓步直刺进攻速度为0.11~0.13秒。

耐力素质是运动员在长时间运动中抗疲劳的能力。它一方面表现在心血管及物质代谢系统的持久工作能力和高温下持久的运动能力；另一方面也表现在长时间的非周期性的腿和持剑臂的耐久负荷能力，尤其是在高水平的决赛中，争夺紧张激烈，缺少这些能力会造成小腿腓肠肌和持剑臂肌肉的痉挛。

上述这些身体素质对击剑战术的实施有着举足轻重的影响，是提高技术、战术能力的重要先决条件和物质基础。

（三）战术与心理的关系

心理是战术意识的基础，是战术形成的条件之一，是技术、战术和身体能力发挥的保证，同时心理本身就是一种战术。在击剑对抗中，当运动员身体、技术、战术水平不相上下时，心理素质将会起到决定作用，这时比赛的胜利往往取决于心理优势。从某种角度来说，比赛也是在比心理水平，比心理优势。赛场上对手的情况和赛场环境都会引起运动员心理的变化，因此要注意自我心理调控，排除干扰，才能保持最佳心理状态，保证技术、战术、身体能力得到充分发挥。

三、击剑战术的内容

击剑战术的内容是由战术指导思想、战术知识、战术意识和战术行动四方面紧密联系共同组成的。因此，战术制定是以战术指导思想为基础，靠掌握的战术知识和根据比赛过程中场上出现复杂情况所产生的战术意识来支配，按一定技术要求产生的有目的的战术行动加以体现的。

（一）战术指导思想

战术指导思想是根据双方情况确定的作战思想方针，是制定战术行动方案所依据的准则，是整个战术内容的核心。采用的战术是否能战胜对手，关键在于指导思想是否正确。例如，在第23届奥运会的女子花剑个人赛中，我国选手栾菊杰用变化节奏、引蛇出洞、使用新招、突破防守，出其不意、攻其无备三种不同的战术指导思想，战胜了三个强硬对手，最后过三关而获得金牌。"胜兵先胜而后求战"，就是战前了解对手的情况，悟出制胜的道理，做出求胜的计划，然后再打。

（二）战术知识

战术知识是指运用战术的基本原则，各种攻防战术形式及其优缺点和作用，战术的发展、演变和趋势，对付各种战术的对策和其有效范围，运用战术的条件原则、规则对战术的限制与要求，对手在技术、战术、身体、心理、习惯、训练特点等有关知识。理论是行动的指南，掌握丰富的击剑战术理论知识，是制定击剑合理战术的需要，有助于战术意识的提高，有助于迅速掌握多种战术及迅速提高战术质量，有助于更合理选择战术，灵活、机动、有效地运用战术并形成绝招和新战术。战术知识丰富，战术意识强，在比赛的战术行动中才心明眼亮，成竹在胸，不会误入歧途，陷入圈套。

（三）战术意识

战术意识是指运动员在复杂、多变和极其困难的处境下，及时准确地观察、判断对手的情况，随机应变，迅速而有预见地决定对付对手策略的思维活动。战术意识总是和战术行动结合在一起的，战术意识支配战术行动，行动结果的好坏又反过来评价战术意识的强弱。战术知识的丰富，有助于战术意识的提高。战术意识是战术能力最基础的、最重要的内容。战术意识是不能用其他方法来代替或弥补的，只有随着运动员击剑理论知识的丰富，不断积累比赛的经验，才能提高。战术意识强，思维、观察、判断和随机应变能力就强，采用攻防动作方法也就多，容易达到取胜的目的。

（四）战术行动

战术行动是指为完成预定的战术计划和意图，取得最佳成绩的一种活动。或者指战术的具体动作、打法，就是在与对手交锋中使用的具体的手段。它取决于战术指导思想、战术知识、战术意识、技术、身体、心理等方面的水平。它不是一种无目的的单纯的身体活动，而是一种具有特定的技术、身体、心理等要求的有目的的行动。战术行动要以战术指导思想为准则，在战术意识的支配下，运用战术知识，选用攻防的具体打法。

四、击剑战术的类型

击剑战术总的说来属于个人战术。从攻防性质来划分，可分为进攻战术和防守战术。另外还有特定情况下的特殊战术。

进攻战术：指利用掌握主动权的机会，通过个人的努力，采用各种攻击的动作方法，对对手发动主动进攻的有目的的战术行动。

防守战术：指在个人防卫的情况下，通过个人努力，采用各种防卫的动作方法，达到阻碍和破坏对手的进攻，夺回主动权，并进行有效的还击的目的而采取的战术行动。

击剑比赛始终处于发挥与反发挥、限制与反限制的激烈竞争之中，这就迫使双方尽可能采用进攻战术，达到以己之长，攻彼之短，或用防守战术来限制对方之长，阻碍和破坏对手的进攻，并进行还击，以夺取比赛胜利的目的。

进攻和防守战术，是根据击剑的特点和规律，以及比赛实践的经验，为了击中对手而不被对手击中，而采用的各种攻防动作和打法。随着击剑运动的发展，科学技术在击剑领域的不断渗透，实践经验的不断丰富，以及结合个人的特点和风格的变化，战术的种类会不断发展，绝招、创新战术也会不断涌现。

特殊战术：指在击剑比赛中，为了应付出现的某种特定情况所形成的战术。例如，最后一分钟、最后一剑的战术，近战战术，用左手持剑对付左手持剑的战术，利用场地的战术，利用规则的战术，适应裁判员的战术，矮个对高个和高个对矮个的战术，换人战术等。

在平时的教学训练中，可根据击剑的特点和规律及比赛经验，编制出一些比较带有普遍性、代表性和基本实用性的战术指南，供教学训练之用，以利于运动员掌握一些基本战术。运动员一般都应在提高身体、技术、心理等能力的同时，熟练掌握几套符合自己情况的战术。当然掌握战术的种类越多，在比赛中应变能力越佳，取胜的机会就越多。在这个基础上，结合个人特点（身体、技术、心理等），逐步培养绝招和特长。

五、常用击剑战术

这里简单地介绍一些实战比赛中的有效战术供参考。

（一）基本战术

第一，变换步法、步幅、节奏、速度的紧逼简单和复杂进攻。第二，运用步法和剑变换的顶、拉、干扰的防反攻击。第三，击剑线变、反攻、进攻、击打进攻、反击打进攻。第四，反攻（劈手）变、击打进攻、击剑线、进攻。第五，对抗变、反攻、变节奏进攻、向前劈手、向后劈手、对抗劈。第六，防守变、反攻劈手、防守还击、进攻、击打进攻。

（二）特定情况的战术

利用场地、最后一分钟、最后一剑、适应裁判、利用规则、心理战、近战、互中、个人特长、团体赛排位、实战和比赛、条件实战（条件指时间、距离、技术动作、战术等）、实战、适应比赛的实战（时间、负荷、裁判）、超比赛强度实战（超比赛强度、时间）、教学比赛、参加各级比赛。

第四节　击剑运动竞赛规则

击剑竞赛规则是击剑运动行为的规范和准则。规则是为了使双方在击剑比赛中，不受人为的主观因素和客观因素的影响，能在均等条件下进行公平竞赛所制定的准则，所有竞赛的组织者、教练员、运动员、裁判员都必须共同遵守。规则会促进击剑运动，特别是技、战术的发展，而技、战术的发展又会促进规则的发展和变化。因此规则不是固定、永远不变的，而是具有阶段性的。随着击剑运动的发展，规则也会不断被修改和变动。规则的基本内容有发展史、击剑术语、适用范围、竞赛、交锋判断、场地器材等。击剑比赛的规则比较烦琐，不能一一介绍，本节只介绍普通常规通则及简单裁判法。

一、击剑比赛规则

击剑是双人比赛，比赛中，一方用剑尖刺击对手，使剑尖准确无误地刺在有效部位并具有刺入的性质。最后有效击中数多的一方获胜。按规则，循环赛在3分钟内5剑决胜负，淘汰赛在9分钟内15剑决胜负。最先击中对方达有效剑数，或时间到后击中对方次数多者为胜。团体赛，最先击中对方达45剑的团队为胜。击剑运动有三种武器：重剑、花剑、佩剑。三种武器的有效击中点及比赛规则亦有不同，故每种武器都有其竞技特点。

相比而言，花剑更具运动性，佩剑速度最快，重剑则更需要技巧和准确性。

（一）预备

比赛在 1.5 到 1.8 米宽，14 米长的剑道上来进行。当裁判宣布准备比赛时，双方队员在离中心线两米处的开始线前就位。队员们应该侧身（击剑基本姿势）站着，手中剑必须指向对手，未握剑的手在体侧展开（花剑不能遮挡有效部位）。运动员每得一分都得回到开始线处重新开始比赛。

（二）得分

使用重剑、花剑、佩剑击中，就是用剑尖刺击对手，使剑尖清楚地、准确无误地刺在有效部位并具有刺入的性质。为了使之成为有效的击中点并得分，落点必须在有关剑种规定的有效部位内。

（三）平局

在规定比赛时间结束后，如果双方比分战平，那么将加时一分钟，使用突然死亡法。加赛前抽签决定优先权，如果加时赛中双方都未得分，那么有优先权者获胜。

（四）团体比赛

击剑运动团体比赛中的每个队由 3 名队员组成，其顺序由队长决定。允许有替补队员。队与队之间的相遇，须打满 9 场，每场限时 4 分钟。第一场打到 5 剑，第二场打到 10 剑，第三场打到 15 剑……依此类推，至第九场打到 45 剑。如果 4 分钟结束，接力规定的比分未达到，则下一对队员从原有的比分开始继续比赛。先胜 45 剑的队或在规定时间结束时获胜剑数多的队为胜队。如果 1 名队员和 1 名替补队员弃权或被开除，则该队为负。在最后一场接力的规定时间结束时，双方比分相等，则抽签决定优胜权，随后加时 1 分钟，由最后 2 名队员决一剑。

（五）犯规与处罚

比赛重新开始后，一般情况下都是从同一地点开始比赛（判罚丧失场地除外）。判罚丧失场地一般是把比赛的现场向犯规的团体移一米。如果选手的双腿退出后方端线，将被罚击中一剑。警告后，重犯同一错误，也会被罚击中一剑。在佩剑中冲刺冲撞，在花剑中故意做身体接触，在重剑中推挤对手，都属于故意身体接触行为，都会被罚击中一剑。转身背向对手、剑尖在场地上非法拖划和重刺或者用不持剑手遮盖有效部位避免被击中都是犯规行为。第一次给以黄牌警告，如果再犯，将出示红牌判罚被对方击中一剑。对那些更为严重的犯规，比如报复与粗暴冲撞以及与对手串通舞弊，将会直接出示黑牌驱逐出场。

（六）其他规则

在每一回合的开始和结束，选手必须向对手、裁判以及观众敬礼。动作过程是，持剑臂手心向上伸平，剑尖指向裁判员（对手、观众），然后屈肘垂直举剑表示致敬。在比赛过程中，选手不能临时更换握剑的手。受伤的运动员（抽筋除外）有 10 分钟的休息时间，然后决定是否要退出比赛。如果剑刺发生在裁判的哨声之前，这次剑刺有效。但只限这一次，时间到后的任何剑刺都是无效的。

二、场地、器材及设备

（一）场地

击剑比赛在室内举行，场地应平整，无坡度，光线明亮（图10-18）。

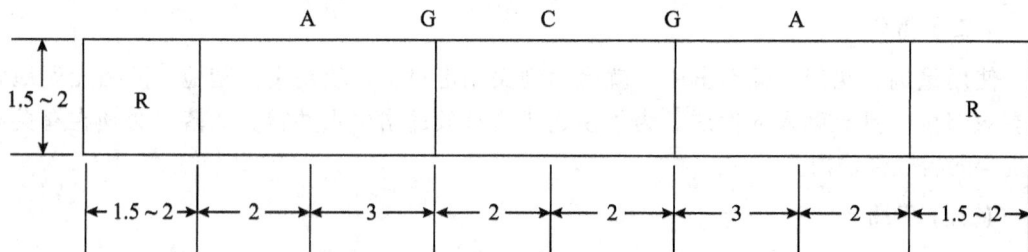

图10-18　通用场地示意图（单位：米）

通用剑道的长度14米，宽度1.5～2米，高度0.1米，两端各有1.5～2米长的延伸部分。决赛剑道的长度14米，宽度1.5～2米，高度0.3～0.5米，两端各有1.5～2米延伸部分，后面还应有一定距离的坡道。C为中线，画在边线上，离端线7米。G为准备线，离端线5米。A为警告区标志，离端线2米处的两边线向场内各画一段长0.3米的线，以引起比赛运动员的注意。R为场地延伸部分。各种线的宽度为3～5厘米，以边线向内画。金属网应铺满场地及其延伸部分。

（二）面罩

面罩是网状的金属套，网眼边长最大不超过2.1毫米，镀锡前金属丝的直径不小于1毫米。网眼应能承受12千克压力而不变形。花剑、重剑面罩要绝缘，花剑护颈不能高于颈下2厘米，在任何情况下不得高过锁骨。重剑的护颈要下伸到锁骨顶部以下。佩剑面罩包括护颈采用不绝缘的金属，用导线和鳄鱼夹与金属衣相接。

（三）手套

手套的护袖应是前臂长度的一半。重剑手套的护袖不能用塑料或过于光滑的材料制成。佩剑金属护袖的前端应在掌指关节处（图10-19）。

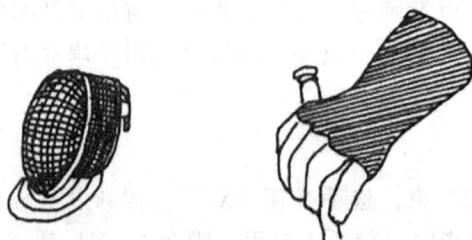

图10-19　面罩和手套

（四）服装

服装应用白色或浅色的质地结实的材料制成，表面不能过于光滑，以免刺滑。整套服装都具有 800 牛顿抗力（每平方厘米），不得有环扣或开口。领口至少 3 厘米高。内衣的腋下无接缝，无开口，以保护胁侧。裤子的长度要超过膝盖。女运动员的护胸应使用硬质材料或金属制作。

（五）金属衣

男女花剑运动员应穿金属衣，在做各种动作时，此金属衣都能盖住身体有效部位。金属衣应有良好的导电性能，任何两点的电阻不得超过 5 欧姆。金属衣的里子应绝缘，领口高 3 厘米。下部有一条 3 厘米宽的非金属织带，用以绑结。佩剑金属衣（含衣袖）除上述要求外，还有 1～3 厘米高的金属带翻领，和用于夹面罩导线的鳄鱼夹（鳄鱼夹当中用导线相连）。佩剑金属衣前面下端要增加一块三角形的非金属布面。

（六）剑

1. 花剑

花剑最长为 110 厘米，重量不超过 500 克。剑身为钢制，最长为 90 厘米，横断面为矩形，韧性应在 5.5～9.5 厘米。花剑护手盘最大直径为 12 厘米，禁止偏心。电动花剑剑身前端应包有 15 厘米的绝缘物。花剑剑头直径在 5.5～7.0 毫米，长为 1.5 厘米左右。测量花剑韧性的方法：在离剑尖 70 厘米处固定剑身；在离剑尖 3 厘米处挂一个 200 克砝码；测量剑尖与不同挂肢码时位置间距离（图 10-20）。

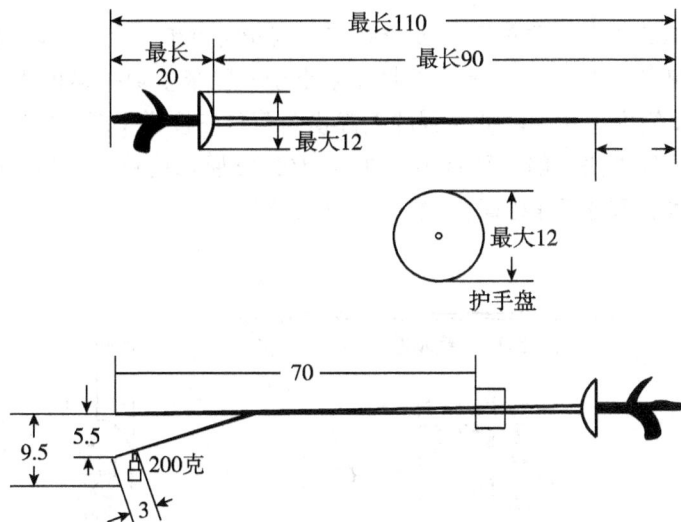

图 10-20 花剑示意图（单位：厘米）

2. 重剑

重剑长 110 厘米，重量不超过 770 克。剑身为钢制，最长为 90 厘米，韧性 4.5～7 厘米，横断面为三棱形，弯曲度为最大为 1 厘米。护手盘的深度为 3～5 厘米，最大直径 13.5 厘米。重剑剑头直径为 8 毫米，长度为 1.5 厘米左右。韧性测量方法同花剑（图 10-21）。

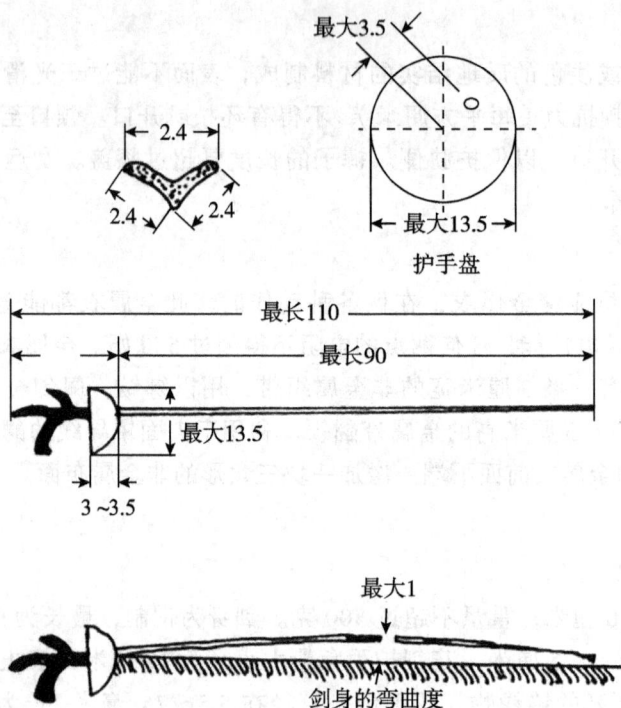

图 10-21　重剑示意图（单位：厘米）

3. 佩剑

佩剑最长为 105 厘米，重量不超过 500 克。剑身为钢制，最长不超过 88 厘米，横断面近似长方形，韧性为 7～12 厘米，弯曲度应小于 4 厘米。护手盘的大小，应以能沿对角线放进 15×4 验筒中为准。电动佩剑的面部横断面呈三棱形（图 10-22）。

测量佩剑韧性的方法：剑身平直固定在离剑尖 70 厘米处；离剑尖 1 厘米处挂 200 克砝码一个；测量挂砝码与不挂砝码剑尖之间的位置距离。

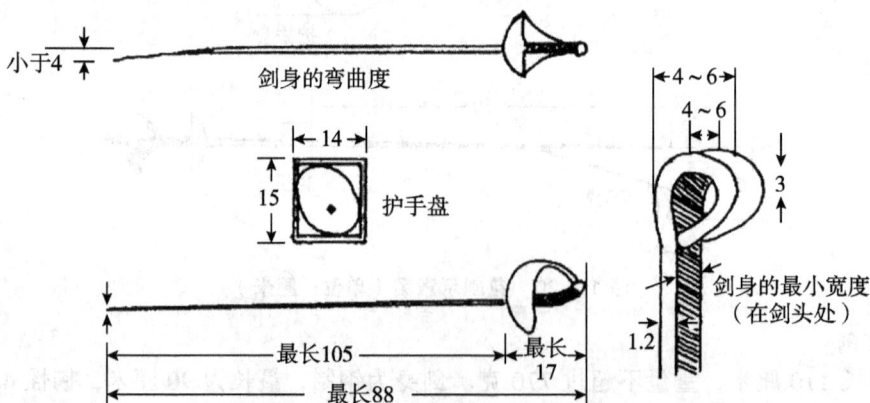

图 10-22　佩剑示意图（单位：厘米）

4. 电动剑头

电动剑头为圆柱形，顶端为平面，边缘呈半径为 0.5 毫米的圆弧形外廓或长 0.5 毫米的 45 度的斜面。

重剑剑头起动弹簧压力应能顶起 750 克的砝码，压缩范围应高于 1 毫米。花剑剑头起动弹簧压力应能顶起 500 克的砝码，压缩范围应小于 1 毫米。佩剑装有传感器，并以它显示信号（图 10-23）。

（七）电动器材

电动器材包括电动裁判器、拖线盘（或悬挂拖线）、附属电缆（连接裁判器到拖线盘的电线）、手线、电源线等。

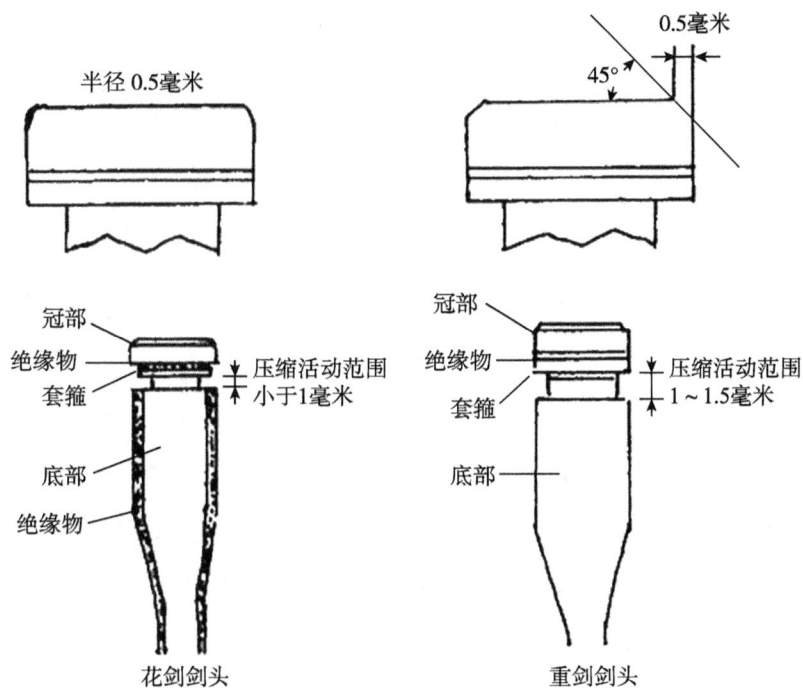

图 10-23 电动剑头

本章思考题

1. 击剑运动有什么特点和作用？
2. 击剑的基本技术是什么？
3. 击剑的基本步法及要求是什么？
4. 击剑的主要进攻技术及特点是什么？

5. 击剑战术有什么特点?

6. 击剑战术的内容有哪些?

7. 击剑的常用战术有哪些?

8. 击剑比赛的基本规则是什么?

本章参考文献

国家体委体育文史工作委员会,中国击剑协会.中国击剑运动史 [M].武汉:武汉出版社,1992.

第十一章

武术运动

第一节　武术运动概述

　　武术在华夏土地上延绵了数千年，历史悠久并植根于民间。它来源于人们的生产实践、军事战争和社会活动，在中国文化的长期熏陶哺育下，具有鲜明的民族文化特色，世代相传，历久而不衰，是我国的国粹，在全球得到广泛开展。2008年北京奥运会上，武术比赛成为奥运史上首个特设项目。

　　武术具有多彩的形式、丰富的内容、深邃的文化意蕴；具有健身、防身、修性、竞技、娱乐等多方面的社会功能，无愧为中华民族创造的文化精粹，不仅为广大群众喜闻乐见，还得到世界上越来越多人的青睐。

一、武术的概念

　　"武术"这一词汇最早出现在南朝梁武帝长子萧统所编《昭明文选》中，但不具有今天武术概念所具有的含义，其中有诗句为"偃闭武术，阐扬文令"（南朝宋·颜延之《皇太子释奠会作》），其意指停止武战，发扬文治，并非反映今之武术的概念。使用"武术"这一概念是近代的事，古代记载中如商代有"拳勇"、春秋有"技击"、汉代有"武艺"等提法。汉以后，较广泛采用"武艺"一词。"武艺"在《辞源》中被解释为骑、射、击、刺等。在不同的历史时期，它所涵盖的内容不尽相同。类似今天武术的内容有角抵、相扑、角力、手搏、击剑、刺枪、打拳、使棒等。

　　由此可见，武术在古代并不是作为体育形态出现的，而是以一种技击术的形式来体现其社会价值的。应当说技击术不是一个国家、民族所独有的，人类的防卫意识和人体运动学原理决定了技击术在起源之初是近乎相同的，只是在后来的发展中，不同的地理环境、不同的经济文化、不同的民族性格造就了五光十色的各种技击术，如拳击、角力、击剑、柔道、跆拳道、合气道、泰拳、自由搏击、剑道、相扑、桑博等，不一而足。长期以来中国人民以自己的思维方式、行为准则、价值观念、审美情趣，经历代宗师的砥砺揣摩、千锤百炼，形成了具有民族性格的技击术——中国武术。

从古代"技击"到"武艺"，从"武艺"到"武术"，都离不开攻防格斗的本质特征。从古代战争中总结出来的技击之术（击刺格斗方法），可以直接用于战争搏杀，连同骑马、驾车、射箭，以及后来的挽硬弓、举石锁等臂力训练，都属于"武艺"——古代军事技术，并曾作为武举考试的内容之一。这些军事武艺不仅在军队中应用，而且有些内容也逐渐散入民间，步入宫廷，乃至学校，同时具有了竞技性、娱乐性、教育性等功能，表现方法也有所变化。它所面对的不再是战阵，在方法上也有所区别，一如"兵枪"与"游枪"，前者为战阵实用，后者为行家较技。当徒手搏击的拳术层出不穷、日益壮大时，武术与军事技术明显分野。有人将其区分为"阵战武艺"和"日常武艺"，两者既相一致，又相区别。阵战武艺由车战发展到步骑战，以群体为主，强调集体性、实用性，以杀伤为主旨，重视骑射、兵械的直接运用；日常武艺以个体为主，向技艺多样性、复杂性演进，以胜负为主旨，更注重拳械技巧和方法的多变。应当说武术是古代军事技术中的一部分，历史越久远，武术与军事技术结合得越紧密；随着历史的推进，武术与军事技术逐渐分野，今天的武术主要是活跃在民间的古代"日常武艺"的传承和延续。

武术在民间主要用于自卫、健身、修性、娱乐，其社会功能是多元的，如套路，是以演练的形式来提高人的身体素质和攻防技能，进行功力和技巧等方面的较量，同时从健身和审美的角度、动作的幅度和要求看，虽与实用的技击术略有一些距离，但仍不失原意，既保留了技击特性，又符合了体育竞技与健身的要求。

近代的散打运动在技术形态上与实用的技击术基本一致，摒弃了实用技击中致人伤残的技术，并用规则限制了一些违禁动作，严格规定了击打部位和护具等，对运动员加以保护，体现了武术的体育特征。

武术在民族文化的摇篮中，不断汲取传统哲学、伦理学、养生学、兵法学、中医学、美学等多种传统文化思想和观念，使之理论内涵丰富、寓意深刻，注重内外兼修、德艺兼备。诸如武术的整体运动观、阴阳变化观、形神观、气论、动静说、刚柔说、体用说、尚武崇德说等，都从不同侧面反射出民族文化的光彩，成为中国传统文化大系统中的一个子系统。

综上所言，我们可以概括地说，武术是以攻防技击为主要技术内容、以套路演练和搏斗对抗为运动形式、注重内外兼修的民族传统体育项目。

二、武术的功能

（一）强身健体、陶冶情操

系统地进行武术训练，对人的速度、力量、灵巧、耐力、柔韧等身体素质要求较高，人体各部位"一动无有不动"，几乎都参加运动，使人的身、心都得到全面锻炼。实践证明，武术训练对外能利关节，强筋骨，壮体魄；对内能理脏腑，通经脉，调精神。武术运动讲究调息行气和意念活动，对调节内环境的平衡，调养气血，改善人体机能，健体强身十分有益。

武术不仅有强身健体的作用，而且富有浓郁的艺术色彩。表现在运动中攻与防、虚与实、刚与柔、开与合、快与慢、动与静、起与伏等交替变化形成的强烈的动感、均衡的势态、恰当的节奏、和谐的韵律，使人百看不厌。武术的套路运动变化，讲究动之如涛、静之如岳、起之如猿、轻之如叶、重之如铁、缓之如鹰、快之如风等，充满着矫健、敏捷、洒脱、舒展而遒劲的美，使人的情操在演练中受到陶冶。武术的搏斗运动，通过攻防技术练习，和拳打、脚踢、快摔等动作的运用，并在实践中互相扬长避短、攻彼弱点、避彼锋芒，讲究得机、得时、得势，从而提高判断力和应变能力。

（二）锻炼意志

练武对意志品质的考验是多面的。练习基本功，要不断克服疼痛关，磨炼"冬练三九、夏练三伏"、常年有恒、坚持不懈的意志品质；要经得起枯燥关，培养吃苦耐劳、砥砺精进、永不自满的品质；要克服遇到强手消极逃避的心理，锻炼勇敢无畏、坚韧不屈的战斗意志。长期的锻炼，可以培养人们勤奋、刻苦、果敢、顽强、虚心好学、勇于进取的良好习性和意志品德。

（三）竞技观赏

武术具有很高的观赏价值，无论是套路表演，还是散打比赛，历来为人们喜闻乐见。汉代打擂台，"三百里内皆来观"；唐代大诗人李白称赞好友崔宗之"起舞拂长剑，四座皆扬眉"；杜甫在《观公孙大娘弟子舞剑器行》中有"昔有佳人公孙氏，一舞剑器动四方。观者如山色沮丧，天地为之久低昂"的描绘。这都说明无论是显现武术功力与技巧的竞赛表演套路，还是斗智较勇的对抗性散打比赛，都会引人入胜，给人以美的享受，都具有很高的观赏价值，通过观赏，给人以启迪和乐趣。

（四）文化交流

武术运动蕴含丰富，技理相通，入门之后会有"艺无止境"之感。群众性的武术活动、武术表演便成为人们切磋技艺，交流思想，增进友谊的良好手段。武术在世界上广泛传播，还可促进国内外武术爱好者的交流。许多国家武术爱好者喜爱武术套路，也喜爱武术散打，他们通过练武了解认识中国文化，探求东方文明。武术通过体育竞技、文化交流等途径，在与世界各国人民友好交往中发挥着越来越大的作用。

三、武术的主要流派

（一）"长拳""短打"之类

明代戚继光在《纪效新书》中介绍的当时流行的拳法分为"长拳""短打"，该书记载了"势势相承"的宋太祖三十二势长拳，还有"张伯敬之打""李半天之腿""千跌张之跌"和"鹰爪王之拿"等不同流派。明代程宗猷《耕余剩技·问答篇》记载"长拳有太祖温家之类，短打则有绵张任家之类"。

（二）"内家""外家"之说

此说见于明末清初黄宗羲撰《王征南墓志铭》中提到的"少林以拳勇名天下，然主于搏人，人亦得以乘之。有所谓内家者，以静制动，犯者应手即仆，故别少林为外家"。明清之际的内家拳仅是一个拳种，外家拳仅指少林拳，到民国期间凡"主于搏人""亦足以通利关节"者，概称外家拳；凡注重"以静制动""得于导引者为多"，概称内家拳，后来有把太极、形意、八卦归为内家拳的说法。

（三）"南派""北派"之分

按地域划分的派别，见于民国时期陆师通《北拳汇编》等书使用的"南派""北派"的分法。此说在民间广为流传，以流传地域为基础，并受地理环境气候的影响。我国南方流传的武术拳法多，腿法较少，动作紧凑，精力充沛；而北方流传的武术腿法丰富，架势开展，动作起伏明显，快速有力，故有"南拳北腿"之称。

（五）"少林派""武当派"之别

少林派因以少林寺传习拳技为基础而得名。少林拳源自嵩山少林寺僧众传习的拳术，后来逐步将与少林拳系特点相近的拳技归为少林派。少林派拳技有少林拳、罗汉拳等。内家拳以黄宗羲撰《王征南墓志铭》为据，"有所谓内家者……盖起于宋之张三峰（丰）。三峰（丰）为武当丹士"，故名。清末又有人称太极拳传自张三丰，此后遂将内家拳、太极拳、八卦掌、形意拳等流派合称为武当派。1928年成立的中央国术馆，曾一度使用这种民俗分类和称谓，将该馆教学内容分为"武当门""少林门"。

武术流派体现了不同技术特点的风格，形成了不同的门类，延续了古老的技艺，使武术几千年来生生不息，在中国武术发展的历史长河中起着积极的作用。

第二节　五步拳

五步拳属于查拳入门基本套路，它包含了武术中最基本的弓、马、仆、虚、歇五种步形，拳、掌、勾三种手形，上步、退步等步法和搂手、冲拳、按掌、穿掌、挑掌、架打、盖打等手法，因此也是青少年学习武术重要的入门套路之一。人们通过五步拳的练习可以提高身体的协调能力，掌握动作与动作之间的衔接要领，提高动作质量，为进一步学习武术打下基础。

一、五步拳动作说明及要点

（一）预备式

两脚并拢，双手握拳抱于腰间，双肘后顶，目视前方（图11-1）。

要点：挺胸，塌腰，收腹。

（二）弓步冲拳

左脚向左横跨一大步成半马步，同时左拳变掌向左搂出，目视左前方。左掌变拳收回腰间，拳心朝上。右腿蹬地，向左拧腰转胯成左弓步，右拳同时内旋从腰间向左前冲出，拳心向下，拳与肩平，力达拳面，目视前方（图11-2）。

要点：半马步到弓步的转换要快，拧腰转胯与冲拳要顺畅，冲拳有力，目视前方。

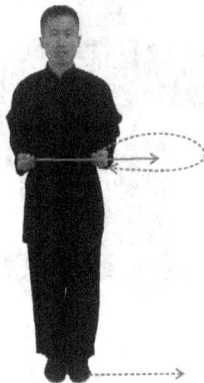

图11-1 预备式　　　　图11-2 弓步冲拳

（三）弹踢冲拳

右拳外旋收回腰间，拳心向上。左拳内旋从腰间冲出，拳心向下，拳与肩平，力达拳面，目视前方。同时右脚向前弹踢，脚面绷平，力达脚尖（图11-3）。

要点：冲拳弹腿有力，力达末端，站立稳定。

（四）马步架打

右脚前落成马步，左拳变掌向上撩架，右拳向前击出成立拳，眼看右方（图11-4）。

要点：马步落地要稳，左手撩架与右手冲拳要同时。

（五）歇步冲拳

向左转身，左脚后撤于右脚后方，左掌变拳收回腰间，右拳变掌从上向左下压盖，目视前方身体下蹲成右歇步，右掌变拳收回腰间，左拳平拳击出，目视前方（图11-5）。

要点：左脚撤步位置要准，左膝在右膝下方，歇步要稳，冲拳有力。

图 11-3 弹腿冲拳

图 11-4 马步架打

图 11-5 歇步冲拳

（六）提膝穿掌

左拳变掌横盖，起身右腿直立，左腿提膝，同时右拳变掌从腰间经左掌背向右上方穿出，眼看右掌（图 11-6）。

要点：左盖掌要明确，提膝、穿掌动作协调，身形稳定。

（七）仆步穿掌

左脚向左落步成左仆步，左掌向左下方穿出。目视左方（图 11-7）。

要点：下仆要快，两臂展开。

（八）虚步挑掌

右脚向前上步成右虚步，左掌顺式由前上方向后，向下成勾手，与耳同高。右掌向前向上挑出，掌指向上，右肘微屈。目视前方（图 11-8）。

要点：虚步扎实，挑掌明显。

（九）并步抱拳

左脚向右脚并拢，双手变拳收回腰间。目视前方（图 11-9）。

图 11-6　提膝穿掌

11-7　仆步穿掌

图 11-8　虚步挑掌

11-9　并步抱拳

第三节　二十四式太极拳

一、二十四式太极拳简介

太极拳运动是融哲理、医理、拳理于一身的独特运动方式。它的动作舒展圆活、轻灵沉着、速度均匀、连绵不断，并且结合"气宜鼓荡""以身行气""以气运身"的意识活动与呼吸运动，把肌肉运动与呼吸以及意念的调整有机地结合起来，从而对人体的生理、心理机能以及防治某些疾病、防衰抗老都有显著的效果。

二十四式太极拳也叫简化太极拳，是 1956 年国家体育运动委员会（现国家体育总局）组织太极拳专家从杨氏太极拳架构中择取 20 多个不同姿势动作编串而成的。由于其动作舒展、结构简单，所以在练习形式上也是十分多样的，既可以单人练习，又可以集体练习，是初学者较为理想的太极拳入门套路。

二十四式太极拳着重于下肢力量，桩步稳固程度，以及身体的协调性、柔韧性和平衡调节能力，这些是完成技术动作的基础。二十四式太极拳的基本修炼，就是对基本要领、基本技术和基本素质的训练。它的基本要领是，心静体松，意导气合，中正安舒，轻灵圆活，虚实相间。它的基本技术，包括手形、步形、身形、手法、步法、身法以及腿法、跳跃、平衡等都有一定的规则，练习时即要体现技术要领，做到外有形态，又要加强自身文化修养，加深对太极拳的理解，做到内有韵味。希望广大太极拳爱好者，能够坚持练习、认真体会，从中感悟出太极拳的真正奥妙。

二、二十四式太极拳的基本身形要求

（一）对"头部"的要求

练习太极拳对头部的要求是"头顶悬""虚领顶劲"，都是要求练习者头要向上顶，不能用僵劲。除少数侧身或需要微微前倾的把式以外，都要尽可能地保持头部的自然状态，转身时不要歪头，下蹲时不要低头；颈部要自然竖立，不要梗直；眼要平视，运动时眼随手转，定势时目光应视前方，拳论曰："眼随手转，光兼四射。"口要轻闭，齿轻合，舌轻顶上颚；用鼻呼吸，要求匀绵深长，如感觉不畅，可张口徐徐吐气；下巴微向里收；面部表情自然放松。

（二）对"躯干"的要求

对"躯干"总的要求是：立身中正、含胸拔背、松腰敛臀，使躯干带动四肢运动，保证动作的完整性。

"立身中正"即躯干取自然的正确姿势，不前栽，不后仰，不左歪，不右斜，使身体上至百会，下贯长强。这也是拳家们说的"中正安舒"之体。在太极拳运动中要特别注意身体中轴线保持正直不偏。头顶中平而不偏为正，脊柱正直无倾为中，尾闾正好位于头项中间与脊柱中轴的垂直线上，这个垂直线又恰好落在两脚的中心上，这就是拳法中正的准则。保持身形中正，一方面，可以使我们各关节松沉、身体灵活无滞碍，这对人体健康是十分有益的；另一方面，在太极拳推手中，若能保持中正，则自己的重心不易被对手控制，更能发挥太极拳以柔克刚、四两拨千斤的神奇功效。

"含胸拔背"指在太极拳练习过程中，胸部始终处于一种自然正直的状态。含胸既不是过分扣胸，也不是固定不变的一种姿势，应当根据动作的要求做到舒松自然。在太极拳练习中对于胸、背的要求是相辅相成的，背部肌肉随着两臂伸展动作，尽量地舒展开，使整个背部略呈浅度弧形，在这个前提下，同时注意胸部肌肉要自然松弛，不可使其紧张，这样胸就有了"含"的意思，背也有了"拔"的形式。

在太极拳的练习过程中，身体要做到中正安舒，不偏不倚，腰腹部起着重要的作用。"刻刻留心在腰间"，在太极拳运动中，腰居中央，做动作时就要有意识地以腰带动身体大关节，再以大关节带动小关节，将劲力传递到身体末端。对腹部的要求是"松静"和"气沉丹田"，太极拳练习中"气沉丹田"的做法是：立身端正，有意识地引导气将其送入腹部脐下。长期锻炼，腹部会有一种充实感，自然会产生"腹内松静气腾然"的景象，这是太极内劲修炼的关键。

太极拳对于臀部的要求是"敛臀"或"收臀"，是腰部松沉直竖和"尾闾中正"后的自然收进的姿势，这是为了避免臀部凸出而破坏身体的自然形态。所以在太极拳练习过程中，要有意识地使腰部"命门"处向外突出，使臀部自然下垂，不可左右扭动。在松腰正脊的要求下，臀部肌肉要有意识地收敛，以维持躯干的正直。臀部的收敛，不仅有利于降低重心，保持身体的平衡，而且对推手时的发力，形成主宰于腰的整劲，都会起到积极的作用。

（三）对"上肢"的要求

太极拳运动对上肢总的要求是：沉肩坠肘，转腕旋臂，舒指坐腕。

肩："沉肩坠肘"是太极拳重要的法则之一。沉肩是舒展肩部的肌肉和韧带的一个动作。这样在太极拳练习过程中，两臂由于肩关节的松沉和肘的下坠会产生一种沉重的内劲感觉。一般来讲，太极拳每一个动作的定势不仅要两肩松沉，还要有些微向前合抱的意思，便于做到含胸拔背。

肘：在太极拳练习过程中，肘关节始终要微屈，肘尖垂向下方，并具有下坠劲，不可向左右抬起，即便是白鹤亮翅这样的动作，肘关节也应是下坠的。其一，从技击上讲，坠肘可防止两肋暴露太多，减少进攻面；其二，从健身方面讲，两肘上抬容易造成气息上浮，影响练习过程中的沉气。

"舒指坐腕"：太极拳在运动过程中，十分强调"内劲"，劲力到达腕部时，腕部不可僵硬，坐腕可使内劲由脊背向肩、向肘，最后顺达于指尖，体现出"柔中带刚"的特点。若出掌时腕部软弱无力，近似于舞蹈式揉转，就很难将内劲贯注到手上。

"舒指"是劲力"其根在脚，发于腿，主宰于腰，形于手指……总须完整一气"的最后路径，出掌结束时，手指应有微张的倾向，初练者应有意识地引导，做到"力达指尖"。

（四）对"下肢"的要求

对下肢的总的要求是：开胯圆裆、屈膝松踝、五趾抓地、足心含空。

开胯圆裆，就像骑在马背上，胯向两边打开，裆既要向两边撑开，又不能丢掉夹合之力。髋关节是调整腰腿动作的关键，髋关节不松开，动作就不灵活，腰腿也就很难协调。在圆裆基础上松胯，可使裆部的缝隙加大，髋关节的活动因而得到扩大，这样就灵活了腿的弧线运动，使内劲上升到腰脊，有利于做到"肩与胯合"。

腿部支撑全身活动的重量，而膝关节负担力量较大，因此膝关节必须有力而又灵活。膝关节松活，动作正确，才能将身体重量沉到脚下，减轻膝关节负担。许多太极拳初练者膝关节有疼痛感。这一方面是由动作姿势太低所致，另一方面也与错误动作有关。错误动作大多是"跪膝"，即膝关节超出与脚尖的垂直线，向前跪出的现象。所以，练习时要严格规范膝关节的动作。

脚由脚踝、脚掌、脚后跟组成，同样要有意识地放松脚踝，将全身之力散布在脚掌，脚掌各个关节不可用力，五趾平铺于地面，微抓地，脚心涵空。

三、二十四式太极拳动作说明及要点

预备势：身体自然站立，两脚并拢，脚尖向前，两手垂于大腿外侧，手指微屈；头颈正直，口闭齿扣，舌抵上腭，胸腹放松。精神集中，表情自然，双眼平视前方（图11-10）。

图11-10　预备势

（一）起势

身体自然直立，两脚分开，与肩同宽，脚尖向前；两臂自然下垂，两手放在大腿外侧；眼睛平视前方。两臂慢慢向前平举，两掌高与肩平，与肩同宽，掌心向下；眼看前方。上体保持正直，两腿屈膝下蹲；同时两掌轻轻下按，两肘下垂与两膝相对；眼平视前方（图11-11）。

图11-11　起势

要点：此动作可分解为两脚开立、两臂前举、屈膝按掌三个动作。整个动作要求头颈正直，下颌微收，含胸拔背，精神要集中，两肩下沉，两肘松垂，手指自然微屈，重心落在两腿之间，屈膝松腰，臀部不可突出，两臂下落和身体下蹲的动作要协调一致。

（二）左右野马分鬃

上体微向右转，身体重心移至右腿上；同时右臂收在胸前平屈，掌心向下，左手经体前向右下画弧至右手下，掌心向上，两掌心相对呈抱球状；左脚随即收到右脚内侧，脚尖点地；眼看右手。

　　上体微向左转，左脚向左前方迈出，右脚跟后蹬，右脚自然伸直，成左弓步；同时上体继续向左转，左右手随转体慢慢分别向左上、右下分开，左手高与眼平（掌心斜向上），肘微屈；右手落在右胯旁，肘也微屈，掌心向下，指尖向前；眼看左手。

　　上体慢慢后坐，身体重心移至右腿，左脚尖翘起，微向外撇（45～60度），随后脚掌慢慢踏实，左腿慢慢前弓，身体左转，身体重心再移至左腿；同时左手翻转向下，左臂收在胸前平屈，右手向左上画弧至左手下，两掌心相对成抱球状；右脚随即收到左脚内侧，脚尖点地；眼看左手。

　　右腿向右前方迈出，左腿自然伸直，成右弓步；同时上体右转；左右手随转体分别慢慢向左下、右上分开，右手高与眼平（掌心斜向上），肘微屈；左手落在左胯旁，肘也微屈，掌心向下，指尖向前；眼看右手。

　　上体慢慢后坐，身体重心移至左腿，右脚尖翘起，微向外撇（45～60度），随后脚掌慢慢踏实，右腿慢慢前弓，身体右转，身体重心再移至右腿；同时右手翻转向下，右臂收在胸前平屈，左手向右上画弧至右手下，两掌心相对呈抱球状；左脚随即收到右脚内侧，脚尖点地；眼看右手（图11-12）。

　　与第二段所述动作相同。

图 11-12　左右野马分鬃

　　要点：此动作可以分解为收脚抱球、迈步转体、弓步分掌三个动作。完成动作时，上体不可前俯后仰，胸部必须宽松舒展，两臂分开时保持弧形，身体转动时要以腰为轴，弓步动作与分手的速度要均匀一致，做弓步时，迈出的脚先是脚跟着地，然后脚掌慢慢踏实，脚尖向前，膝盖不要超过脚尖；后腿自然伸直；前后脚夹角成45～60度，前脚尖与后脚跟处在同一条线上。

（三）白鹤亮翅

上体微向左转，左手翻掌向下，左臂平屈胸前，右手向左上画弧，掌心转向上，与左手呈抱球状；眼看左手。右脚跟进半步，上体后坐，身体重心移至右腿，上体先向右转，面向右前方，右手提于右上方，左手带于右胸前；眼看右手。然后左脚稍向前移，脚尖点地，成左虚步，同时上体再微向左转，面向前方，两手随转体慢慢向右上、左下分开，右手上提停于右侧上方，掌心向左后方，左手落于左胯前，掌心向下，指尖向前；眼平看前方（图11-13）。

图11-13　白鹤亮翅

要点：此动作可分解为跟步抱球、后坐转体、虚步分手三个动作。完成动作时，胸部不要挺出，两臂都要保持半圆形，左膝要微屈。身体重心后移和右手上提、左手下按要协调一致。

（四）左右搂膝拗步

右手从体前下落，再从右下向后上方画弧至右肩外，手与耳同高，掌心斜向上；左手由左下向上、向右画弧至右胸前，掌心斜向下，同时上体先微向左再向右转；左脚收至右脚内侧，脚尖点地，眼看右手。

上体左转，左脚向前（偏左）迈出成左弓步；同时右手屈回由耳侧向前推出，高于鼻尖，左手向下由左膝前搂过，落于左胯旁，指尖向前；眼看右手手指。

右腿慢慢屈膝，上体后坐，身体重心移至右腿，左脚尖翘起微向外撇，随后脚掌慢慢踏实，左脚前弓，身体左转，身体重心移至左腿，右脚收至左脚内侧，脚尖点地；同时左手向外翻掌由左后上方画弧至左肩外侧，肘微屈，手与耳同高，掌心斜向上；右手随转体向上、向左下画弧落于左胸前，掌心斜向下；眼看左手。

上体右转，右脚向前（偏右）迈出成右弓步；同时左手屈回由耳侧向前推出，高于鼻尖，右手向下由右膝前搂过，落于右胯旁，指尖向前；眼看左手手指。

左腿慢慢屈膝，上体后坐，身体重心移至左腿，右脚尖翘起微向外撇，随后脚掌慢慢踏实，右脚前弓，身体右转，身体重心移至右腿，左脚收至右脚内侧，脚尖点地；同时右手向外翻掌由右后向上画弧至右肩外侧，肘微屈，手与耳同高，掌心斜向上；左手随转体向上、向右下画弧落于右胸前，掌心斜向下；眼看右手（图 11-14）。

与第二段所述动作相同。

图 11-14　左右搂膝拗步

要点：此动作可分解为转体收脚、弓步搂推、左右互换三次。前手推出时，身体不可前俯后仰。推掌时沉肩垂肘，坐腕舒掌，同时与松腰、弓腿上下协调一致。搂膝拗步成弓步时，前脚尖与后脚跟在同一条直线上。

（五）手挥琵琶

右脚跟进半步，上体后坐，身体重心转至右腿，上体半面向右转，左脚略提起稍向前移，变成左虚步，脚跟着地，脚尖翘起，膝部微屈；同时左手由左下向上挑举，高于鼻尖，掌心向右，臂微屈；右手收回放在左肘里侧，掌心向左；眼看左手食指（图 11-15）。

图 11-15　手挥琵琶

要点：此动作可分解为跟步展臂、虚步合手两个动作。身体要平稳自然，沉肩垂肘，胸部放松。左手上起时不要直向上挑，要由左向上、向前，微带弧形。右脚跟进时，脚掌先着地，再全脚踏实。身体重心后移和左手上起、右手回收要协调一致。

（六）左右倒卷肱

上体右转，右手翻掌（掌心向上）经腹前由下向后上方画弧平举，臂微屈，左手随即翻掌向上；视线随向右转体先向后看，再转向前方看左手。

右臂屈肘折向前，右手由耳侧向前推出，掌心向前左臂屈肘后撤至左肋外侧，掌心向上；同时左腿轻轻提起向后（偏左）退一步，脚掌先着地，然后全脚慢慢踏实，身体重心移至左腿上，成右虚步，右腿随转体以脚掌为轴扭正；眼看右手。

上体微向左转，同时左手随转体向后上方画弧平举掌心向上；右手随即翻掌，掌心向上；眼随转体向左看，再转向前方看右手。

左臂屈肘折向前，左手由耳侧向前推出，掌心向前，右臂屈肘后撤，撤至右肋外侧，掌心向上；同时右腿轻轻提起向后（偏右）退一步，脚掌先着地，然后全脚慢慢踏实，身体重心移至右腿上，成左虚步，左腿随转体以脚掌为轴扭正；眼看左手（图11-16）。

然后如上所述循环运动。

图11-16 左右倒卷肱

要点：此动作可分解为转体撤手、退步推掌。前推的手不要伸直，后撤手也不可直向回抽，随转体仍走弧线。前推时，要转腰松胯，两手的速度要一致，避免僵硬。退步时，脚掌先着地，再慢慢全脚踏实，同时前脚随转体以脚掌为轴扭正。退左脚略向左后斜，退右脚略向右后斜，避免使两脚落在一条直线上。后退时，眼神随转体动作先向左或右看，然后再转向看前手。最后退右脚时，脚尖外撇的角度略大些，便于接做"左揽雀尾"的动作。

（七）左揽雀尾

上体微向右转，同时右手随转体向后上方画弧平举，掌心向上，左手放松，掌心向下；眼看左手。

身体继续向右转，左手自然下落逐渐翻掌经腹前画弧至右肋前，掌心向上；右臂屈肘，掌心转向下，收至右胸前，两掌相对呈抱球状；同时身体重心落在右脚上；左脚收至右脚内侧，脚尖点地；眼看右手。

上体微向左转，左脚向左前方迈出，上体继续向左转，右脚自然蹬直，左腿屈膝，成左弓步；同时左臂向左前掤出（左臂平屈成弓形，用前臂外侧和手背向前方推出），高与肩平，掌心向后；右手向右下落于右胯旁，掌心向下，指尖向前；眼看左前臂[图11-17（1）]。

身体微向左转，左手随即前伸翻掌向下，右手翻掌经腹前向上、向前伸至左前臂下方；然后两掌下捋，上体向右转，两掌经腹前向右后上方画弧，比肩略高，右手掌心向上，高与肩齐，左臂平屈于胸前，掌心向后；同时身体重心移至右腿；眼看右手。

（1）左揽雀尾（掤、捋）

（2）左揽雀尾（挤、按）

图11-17 左揽雀尾

上体微向左转，右臂屈肘折回，右手附于左手腕里侧，上体继续向左转，双手同时向前慢慢挤出，左掌心向右，右掌心向前，左前臂保持半圆；同时身体重心逐渐前移变成左弓步；眼看左手腕部。

左手翻掌，掌心向下，右手经左腕上方向前、向右伸出，高与左手齐，掌心向下，两掌左右分开，宽与肩高；然后右腿屈膝，上体慢慢后坐，身体重心移至右腿上，左脚尖翘起；同时两臂屈肘回收至腹前，掌心均向前下方；眼向前看。

上势不停，身体重心慢慢前移，同时两掌向前、向上按出，掌心向前；左腿前弓成左弓步；眼平视前方 [图 11-17（2）]。

要点：掤出时，两臂前后均保持弧形。分手、松腰、弓腿三者必须协调一致。下捋时，上体不可前倾，臀部不要凸出。两臂下捋要随腰旋转，仍走弧线。左脚全脚着地。向前挤出时，上体要正直。挤的动作要与松腰、弓腿相一致。向前按时，两手走曲线，腕部高与肩平，两肘微屈。

（八）右揽雀尾

上体后坐并向右转，身体重心移至右腿，左脚尖里扣；右手向右平行画弧至右侧，然后由右下经腹前向左上画弧至左肋前，掌心向上；左臂平屈胸前，左手掌心向下与右手呈抱球状；同时身体重心再移至左腿上，右脚收至左脚内侧，脚尖点地；眼看左手。参照"左揽雀尾"，收腿抱球动作左右相反 [图 11-18（1）]。

之后同"左揽雀尾"势，动作左右相反 [图 11-18（2）]。

（1）右揽雀尾（掤、捋）

（2）右揽雀尾（挤、按）

图 11-18　右揽雀尾

要点：均与"左揽雀尾"势相同，动作左右相反。

（九）左单鞭

上体后坐，身体重心逐渐移至左腿，右脚尖里扣；同时上体左转，两掌（左高右低）向左弧形运转，左臂微画上弧，伸于身体左侧，掌心向左，右手经腹前运至左肋前，掌心向后上方；眼看左手。

身体重心再渐渐移至右腿上，上体右转，左脚向右脚靠拢，脚尖点地；同时右手向右上方画弧（掌心由里转向外），至右侧时变勾手，臂与肩平；左手向下经腹前向右上画弧停于右肩前，掌心向里；眼看左手。

上体微向左转，左脚向左前侧方迈出，右脚跟后蹬，成左弓步；在身体重心移向左腿的同时，左掌随上体继续左转慢慢翻转向前推出，掌心向前，手指与眼相平，臂微屈；眼看左手（图11-19）。

图11-19 左单鞭

要点：此动作可分解为扣脚转体、收脚勾手、弓步推掌三个动作。上体保持正直，松腰。定势时，右肘稍下垂，左肘与左膝上下相对，两肩下沉。左手向外翻掌前推时，要随转体边翻边推出，不要翻掌太快或最后突然翻掌。

（十）云手

身体重心移至右腿，身体渐向右转，左脚尖里扣；左手经腹前向右上画弧至右肩前，掌心斜向后，同时右手变掌，掌心向右前；眼看左手。

上体慢慢左转，身体重心随之逐渐左移；左手由脸前向左侧运转，掌心渐渐转向左方；右手由右下经腹前向左上画弧至左肩前，掌心斜向后；同时右脚靠近左脚，成小开立步（两脚距离10～20厘米）；眼看右手。

上体向右转，同时左手经腹前向右上画弧至右肩前，掌心斜向后；右手向右侧运转，掌心翻转向右；随之左腿向左横跨一步；眼看左手（图11-20）。

要点：此动作可分解为扣脚转身、转体云手、收脚云手、跨步云手四个动作。身体转动要以腰为轴，松腰、松胯，不可忽高忽低。两臂随腰的转动而运转，腰自然圆活，速度要稳定，两脚掌先着地再踏实，脚尖向前。眼的视线随左右手移动。第三个"云手"

的右脚最后跟步时，脚尖微向里扣，便于接"单鞭"动作。

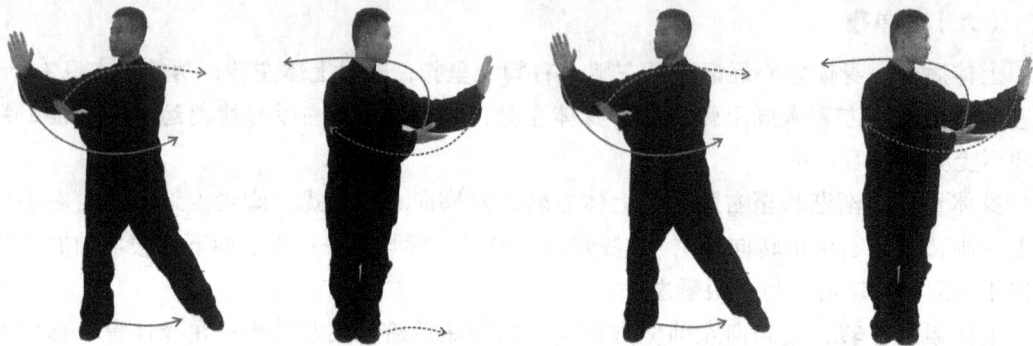

图 11-20　云手

（十一）右单鞭

上体向右转，右手随之向右运转，至右侧时变成勾手；左手经胸前向右上画弧至右肩前，掌心向内；身体重心落在右腿，左脚尖点地；眼看左手。

上体微向左转，左脚向左前侧方迈出，右脚跟后蹬，成左弓步；在身体重心移向左腿的同时，上体继续左转，左掌慢慢翻转向前推出，眼看左手（图 11-21）。

图 11-21　右单鞭

要点：与前面"左单鞭"势相同。

（十二）高探马

右脚跟进半步，身体重心逐渐后移至右腿上；右手变掌，两掌心翻转向上，两肘微屈；同时身体微向右转，左脚跟渐渐离地；眼看左前方。

上体微向左转，面向前方，右臂屈肘，右手划到右耳旁，掌心向下；右掌向前推出掌心向前，手指与眼同高；左手收至左侧腰前，掌心向上同时左脚微向前移，脚尖点地，成左虚步；眼看右手（图 11-22）。

要点：此动作可分解为跟步翻掌、虚步推掌两个动作。动作完成时上体要自然正直，双肩要下沉，右肘微下垂。跟步移换重心时，身体不要有起伏。

图 11-22 高探马

（十三）右蹬脚

左手手心向上，前伸至右腕背面，两掌相互交叉；随即向两侧分开并向下画弧，掌心斜向下；同时左脚提起向左前侧方进步（脚尖略外撇）；身体重心前移，右腿自然蹬直，成左弓步；眼看前方。

两掌由外圈向里圈画弧，两手交叉合抱于胸前，右手在外，掌心均向后；同时右脚向左脚靠拢，脚尖点地，眼平视右前方。

两臂左右画弧分开平举，肘部微屈，掌心均向外；同时右腿屈膝提起，右脚向右前方慢慢蹬出，眼看右手（图 11-23）。

图 11-23 右蹬脚

要点：此动作可分解为弓步分手、收脚合抱、蹬脚撑掌三个动作。完成整个动作时身体要稳定，不可前俯后仰；两掌分开时，腕部与肩齐平；蹬脚时，左腿微屈，右脚尖回勾，劲达脚跟；分手与蹬脚要协调一致，右臂和右腿上下相对；如面向南起势，蹬脚的方向应为正东偏南（约 30 度）。

（十四）双峰贯耳

右腿收回，屈膝平举，左手由后向上、向前下落至体前，两掌心均翻转向上，两掌同时向下画弧分落于右膝两侧；眼看前方。

右脚向右前方落下，身体重心渐渐前移，成右弓步，面向右前方；同时两掌下落，慢慢变拳，分别从两侧向上、向前画弧至面部前方，两拳相对，高与耳齐，拳眼斜向下（两拳间距离约 20 厘米）；眼视两拳之间（图 11-24）。

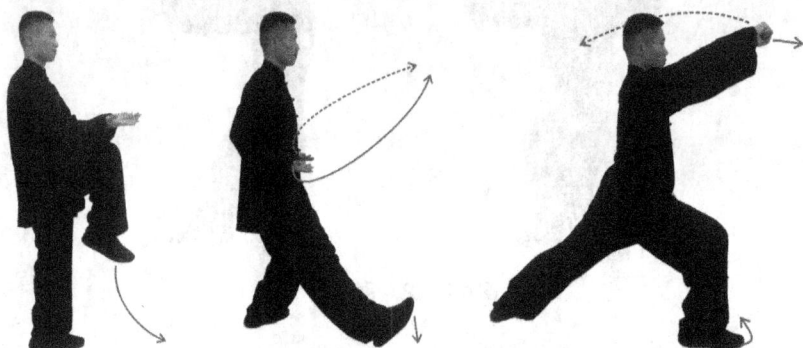

图 11-24　双峰贯耳

要点：此动作可分解为收脚落手、弓步贯拳两个动作。完成动作时，头颈正直，松腰松胯，两拳松握，沉肩垂肘，两肩均保持弧形。双峰贯耳的弓步和身体方向与右蹬脚方向相同。

（十五）转身左蹬脚

左腿屈膝后坐，身体重心移至左腿，上体左转，右脚尖里扣；同时两拳变掌，由上向左右画弧分开平举，掌心向前；眼看左手。

身体重心移至右腿，左脚收到右脚内侧，脚尖点地；同时两掌由外向里画弧合抱于胸前，左手在外，掌心向里；眼视左方。

两臂左右画弧分开平举，肘部微屈，掌心均向外；同时左腿屈膝提起，左脚向左前方慢慢蹬出；眼看左手（图 11-25）。

图 11-25　转身左蹬脚

要点：与"右蹬脚"势一样，动作方向左右相反，左蹬脚方向与右蹬脚成 180 度。

（十六）左下势独立

左腿收回平屈，上体右转；右掌变成勾手，左掌向上、向右画弧下落，立于右肩前，掌心斜向后；眼看右手。

右腿慢慢屈膝下蹲，左腿由内向左侧（偏后）伸出，成左仆步；左手下落（掌心向外），向左下沿左腿内侧向前穿出；眼看左手。

身体重心前移，左脚跟为轴，脚尖尽量向外撇，左腿前弓，右腿后蹬，右脚尖里扣，身体微向左转并向前起身；同时左臂继续向前伸出（立掌），掌心向右，右勾手下落，勾尖向后；眼看左手。

右腿慢慢提起平屈，成左独立势；同时右手变掌，并由后下方沿右腿外侧向前提起，屈臂立于右腿上方，肘与膝相对，掌心向左；左手落于左胯旁，掌心向下，指尖向前；眼看右手（图11-26）。

图11-26　左下势独立

要点：此动作可分解为收脚勾手、仆步穿掌、弓步挑掌、提膝挑掌四个动作。右腿全蹲时，上体不可过于前倾，左腿伸直，左脚尖须向里扣，两脚脚掌全部着地；左脚尖与右脚跟踏在中轴线上。独立的腿要微屈，右腿提起时脚尖自然下垂。

（十七）右下势独立

右脚下落于左脚前，脚掌着地；然后以左脚前掌为轴脚跟转动，身体随之左转；同时左手向后平举变成勾手，右掌随着转体向左侧画弧，立于左肩前，掌心斜向后；眼看左手（图11-27）。

图 11-27　右下势独立

要点：右脚尖触地后，要以左脚掌为轴辗转，然后左脚再向下变仆步；其他均与左下势独立相同，只是左右方向相反。

（十八）左右穿梭

身体微向左转，左脚向前落地，脚尖外撇，右脚跟离地，两腿屈膝下蹲；同时两掌在左胸前呈抱球状（左下右上）；然后右脚收到左脚的内侧，脚尖点地眼视左前臂。

身体右转，右脚向右前方迈出，屈膝弓腿，成右弓步；同时右手由脸前向上举并翻掌停在右额前，掌心斜向上；左手先向左下再经体前向前推出，高与鼻尖平，掌心向前；眼看左手。

身体重心略向后移，右脚尖稍向外撇，随即身体重心再移至右腿，左脚跟进，停于右脚内侧，脚尖点地；同时两掌在右胸前呈抱球状（右上左下）；眼看右前臂。

与第二部分的图解相同，动作方向左右相反（图 11-28）。

要点：此动作可分解为落脚抱球、弓步架推、左右互换三个动作。完成姿势面向斜前方（如面向南起势，左右穿梭方向分别为正西偏北和正西偏南），均约 30 度；手推出后，上体不可前俯；手向上举时，防止引肩上耸；一手上举一手前推，要与弓腿松腰上下协调一致。

图 11-28　左右穿梭

（十九）海底针

右脚向前跟进半步，身体重心移至右脚，左脚稍向前移，脚尖点地，成左虚步；同时身体稍向右转，右手下落经体前向后、向上提抽至肩上耳旁；身体左转，右手由右耳旁斜向前下方插出，掌心向左，指尖斜向下；同时，左手向前、向下画弧落于左胯旁，掌心向下，指尖向前，眼看前下方（图 11-29）。

图 11-29　海底针

要点：此动作可分解为跟步提手、虚步插掌两个动作。身体要先向右转，再向左转；完成姿势，面向正西；上体不可太前倾；避免低头和臀部外凸；左腿要微屈。

（二十）闪通臂

上体稍向右转，左脚向前迈出，屈膝弓腿成左弓步；同时右手由体前上提，屈臂上举，停于右额前上方，掌心翻转斜向上，拇指朝下；左手上起经胸前向前推出，高与鼻尖平，掌心向前；眼看左手（图 11-30）。

要点：此动作可分解为迈步提手、弓步推掌两个动作。完成姿势上体自然正直，松腰、松胯；左臂不要完全伸直，背部肌肉要伸展开；推掌、举掌和弓腿动作要协调一致。

图 11-30 闪通臂

（二十一）转身搬拦捶

上体后坐，身体重心移至右腿上，左脚尖里扣，身体向右后转，然后身体重心再移至左腿上；左掌由上向右下按压，掌心向下，眼看前方。与此同时，右手变拳随着转体向右、向下反背拳劈砸，拳心向上；左掌上举于头前，掌心斜向上，眼看前方。

向右转体，右拳经胸前向前翻转收回于右腰间；左手向左前方横拦，掌心向右，指尖向前。

身体重心移至右腿上，左脚向前迈一步成左弓步，同时右拳向前打出，拳眼向上高与胸平，左手附于右前臂里侧，眼看右拳（图 11-31）。

图 11-31 转身搬拦捶

要点：此动作可分解为转身扣脚、收脚握拳、摆脚搬拳、上步拦掌、弓步打拳五个动作。右拳不要捏得太紧；右拳收回时，前臂要慢慢内旋画弧，然后再外旋停于右腰旁，拳心向上；向前打拳时，右肩随拳略向前伸，沉肩垂肘，右臂要微屈。

（二十二）如封似闭

左手由右腕下向前伸出，右拳变掌，两掌掌心逐渐翻转向上并慢慢分开回收；同时身体后坐，左脚尖翘起，身体重心移至右腿；眼看前方。

两掌在胸前翻掌，向下经腹前再向上、向前推出，腕部与肩平，掌心向前；同时左腿前弓成左弓步；眼看前方（图 11-32）。

图 11-32　如封似闭

要点：此动作可分解为穿手翻掌、后坐收掌、弓步按掌三个动作。身体后坐时，避免后仰，臀部不可凸出；两臂随身体后收时，肩、肘部略向外松开，不要直着抽回；两掌推出与肩同宽。

（二十三）十字手

屈膝后坐，身体重心移向右腿，左脚尖里扣，向右转体；右手随着转体动作向右平摆画弧，与左手成两臂侧平举，掌心向前，肘部微屈；同时右脚尖随着转体稍向外撇，成右弓步；眼看右手。

右脚尖里扣，两手向腹前画弧；身体重心慢慢移至左腿；同时两掌向下经腹前向上画弧交叉合抱于胸前，右脚向左收回；两脚距离与肩同宽，成开立步，两腿逐渐直立，两臂撑圆，腕高与肩平，右手在外，呈十字手，掌心均向后；眼看前方（图 11-33）。

图 11-33　十字手

要点：此动作可分解为扣脚转身、弓步分手、收脚合抱三个动作。两掌分开和合抱时，上体不要前俯；站起后，身体自然正直，头要微向上顶，下颌微收；两臂环抱时须圆满舒适，沉肩垂肘。

（二十四）收势

两掌向外翻，掌心向下，两臂慢慢下落，停于身体两侧，左脚收至右脚内侧，并步站立；眼看前方（图 11-34）。

图 11-34　收势

要点：两掌左右分开下落时，要注意全身放松，同时气也徐徐下沉（呼气略加长）；呼吸平稳后，把左脚收到右脚旁，再走动休息。

第四节　散打

一、散打概述

散打也称散手，是中国武术的一种运动形式，与武术套路这一运动形式存在着很大的联系。武术套路是武术先贤长期实践的积累，将实用的单招汇编成套，便于记忆和演练，而散打则是对武术习练者技术实践的检验，两者的技术动作在各自的运动形式中出现。散打的一拳一脚需要扎实的武术基本功功底，同时，散打又因其实际的需要具有随机性。在训练、竞赛及真实的搏斗中，局势是瞬息万变的，不会有一成不变的"定势"套路，在对抗中如要按照固定的模式去打斗是注定要以失败告终的，这与武术套路比赛正好相反。在散打中，技术的实施是根据打斗的时机、距离、角度等因素而不断变化的，具有很大的随机性。也正是这种随机性迫使散打运动员要全面掌握并精通各种技术，以适应对抗的需要。

散打不同于国外的一些搏击术，它始终是一个"整体"。它不像拳击，主要倚仗双拳进行攻防格斗；亦不同于用头顶、肘撞、膝击的泰拳；更不同于只用摔、投、寝方法的柔道。日本空手道虽能手脚并用，但没有散打的快摔技术，法国的踢腿术及韩国的跆拳道也均以脚为主，配合拳法。散打则借助人的全身，充分调动人体的各个部位协同作战。远踢、近打、贴身摔，手脚并用，拳脚加摔，技术完善，风格独特，独具武术踢、打、摔技术全面运用的特色。散打充分发挥了它的民族特色和武术风格，是独具特色的对抗形式。

二、散打基本技术及应用

（一）格斗势

散打中的格斗势，是种便于进攻同时又便于防守和反击的姿势。格斗势的完美，可使你无论在何时组织进攻、防守及反击均无任何预兆姿势或调整动作。初学者务必牢固掌握格斗势，形成正确的技术动作定型。

动作说明：双脚前后开立，与肩同宽或稍宽于肩。前脚脚尖稍内扣，后脚跟稍离地面，双腿微屈，身体与正前方成 45 度角，头颈部正对前方。收下颌，稍收腹、含胸，双拳提起至肩高，双肘弯曲下垂，肘尖向下，前肘弯曲约 90 度，前掌拳眼向后侧上方。后肘弯曲小于 90 度，后手大小臂护住肋部。后拳拳眼向后侧上方，拳面指向对手，身体重心居中。左、右势均要练习（图 11-35）。

图 11-35　格斗势

要点：双脚不能一前一后呈直线站立，应有一定角度。同时双脚也不能分得太开。下颌要微收，松肩、坠肘，全身要放松，不可僵硬。

（二）步法技术

步法是散打技术中的重要内容。实战时，双方都保持着一定的距离，只有通过步法的移动才能抢占有利的位置，发动进攻或转换防守，距离不合适，有效的进攻和防守就是一句空话。步法的总体要求是"疾、准、活"。"疾"是指步法移动要迅速；"准"是指移动的步幅要准确；"活"是指步法移动要灵活多变，不僵不滞，富有弹性。

1.基本步法

（1）前进步

格斗势准备（左脚在前右脚在后，以下皆以此格斗势起式），后脚蹬地，前脚（左脚）先向前进半步，后脚紧接着跟进半步。

要点：进步步幅不宜过大，后脚跟进后保持格斗势，进步后跟步衔接越快越好。

（2）后退步

前脚（左脚）蹬地，后脚先后退半步，前脚再回收半步。

要点：退步步幅不宜过大，前脚后退后保持格斗势，退步后跟步衔接越快越好。

（3）上步

后脚（右脚）经前脚上前一步，同时两臂前后交换，呈反架姿势。

要点：上步时身体重心要平稳，两手动作与上步要协调配合，同时进行。

（4）撤步

前脚（左脚）向后撤一步，成右脚在前、左脚在后。右脚脚尖外展，重心偏于右腿。

要点：撤步时身体重心要平稳，两手动作与撤步要协调配合，同时进行。

（5）换步

左脚与右脚同时蹬地并前后交换，同时两臂也前后交换呈反架姿势。

要点：转换时要用髋关节带动两腿，身体不能明显向上腾空。

（6）闪步

左（右）脚向左（右）侧移半步，右（左）脚随之向左（右）滑步转动约90度，同时身体也向左（右）转动约90度。

要点：步法轻灵，转体闪躲敏捷。

（7）盖步

右脚向左脚前迈步，脚尖外摆。左脚跟离地，两膝微屈，重心偏于右腿。

要点：迈步身不转，重心不要起伏，步幅适中。

（8）垫步

后脚蹬地向脚内侧并拢，同时前腿屈膝提起。

要点：后脚要急速向前脚并拢，垫步与提膝不脱节、不停顿，身体向前移动，勿向上腾空。

2.步法训练的方法

（1）单人练习

每学完一种步法以后，个人必须通过自己的反复练习，反复揣摩，体会要领，巩固技术。开始可专门练习一种，待技术熟练以后，进行跳闪步中突进转突退或突退转突进等的练习，以适应实践中的各种变化。

（2）结合信号练习

教师或同伴可以用击掌、口令等作为信号，要求练习者根据信号做出相应的步法，既能巩固步法，又能提高反应能力。

（3）两人配合练习

两人一组，面对面保持一定的距离，分主动与被动两方进行练习。主动一方随意做各种步法；被动一方要根据对方的变化而变化。如一方进步，另一方则退步；一方左闪，另一方也左闪；一方垫步，另一方则收步等；双方的距离应尽量保持不变。这种练习方法除提高练习者的反应能力外，更主要的作用是提高步法移动的准确性，即距离感。

（4）结合攻防动作练习

步法移动的目的是为了更加有效地进攻或防守。因此，结合攻防动作进行步法练习，是检验步法移动实效性的主要方法，也是提高上下配合、整体协调的重要手段。同一种冲拳，可以结合进步、退步或左、右闪步等进行练习，以便适应比赛的各种战况。

（5）实战中练习

实战是运用和提高各种技术的有效方法。步法移动的时间、速度、幅度可以通过实战检验效果，并从中发现不足，为改进技术提供依据。

（三）拳法技术

1. 手形

五指内屈握紧，拇指第一指骨压在食指和中指的第二指骨上，掌心朝下为平拳；拳眼朝上为立拳（图11-36）。

图11-36　拳

要点：掌心握实，拳面要平，手腕要直。

2. 冲拳

（1）左冲拳

以格斗势为起式（以下均同），右脚微蹬地面，重心微向前脚移动，同时左拳直线向前冲出，力达拳面（图11-37）。

要点：冲拳时，腰略向右后转。以腰催肩，肩催肘，肘催手，拳面领先，前臂内旋，将力量送达拳面。快出快收，切勿停顿，迅速还原成预备势。

图11-37　左冲拳

易犯错误及纠正方法：

撩拳。由于冲拳前肘先于拳而动，形成拳由下往上撩的错误动作。纠正时可以以拳领劲，勿先动肘；或同伴帮助以一手拉拳，一手按肘，慢慢出拳体会要领。

只做前臂屈伸。冲拳时以肘关节为轴，只做前臂屈伸，不是以肩催臂。纠正时强调肩先起动，催肘送拳。

用法：左冲拳是一种直线进攻型动作，特点是距离对手较近，易发动，预兆小，灵活性强，但相对力度较小。可以结合身体高、低姿势，或左、右闪躲击打对方腰部以上任何部位。既可主动进攻，又能防守反击，而更多是为了以假乱真、虚招引诱对手，为应用其他方法"探路"，是进攻技术中最常见和最主要的动作之一。

例1：抢攻对手的中、上盘（上盘为胸部以上；中盘为腰部以上，胸部以下；下盘为腰部以下。以下均同）。在双方对峙的状态下，突然快速地进步或上步，以左冲拳攻击对方。

例2：当对手左冲拳攻击上盘时，迅速俯身向下躲闪，同时以左冲拳反击其腹部。

例3：当对手左掼拳向上盘进攻时，右手挂挡防守，同时以左冲拳反击其胸部。

（2）右冲拳

预备势开始，右脚微蹬地并向内扣转，转腰送肩的同时，右拳直线向前冲出，力达拳面，左拳回收至左下颌处（图11-38）。

图11-38　右冲拳

要点：右冲拳的发力起于右脚，传送到腰、肩、肘，最后达于拳面。上体向左转动（头不转），以加大冲拳力量。还原时以腰带肘，主动回收。

易犯错误及纠正方法：

上体过于前倾。冲拳时，上体向前移动过多，腰没有向左拧转。纠正时，多体会腰绕身体垂直轴拧转的要领，克服向前俯身的毛病。

翻肘撩拳。冲拳时前臂、肘关节先动并外翻，形成撩拳错误动作。纠正时由教练或同伴帮助，或面对镜子，做慢动作练习。

先后引拉拳，再冲拳。这是练习拳法的常见错误。纠正时，面对镜子或同伴监督。慢速放松练习，以体会出拳路线。

用法：右冲拳是主要的进攻动作之一。它的特点是攻击距离长，能充分利用蹬腿转腰的力量加大冲拳的力度。运用得好具有较强的威力。

例1：当对手右掼拳攻击上盘时，左手挂挡防守，同时右冲拳反击其躯干或头部。

例2：当对手左冲拳攻击上盘时，俯身下躲，同时右冲拳反击其中盘。

例3：当对手右低鞭腿进攻下盘时，左手挂挡防守，随即右冲拳反击其上盘。

3. 掼拳

（1）左掼拳

由格斗势始，上体微向右转，同时左拳向左前方（约45度），再向前、向里横掼，肘微屈，拳心朝下，力达拳面或偏于拳眼侧指骨，右拳护于右腮（图11-39）。

图11-39　左掼拳

要点：力从腰发，腰绕垂直轴向右转动。掼拳发力时臂微屈，肘尖抬至与肩平。

易犯错误及纠正方法：

掼拳幅度过大。纠正时，面对镜子或同伴帮助，动作放松，严格体会掼拳的运行路线，待动作基本定型后再加大动作力量。

翻肘过早，出现甩拳。纠正时，请同伴帮助，一手拉拳，一手按肘，克服翻肘的错误。

向前探身。纠正时，多体会向右转腰发力的要领，或同伴帮助控制身体前探。

用法：左掼拳是一种横向型进攻动作，可以结合身体姿势的高、低变化击打对方的侧面。上盘可击头部；中盘可击腰肋部位。

例1：双方对峙时，突然向左闪步，左掼拳抢攻对手头部右侧。

（2）右掼拳

格斗势开始，右脚微蹬地并向内扣转，合胯并向左转腰，同时右拳向右前方（约45度），再向前、向里横掼，力达拳面或偏于拳眼侧，左拳回收至左腮前（图11-40）。

图11-40　右掼拳

要点：右脚内扣，合胯转腰与掼拳发力要协调一致。掼拳发力时，肘尖微抬，使肩、肘、腕基本水平。

易犯错误及纠正方法：

参考"左掼拳"。

用法：右掼拳也是一种横线型进攻动作。它的特点是能充分借助右脚蹬地转腰的力量。力度较大，但因其进攻路线长，动作幅度要小，不宜大。此种拳法多用于连击或防守后反击。

例1：在双方对峙时，左冲拳佯攻头部，对手举臂防守的瞬间俯身右掼拳击其左侧肋部。

例2：在对手右抄拳进攻腹部时，左手向里掩肘防守，右掼拳反击其头部。

4.抄拳

（1）左抄拳

预备势开始，重心略下沉，左拳由下向前上方勾起，大小臂夹角为90～110度，拳心向里，力达拳面（图11-41）。

图11-41　左抄拳

要点：重心略下沉，是为了更好地利用前脚蹬地拧转的反作用力，加大抄拳力量。动作要连贯、顺达，用力要由下至上。抄拳时，左臂应先微内旋，拳略外旋。抄拳发力时，腰向右侧转动，发力短促。

易犯错误及纠正方法：

左拳向外绕行。纠正时，面对镜子，不追求用力，重点体会拳的运行路线。

抄拳发力时上体后仰、挺腹。纠正时，重点体会蹬地转腰要领以及内力的运用。

重心上提，展胯。纠正时，请同伴帮助，一手按头，一手扶胯，边练习边提示改进。

用法：抄拳属上下进攻型动作，由于击打距离短，适用于近距离实战，双方接触时，正面攻击对手的胸、腹或下颌。

例1：在对手左掼拳击头时，右手挂挡，沉身，左抄拳反击其腹部。

例2：在对手左抄拳进攻胸、腹部时，沉身左转右臂掩肘，身体右转以左抄拳反击其躯干以上部位。

（2）右抄拳

右脚蹬地，扣膝合胯，微向左转腰的同时，右拳由下向前上方抄起，大小臂夹角为90～110度，拳心朝里，力达拳面。左拳回收至右肩内侧（图11-42）。

图11-42 右抄拳

要点：右抄拳要借助右脚蹬地、扣膝、合胯、转腰的力量，发力由下至上，协调顺达。

易犯错误及纠正方法：

右拳后拉。练习者可能想加大动作力度，以致右拳先后拉再上勾，出现严重预摆。纠正时，应消除单纯用劲心理，着重体会动作路线和全身的协调配合。

身体向上立起。练习者没有体会合胯转腰的用力方法，过分追求蹬地伸髋。纠正时，请同伴协助控制重心的起伏，如一手按头，一手扶胯（保持正确的高度），体会力从腰发的要领。

例1：在对手右掼拳攻击上盘右侧时，左手挂挡，右抄拳反击其躯干以上正面部位。

例2：在对手右抄拳向胸、腹进攻时，左手掩肘防守后，右抄拳反击其中盘。

（四）腿法技术

1.蹬腿

（1）左蹬腿

格斗势站立（以下均同），右腿直立或稍屈，左腿提膝并勾脚，以脚跟领劲先向前蹬出，力达脚跟；熟练后向前送胯，同时前脚掌下压（图11-43）。

图11-43 左蹬脚

要点：屈膝高抬，爆发用力，动作快速连贯，力量顺达。

易犯错误及纠正方法：

提膝不过腰，力不顺达。纠正时，上体直立，胯、膝关节放松，多做提膝靠胸练习和左右转换的蹬腿练习。注意挺胯并稍前送；亦可多做蹬沙包、脚靶等练习，体会发力和着力点。

（2）右蹬腿

身体重心前移，左腿直立或稍屈，身体稍左转，右腿屈膝前勾脚，以脚跟领劲先向前蹬出，力达脚跟；亦可送胯，脚掌下压，力达脚前掌（图11-44）。

图 11-44 右蹬腿

要点：同左蹬腿。

易犯错误及纠正方法：

同左蹬腿。

用法：散打中的蹬腿，除与套路中的要求相同外，还吸收了前点腿的优点，力达脚跟，当击中对方时，脚踩发力，前脚掌下压，这样，击中后容易将对方蹬开或使其倒地。

例1：主动蹬腿，在双方移动，当与对手正面相对时，蹬腿击其躯干。

例2：互击蹬腿，双方用拳互相击打时，突然屈膝抬腿将对方蹬开。

2. 侧踹腿

（1）左侧踹腿

右腿直立或稍屈支撑，左腿屈膝抬起，大小腿折叠与地面平行，脚尖勾起，脚掌正对攻击目标，展胯，挺膝向前踹出，力达脚掌，上体可稍右倾（图11-45）。

图 11-45 左侧踹腿

要点：上体、大腿、小腿、脚掌呈一条直线，踢出时一定要以大腿推动小腿直线向前发力。

易犯错误及纠正方法：

收腹、屈胯、撅臀，上体与腿不能呈一条直线，打击距离短、速度慢、力量小。纠正时，多做控腿练习，手扶支撑物，一腿抬起，脚不落地，严格按动作要求，由慢到快反复练习踹腿。

（2）右侧踹腿

左腿直立或稍屈支撑，身体向左转180度，左脚以前脚掌为轴外展。同时右腿屈膝前抬，大小腿折叠，脚尖勾起，脚掌正对攻击目标，用力向前踹出，力达脚掌，上体可稍向左侧倾（图11-46）。

图 11-46　右侧踹腿

要点：同左侧踹腿。

易犯错误及纠正方法：

同左侧踹腿。

用法：侧踹腿，是使用率较高的腿法之一，容易调整步法。使用变化较多，直线运动，速度快，力量大，不易防守。而且配合步法运用，变化多，易于在不同距离上使用。

例1：低踹腿截击对方下肢。

例2：中侧踹对方躯干。

例3：垫步侧踹击对方躯干。

3．鞭腿

（1）左鞭腿

格斗势开始，上体稍右转并微侧倾，同时带动左腿提膝、脚尖绷直，向右转胯，小腿由下向上横摆，膝盖挺展，小腿鞭打，力达脚背（图11-47）。

图 11-47　左鞭腿

要点：以转胯带动踢腿，动作连贯、快速，力量顺达。

易犯错误及纠正方法：

俯身、坐胯、撅臀，膝盖没有扣，形成撩摆。纠正时，应注意上体稍立起，挺胯站稳；慢练空踢，体会动作，多踢沙袋练习。

（2）右鞭腿

格斗势开始，上体稍左转并微侧倾，同时带动右腿提膝、向右转胯，小腿由下向上横摆，膝盖挺展，小腿鞭打，力达脚背，左脚要以脚前掌为轴外展（图11-48）。

图11-48　右鞭腿

要点：同左鞭腿。

易犯错误及纠正方法：

同左鞭腿。

用法：鞭腿，是在实战中使用较多的一种腿法。它以身带腿，速度快，力量大，运用得好能起到重创对手的作用。但因其弧形横摆，路线长，幅度大，较易被对手察觉和防守，实战中应注意动作快速，没有预兆。

例1：当对手身体重心在前腿时，突然以右鞭腿摆腿击其下肢。

例2：左冲拳击对手头部，对手撤步闪躲，随即左转身右鞭腿击其肋部。

例3：左手虚晃击对手头部，继而右鞭腿踢击其头部。

（五）摔法技术

摔法，也叫跌法，是构成散打技术的主要组成部分之一。熟练地掌握并运用摔法技术，是制胜的有效手段；同时还会给对手在精神上造成很大的压力，极大地消耗对手的体力。这是因为对手在被摔倒后，为了避免身体受到强烈的震动或砸压而憋气，致使肌肉紧张，而且还要在极短的时间内迅速站起来，投入下一回合的较量，以致从精神到体力都有极大的消耗，给身体又一次造成新的紧张，影响技术的发挥。

散打中的摔法，是从中国式摔跤及各派武术中的摔法中提取出来，是根据对手站立的姿势和距离的远近，运用灵活多变的技术动作，摔倒对手。在拳脚结合的实际对抗应用中，既有主动进攻的摔法，也有被动反攻的摔法；既有在远距离踢打中接抱上、下肢的摔法，又有近距离搂抱躯干贴身的摔法。这在其他的摔跤比赛中是少见或根本不能使用的。散打中较常见的接腿摔、涮摔、勾踢脚跟摔法等，有很强的实用性。

下面简单介绍一些散打中最为常用的摔法，供教学和训练选用。

1. 夹颈过背

双方由格斗势开始（以下均同），甲以右冲拳击乙头部，乙用前臂格挡甲左前臂，右臂由甲左肩上穿过后，屈臂夹甲颈部，同时左脚插步至与右脚平行，两腿屈膝，身体左转，以右侧髋部紧贴甲方前身，继而两腿蹬伸，向下弓腰、低头将甲背起后摔倒（图11-49）。

图11-49　夹颈过背

要点：手臂抓握准确用力协调，转身蹬地发力协调。

易犯错误及纠正方法：

胯部入身不准确。注意脚的位置与对方对应。

摔不倒对手。手拉胯顶配合协调运用，胳膊向前下方发力要长。

2. 抱腿前顶

甲出拳击乙头部时，乙上右步，下躲闪身，两手抱甲双腿，屈肘，两手用力回拉，同时用右肩前顶甲大腿或腹部，将甲摔倒（图11-50）。

图11-50　抱腿前顶

要点：下潜快，抱腿紧，两臂后拉，肩顶有力。

易犯错误及纠正方法：

抱不住双腿。纠正时注意下潜接近对手。

摔不倒对手。纠正时手拉肩顶配合协调运用。

用法：可用于主动进攻或防守反击。

3. 抱腿上托

甲用蹬腿踢乙胸部，乙两手立即抓握住甲右腿，屈臂上抬，两手上托其右脚后，向前上方推送使甲倒地（图11-51）。

要点：抓脚准，托推动作连贯一致。

图11-51　抱腿上托

易犯错误及纠正方法：

托推不倒对方注意托脚和推脚动作的连贯性，不能有间歇时间。

用法：适用于防守反击。

4. 接腿勾踢

甲踢击乙腰部。乙立即顺势用右手抱住甲左小腿，左手由甲左肩上方穿过，下压其颈部，同时，左脚向前勾踢甲支撑腿踝关节处（图11-52）。

图11-52　接腿勾踢

要点：接抱腿准确，压颈、勾踝动作要协调有力。

易犯错误及纠正方法：

勾踢不到位。纠正时首先控制住对方的脚，压颈、勾踢动作要协调连贯。

用法：多用于防守对方左（右）侧踹腿的反击动作。

5.接腿搂推

甲用弹腿踢乙腰部，乙立即用左手臂抱住甲右小腿，左脚向前上步，右腿抬起前伸，由前向后搂踢甲支撑腿，同时右手用力向前推甲左肩将甲推倒（图11-53）。

要点：抱腿紧，踢腿、推肩动作要协调有力。

易犯错误及纠正方法：

抱腿不紧。纠正时，接抱腿要使对方腿贴近自己腹部，使其不能逃脱。摔不倒对方。纠正时搂腿和推肩动作要协调一致。

用法：适用于防守踹腿的反击。

图 11-53　接腿搂推

6.夹颈打腿

甲右冲拳击打乙头部，乙左前臂外格挡甲右臂，右手由甲左肩上穿过，屈肘夹颈部，同时左腿背步与右腿平行，随即左转体用右小腿向后横打甲右小腿，将甲摔倒（图11-54）。

图 11-54　夹颈打腿

要点：格挡迅速，夹颈有力，打腿、转身动作协调一致。

易犯错误及纠正方法：

夹颈不紧。纠正时注意夹颈要向前跟步，身体贴紧对方。摔不倒对方。纠正时打腿和转身动作要协调一致。

用法：在对手用冲（掼）拳击打时，防守反击。

7. 折腰搂腿

双方搂抱时，乙两臂抱住甲腰，屈抬左腿，小腿由前向后搂甲右小腿，同时两手抱紧甲腰部，上体前压其胸，使甲后倒（图 11-55）。

要点：搂抱要紧，搂腿、压胸协调有力。

易犯错误及纠正方法：

搂不倒对方。纠正时抱腰要紧并向回拉，上体前倾压胸和搂腿动作协调一致。

用法：适用于双方互相搂抱时，突然改变摔法动作。

图 11-55 折腰搂腿

8. 压颈推膝

甲抱乙双腿时，乙立即屈膝下蹲，左手压甲后颈部，右手向上推托甲左膝关节，随即沉身下坐，左手压，右手上托使甲向前滚翻倒地（图 11-56）。

图 11-56 压颈推膝

要点：下蹲快，压、推（托）动作协调一致。

易犯错误及纠正方法：

对手不能倒地。纠正时下蹲要及时，压颈、推膝动作用力一致。

用法：多用于被抱双腿或单腿时的反击。

三、散打损伤与防治

武术散打运动是种激烈的，且对抗性很强的运动。在训练或比赛中，由于速度快、力量大，短时间内肌肉易产生疲劳，运动员防守不当，头面部容易受击，造成眉弓处擦伤而破裂，面部受击易出现血肿或瘀血，头被击中易发生脑震荡，下颌部或颈部被击中易发生昏厥现象。有时也会出现进攻者指关节、腕、肘、肩关节挫伤等状况。同时局部解剖结构的弱点也易受到损伤，如鼻子部位，骨骼较薄弱，鼻腔毛细血管丰富，当鼻部受击时，易将鼻骨击伤造成骨折和鼻腔内血管破裂，引起流血不止的现象。由于散打动作的对抗性强，故常出现肌肉拉伤、各关节扭伤、韧带断裂等损伤，有时发生严重损伤，如四肢骨折、颈椎脱位、椎体骨折等。

造成损伤的原因除上述外，还有散打运动员自身存在的一些原因。技术水平不高的运动员，其全面身体训练不够，难以保护好自己身体的薄弱部位而造成损伤。一般素质与专项素质较差或没有很好地结合起来，易造成肌肉和某些关节损伤。同时运动员心理素质及意志品质不强，没有敢打敢拼、勇猛顽强的作风，也易造成被动挨打，导致受伤；在训练或比赛中，运动员身体状况不良、身体疲劳、病后恢复期参加比赛及大强度训练、训练时注意力不集中等，都可导致各种损伤的发生。

（一）预防

虽然散打中各部位的损伤都有可能发生，但加强预防，可将损伤率降到最低。

训练或比赛前必须充分做好准备活动，使全身各肌肉、关节均充分活动开。

训练中应遵守循序渐进的原则，运动量由小到大，将全面身体素质训练与专项身体素质训练结合起来，在学习技术时，先掌握简单技术动作，再掌握高难度技术动作，以形成正确的技术动作定型。

训练或比赛，一定要在身体机能良好、精力充沛时才可进行，严禁身体状况不良、睡眠不足、伤病初愈或带病参加训练或比赛。

此外，还要严格按体重等级举行比赛，严格执行比赛规则，加强对运动员的医务监督工作。注意对训练场地的安全设施及防护用具的检查。运动员自己要加强易伤部位的肌肉力量，提高武德意识。

（二）治疗与急救

在散打中发生创伤后，治疗与急救处理是十分重要的。急救工作准确及时，对防止伤势加重，减轻运动员痛苦，防止感染，缩短治疗时间，减少粘连斑痕等后遗症，抢救生命等有重要意义。处理不当或贻误治疗时机，轻者可加重损伤，重者可危及生命。伤后出血不多，肿胀不明显，疼痛不剧烈，肌肉还没产生保护性反应时，是诊断和处理的有利时机。应抓紧这一有利时机，对创伤进行及时诊断及治疗。

1. 擦伤的处理

机体表面与粗糙物体接触摩擦而引起的皮肤表层损害，称为擦伤。

运动员在踢靶、打靶或相互对抗时，脚背、手、臂、口、眼、鼻都有可能出现擦伤。如果擦伤面积较小，可用0.1%的新洁尔灭溶液涂抹（口部慎用）；若擦伤面积较大，需用2.5%的碘酒和75%的酒精在伤口周围消毒，再用生理盐水棉球涂除伤口表面异物，然后用绷带包扎，防止伤口发炎、化脓、感染。鼻部擦伤可导致出血，止血办法是用口呼吸，用0.1%的肾上腺素或麻黄素溶液浸过的棉球塞入出血鼻孔，并在鼻翼外稍加压片刻，以尽快止血。继续训练或比赛时应取出棉球。擦伤在散打训练中是很常见的，所以为了避免或少发生擦伤，准备活动要充分，训练前要检查器械是否有破损或有无异物，训练强度和运动量的安排要循序渐进。

2. 挫伤的处理

人体某部位受钝性外力作用而引起的局部闭合性损伤，称为挫伤。

运动员在互相对抗时，由于防守不到位，头部，躯干受到重击，或失衡倒地自我保护不合理，都有可能发生挫伤。挫伤在散打训练中偶有发生，主要是条件实战或实战时双方配对不合理，技术悬殊，强者不愿陪练，打起来"没轻没重"造成的。如果伤者仅有局部疼痛、压痛、肿胀、功能障碍等较轻症状时，可在局部冷敷新伤药，加压包扎，抬高患肢；如肌肉严重挫伤，肿胀不断加重，影响血液循环或肌肉、韧带断裂时，则应及时送医院进行手术治疗。

伴有严重休克的挫伤，如腹部挫伤、睾丸挫伤及内脏器官挫伤，遇到这种挫伤患者，应先用适当方法纠正休克，再将其肢体安放于适当位置，并急送医院治疗。腹部或睾丸受伤则应抱住伤者腰部，上下反复跳跃几次或伤者自己反复上下跳跃几次，可解除腹部受伤后引起的腹壁肌和睾丸的痉挛，然后让伤者平卧休息。有出血、血肿应马上冷敷，用三角巾或布带托住睾丸，并用万花油外擦，减轻下坠及疼痛，减少皮下出血和肿胀，严重者应立即送医院治疗。

3. 关节脱位及骨折的处理

首先要止痛、抗休克。对脱位，应立即进行手法复位，这样有助于恢复。关节脱臼的瞬时，肌肉还没产生保护性反应，容易进行手法复位。复位后需固定两周左右。

骨折分为开放性骨折与闭合性骨折。开放性骨折有大血管破裂，先止血，伤口消毒，在近心端（上端）用止血带或绷带扎紧（一小时松一次止血带），然后用干净纱布或消毒巾包扎，并临时固定，送医院治疗。不要将突出于创口外的骨端回纳，以免感染。对闭合性骨折，应在最短时间内对伤员就地施行整复手术，在短时间内，组织出血和肿胀未达到最高值，容易复位。整复后及时用夹板固定，并送往医院。凡伤处未经固定处理者均不可搬动，以免加重损伤或发生休克。因骨折引起的休克可使伤者生命陷入垂危，伴有合并血管脂肪栓塞和肺栓塞症状。而脂肪栓塞和肺栓塞可在毫无前驱症状情况下造成伤者突然死亡，主要是由骨折后的继发损伤所引起的。故在急救和转送途中，应绝对避免因骨折断端刺伤或压迫外周神经，动、静脉血管，以及肌肉等，而造成严重后果，故主要任务是做好固定处理。

4．昏厥与休克的处理

昏厥是一种暂时性脑缺血、缺氧引起的急性而短暂的意识丧失。头部、身体受重击后，前庭受到刺激，平衡功能受破坏引起身体左右摇摆，刺激传到脑干迷走神经中枢，使伤者心率减慢，大脑供血、供氧不足发生昏厥。当腹腔太阳神经丛受击时，伤处疼痛难忍，反射性引起心跳减慢，甚至心脏暂时停跳导致昏厥。

散打中，运动员受重击后，脉搏微弱，神志不清，面色苍白，手足冰凉，则表明陷入休克代偿期、并可能进一步发展为重度休克。此时应立即使运动员平卧于空气流通处，将其平卧并抬高下肢，以加速血液向心回流，保证心、脑供血。针刺或指掐人中、百会、十宣等穴，助其逐渐苏醒，并灌入淡盐水、姜汤、热茶、淡酒等，同时将其上体稍抬起，以免服用液体误入呼吸道，引起窒息。严重者，应立即送往医院急救。

本章思考题

1．简述武术运动的功能。

2．简述武术的流派学说。

3．简单介绍三种武术拳种。

4．太极拳对身体的基本要求是什么？

5．简述散打的基本步法及要求。

6．散打拳法和腿法的基本技术有哪些？

7．如何防治散打运动中的损伤？

本章参考文献

[1] 全国体育院校教材委员会．中国武术教程（上册）[M]．北京：人民体育出版社，2004．

[2] 王森．散打防守反击宝典（拳法）[M]．北京：人民体育出版社，2010．

[3] 王森．散打防守反击宝典（腿法）[M]．北京：人民体育出版社，2010．

[4] 吕韶钧．24式太极拳快速提高捷径 [M]．北京：北京体育大学出版社，2001．

[5] 孙宏伟，于淑华，崔煜．中国武术与散打 [M]．哈尔滨：哈尔滨地图出版社，2006．

[6] 胡铮．中国散打训练教室 [M]．长沙：湖南文艺出版社，1998．

第十二章

跆拳道运动

第一节 **跆拳道运动概述**

一、跆拳道的释义

跆拳道（taekwondo），是一项以手脚为进攻武器，以技击格斗为核心，以修身养性为基础，以磨炼人的意志、振奋人的精神为目的的格斗对抗性的现代竞技体育运动。

跆（tae），有脚蹈、蹬踏之意；拳（kwon），意指用拳击打；道（do）即为修炼的方法，也为一种精神。它是利用手和脚进行搏击的对抗性运动，通过竞赛、品势和功力检验等形式，使修炼者增强体质，掌握技战术并培养坚忍不拔的意志品质。

二、跆拳道的起源

跆拳道起源于朝鲜半岛，其前身是朝鲜民间的各种技击术。跆拳道与人类原始的生产活动、古代军事活动有着密不可分的联系。在原始社会，人类生存环境极差，为了生存，人们必须以顽强的斗志和强健的体魄来和自然环境以及猛兽做斗争。同时在原始部落之间的战争中，人们也需如此。在人与人、人与兽的搏斗中，徒手和器械的击打活动便产生了，这些击打活动通过不断提炼，不断积累，形成了比较规范的搏斗动作，为跆拳道的发展奠定了基础。跆拳道倡导"以礼始，以礼终"的尚武精神，不仅能提高人的道德修养，培养意志品质，强身健体，而且作为一项运用手足技术，重在以足技进行搏击，以个人技术为基础，充分发挥运动员技巧和智慧等竞技能力的体育项目，又具有极高的技击实用性和观赏性。在其漫长的历史发展演变中，跆拳道糅合了中国武术、日本空手道等东亚武术的精华，深受中国古典哲学思想和阴阳五行学说的影响，经过几代人的艰辛努力与探索，逐步形成了今日风靡世界的跆拳道运动。

三、我国跆拳道运动的发展

20 世纪 80 年代末，韩国跆拳道组织及从事中韩文化体育交流的友好人士，从不同渠道将跆拳道介绍到中国，我国部分省、市的体育院校相继尝试开展跆拳道运动。1992 年 10 月，中国跆拳道筹备小组在北京成立，标志着中国跆拳道运动已从民间开展走向被有组织、有计划地纳入国家"奥运争光计划"和"全民健身计划"的体系中。1994 年 5 月在河北正定开展了首届全国跆拳道教练员和裁判员学习班，同年 9 月，在云南昆明举行了第一届全国跆拳道比赛，150 余位运动员代表 15 个单位参加了比赛。此次比赛从严格意义上来说，只能算是一次"摸底考试"。它让我们真正了解了我国当时跆拳道运动开展的状况，包括普及程度、参赛队伍的地域分布、师资力量、运动技术水平、裁判员的执裁能力及组织竞赛管理等，为此后的教学、训练、竞赛工作提供了依据。被正式列入国家体育竞赛体系的第一届全国跆拳道锦标赛于 1995 年 5 月在北京体育大学举行，有 22 支队伍，共 250 余名运动员参赛，从此，跆拳道运动在中国迅速发展起来并不断壮大，呈现出蓬勃生机。

目前，跆拳道比赛已列入全国运动会、全国城市运动会、全国大学生运动会等全国综合性运动会。每年除举办全国跆拳道锦标赛、冠军赛、青年赛、少年赛以外，还有一系列的精英赛、公开赛、邀请赛、分区赛、友谊对抗赛及国际性大赛。全国各大体育院校相继开设了跆拳道本科教育专业课程，有的院校还设置了跆拳道硕士研究生教育课程，整个跆拳道运动已形成了教学、训练、科研、竞赛的完整体系。

四、跆拳道运动的特点

跆拳道是朝鲜民族的传统竞技体育项目，具有其鲜明的特点。

（一）拳脚并用，腿法为主

跆拳道运动是以腿法为主的对抗性搏击项目，腿法所占的比例在 70% 以上。跆拳道的竞赛规则对腿法的使用有着积极的倡导和鼓励作用，腿法是最主要的得分手段与方法。

（二）强调呼吸，发声扬威

在跆拳道训练与比赛中，要求练习者具有威武磅礴的气势。洪亮且具有威慑力的发声，正是自身能力的表现。

（三）以刚制刚，直来直往

在跆拳道比赛中，闪躲防守较少，多以拳、掌、臂格挡防守，以刚制刚，直接接触，简练硬朗。

（四）礼始礼终，谦和恭让

跆拳道运动强调一切训练都是以礼开始、以礼结束，通过行礼表现出自己内心对师长、队友的尊敬、感激之情，培养谦虚、谨慎、和蔼、忍让等良好的行为规范和礼仪习惯。

（五）内外兼修，身心合一

跆拳道运动既注重身体的外在训练，更注重心智的内在修炼，它要求内外同修，身心合一。

五、跆拳道的级位与段位

根据跆拳道练习者的练习年限、技术水平和自我意识修养的高低，可分为十级九段。初学者都是从十级开始的，随着学习年限和技术水平的提高，逐步晋升为段位。

跆拳道的级位是以腰带的不同颜色来区分：十级为白带，九级为白黄带，八级为黄带，七级为黄绿带，六级为绿带，五级为绿蓝带，四级为蓝带，三级为蓝红带，二级为红带，一级为红黑带。晋升到段位后，一律为黑带，段位的高低是由黑带上的标记来区别的。

黑带是跆拳道高手的象征，是实力的体现，更是一种荣誉和责任。一段至三段是黑带初级段位，四段至六段是高水平的段位，七段至九段只能授予具有很高学识造诣和对跆拳道的发展做出重大贡献的杰出人物。

第二节 跆拳道运动基本技术

竞技跆拳道的基本技术简单实用，是其他所有技术的精髓和灵魂。任何技术的变化、运用都是在基本技术的基础上发展、衍生而来的。但是，基本技术只是跆拳道技术规范化和理想化的单个技术动作，在比赛实践中，基本技术需要根据时机、距离、战术和运动员的自身条件加以整合才能有效地使用。

一、跆拳道实战姿势

实战姿势是使自己的身体处于最有利于进攻和防守的状态的一种姿势。其作用是使身体随时处于攻防的最佳状态，保护自己，快速进攻与反击。在实战姿势中，左脚在前称为左势，右脚在前称为右势。

动作要领：两脚前后开立与肩同宽，前脚脚尖内扣斜向右前方，后脚脚跟提起，双膝关节微屈，重心落在两脚之间，上体自然直立斜向右前方，双手握拳，拳心相对，两臂弯曲，左拳略前伸，右拳置于胸前，两肘自然下垂，头部直立，目视前方（图12-1）。

图 12-1　实战姿势

二、跆拳道步法

步法是保持身体重心平衡，配合拳法、腿法等攻防动作在快速击打和防守时移动身体、调整距离的一种技术。其主要作用是保持进攻与防守的最佳距离位置。

（一）上步与撤步

以左脚掌为轴，脚尖外转，右脚蹬地向前上步，成右势站立；以右脚为轴内转，左脚向后撤步，成右势站立。

（二）前滑步与后滑步

右脚掌蹬地，同时左脚借右脚蹬地之力向前移动半步，左脚着地，右脚随即跟进半步，保持基本姿势不变；左脚掌蹬地，同时右脚借左脚蹬地之力向后移动半步，右脚着地，左脚随即跟进半步，保持基本姿势不变。

（三）前垫步与后垫步

右脚向左脚内侧并拢，同时左脚蹬地向前迈步，两脚落地成实战姿势；左脚向右脚方向并拢，同时右脚蹬地向后移动，两脚落地成实战姿势。

（四）前进步后退步

两脚同时蹬地，向前迅速移动一脚左右距离，动作完成后保持实战姿势；两脚同时蹬地，向后迅速移动一脚左右距离，动作完成后保持实战姿势。

（五）前转身步与后转身步

以左脚为轴，身体向左转180度，右脚向前扣脚落地成实战姿势；以左脚为轴，身体向右转180度，右脚向后外摆落地成实战姿势。

（六）跳换步

左右脚同时离地，以腰部力量，带动双腿相互交换，落地后仍成实战姿势站立。

（七）左侧移步与右侧移步

右脚踏地，左脚向左侧上步，右脚随之跟上使身体重心向左移动离开原来的位置；左脚蹬地，右脚向右侧方上步，左脚随之跟上使身体重心向右移动离开原来的位置。

（八）左弧形步与右弧形步

以左脚为轴，右脚蹬地向左侧跨步，上体随之左转90度；以左脚为轴，右脚蹬地向右侧跨步，上体随之右转90度。

（九）冲刺步

右脚向前上步成右实战姿势，紧接着左脚向前上步回到左实战姿势。

三、跆拳道拳法

（一）左直拳

保持实战姿势，左拳从胸前由屈到伸旋臂击出，当肘臂还未完全伸直时，拳头向右方旋转，力达拳面，迅速收回（图12-2）。

图 12-2　左直拳

（二）右直拳

保持实战姿势，右脚蹬地，腰髋部向左旋转，右手握拳由屈到伸，当肘臂还未完全伸直时，拳头向左方旋转，拳背向上，向前快速击出，力达拳面，迅速收回（图 12-3）。

图 12-3　右直拳

四、跆拳道腿法

（一）前踢

动作要领：在实战姿势基础上，右脚蹬地，后腿抬膝提起的同时，髋部左转前送，脚面绷直，膝盖前顶，当膝盖与大腿抬至水平或稍高时，小腿弹出，以脚面击打目标，完成后迅速放松收回，还原成实战姿势（图 12-4）。

图 12-4　前踢

易犯错误：髋部没有前送；提膝时没有直线出腿；击打时脚面没有绷直，直腿踢、直腿落，没有快速折叠小腿的过程。

（二）横踢

动作要领，在实战姿势基础上，右脚蹬地，身体稍后倾，后腿提起抬膝的同时，左脚外旋180度，髋部左转前送，脚面绷直，当膝盖与大腿抬至水平时向左侧内扣，小腿由屈到伸快速向左前横向踢出，完成后迅速放松收回，还原成实战姿势（图12-5）。

图 12-5　横踢

易犯错误：没有直线正上抬膝；躯干没有稍后倾，腿部没有充分伸展；脚下没有配合髋部转动；踢出后直腿下落，小腿折叠回收不充分，击打力度不够。

（三）后踢

动作要领：在实战姿势的基础上，左脚以前脚掌为轴向内旋转约120度，上体旋转时重心移至左腿，同时右腿屈膝抬起靠于左膝内侧，用力向后直线蹬出，力达脚跟，迅速落下还原成实战姿势（图12-6）。

图 12-6　后踢

易犯错误：左脚没有积极配合髋部转动；转身、出腿不连贯，中间有停顿，动作不连贯；边旋转边出腿，打击走弧线。

（四）下劈

动作要领：在实战姿势的基础上，右脚蹬地，右腿屈膝上提，以膝关节为轴右小腿向上伸直，右脚上举至对手头部上方，然后由上向下以右脚后跟（或脚掌）为力点向前劈击，顺势下压；同时向左侧拧髋前送，踢击后右脚收回，迅速落下成实战姿势（图12-7）。

图12-7　下劈

易犯错误：起腿不够高；身体没有向上和向前移动；下劈时身体重心控制不好，力量不足。

（五）侧踢

动作要领：在实战姿势的基础上，右脚蹬地，左脚外旋，直线提起右大腿，弯曲小腿同时向左转髋，膝盖朝内，勾脚面，右腿直线水平蹬出，用脚掌外侧攻击目标，击打后沿起腿路线收腿，右转，右腿落回还原（图12-8）。

图12-8　侧踢

易犯错误：左脚跟转动不及时，大小腿折叠不充分；上体过分后仰，分散攻击力量；踢完不及时收腿，缺乏弹性。

（六）推踢

动作要领：在实战姿势的基础上，右脚蹬地，重心前移，右腿以髋关节为轴提膝前蹬，右脚脚掌向前蹬推，力达脚掌，然后迅速下压，踢击后右脚收回，还原成实战姿势（图12-9）。

图12-9 推踢

易犯错误：髋部未充分展开，收腿不紧，直腿起；身体没有向前移动，身体重心控制不好；蹬腿速度慢，击打力量不足。

（七）后旋踢

动作要领：在实战姿势基础上，两脚以脚掌为轴均内旋约180度，身体随之右转约90度，两拳置于胸前；右脚蹬地，同时上体向右转，带动右腿弧形摆至身体右侧，将蹬地的力量与上体拧转的力量结合向右后旋摆鞭打，右腿屈膝回收，右脚落地后成实战姿势。

易犯错误：左脚没有配合髋部转动，转身、踢腿中间停顿；身体转动时上体晃动失去平衡；提腿速度慢，击打后身体没有完全旋转，右腿直接落地。

（八）旋风踢

动作要领：在实战姿势基础上，右脚前跨一步内扣，身体向左转，右脚落地的同时，左腿随身体继续左转向左后摆起，身体转动360度右脚蹬地起跳顺势在空中做横踢，落地后上体右转，右腿回收还原成实战姿势。

易犯错误：上步内扣落地角度过大，使后面的动作改变方向；上步、转体、摆腿、起跳动作不连贯，动作幅度过大；横踢没有利用转体轻跳的顺势力量，打击力度不够大。

五、跆拳道基本防守法

防守是比赛中利用身体各部位结合各种步法抗击、闪躲、阻挡、堵截或转移对手进攻攻势的一种技术。在比赛中，合理地使用防守技术，是争取比赛主动权的有效方法。只有进攻而无防守，是不能克敌制胜的，只有攻防结合、攻中有防、防中有攻、以攻代防、以防带攻，才是战胜对手的根本保证。

（一）上格挡

在实战姿势的基础上，当对手用腿法攻击头部时，手臂握拳迅速向外上方外旋抬起，拳与头部前额相距10～15厘米，肘与肩同高，手臂紧张，同时身体微下沉向外侧拧腰，使对手的攻击腿落在前臂外侧。分为左上格挡和右上格挡（图12-10）。

图 12-10　上格挡

（三）下格挡

在实战姿势的基础上，当对手用腿法攻击胸腹部和两肋处时，前臂迅速由屈到伸用外侧向下方击出，同时身体微向内拧腰，肘尖向外，迅速收回。分为左下格挡和右下格挡（图 12-11）。

图 12-11　下格挡

（三）十字防

1. 上十字防

在实战姿势的基础上，当对手用劈腿攻击头部时，双手握拳迅速抬起，在头部上方呈十字交叉状防守。

2. 下十字防

在实战姿势的基础上，当对手用前踢或后踢等腿法攻击时，双手握拳呈十字交叉状置于下腹部防守（图 12-12）。

图 12-12　十字防

（四）堵截

堵截是在对手的进攻尚未发动或刚刚发动时，利用身体或动作将对手的进攻堵住截断，使之无法发动攻击。当发觉对手有进攻企图时，迅速上步用身体贴靠对手，不给对手进攻的距离；或使用推踢、侧踢将对手封堵在有效击打距离之外，从而破坏对手的进攻。

（五）闪躲

闪躲防守是运用身法和步法使身体向某个方向移动，避开对手的攻击，并在保护自己的同时，使身体处于良好的反击准备状态的防守方法。闪躲的方法主要有左、右闪躲，后撤闪躲和左、右环绕闪躲等。运用闪躲技术时，应根据临场情势，采取不规则、无规律的闪躲、移动的方式来避开攻击并快速反击。

第三节 跆拳道运动技战术

一、跆拳道应用技术

（一）主动进攻技术

主动进攻技术是指比赛双方在最佳距离对峙时，一方根据临场情势突然以快速的步法或逼真的假动作接近对手而发动攻势的进攻方法，如强攻、抢攻、假动作虚晃调动等。

主动进攻技术应用的要求介绍如下。

1. 启动突然

双方在对峙时，发动攻势前不出现"预兆""预摆"动作，尽可能地在移动中利用相应的动作来隐藏自己的攻击意图和攻击前的准备，一旦时机成熟，迅速发起攻势，出其不意，攻其不备，使对手措手不及。

2. 迅速连贯

速度快，保证动作的突然性，提高动作的隐蔽性，缩短动作间转换的时间。一旦发起攻势，务必快速敏捷，保持动作连续性。

3. 真假结合

双方在对峙中均保持着高度的警觉性，大部分注意力都放在防守上。直接的进攻往往不能取得预期效果，也容易给对手反击的机会。利用假动作来调动、迷惑对手，是在运动中寻找进攻时机的方法之一。

（二）防守反击技术

防守反击技术是指一方进攻时，另一方利用各种防守技术进行有效防守后，及时予以反击的攻防方法。它是一种复合技术，即由防守技术和进攻技术组合而成，是跆拳道技术体系中的重要组成部分。主要形式有，先防守后反击、防守的同时施以反击、以攻代防等。

防守反击技术应用的要求如下。

1. 意识先导

比赛防守反击技术的运用，不仅要求正确、熟练地掌握防守与进攻技术，更重要的是有防守反击的意识和把握防守反击的时机的能力。

2. 判断准确

在比赛中，当对手进攻时，如何判断其进攻的真伪，避免上当，至关重要。判断的正确与否，直接关系到技战术的运用发挥，也是反击击打效果好坏的关键。

3. 动作娴熟

防守反击技术作为一种复合技术，对运动员的技术水平有着较高要求，要求运动员对各种类型的防守动作要能够熟练掌握并运用自如。

4. 转换迅速

动作之间的衔接与转换是技术应用的关键，要尽量缩短防反转换的时间，加快动作转换的速度。

二、跆拳道实战技术要素

实战技术要素是构成跆拳道比赛实战中的攻防技战术，有效击打对方、防御对手进攻和进行防守反击的基础。一切攻防技战术只有具备了实战技术要素，才能在实战比赛中得到充分发挥，运用自如，提高技战术的实效性。

（一）视觉

一切与比赛实战有关的信息，都是靠视觉传达到大脑，然后形成行为反应的。对手的眼神、进攻的前兆、起动、落点、假动作等，都依靠视觉来观察，从而进行判断、进攻、防守、反击。

（二）重心

身体重心平稳，就能较好地掌握进退的主动权，不易给对手创造进攻与反击的机会，有利于自己的快速移动与进攻防守。

（三）距离感

在比赛中与对手保持有效距离，这种有效距离既有利于自己的进攻，又有利于防守与反击。正确判断距离的远近，对击打力量的控制、攻防技术的运用，都具有决定性的作用。

（四）时机

掌握最佳攻击时机，是充分发挥技战术水平、取得预期攻击效果的前提条件和首要保证。

（五）判断

判断是通过预测对手将要采用的技战术意图而确定自己的技战术的能力，判断的正确与否，直接关系到技战术的运用发挥效果。

（六）速度

跆拳道比赛的速度包括动作速度、反应速度和位移速度。实战中，三种速度的快慢取决于技战术的掌握程度，是综合表现出来的。

（七）力量

击打力量是攻击技术的实效性的标志之一。在比赛实战中，击打应具备一定的力度，使对手产生一定位移或被击打的效果。

（八）应变能力

应变能力是运动员技战术水平、各种运动素质在比赛中的综合体现。娴熟的技战术动作和良好的比赛心理素质是应变能力的基础，快速的反应则是应变能力的先决条件。

三、跆拳道实战战术

（一）直攻和强攻战术

发挥自身优势，向对手直接发起进攻，多用于对方技术不稳定、体力不支、节奏较慢等情况。

（二）迂回和佯攻战术

双方僵持情况下没有合适的战机时，与对手保持距离，不给对手得分机会，并寻找时机使用佯攻以获得有利战机。多用于双方实力相当时。

（三）控制对手特长和利用对方弱点战术

分析对手技术特点，控制对手的特长的发挥，并针对对手的弱点进行有效进攻。

第四节 跆拳道运动竞赛规则

一、比赛场地划分

8米×8米的区域称为比赛区，标记为蓝色，比赛区为水平、无障碍物、正方形、有弹性且不易打滑的垫子，或由中国跆拳道协会批准使用的其他规格的比赛场地。比赛区的外缘线称为边界线。比赛记录台和临场医务台面对比赛区的边缘线为第一边界线，顺时针旋转依次为第二、第三、第四边界线。边界线以外需铺设比赛垫，保护运动员的安全。尺寸大小可根据比赛的实际情况确定，宽度为1～2米，标记为红色或黄色。

二、比赛服装

参赛运动员须穿戴中国跆拳道协会认可的道服和护具，应戴好护身、头盔、护裆、护臂、护腿、护齿后进入比赛区，其中护裆、护臂、护腿应戴在道服里面。运动员可携带经中国跆拳道协会认可的护具以备自用。除了头盔，运动员头上不许佩戴其他物品。

三、比赛时间

每场比赛3局，每局比赛2分钟，局间休息1分钟。

四、允许的技术与攻击部位

（一）允许的技术

1. 拳的技术

紧握拳，使用直拳，用指关节部分击打的技术。

2. 脚的技术

使用踝关节以下部位进行击打的技术。

（二）允许的攻击部位

1. 躯干

允许使用拳和脚的技术攻击躯干被护胸包裹的部分，但禁止攻击后背脊柱。

2. 头部

锁骨以上的部位，只允许使用脚的技术攻击。

五、得分

得分部位：

包括锁骨以上的所有部位；躯干，髋关节以上、锁骨以下的部位。得分要使用允许的技术准确有力地击中得分部位。使用允许的技术攻击被护具保护的非有效得分部位，击倒对方时，也按得分计。击中躯干计1分；旋转踢技术击中躯干计2分；击中头部计3分；

旋转踢技术击中头部计4分；一方运动员每被判2次"警告"或1次"扣分"，对方运动员加1分。比分为3局比赛得分总计。

六、犯规行为判罚

（一）判罚警告的犯规行为

越出边界线；倒地、伪装受伤、转身背向对手逃避进攻等回避比赛的行为；抓、搂、抱、推对手或用膝部顶撞对手、用拳攻击对手头部或用脚攻击腰以下部位；教练员或运动员使用不合理言语或做出任何不良行为。

（二）判罚扣分的犯规行为

发出"暂停"口令后攻击对手或攻击已倒地的对手；抓住对手进攻的脚将其摔倒，或用手推倒对手；故意用拳攻击对手面部；教练员或运动员打断比赛进程或使用过激言语、行为，严重违反体育道德。

七、比赛的获胜方式

比赛的获胜方式有：击倒胜利（KO胜）、主裁判员终止比赛胜利（RSC）、比分或优势胜利、对方弃权胜利、对方失去资格胜利、主裁判员判罚对方犯规胜利。

本章思考题

1. 简述跆拳道运动的起源。
2. 跆拳道运动的步法有哪些？
3. 跆拳道运动的腿法有哪些？
4. 侧踢的动作要领是什么？
5. 跆拳道实战技术要素有哪些？
6. 跆拳道比赛获胜方式有哪几种？

本章参考文献

[1] 曾于久. 竞技跆拳道训练 [M]. 北京：人民体育出版社，2014.
[2] 胡世君，王智慧. 跆拳道 [M]. 北京：北京体育大学出版社，2009.
[3] 刘卫军. 跆拳道 [M]. 北京：高等教育出版社，2004.
[4] 叶莱，晨阳，依昀. 跆拳道：从入段到实战 [M]. 北京：北京体育大学出版社，2009.

第十三章

健美操运动

第一节　健美操运动概述

一、健美操的概念

"健美操"源于英文"aerobics"，意为"有氧运动""有氧健美操"。健美操是一项以有氧健身为基础，以身体练习为基本手段，集音乐、舞蹈、体操、美学于一体的体育项目。健美操的动作有新颖独特、变化繁多的特点，各种动作均具有健、力、美的特征，并充分展现出刚劲有力、协调、韵律、动感、优美和青春活力等健美气质。经常进行健美操练习，不仅能使人体健美，而且能培养人的协调性、灵活性和乐感，同时还可以使人心情舒畅、情绪饱满、精神振奋、富有活力，从而达到增强体质、塑造形体、陶冶情操的目的。目前，健美操运动遍及全世界，以其特有的魅力和强大的生命力，越来越受到人们的青睐。

二、健美操的起源与发展

健美操的起源应追溯到两千多年前。古希腊人对人体美的崇尚举世闻名，他们认为在世界万物之中，只有健美的人体才是最匀称、最和谐、最庄重、最有生气和最完美的。古希腊人喜爱采用跑跳、投掷、柔软体操和健美舞蹈等各种体育项目进行人体的锻炼。他们提出了"体操锻炼身体，音乐陶冶精神"的主张。古印度很早就流行一种瑜伽术，它把姿势、呼吸和意念紧密联系起来，通过调身、调息、调心，运用意识对肌体进行自我调节，健美身心，从而达到延年益寿的效果。古代人对健身健美的追求，是现代健美操形成与发展的基础。

欧洲文艺复兴时期，被遗忘的古希腊、古罗马等古典文化被重新振兴，人体美格外受到重视。许多教育家认为古希腊体操是健美人体最完整的体育系统，提倡开展体操运动。17世纪的意大利医生墨库里奥斯在其1569年出版的著作《体操艺术》中，详细论述了各种形式的体操动作。18世纪德国著名体育活动家艾泽伦开设了培训体育师资的课程，创造了哑铃、吊环等运动。这些形式的锻炼，既是现代体操的雏形，也是现代健美操的起源。19世纪，法国、丹麦、德国、瑞典等地先后出现了各种体操学派。德国人斯皮斯富有音乐天才，他把体操从社会引到学校，为体操动作配曲，使体操在音乐的伴奏下进行。瑞典体操学派的创始人佩尔·亨里克·林把解剖学、生理学的知识用于体操，强调身体各部位及精神应协调发展，培养健美体态，并根据体操练习的功能将其分为教育、军事、医疗和美学四大类，他的理论为现代健美操的实践奠定了坚实的基础。

现代健美操实际上是从20世纪60年代产生萌芽的，1969年杰姬·索伦森综合了体操和现代舞创编了健美操，这种操带有娱乐性，简单易学，深受人们的欢迎，后风靡全球。

近十几年来，美国以健身、健美为主的健美操和以比赛为主的竞技健美操，一直处于世界领先地位，为世界的健美操发展做出了很大的贡献。随着社会的进步与发展，目前，健身健美操的种类和练习形式呈多样化的趋势，例如：各种器械健美操和近年来出现的水中健美操，以及一些正在流行的特殊风格的健美操，如搏击健美操、拉丁健美操、瑜伽健美操、街舞等。

目前，国际上共有7个大型健美操组织。其中具有较大影响力的是国际健美操联合会（IAF），成立于1983年，总部设在日本；国际健美操与健身联合会（FISAF），成立于80年代中期，总部设在澳大利亚；国际健美操冠军联合会（ANAC），成立于1980年，总部设在美国，每年举办ANAC世界健美操冠军赛。1994年国际体操联合会（FIG）这个资格最老的体育单项联合会成立了专门的健美操委员会，并于1995年12月在法国巴黎举办了首次比赛，中国健美操代表队也首次走出国门，迈出了历史性的第一步。

三、健美操的特点

（一）高度的艺术性

健美操是一项追求健与美的运动项目，其艺术性集中体现在健、力、美等方面，它所表现的力是力量、力度、弹力、活力的综合素质。健美操动作要求的力度和力量性很强，不论是短促的肌肉力量、延续力量，还是瞬间的控制力量都展现了较高的力度感。健美操动作协调、优美、并富有弹性，它不仅可以改善人们不良的身体状态，还可以培养人们的良好体态和健美体形，提高审美意识和艺术修养。而健美操运动员在健美操比赛中所表现出的健美的体魄、高超的技术、流畅的编排和充沛的体力等，也给观众留下深刻的印象，充分体现出健美操运动的健、力、美特征和高度的艺术性。

（二）鲜明的节奏感和韵律感

健美操所有的动作均在一定的节奏下进行，它通过有节奏的动作的组织，使人体的动作节奏化。健美操节奏性的特征表现在以下几个方面：生理节奏（呼吸节奏、心率节奏，反映出一定负荷的运动量）；运动节奏（技术动作的速度快慢、力度强弱、幅度大小、强度增减等）；时空节奏（空间节奏、时间节奏）；色彩节奏（服装、灯光的色彩、明暗节奏）；音乐节奏（也是最重要的节奏）。

健美操是在节奏鲜明、欢快奔放的现代乐曲伴奏下进行的身体练习，健美操音乐多取材于迪斯科、爵士、摇滚等现代音乐和具有上述特点的民族乐曲，而正是音乐中的高低、长短、强弱、快慢等有节奏的变化，使健美操更富有一种鲜明的现代韵律感。

（三）动作的创新性和多变性

随着健美操运动的发展和变化，人们不断创编出独特新颖的具有显著特征的健美操动作，这是健美操长盛不衰的根本原因。由于人体结构复杂，动作多变，人的情绪丰富，性格迥异，因此决定了健美操动作的丰富性。健美操不仅保留了徒手体操中各种类型的基本动作，而且从相关的运动项目和艺术门类中吸收了诸多动作，经过加工、提炼、转化，使之成为具有健美操风格的动作。健美操的每节很少有单关节的局部运动，大多为多关节的同步运动。它不仅可调整身体各关节的活动次数，而且可以转换运动组合形式，形成丰富多彩的动作。

（四）广泛的群众性

健美操，尤其是健身健美操，其练习形式多样，运动负荷和难度可以调节，不同年龄、性别、形体、素质、个性、气质的练习者都可酌情择项参加锻炼，因人因地制宜，选择不同的操，可以简单，也可以复杂，有目的、有针对性地进行练习，以达到增强体质和健美、健心的目的。尤其是一般性健美操，其动作简单易学，更能适应广大群众特别是青少年的需要，更具有广泛的普及性的特点。各种人群都能从健美操练习中找到适合自己的练习方式，并通过训练增强体质，弥补自身的某些不足，并且还可从中获得乐趣。因而健美操是男女老幼皆青睐的一项运动。此外，由于健美操不受气候的影响，对场地、器材条件的要求不高，练习起来简便安全，适合不同地区、不同条件的单位和部门开展，因此，这项运动具有广泛的群众基础。

四、健美操的分类

随着自身的不断发展，健美操运动出现了种类繁多的类型，分类方法也各不相同，根据不同的目的和任务，健美操运动可分为健身健美操、竞技健美操、表演健美操三大类。

（一）健身健美操

健身健美操又称大众健美操，是集健身、娱乐为一体的大众普及性健身运动，不同年龄的人都可以参加学习和锻炼。健身健美操的主要目的在于健身。

健身健美操可进行以下分类（图13-1）。

健美操

竞技健美操　健身健美操　表演健美操

竞技健美操：男子单人、女子单人、男女混双、混合3人、混合6人

健身健美操：按人体结构分、按年龄结构分、按练习形式分、按练习目的分

表演健美操：竞技健美操、健身健美操、舞蹈性健美操

按人体结构分：头颈健美操、肩部健美操、胸部健美操、髋部健美操、腿部健美操、臂部健美操、手指健美操

按年龄结构分：中老年健美操、青年健美操、少儿健美操、幼儿健美操

按练习形式分：徒手健美操、轻器械健美操、专门器械健美操

按练习目的分：热身健美操、姿态健美操、减肥健美操、节奏健美操、形体健美操、跑跳健美操

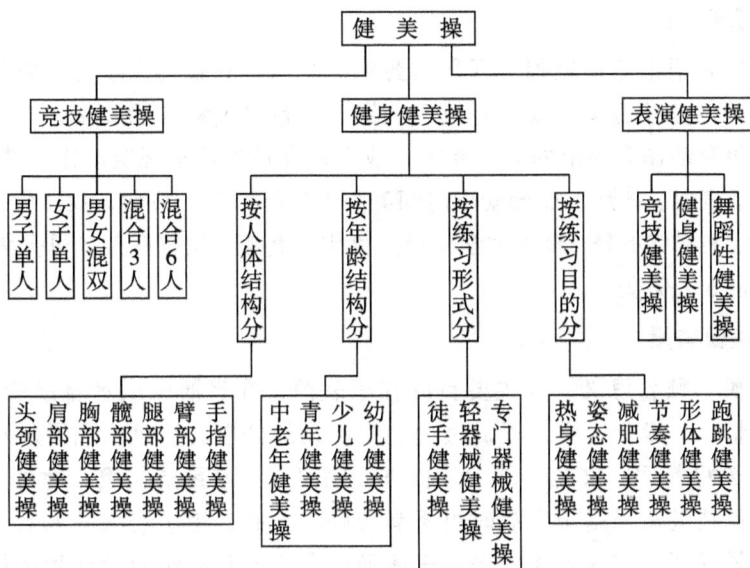

图13-1　健身健美操分类

1. 按年龄结构

分为中老年健美操、青年健美操、少儿健美操、儿童健美操、幼儿健美操等。这类健美操可称为年龄系统健美操，是根据人的不同年龄阶段的不同生理、心理、体态、体能等特征，有针对性地编排的健美操。

2. 按人体解剖结构活动部位

分为头颈健美操、肩部健美操、胸部健美操、臂部健美操、腹部健美操、髋部健美操、腿部健美操等。这类健美操具有较强的针对性，是为锻炼人体某个部位而创编的。

3. 按练习的目的

分为热身健美操、姿态健美操、形体健美操、减肥健美操、节奏健美操、活力健美操、跑跳健美操等。这类健美操主要是为突出某种目的性，如培养人的正确姿态、改善形体、去掉多余脂肪、增强动作节奏韵律或提高动作的力量和力度等。

4. 按练习形式

可分为徒手健美操、轻器械健美操和专门器械健美操三大类。

5. 按人数

分为单人、双人、3人、6人、8人和集体健美操。

6. 按性别

分为女子健美操和男子健美操。

7. 按人名、音乐、舞蹈命名

简·方达健美操、瑜伽健美操、斗牛士健美操等。

（二）竞技健美操

竞技健美操是根据竞赛规则与规程的要求组编的具有较高竞技性、以比赛取得优异成绩为主要目的的竞技健美运动。竞技健美操只进行自编动作的比赛，自编动作必须符合规则要求。每套动作有规定的时间要求，成套动作根据基本规定动作、特色难度动作、完成情况、现场表现、体形、成套动作时间等因素进行评分。目前，我国大型竞技性健美操比赛有全国健美操锦标赛、全国大学生健美操锦标赛等。竞技健美操可分为单人、混双、混合 3 人、混合 6 人健美操。

（三）表演健美操

表演健美操，顾名思义，其主要目的在于表演，在表演中展示自己的价值和魅力，在观赏中陶冶情操、净化心灵，以促进健美操活动的开展，满足人们展示和表现自我的需要。同时，对弘扬民族文化、艺术，促进文明建设有着重要作用。健身健美操用于表演极其普遍，竞技健美操用于表演时可不受规则的限制，用于表演的人数、形式、规模比较自由。为了保证一定的表演效果，表演健美操的成套动作的设计和选择上侧重于艺术性、观赏性，可采用一些风格化的舞蹈动作，如爵士舞、民族舞等，还可利用器械，如花环、旗子等，以达到烘托气氛，感染观众的效果。

五、健美操的作用

（一）增强体质，增进健康

经常参加健美操锻炼，对身体许多器官、系统都有良好的影响。长期参加健美操锻炼可以使心肌增厚，心脏容量增大，血管弹性增强，进而提高心脏的功能；健美操锻炼能提高呼吸深度，增加每次呼吸时的气体交换量，这既有利于呼吸肌的休息又可提高呼吸系统的功能储备，提高机能水平；健美操锻炼还能提高消化系统的机能。

（二）改善体形，培养端庄体态

健美操可以对身体比例的均衡产生积极的影响，特别是能增加胸背肌肉的体积，消除腰腹部沉积的多余脂肪，使体态变得丰满、线条优美、秀丽动人。此外，通过经常性正确的形体动作训练，能矫正不正确的身体姿势，培养正确端庄的仪态，使锻炼者的形体和举止风度都产生良好的变化。

（三）调节心理活动，陶冶美好情操

健美操是在音乐伴奏下进行的身体练习。健美操练习不仅能使人形成美的体魄，而且对人的心理状态也有良好的影响。优美明快的音乐节奏、活泼愉快的形体动作，使人陶醉在美的韵律之中，很快消除掉心理上的紧张与烦恼，使身心得到全面调节，精神面貌和气质修养都会有所改善。健美操是一种群体运动，在集体场所进行，能使练习者体验到个人与集体的关系，把"我"置于"我们"之中，起到协调人与人之间的关系的作用。集体配合练习，还有助于增进友谊，结交朋友，提高群体意识。

（四）提高神经系统机能水平，提高身体素质

健美操是在中枢神经系统的支配调节下进行的。反过来，健美操锻炼也能提高中枢神经系统的机能水平。它能够提高神经过程的强度、集中能力、均衡能力和灵活性，使人的视野开阔，感觉敏锐，提高人体的身体素质。

六、健美操在高校开展的意义

体育是人类社会文化生活的一个重要的组成部分，人们通过在业余时间参与体育运动来达到强身健体、娱乐身心、促进交流的目的。随着健美操运动在我国的快速普及与发展，健美操比赛也逐步走向正规化、系统化。目前，不仅有正式的全国锦标赛，还有省、市比赛，甚至单位、学校内部的比赛。近年来，健美操还经常作为表演项目出现在各种场合，这对宣传健美操运动起到了重要作用。为准备比赛或表演，表演者付出了一定的时间和精力，但这也是健身和娱乐的过程，同时表演又满足了表演者自我表现的欲望，达到了娱乐身心的目的。对观众来讲，观看比赛和表演本身就是一种娱乐欣赏行为，在表演过程中，运动员精湛的技艺、强健的体魄，给予观众健与美的享受，起到了振奋精神的作用，丰富了业余文化生活。

第二节　健美操运动基本技术

一、健美操基本术语

健美操术语是用来表达健美操动作名称以及描述动作、技术过程的专门用语和专有词汇。由于健美操术语内容较多，本着实用的原则，下面仅介绍动作方向术语、场地的基本方位术语、动作之间相互关系术语、动作中连接过程术语、动作强度术语和动作表现形式术语。

（一）运动方向术语

运动方向是指身体各部位运动的方向。运动方向一般根据人体直立时的基本方位来确定。

- 向前：做动作时胸部所对的方向。
- 向后：做动作时背部所对的方向。
- 向侧：做动作时肩侧所对的方向，必须指明左侧或右侧。
- 向上：头顶所对的方向。
- 向下：脚底所对的方向。
- 斜方向：指两个基本方向之间成45度的方向。例如，侧上、前下。
- 顺时针：转动过程与时针运动方向相同。
- 逆时针：转动过程与时针运动方向相反。

・向内：指肢体由两侧向身体正中线运动。

・向外：指肢体由身体正中线向两侧运动。

・同向：指不同肢体向同一方向运动。

・异向：指不同肢体向相反方向运动。

（二）场地的基本方位术语

为了表明人的身体在场地上所处的方位，我们一般借鉴舞蹈中基本方位的术语，把开始确定的某一面（主席台、裁判席）定为基本方位的第一点，按顺时针方向，每45度有一个基本方位，将场地划分为8个基本方位，即1、2、3、4、5、6、7、8点（图13-2）。

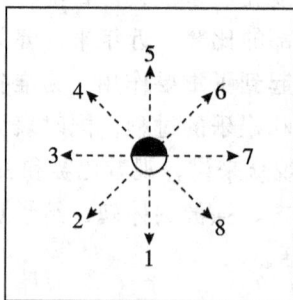

图 13-2　场地的基本方位术语

（三）动作之间相互关系术语

・同时：不同部位的动作要在同一时间内完成。

・依次：肢体或不同个体相继做同样性质的动作。

・交替：不同肢体或不同个体反复进行几个动作。

・同侧：与最初开始动作的肢体同一方向的上肢或下肢动作的配合。

・异侧：与最初开始动作的肢体不同方向的上肢或下肢动作的配合。

・对称：左右肢体做相同的动作，但方向相反。

・不对称：左右肢体做互不相同的动作。

（四）动作中连接过程术语

在描述一个连续动作过程时，用于表达动作的相互关系及先后顺序。

・由：指动作开始的方位。例如，由内向外。

・经：指肢体在动作过程中经过的位置。例如，两臂经体前交叉。

・成：指动作完成的结束姿势。例如，左脚侧迈一步成左弓步。

・至：指动作中肢体在必须到达的某一指定位置。例如，提膝至水平位置。

・接：强调两个单独动作之间连续完成。例如，团身跳接屈体分腿跳。

（五）动作强度术语

以脚接触地面时，身体承受的冲击力大小来划分。

・无冲击力动作：指两脚始终接触地面，身体重心在两腿之间，没有腾空的动作。

一般在准备部分和结束部分使用。

·低冲击力动作：指有一脚始终接触地面。

·高冲击力动作：指有腾空阶段，对身体有一定的冲击力。一般是有跑跳的动作形式。

（六）动作表现形式术语

·弹性：健美操中所指的弹性是关节自然地屈伸，有轻松、自然的感觉。

·力度：指动作的用力强度，通常以肢体的制动力度表示。

·节奏：指动作的用力强弱交替出现，并合为一体。

·幅度：指动作展开的大小。

·风格：一套动作所表现的主要艺术特色和思想特点。

·激情：充满健美操特点的强烈兴奋的情感表现。

二、健美操基本动作

（一）健美操基本动作概念

健美操基本动作是健美操运动的基础，是最小单位的元素动作，所有动作都以此为核心加以扩展。千姿百态的健美操组合动作都是在基本动作的基础本动作按一定的需要进行不同的组合和编排会产生不同难度、不同强度、不同风格及不同视觉效果的动作。健美操基本动作并不复杂，只要我们掌握了元素动作及其变化规律，健美操的学习过程就变得简单多了。

（二）健美操基本动作作用

练好健美操基本动作，有利于建立肌肉活动顺序从而形成正确的动作规格。通过健美操基本动作练习，健美操练习者可以尽快建立正确的动作技术概念。

练好健美操基本动作，有利于培养良好的姿态。只有正确的动作才会给人美的感觉，良好的基本姿态能反映练习者的精神面貌及艺术造诣，是美的意识的直接反映。

练好健美操基本动作，有利于塑造良好的身体形态。通过健美操基本动作练习，健美操练习者全身的肌肉得到均匀的发展，尤其是对女性减去多余脂肪、收紧身体肌肉、减小围度等大有好处。

练好健美操基本动作，是进行动作韵律"开法"较好的手段。在进行基本动作练习时，一般多以局部单个动作反复练习，使练习者学会肌肉如何发力、肌肉收缩顺序及肌肉的控制，体会人体在整个运动过程中各部位之间的协调配合所产生的动作韵律，达到真正的练习效果。

（三）健美操基本动作的变化

在准确熟练地掌握最基本的简单动作后，还要进一步掌握基本动作的变化。基本动作变化有以下几种表现形式。

1. 改变动作速度

动作速度是指在单位时间内身体某部位移动的距离。速度越快肌肉工作的负担就越大。在完成练习中，为了得到不同的锻炼效果，往往可以采用改变动作速度的方法进行练习。如屈伸动作，开始练习时慢做，采用两拍一动，随着动作掌握的熟练程度的提高，可一拍一动，或者采用变换节奏的做法。

2. 改变动作幅度

动作幅度是指做动作时，身体或身体某部位所移动距离的大小。动作幅度的大小，直接影响运动负荷的大小。因此，改变动作幅度能较好地起到调节运动量的作用。如肩绕环可以采用小绕环或大绕环，后者幅度显然大于前者，其对身体的影响也就更明显。

3. 改变动作方向

动作方向是指动作最终所指的空间位置。动作方向是根据练习者所做的动作与身体的相互关系来确定的，有前、后、左、右、上、下6个基本方向。此外还经常运用向内、向外和向斜的方向来说明动作。由于动作的方向不同，影响的肌肉群也不同。在一套动作中，方向的变化能使动作连接不呆板，有新意。例如，健身健美操中常用的胯部练习，采用多种方向的变化，会使人感到新颖。同一种动作可以采用向前、向后、向左、向右等各种不同方向的顶胯练习。顶胯动作本身也可以改变方向，如正胯、反胯、三角胯、圆胯等，既改变了动作形式，同时也改变了动作方向。

4. 改变开始姿势

开始姿势是指做动作时身体的外部表现。改变开始姿势不但使同一基本动作不至于千篇一律，而且还能使动作增加新颖度和难度。

（四）健美操基本动作

健美操基本动作主要由下肢动作、上肢动作和躯干动作所组成。通过基本动作的学习，练习者能够掌握健美操基础技术。其中，下肢动作为基本步法。步法可按冲击力分为三种：无冲击力动作、低冲击力动作和高冲击力动作。上肢动作包括手臂和手形。躯干动作是基于一些常见的躯体部位，如肩及髋等的动作。

1. 下肢动作

根据动作完成形式的不同，将基本步法分为五类（表13-1）。

交替类：两脚始终做依次交替落地的动作。

迈步类：一条腿先迈出一步，重心移到这条腿上，另一腿用脚尖点地或吸腿、屈腿、踢腿等，然后向另一个方向迈步的动作。

点地类：一腿屈膝站立，另一腿伸出，用脚尖或脚跟点地后还原到并腿姿势的动作。

抬腿类：一腿站立，另一腿抬起的动作。

双腿类：双腿站立、身体重心在两腿之间的动作。

以下所介绍的动作均为最常用的基本动作，可以在此基础上发展，创造具有个人风格的独特动作。

表 13-1　健美操常用基本步法

类别	原始动作形式	低冲击力形式	高冲击力形式	无冲击力形式
交替类	踏步	踏步 走步 一字步 V 字步 漫步	跑步	
迈步类	侧并步	并步 迈步点地 迈步吸腿 迈步后屈腿 侧交叉步	并步跳 小马跳 迈步吸腿跳 迈步后屈腿跳 侧交叉步跳	
点地类	点地	脚尖点地 脚跟点地		
抬腿类	抬腿	吸腿 摆腿 踢腿	吸腿跳 摆腿跳 踢腿跳 弹踢腿跳 后屈腿跳	
双腿类			并腿跳 分腿跳 开合跳	半蹲 弓步 提踵

（1）交替类

a. 踏步（原始动作）

技术要领：两腿原地依次抬起，依次落地。在下落时，踝、膝、髋关节依次有弹性地缓冲（图 13-3）。

图 13-3　踏步

b. 走步

技术要领：落地时，膝、踝关节缓冲，由脚尖过渡到脚跟，屈膝时，胯内收，两臂自然摆动（图 13-4）。

图 13-4　走步

c. 一字步

技术要领：一脚向前迈步，另一脚并于前脚，然后再依次还原。向前迈步时，先脚跟着地，再过渡到全脚掌；前后均要有并腿过程；每一拍动作膝关节始终有弹性地缓冲（图 13-5）。

图 13-5　一字步

d. V 字步

技术要领：一脚向斜前方迈一步，另一脚随之向另一方迈一步，两脚开立，屈膝，两腿膝、踝关节始终保持弹动状态，重心在两腿之间，然后再依次退回原位（图 13-6）。

图 13-6　V 字步

e. 漫步

技术要领：一脚向前迈出，屈膝，重心随之前移，另一脚稍抬起，然后原地落下；

或者向后撤一步，重心后移，另一脚稍抬起，然后原地落下。两脚始终保持交替落地，身体重心随动作前后移动，但始终在两脚之间（图13-7）。

图 13-7 漫步

f. 跑步

技术要领：两腿腾空，依次落地屈膝缓冲，脚跟先着地，两臂屈肘自然摆臂（图13-8）。

图 13-8 跑步

（2）迈步类

a. 并步

技术要领：一脚迈出，另一脚随之并拢屈膝点地（两膝始终保持弹动，动作幅度和力度可随风格而定），再向反方向迈步（图13-9）。

图 13-9 并步

b. 迈步点地

技术要领：一脚向侧迈一步，两膝同时有弹性地屈伸，两腿屈膝移重心，另一腿再向前、侧或后用脚尖或脚跟点地，上体不要扭转（图 13-10）。

图 13-10　迈步点地

c. 迈步吸腿

技术要领：一脚迈出一步，屈膝半蹲，另一腿屈膝抬起，抬膝时支撑腿稍屈膝；然后向反方向迈步（图 13-11）。

图 13-11　迈步吸腿

d. 迈步后屈腿

技术要领：一脚迈出一步，屈膝半蹲；另一腿后屈，支撑腿稍屈膝，后屈腿的脚跟靠近臀部；然后向反方向迈步（图 13-12）。

侧面示范

图 13-12　迈步后屈腿

e.侧交叉步

技术要领：一脚向侧迈一步，另一脚在其后交叉，身体重心快速随着脚步移动；随之再向侧迈一步，另一脚并拢，屈膝点地；保持膝、踝关节的弹动（图 13-13）。

图 13-13　侧交叉步

（3）点地类

a.脚尖点地

技术要领：支撑腿始终保持屈膝站立（随动作有弹性地屈伸）；另一腿伸出，脚尖点地，然后还原到并腿姿势（图 13-14）。

图 13-14　脚尖点地

b.脚跟点地

技术要领：支撑腿始终保持屈膝站立（随动作有弹性地屈伸）；另一腿伸出，脚跟点地，然后还原到并腿姿势。只可做向前和向侧的脚跟点地（图 13-15）。

图 13-15　脚跟点地

（4）抬腿类

a. 吸腿

技术要领：上体（头至臀）保持正直，支撑腿保持屈膝弹动；另一腿屈膝吸腿，绷脚尖；落地时由脚尖过渡到脚跟（图13-16）。

图 13-16　吸腿

b. 摆腿

技术要领：一腿稍屈膝站立，另一腿摆动（跳起），摆腿时上体顺势前倾、后倒或侧倾（图13-17）。

图 13-17　摆腿

c. 踢腿

技术要领：上体保持正直，一腿稍屈膝站立；另一腿抬起，抬起腿不需很高，但要有控制，然后还原（图13-18）。

图 13-18　踢腿

d. 弹踢腿跳

技术要领：上体保持正直，一腿站立（跳起）；另一腿先向后屈，然后向前下方弹踢，伸展要有控制（不生硬），腿弹出时要有控制，还原（图13-19）。

图 13-19　弹踢腿跳

e. 后踢腿跳

技术要领：一腿站立（跳起），支撑腿保持弹性；另一腿向后屈膝，脚跟靠近臀部，放下腿还原（图13-20）。

图 13-20　后踢腿跳

（5）双腿类

a. 并腿跳

技术要领：两腿并拢跳起，落地缓冲有控制（图13-21）。

图 13-21　并腿跳

b. 分腿跳

技术要领：分腿站立屈膝半蹲，大、小腿夹角不要小于 90 度；向上跳起（在空中注意对身体的控制），分腿落地屈膝缓冲（图 13-22）。

图 13-22　分腿跳

c. 开合跳

技术要领：由并腿跳起，分腿屈膝落地时，两脚自然外开，膝关节沿脚尖方向屈，膝关节夹角不小于 90 度；并腿时，脚可平行落地或外开，并腿动作要有控制，落地必须缓冲（图13-23）。

图 13-23　开合跳

d. 半蹲

技术要领：上体保持直立，两腿有控制地屈和伸。分腿半蹲时，两腿左右分开稍大于肩宽（或与肩同宽），脚尖稍外开，屈膝时关节角度不得小于 90 度，膝关节对准脚尖方向。可分为并腿半蹲和分腿半蹲（图 13-24）。

图 13-24　半蹲

e.弓步

技术要领：两腿前后分开，两脚平行站立；半蹲时后腿膝关节向下，大腿垂直于地面；重心始终在两腿之间，脚向前或平行（不能外翻）（图 13-25）。

图 13-25　弓步

f.提踵

技术要领：脚跟抬起时，两腿夹紧，重心上提，收紧腹部；脚跟落下时屈膝缓冲。其中，竞技健美操规则规定的七种基本步法：踏步、跑跳、吸腿跳、开合跳、弹踢腿跳、踢腿、弓步跳。成套动作必须展示出这七种基本步伐及其变化（图 13-26）。

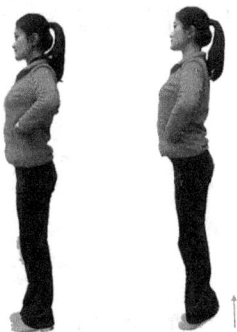

图 13-26　提踵

2.上肢动作

（1）举

臂伸直向某方向抬起。

（2）摆动

以肩关节为轴，手臂在 180 度以内的运动。

（3）绕和绕环

以肩关节为轴，手臂为 180～360 度的运动为绕；大于 360 度的圆周运动为绕环。

（4）伸臂

前臂与上臂角度不断增大。

（5）屈臂

前臂与上臂角度不断减小。

（6）屈臂摆动

屈肘在体侧自然地摆动。

（7）上提

直臂或屈臂由下至上抬起。

（8）下拉

臂由上举或侧上举拉至身体两侧。

（9）胸前推

立掌，臂由肩部向前推。

（10）肩上推

立掌，屈臂由肩部向上推。

（11）冲拳

屈臂握拳，由腰间猛力向前冲拳。

（12）交叉

两臂重叠成 X 形。

（13）健美操常用基本手形

健美操动作中的手形是手臂动作的延伸和表现，加上手形会使动作变化多样和生动活泼，具有更强的感染力，同时还有助于增强动作的力度美，提高观赏价值。常见的手形有以下几种。

a.并掌

五指伸直并拢，指关节不能弯曲（图 13-27）。

b.分指掌

五指用力分开伸直（图 13-28）。

c.立掌

手掌用力上屈，五指指关节自然弯曲（图 13-29）。

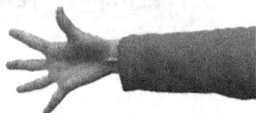

图 13-27　并掌　　　　图 13-28　分指掌　　　　图 13-29　立掌

d.一剑指

拇指与中指、无名指、小指相叠，食指伸直（图 13-30）。

e.二剑指

拇指与无名指、小指相叠，中指与食指并拢伸直（图 13-31）。

f.西班牙舞手（俗称花掌）

五指充分张开，拇指稍内扣，小指、无名指依次内旋，形成一个扇面（图 13-32）。

图 13-30　一剑指　　　　　图 13-31　二剑指　　　　　图 12-32　西班牙舞手

g. 响指

拇指与中指摩擦与食指打响，无名指、小指屈指（图 13-33）。

h. 拳

四指弯曲紧握，大拇指末关节压紧食指和中指的第二关节（图 13-34）。

i. 舞蹈手形

引用拉丁舞、西班牙舞、芭蕾舞等的手形（图 13-35）。

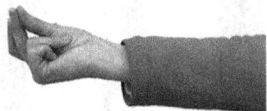  

图 13-33　响指　　　　　　图 13-34　拳　　　　　　图 13-35　舞蹈手形

3. 躯干动作

在健美操练习中，躯干部位通常起到稳定身体的作用，因此肌肉力量的平衡尤为重要。发展躯干肌肉的方法有很多，可徒手、使用轻器械或固定器械进行锻炼。下面介绍躯干的基本动作和方法。

（1）头颈部

a. 屈

头颈关节角度的弯曲，包括前屈、后屈、左屈、右屈。

b. 转

头颈部绕身体垂直轴的转动，包括左转、右转。

c. 绕

头以颈部为轴心的弧形运动，包括左绕、右绕。

（2）胸部

a. 含展胸

直臂或屈臂做内收动作，通常与臂的外展结合进行。

b. 左右移胸

两臂侧平举，胸部左右水平移动。

（3）肩部

a. 提肩

肩胛骨做向上的运动。

b. 沉肩

肩胛骨做向下的运动。

c. 绕肩

以肩关节为轴做小于360度的运动。

d. 肩绕环

以肩关节为轴做360度的圆形动作。

三、健美操成套动作

（一）组合一

1. 1×8 拍

图 13-36　1×8 拍

动作说明：见表13-2。

表 13-2　1×8 拍（组合一）

节拍		下肢动作	上肢动作
预备姿势		站立	
一	1~8	右脚一字步2次	1~2双臂胸前屈，3~4后摆，5胸前举，6上举，7胸前屈，8放于体侧

2. 2×8 拍

图 13-37　2×8 拍

动作说明：见表13-3。

表13-3　2×8拍（组合一）

节拍		下肢动作	上肢动作
二	1～8	右脚一字步2次	吸腿时击掌，5～8同1～4

3. 3×8拍

图13-38　3×8拍

动作说明：见表13-4。

表13-4　3×8拍（组合一）

节拍		下肢步伐	上肢动作
三	1～8	侧并步4次（单单双）	1右臂肩侧屈，2还原，3左臂肩侧屈，4还原， 5双臂胸前平屈，6还原，7～8同5～6

4. 4×8拍

图13-39　4×8拍

动作说明：见表13-5。

表13-5　4×8拍（组合一）

节拍		下肢步伐	上肢动作
四	1～4	左脚十字步	自然摆动
	5～8	踏步4次	5击掌，6还原，7～8同5～6

第五至第八个八拍，动作相同，但方向相反。

（二）组合二

1. 1×8 拍

图 13-40　1×8 拍

动作说明：见表 13-6。

表 13-6　1×8 拍（组合二）

节拍		下肢步伐	上肢动作
一	1～8	右脚开始前点地 4 次	1 双臂屈臂右摆，2 还原，3 左摆，4 还原，5 右臂侧斜上举，左臂胸前平屈，6 还原，7～8 同 5～6，但方向相反

2. 2×8 拍

图 13-41　2×8 拍

动作说明：见表 13-7。

表 13-7　2×8 拍（组合二）

节拍		下肢步伐	上肢动作
二	1～4	向右弧形走 270 度	自然摆动
	5～6	并腿半蹲 2 次	5 双臂前举，6 右臂胸前平屈（上体右转），7 双臂胸前平举，8 放于体侧

3. 3×8 拍

图 13-42　3×8 拍

动作说明：见表 13-8。

表 13-8　3×8 拍（组合二）

节拍		下肢步伐	上肢动作
三	1～8	左脚开始两次上步吸腿转体 90 度	1 双臂前举，2 屈臂后拉，3 前举，4 还原，5～8 同 1～4

4. 4×8 拍

图 13-43　4×8 拍

动作说明：见表 13-9。

表 13-9　4×8 拍（组合二）

节拍		下肢步伐	上肢动作
四	1～8	上步后屈腿 4 次	自然摆动，向前时胸前交叉

第五至第八个八拍，动作相同，但方向相反。

（三）组合三

1. 1×8 拍

图 13-44　1×8 拍

动作说明：见表 13-10。

表 13-10　1×8 拍（组合三）

节拍		下肢步伐	上肢动作
一	1～4	向右交叉步	1～3双臂经体侧上举，4胸前平屈
	5～8	右腿半蹲	5～6双臂前举，7～8屈肘放于腰间

2. 2×8 拍

图 13-45　2×8 拍

动作说明：见表 13-11。

表 13-11　2×8 拍（组合三）

节拍		下肢步伐	上肢动作
二	1～8	侧点地4次	1右臂左前举、左臂屈肘于腰间，2双臂屈肘于腰间，3～4同1～2，但方向相反。5～8同1～2重复2次

3. 3×8 拍

图 13-46　3×8 拍

动作说明：见表 13-12。

表 13-12　3×8 拍（组合三）

节拍		下肢步伐	上肢动作
三	1～8	左腿开始向前走 3 步 + 吸腿 3 次	1 双臂肩侧屈，2 胸前交叉，3 同 1，4 击掌， 5 肩侧屈，6 腿下击掌，7～8 同 1～2

4×8 动作与 3×8 动作相同，但方向相反；第五至第八个八拍，动作相同，但方向相反。

（四）组合四

1. 1×8 拍

图 13-47　1×8 拍

动作说明：见表 13-13。

表 13-13　1×8 拍（组合四）

节拍		下肢步伐	上肢动作
一	1～8	右腿开始 V 字步 +A 字步	1 右臂侧斜上举，2 双臂侧斜上举，3～4 击掌 2 次， 5 右臂侧斜下举，6 双臂侧斜下举，7～8 击掌 2 次

2. 2×8 拍

图 13-48　2×8 拍

动作说明：见表 13-14。

表 13-14　2×8 拍（组合四）

节拍		下肢步伐	上肢动作
二	1～8	弹踢腿跳 4 次	1双臂前举，2下摆于体侧，3～4同1～2，5前举，6胸前平屈，7～8同1～2

3. 3×8 拍

图 13-49　3×8 拍

动作说明：见表 13-15。

表 13-15　3×8 拍（组合四）

节拍		下肢步伐	上肢动作
三	1～8	左腿漫步 2 次	自然摆动

4. 4×8 拍

| 1 | 2 | 3 | 4 | 5 | 6 | 7 | 8 |

图 13-50　4×8 拍

动作说明：见表 13-16。

表 13-16　4×8 拍（组合四）

节拍		下肢步伐	上肢动作
四	1～8	迈步后点地 4 次	1 右臂胸前平屈，2 右臂左下举，3～4 同 1～2 但方向相反 5 右臂侧斜上举，6 右臂左下举，7～8 同 5～6 但方向相反

第五至第八个八拍，动作相同，但方向相反。

四、健美操科学锻炼与形体健美

（一）健美操的科学锻炼方法

1. 循序渐进，持之以恒

众所周知，健美操锻炼可以强身健体，健康减肥。这个质的变化不是一朝一夕可以达到的，而是需要一个由量变到质变的过程。人体运动能力的提高，内脏循环功能的改善，都是由神经系统通过对运动系统及内脏、循环系统反复多次调节而形成的适应性反应。这种适应性不是靠几次锻炼就可以实现的，而是一个相当复杂的协调过程。只有长期积累，经常坚持，才能达到良好效果。因此，参加健美操锻炼，首先应该有信心和持之以恒的精神，尤其是初学者和减肥者，切忌心急，应遵守科学的锻炼方法及循序渐进的原则，避免半途而废或造成不良的身体反应。

2. 灵活掌握，及时调整

在健美操锻炼时，若身体健康状况欠佳，有炎症或出现疲劳症状（四肢无力、疲倦、头晕、恶心、心悸等）时，应立即停止锻炼，不要勉强。我们知道，当身体状况不好时，人的中枢神经系统对身体的控制能力大大下降，有机体对外界环境的适应能力和有机体的协调关系出现失调现象。如果此时勉强锻炼，不仅不利于健身，反而会给身体健康带来不良影响。若出现的疲劳症状较轻，可以采用适当的休息或减少锻炼负荷及缩短锻炼时间等方法进行调节缓冲。要注意区分疾病性和运动性的疼痛，若是肌肉的酸疼、胀疼，则不必停止锻炼，应尽量坚持，做适当的调整与放松；若出现剧烈的疼痛，应及时到医院进行检查治疗。

3. 热身运动

在健美操锻炼之前，首先要进行热身运动，然后才能转入准备阶段，使机体从平静的抑制状态逐渐过渡到活动的兴奋状态，促使心脏功能逐渐加强，使血液循环和气体交换得到改善，加快新陈代谢，更好地满足锻炼时的生理要求。同时使肌肉、韧带、关节得到活动，为即将进行的较为剧烈的身体活动做好各种准备，从而提高机体的工作效率，预防运动创伤。

一般热身运动以伸、拉动作为主，运动负荷不宜过大，避免做跳跃运动。热身的时间长短、活动量的大小应根据天气情况而定。热天时新陈代谢旺盛，身体容易活动开，热身运动的时间可以短些；冷天时血液循环比较缓慢，肌肉、韧带和关节均较僵硬，不够灵活，因此，活动时间要稍长些。一般情况下，热身运动的时间应控制在总锻炼时间的20%左右，做到身体感觉发热、微微出汗为宜，这时全身各部位机能已被调动起来，中枢神经系统的兴奋性提高了，关节的灵活性和肌肉的弹性增加了，各器官、系统的活动也加强了。此时进行较大强度的运动，才能避免可能出现的肌肉拉伤或关节扭伤的现象，确保正式锻炼的内容顺利完成。

4. 放松运动

放松运动是健美操的内容之一，绝对不是可有可无的，应引起健美操教练员及广大健身者的高度重视，通过放松运动可以达到以下目的。

放松运动可使静脉血液较快地回流到心脏，使心脏较快地恢复到正常工作状态。

放松运动可使神经系统和其他内脏器官由紧张的工作状态，逐步转入正常状态，从而促进整个机体较快地得到恢复。

放松运动能加速乳酸的消除，可避免肌肉充血、僵硬。如不注意放松，肌肉的收缩能力会下降，弹性会减弱，以致影响力量的提高，妨碍肌肉的生长。

因此，参加健美操锻炼，必须做放松运动。

（二）形体健美的概念与标准

1. 形体健美的概念

形体健美是指一个人外在和内在的整体所表现的美学价值。形体健美是一种整体美，它是由多方面因素构成的，如强壮的体魄、健美的体形、良好的姿态、高雅的气质和风度等等，是自然美的表现。

（1）健康是自然美的基础

加里宁曾说过："没有结实健康的身体就不可能有人体之美。"可见，健康是形体美的首要条件。只有健康均匀的肢体、优美的曲线、丰腴的肌肤、红润的面庞、光泽的头发、水灵的双眼，才能充分表现出精力充沛、富有生命力的人体美。这种纯真自然的魅力和风采，只有在健康的基础上，采用利于塑造形体的专门综合练习，才能实现。

（2）优美的体形是自然美的重要标志

体形是指人体的外形特征与体形类型。一个人的体形固然与先天遗传因素有关，但是通过后天针对性的锻炼，使之形成正确的身体姿势，也可矫正不良的形体，使身体变得健美匀称。一个人生来含胸端肩，但通过长期的形体训练，完全可以塑造优美挺拔、正确的身体形态，弥补先天的不足。而健美操锻炼可达到塑造良好的体形的目的。

（3）姿态美是人体美的主要特征

形体美不单取决于好的体形，更重要的是使人们从人体的动作姿势中感受到自然美。有人言："站如松，坐如钟，行如风，卧如弓。"这是对形体美的基本要求。又如"亭亭玉立"则是对女性姿态美的生动写照。人们往往从一个人的一举一动和坐、立、行这些基本动作中就可以看出一个人的知识水平和文化素质。优美的姿态、潇洒的风度可以为形体美增姿添色，而通过形体健美训练，我们可以改善体态，培养优美正确的身体姿势。

（4）高雅的气质是形体美的核心

形体健美操训练不仅可以完善体形、体态和仪表，还可以陶冶情操、美化身心。只有在追求形体健美的同时，加强自身的思想修养和艺术修养，注意心灵美、行为美、语言美，真正把体育和美育、外在美和内在美很好地融合在一起，才能形成高雅的气质、风度，才能实现形体的完美。而高雅的气质、风度又影响着人的姿态，可以说内在美是形成外在美的核心。

2. 形体健美的标准

从古至今人们都执着地追求人体美，但是由于所处的时代不同，以及文化程度、社会经历、职业、性别、年龄、民族等差异，人们对什么是美却有着不同的看法。我国体育美学研究人员胡小明汇总古今中外美学专家对人体健美的见解，结合我国人民的体质和体形现状，归纳出人体健美的基本标准：

（a）骨骼发育正常，关节不粗大突出。

（b）肌肉均匀发达，皮下脂肪适当。

（c）五官端正，与头部配合协调。

（d）双肩对称，男宽女圆。

（e）脊柱正视垂直，侧视曲度正常。

（f）胸廓隆起，正背面略呈 V 字形，女性胸廓丰满有明显曲线。

（g）腰细而结实呈圆柱形。

（h）腹部扁平，男子有腹肌垒块隐现。

（i）臀部圆满适度。

（j）腿修长，大腿线条柔和，小腿腓部稍突出。

（k）足弓高。

（三）女性形体健美的标准

人体美是健、力、美三者的统一结合，它包含了生长发育健康而又完善的躯体，发达有力的肌肉、优美的人体外形和健康向上的精神气质。

由于女子在身体结构和生理机能等方面既表现出自身特点，又与男子有着明显的区别，因此，女性有自身的形体健美标准。

1. 匀称丰满并具有女性曲线美的体形

达·芬奇说过，美感完全建立在各部分之间的比例关系上。因此，美的体形首先是各部分比例的匀称协调。按照分类，当然应以运动型为佳。女性的体形应该丰满而不肥胖，这样的体形有一种健康的美；或者苗条而不瘦弱，这样的体形则另有一种精干的美。但是不管丰满还是苗条，都应该具有女性特有的曲线美，这样才能真正显现出健康、优美的女子形体美。

丰满而挺拔的胸廓是构成女性曲线美的主要标志。乳房应丰满而富有弹性，并应有适度发达的胸肌作为依托，从而构成胸部优美的曲线，过分肥大松弛或干瘪的乳房都将影响女性的美观。

坚实平坦的腹部和稍微纤细苗条的腰部是曲线美的又一标志。而腰腹周围过多地堆积着的皮下脂肪，无疑会使人显得臃肿难看。

丰满而适中的臀部能构成女子形体又一优美的曲线。臀部过分肥大会显得臃肿，有损于形体美，反之臀部过于瘦小，体现不出形体的曲线。

修长而有力的四肢也是女子形体美不可缺少的一部分。腿部应略长于躯干，并显得修长而苗条，既不能粗胖，也不能瘦长，而应有结实的肌肉，才能显示出腿部优美的曲线。

2. 适度的肌肉，健康的体魄

由于女性的生理特点，所以女性不可能也没有必要练出像男性那样发达的肌肉，因为那样会失去女性美的特点。女性应有着适度的肌肉，并且皮下应该有着适度的脂肪，从而使身体主要的肌肉群显现出圆润的线条，而不应像男子那样练得青筋暴露，甚至于每条肌肉都很明显。当然健康的体魄、适度的肌肉群仍然是女性美的重要条件，不提倡那种弱不禁风的体形和体态。

3. 端庄而优美的姿态、活泼大方而又稳重善良的性格和气质

端庄优美的姿态可提高女性的风度，使人显得风姿绰约、妩媚动人，但又不至失之于轻浮；活泼大方而又稳重善良的性格和气质，可使人感到女性的内秀之美。要达到这些要求，既需要个人良好的性格气质，又要靠提高个人的文化水平和加强思想修养。

总之，女性美应包括具有适度的肌肉、健康的体魄，匀称丰满而又有曲线的体形，端庄优美的姿态、活泼大方又稳重善良的性格和气质。

（四）体形肥胖的判定

体形主要反映人体的外部形象，这无疑是构成形体健美的重要因素之一。体形胖瘦的判定一般根据体重来衡量，即先计算出标准体重再看现在体重比标准体重超出（或减

少）了多少，超出 10%～20% 为超重，超出 20% 以上为肥胖。以下为标准体重的计算方法：男性标准体重 =（身高 –80）× 70%，女性标准体重（身高 –70）× 60%（身高单位为厘米），标准体重 ±10% 为正常体重，标准体重 +10%～20% 为过重，标准体重 +20% 以上为肥胖。从研究人体美的角度来看，体重是判断形体美中可做参考的指标，衡量肥胖的重要指标还是要看体内脂肪含量的多少，即脂肪占体重百分比的大小。如果一个人脂肪与体重的百分比没有超过标准值就不算肥胖，健美运动员就是这样。相反，有的人虽然体重没有超过标准，但由于不运动，肌肉松弛而不发达，只是脂肪的堆积，这样的体形也称不上美，所以体形的肥胖并不完全取决于体重的大小。

第三节 健美操运动创编与音乐

健美操健美身心的效果取决于健美操本身的质量。只有那些具有较强锻炼功效、运动负荷及难度适宜、富有活力的健美操才能激发起人们的锻炼兴趣，使其全身心地投入练习，并取得良好的效果。因此，健美操的创编是开展好健美操活动的前提。

一、健美操创编原则

要创编一套理想的健美操，使之符合健美操锻炼和比赛要求，不仅要求创编者有丰富的体育运动知识和生活常识，而且要精通健美操的内在规律，并具备一定的音乐、舞蹈、美学方面的知识，还要把握创编的原则、方法和程序，同时对健美操发展的现状有清楚的认识。这是对创编者的最基本的要求。创编整套健美操的基本原则主要有以下几点。

（一）目的性与针对性原则

1. 目的性

健美操可根据不同的锻炼目的分为形体健美操、减肥操、矫正操、保健操等，在创编时应针对练习者的不同目的有所侧重。如减肥操应以简单易学、重复性的有氧运动为主，使练习者达到消耗脂肪的目的；如果想培养良好的身体形态，使身体匀称发展，就应根据练习者的形体特点，有针对性地设计动作，使练习者达到匀称、完善、健美的形体；在创编预防脊柱侧弯的医疗保健操时，应多设计一些躯干动作，尤其是体侧屈、体转等动作，配以身体其他部位动作的全方位运动。

2. 针对性

健美操的创编应针对不同的任务、对象、年龄、性别、职业、身体状态、运动水平、文化素质以及练习者的生理、心理、爱好、接受能力、参与健美操活动的需求的不同、场地、器材等不同条件设计创编，这是创编者必须遵循的最基本的原则。结合实际、有所侧重、有的放矢地进行健美操的创编，做到因人而异。

风华正茂的大学生，文化素质高，接受能力强，有热情，体力充沛，精力旺盛。因此，在创编大学生健美操时应注意选择健美大方、充满青春活力、体现时代特征、富有艺术性和时代朝气的内容。动作应幅度大，力度强，速度稍快，运动负荷较大，并且最好配以明快动听、节奏强劲的音乐，以适应青年精力充沛、标新立异的特点。同时，由于这个时期男女特征已很鲜明，在创编男青年操时要选择和设计能体现男子阳刚之气、豪放之情，能展示男子强壮体魄、刚劲有力、健美性强的动作和造型，尤其强调力度、幅度，并要多编排些跳跃动作；在创编女青年操时，注意编排那些舒展、优美、柔中有刚、刚柔相济、小关节活动较丰富、舞蹈性强的动作，以展示女子矫健的身姿，满足其喜爱协调性活动的特点。同时还要特别注意多编排发展腰、腹部肌肉力量的动作。

在创编少年儿童健美操时，应针对他们的特点，比如少年儿童天真好动，表现欲强，正处于生长发育阶段，各器官尚未发育成熟，骨化未完成，肌肉力量弱等生理、心理特点，选择轻松活泼、自然愉快、形象、易于模仿的动作及有利于促进儿童生长发育、增强体质、培养协调性、节奏感的动作，以充分发挥他们的模仿能力与表现能力。

在创编老年人健身健美操时，应选择简单易学、幅度较小，速度稍慢、多次重复的动作，应避免强烈的跳跃和激烈的摆动，身体猛烈前倾、后仰、低头弯腰和易引发摔倒的动作都是不合适的；创编健身健美操既要有利于人体的特定部位来表现出局部美，又要通过各部位变化组合而表现出个体的形态美，通过各种不同的动作组合变化，协调变换，表现出一套操的整体美。

（二）全面发展身体原则

健美操锻炼，应使身体各部位关节、肌肉、韧带和内脏等机能得到全面健康的发展。科学实践证明，人体是在大脑皮层统一调节下的有机整体。人体各部位之间、各器官及系统的机能之间是互相联系、互相制约的。因此，为了达到全面发展身体的目的，在设计和创编成套健美操时，应注重选择有助于增强肌肉的力量、弹性，关节灵活性和身体柔韧性，以及各种不同方向、幅度、频率、速度、节奏的动作，要尽可能充分地动员整个机体参与运动，使身体各部位的肌肉、关节、韧带及内脏器官得到全面发展。

成套健美操动作一般包括头、颈、肩、腰、髋、腹、背和上、下肢运动，动作的方向不同，所影响的肌肉群不同；动作的幅度不同，所需要的运动量不同；动作的频率和速度不同，则直接影响肌肉的负荷。为使内脏各个器官、系统得到充分的锻炼，应选编一些能加深呼吸、增强心血管机能的跳跃动作。同时，在每个部位尽可能全面运动的基础上，应重视编排健美操的不对称动作，这有助于改善神经系统功能状况，提高协调、灵敏素质。因此，在创编健美操时，必须科学地运用影响各动作的因素，才有利于身体的全面发展。

（三）合理性与科学性原则

健美操成套动作的分配，必须以人体解剖结构、人体活动规律和对身体影响的效果为依据，以创编者对审美的认识、对现代艺术的理解为基础，严格按照健身健美操的特点、结构、节奏的要求进行布局。每次运动的负荷应由小到大，动作由简到繁，强度由弱到强，逐步增加身体负荷。当达到和保持一定运动负荷后再逐步减小运动量，使心率变化由低到高，波浪形地逐渐上升，然后再逐渐恢复到平静状态，从而使心血管系统、呼吸系统、消化系统和内脏器官功能得到改善和提高。

一般成套健美操由准备动作、基本动作和结束动作三部分组成。第一部分为准备动作，一般是先从远离心脏的部位的动作开始，如踏步、加深呼吸或头颈活动等，目的是使身体、生理、心理为进入深层次的运动做好准备，同时了解音乐节奏、速度、风格，调适心理状态。第二部分为基本动作，是成套健美操的主要部分，基本动作中一般采用从头颈、上肢、肩、胸、躯干、髋到下肢的练习，最后过渡到多关节多部位的全身运动和跳跃运动。第三部分为结束动作，一般应选择一些幅度不大、速度缓慢、轻松自如的放松四肢和躯干的练习，使身体和脉搏尽快恢复到正常状态，一般为踏步和全身放松调整。动作速度渐慢，伴以深呼吸，使心率逐渐恢复到安静状态。

成套动作运动负荷的安排应符合人体运动的生理曲线要求，使心率变化由低到高逐渐上升，出现最高峰后，再逐渐恢复到平静状态。运动强度适中，在有氧代谢供能系统下进行有氧练习，机体不易疲劳，有利于身心健康。总之，坚持合理性与科学性原则，是健美操质量和效果的保证。目前国际流行的健美操——有氧操，它的动作设计也分为三个部分，第一部分为热身，动作以踏步、并步、点地为主，配以缓慢的拉伸关节的屈伸。第二部分为基本操，以脚步变化组合为主，身体其他部位动作较简单。第三部分为拉长整理。

（四）艺术性与创新性原则

健美操动作要不断地创新，才能保持其旺盛的生命力，创新是健美操的生命，没有创新就没有健美操的发展。因此，创新性是健美操创编的一项重要原则。

首先要丰富自己，了解国内外健美操发展的现状和趋势，掌握健美操最新信息，深刻理解健美操精髓。平时将各种类型健美操动作以及各种类型的艺术形式，各种日常生活、劳动素材等积累起来，以备创编之用。然后根据健美操的特点及编操的对象，创编出既有健身价值又有美学价值，既有观赏价值又有表演价值，新颖、独特的健美操。健美操的创新中，特别要注意确定自己的特色与风格，然后根据健美操的特点，从多方面着手将一些动作素材通过改变开始姿势、动作方向、幅度、速度、节奏、队形、路线等进行创新。

（五）动作与音乐的统一性原则

一套健美操的特点和风格是通过与音乐的协调搭配而表现出来的。音乐是健美操的灵魂，健美操是表现音乐的一种手段。音乐不仅能够培养练习者的节奏感和动作的协调性，也是激发练习者情绪，启发和帮助练习者更有效地进行训练的一种手段。同时，动作是解释音乐的一种身体语言，音乐的选择决定了整套操的风格，因此在创编健美操时，要根据音乐的背景、民族习俗、文化特点，尽量设计出既能充分说明音乐，又不失健美操特点的动作，使音乐旋律和风格与动作形象和风格融为一体，达到音乐和身体动作相互促进和表现的高度统一。

二、健美操的创编步骤

（一）创编前的准备

创编前的准备包括：明确创编的目的、任务、要求；了解练习者多方面的情况（年龄、性别、身体状况、运动基础等）；了解锻炼时间、场地、器材设备等条件；学习观看有关健美操的文字资料和影像资料。

（二）制定总体方案

在了解多方面情况的基础上，确定所编操的类别（健身、表演、竞赛），风格（民族或爵士、优美或刚劲、活泼或严肃）、难度（大、中、小）、长度（若干个八拍）、速度（N拍／10秒）、设计操的结构顺序，主要动作类型（如头的屈、伸、绕、转及绕环）及高潮的安排等。

（三）选择音乐、编排动作

选择合适的音乐，通过剪裁和制作，使之适合总体设计方案要求。在比较熟悉、理解音乐后，根据健美操创编原则，实施编排成套健美操的具体动作，使所编动作与伴奏音乐和谐统一，并用速记或图解的方法记录下来。

（四）练习与调整

按设计好的动作进行练习。在练习过程中进行多方面的检查，包括运动量和强度的测试、对整套操结构顺序的合理性和艺术性的检查等。根据测试结果、练习者的反馈信息及创编者的观察研究，对操进行适当的修改和调整。

（五）撰写文字说明

此项是为了保留材料，以便在今后的教学研究或相互交流中使用。首先，按照全套操的结构，即热身、主体、整理三段式，写出每段、每节动作名称和动作的重复次数，即一共做多少个八拍，文字说明应简明扼要，术语正确；其次，绘制动作简图，简图包括动作的开始姿势，每拍动作的主要姿态，动作方向路线和动作结束姿势；再次，记写动作说明，动作说明力求简明扼要，术语正确，写明动作的预备姿势、每一节动作的做法和结束姿势；最后，记录做操时应注意的问题，目的在于推广和积累资料。

三、健美操的基本队形素材

健美操基本队形是指在集体做操时所出现的队伍图形。这些图形受做操人数、场地、创编者意图和健美操动作性质的制约。健身健美操的目的是健体强身，一般只需在动作方向上稍做变化即可。表演和比赛性质的健美操注重可观性，在不影响成套操效果的基础上，可根据情况适当多变换几种。健美操表演的人数不等，小集体形式的一般有3人、6人、8人、12人等，大集体形式的一般有16人、20人、24人、32人、40人等。

队形设计中常采用的方法有以下三种。

（一）改变队形的方向位置

图 13-51 是一组 4 人 1 列的各种组合队形图案，由于 2 列队形的方向位置不同，引起的视觉效果也不相同。

以下各种队形还可在横、竖、斜的方向上和高低姿态上做变化。

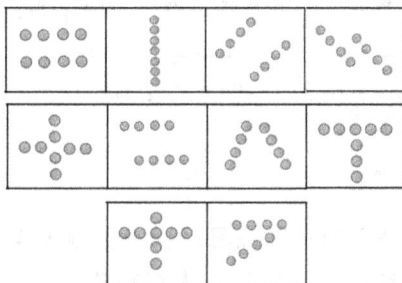

图 13-51　改变队形的方向位置

（二）改变队形的组合形式

图 13-52 是由各种不同人数的组合和各种不同位置的变化所产生的各种不同的队形图案。

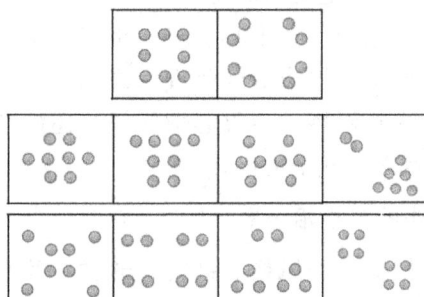

图 13-52　改变队形的组合形式

（三）改变队形运动的路线

图 13-53 是在十字交叉队形上的各种运动，它利用点、线变化使队形的运动更加丰富多彩。

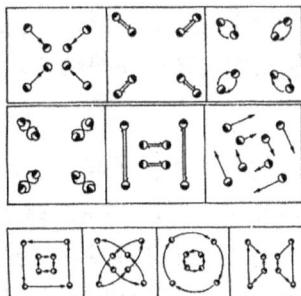

图 13-53　改变队形运动的路线

此外，还可以通过队形变换的方法来活跃变换过程。例如，由2列横队变成2个方块队形可采用图13-54所示的几种变换方法。

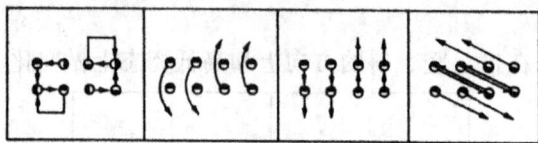

图13-54　变换方法

四、健美操音乐的选配

健美操是在音乐伴奏下进行的身体练习，音乐是健美操的灵魂。音乐使健美操动作充满青春活力，能增加健美操的表演效果，人们在欢乐的气氛中进行锻炼，心情愉快，不易疲劳，还可以排除精神紧张，使人既得到美的享受，又提高了协调性、节奏感、韵律感和自我表现能力。

健美操的音乐是服务于健美操动作的功能性音乐，和谐优美、节奏感强的音乐与动作，使人得到健与美的享受。用音乐烘托健美操的气氛，表现健美操的特点，两者紧密结合，使健美操有声有色，增强了健美操的感染力。

一般成套健美操动作的音乐应选择节奏明显、旋律优美、结构较完整、具有较强感染力且格调健康的迪斯科、爵士、摇滚等现代音乐或民族乐曲，音乐使健美操动作充满活力，人们在欢乐的气氛中进行锻炼，不仅心情舒畅，还能够积极排除精神压力。健美操音乐在具体的运用中要注意以下几个方面。

（一）音乐的风格与动作的风格相一致

音乐的选择直接影响着健美操的风格、结构、速度和节奏，音乐选配得好则容易激发编操者的创作灵感和练习者的锻炼激情。因此，在选配健美操音乐时要注意音乐与健美操的风格相一致。竞技健美操应根据运动员的特点选配那些最有个性的音乐；大众健身健美操的音乐选配，则应体现出民族风格，并向着突出时代特征的方向发展。

（二）音乐应体现健美操的特点

选配音乐时要注意体现健美操健、力、美的特点，强调美与力的结合；音乐旋律要动听，力求新颖，富于变化，节奏鲜明、强劲、规整，速度适中；音乐应和动作性质一致，音乐衬托动作，动作表现音乐，使动作与音乐完美结合。

（三）根据年龄特点选择音乐

音乐速度的选择应符合练习者的自身条件（年龄、运动水平、体能等）。健美操与其他项目相比，音乐节奏鲜明，速度较快。因此，在选择音乐时，应考虑对象的年龄特点。一般情况下，青年人应选择节奏动感强烈的迪斯科、摇摆舞、霹雳舞等风格的音乐，使动作快速、有力、活泼；对中老年人，则可以以轻巧、优美、欢乐的音乐为主；对少年儿童应选用活泼、轻快，跳跃性、节奏性强的音乐。

（四）音乐速度的选用

健美操的音乐速度通常是以每 10 秒几拍为单位作为设计动作速度的标准。健身健美操的音乐速度分为慢、中、快三个速度。一般慢速为 16～20 拍 /10 秒，中速为 20～24 拍 /10 秒，快速为 24 拍 /10 秒以上。竞技健美操为了表现健美操的特点与风格，音乐速度通常能达到每 26～30 拍 /10 秒，这种音乐节奏具有强劲的感染力，能使运动员在多姿多彩的跳跃中激发情绪，产生兴奋，发挥最大潜能。大众健身健美操的音乐为每 20～24 拍 /10 秒，充分体现了大众健美操的健身性。

本章思考题

1. 健美操运动有什么特点和作用？
2. 健美操的基本步法有哪些（请举例 5 个以上）？
3. 健美操的创编原则有哪些？
4. 形体美的标准是什么？
5. 健美操的创编步骤有哪些？
6. 健美操大致可分为哪几类？

本章参考文献

[1] 肖光来 . 健美操 [M]. 北京：人民体育出版社，2008.

[2] 吴亚娟 . 大学健美操教程 [M]. 西安：西北工业大学出版社，2009.

[3] 蔡胜林 . 形体与健美操 [M]. 武汉：武汉出版社，2008.

第十四章

轮滑运动

第一节 轮滑运动概述

关于轮滑运动的起源，国际上有几种不同的说法。其中以在 18 世纪，由不知名的荷兰人发明滚轮溜冰一说为最早。其次是说在 1815 年，一位名叫加尔森的法国人，为了能在夏天进行滑冰练习，而创造了轱辘鞋用来"滑冰"。到了 18 世纪 60 年代，出现了两轮（前后）溜冰的记载，但这种鞋难以掌控滑行。后来美国纽约人詹姆士·普利姆普顿于 1863 年发明了滚轮溜冰运动。它是由滑冰演变而成的，起初为了能在冰上稳定地滑行，在每只鞋底上镶有四只小冰刀，这样在冰上滑行十分稳定，而到了夏季就用四只小轱辘代替四只小冰刀镶在鞋底上在旱地上滑行，这就是最早的滚轮溜冰了。

1866 年，詹姆士开办了第一个溜冰场。1884 年，由美国人理查森和雷蒙德发明的滚珠轴承，对改进滚轮溜冰技术起到了极大的推动作用。在这段时间里，滚轮溜冰运动迅速传到欧洲各国。

1924 年 4 月 21 日，德国、法国、英国和瑞士四国的代表，相约在瑞士的蒙特勒市成立了世界上最早的国际性的滚轮溜冰联合会。随着轮滑运动的发展，1940 年 4 月 28 日，在罗马举行的第 43 届国际奥林匹克委员会会议上，人们正式承认了轮滑项目的国际联合会，从此轮滑运动在世界各地得到广泛的开展，尤其是在欧美各国最为普及。自 1936 年首次在瑞士举行世界轮滑锦标赛以来，国际滚轮溜冰联合会确定：每年举行一次世界速度轮滑锦标赛（包括场地赛和公路赛）、一次世界花样轮滑锦标赛、一次世界轮滑球锦标赛。目前，美国、意大利、德国、阿根廷等国的轮滑运动水平处在世界领先地位。

1952 年，国际滚轮溜冰联合会正式改名为如今的国际轮滑联合会（international roller-skating Federation，FIRS），总部设在西班牙的巴塞罗那。1980 年 9 月，国际轮滑联合会第 36 次例会通过决议，正式接纳中华人民共和国轮滑协会为该联合会的会员。目前国际轮滑联合会有 98 个成员协会。

轮滑运动在我国北方叫"滑旱冰"，在南方叫"溜冰运动"。它在我国已有较长的历史。20 世纪 30 年代初期，轮滑运动从欧、美传入我国，当时它仅为一般的娱乐性体育活动或杂技表演节目。新中国成立以后，轮滑运动在沿海大城市有了开展，但直到 1978 年后，才进入了蓬勃发展时期，全国各地城乡纷纷开设了"溜冰场"，吸引了广大青少年参加这项运动。1985 年，我国在河南省安阳市首次举行了全国速度轮滑、花样轮滑锦标赛。1988 年举办了我国首届轮滑球比赛，参赛队有广州队、香港队和澳门队。1989 年 6 月，在吉林白河举办了第一届全国轮滑球锦标赛。

2014 年 9 月，在我国海宁市举行的第 16 届亚洲轮滑锦标赛中，有 15 个国家和地区的运动员参赛，竞赛共设置了速度轮滑、单排轮滑球、花样轮滑、双排轮滑球、自由式轮滑 5 个大项 4 个组别的 92 项比赛。其中最值得称道的是自由式轮滑项目，我国关于这个项目的运动技术水平已经处于国际领军地位。

一、轮滑运动的项目分类

轮滑运动过去叫旱冰运动，以区别"水冰"。旱冰是指脚穿带有轮子的轮滑鞋，在坚实、平整的地面上滑行的一项体育运动。由于目前绝大部分的轮滑者主要使用的直排轮滑鞋，因此直排轮也近乎成了轮滑运动的代名词。

轮滑运动大致可以分为自由式轮滑、速度轮滑、花样轮滑、极限轮滑和轮滑球五大类，此外国外还流行高山速降和越野轮滑等项目（图 14-1）。

（一）自由式轮滑

自由式轮滑是轮滑运动中的新成员也是最具代表性的一项，它最能体现轮滑运动休闲性和趣味性的一面，其入门容易，场地和器材要求简单，在大众体育中也最为普及。"桩"是该项运动的最大特色，过桩就是该项运动的"灵魂"。自由式轮滑运动又分为花式绕桩、速度过桩、花式对抗、花式刹车，其中花式绕桩可以看作是在其他三个项目的基础之上发展起来的不同竞赛方式的运动项目。早期的轮滑玩家习惯将自由式轮滑称为自由式（简称平花），而将自由式轮滑中的花式绕桩项目也称为平花，这种称呼方法造成了很大的混乱，因此中国轮滑协会根据这项运动的英文名称，将其直译为自由式轮滑。自由式轮滑可以理解为自由地进行轮滑运动，不受限制。不同于花样轮滑（一般是指双排轮滑），自由式轮滑对踝关节的灵活度和下肢的力量有很高的要求，讲究脚下过桩的技巧，同时也要有上肢的协同配合，具有非常高的观赏性。

自由式轮滑竞赛场地为 45 米 ×20 米。场地内设有选手等候区、VIP 区域、裁判区、媒体区和竞赛比赛区。比赛区内根据不同的比赛项目用不同的标志进行划分。

（二）速度轮滑

速度轮滑，顾名思义是在轮滑运动中以速度取胜的一个项目，主要以单排轮滑鞋为竞赛工具，分为场地赛和公路赛两种，比赛跑道分为场地赛跑道和公路赛跑道，其中公路赛跑道可以是"开放式"，也可以是"封闭式"。场地赛全国正式比赛项目有 300 米个人计时赛、500 米争先赛、1000 米计时赛、10000 米积分淘汰赛、15000 米淘汰赛、3000 米接力赛；公路赛全国正式比赛项目有 200 米个人计时赛、500 米争先赛、10000 米积分赛、20000 米淘汰赛、5000 米接力赛、42.195 千米马拉松赛。

（三）花样轮滑

花样轮滑是运动员脚穿轮滑鞋，在轮滑场地内伴随音乐节奏进行的伴有各种曲线、步伐、跳跃、转体、旋转、舞蹈动作的滑行，是一项体育与艺术紧密结合的表演性运动项目。花样轮滑分为规定图形滑、自由滑、双人滑和双人舞 4 个项目。比赛场地至少 50 米 ×25 米。每项比赛的参赛队可选派 3 名队员参赛，男女总计 12 人，根据动作的难易程度、身体姿态的优美程度进行评分。

（四）极限轮滑

极限轮滑也称特技轮滑，是轮滑运动中最为前卫和刺激的观赏性极佳的项目，也是脱胎于滑冰运动而更具独立特征的运动形式。这项运动的显著特点表现在竞赛场地和器材方面。竞赛场地主要分为 FSK 街道场和专业场地，专业场地分道具场、半管 U 形池和碗池。

（五）轮滑球

轮滑球的外形看上去像是冰球和曲棍球的组合，同冰球的打法相似。比赛时两队各派 5 人上场，其中 1 名为守门员；运动员脚穿轮滑鞋，手执 91～114 厘米长的木制球杆，在一块由护栏围起的长方形场地上进行比赛（双排轮滑球标准场地的面积为 40 米 ×20 米，单排轮滑球标准场地的面积为 60 米 ×30 米）。运动员可以传球、运球，通过配合把球攻入对方球门，得分多者优胜。球场上的球门高 1.05 米、宽 1.54 米，分置于球场两端线的中间。每场比赛分上下半场进行，每个半场 20 分钟。

自由式轮滑

速度轮滑

极限轮滑

花样轮滑

单排轮滑球

图 14-1　轮滑运动的分类

二、轮滑运动的特点

轮滑运动是一项在运动中灵活变换身体重心并维持好肢体动态平衡的运动。轮滑运动需要穿着装有能前后转动的轮子的轮滑鞋在平地上滑行。在滑行中我们无法像日常走路时一样在身体后面找到有效的支点，只能在体侧找到合理而又稳固的支点，也就是说要想使身体向前滑动，只能通过向侧向蹬地，来获得使身体向前的动力。滑轮滑时，一般采用蹲或半蹲的滑行姿势，这样可以通过腿的屈伸动作产生蹬地的力量。初学者要想尽快掌握轮滑的基本滑行技术，就必须培养良好的身体姿势，掌握正确的腿部的蹲姿。正确的姿势的形成，不但可以加快学习轮滑的进程，同时还可以在不慎摔倒时进行自我保护。我们可以简单地将轮滑运动的特点概括为以下几点。

（一）娱乐性

轮滑运动具有很强的娱乐性和趣味性，通过该项运动的练习，人们可以从紧张、繁重的学习和工作中解脱出来，达到身心放松的目的。

（二）健身性

轮滑运动是一项全身性运动，它不仅能提高心脑血管系统和呼吸系统的机能、改善新陈代谢，还能增强臂、腿、腰、腹等肌肉的力量和全身各个关节的灵活性，特别是对提高人们身体平衡的能力具有极佳的效果。

（三）工具性

除了上述两个特性外，轮滑运动还具有很多体育项目所不具备的一个特性——交通工具。一般情况下，在平整的路面上，轮滑可以成为代步交通工具。在交通越来越拥挤的今天，轮滑成为青年人一种流行的时髦的交通工具。

（四）刺激性

虽然轮滑运动是危险系数相对较低的一项极限运动，但这其实仅是对业余休闲的玩家来讲的，极限轮滑仍然是一项非常具有挑战性的项目。极限轮滑主要分为街头极限轮滑和专业场地极限轮滑，而专业场地的比赛又可以分为道具赛和半管赛。这些比赛的技术动作大都具有一定的危险性，比如杆上滑行、空中转体类动作。评委根据动作的难度和完成情况来评分，可以让观众在大饱眼福的同时体会到轮滑无与伦比的刺激性。

（五）观赏性

花样轮滑最初是为了进行花样滑冰的训练而出现的，所以二者的观赏性也几近相当。自由式轮滑也同样极具观赏性，自由式轮滑运动员穿轮滑鞋灵活运用各种多变的步法绕过放置在地上的障碍物，动作敏捷、灵巧，往往让观众惊叹不已，掌声不断。而速度轮滑则与跑步类似，更多注重的是速度，以至于是在轮滑的几个单项中观赏性相对较差的一项，但由于运动的高速度和高难度，使速度轮滑看起来仍非常精彩。

（六）安全性

作为一种非常受欢迎的运动，轮滑除了拥有极限运动所均有的娱乐性和刺激性外，还有着较强的安全性。美国麻省大学的研究报告中，提出了一项惊人的发现：直排轮运动对关节造成的冲击力较跑步对关节的冲击力低约50%。这主要是因为滑轮滑与跑步不一样，人在踏步的时候引起轮子的转动，采用聚氨酯制成的轮子的弹性对关节冲击很小，因此老年人和小孩子也适合这项运动。只要把护具佩戴好，摔倒后受伤的概率很小。

三、轮滑运动的健身价值

轮滑运动之所以能够在很短的时间内迅速发展和普及，同它本身具有的较高运动价值及其本身的健身特点有着密不可分的联系。轮滑运动不仅是妙趣横生、令人着迷的运动项目，而且是一种很便利的交通方式，在水泥地面、油漆马路上均可滑行，滑速可快可慢，滑行可直可弯，十分灵活自如。轮滑又有特殊的灵活性，在一块很小的地面上，就可以进行高难度练习与表演，因此可被宾馆、商店用来招揽生意，甚至还可以搬上舞台进行各种精彩的艺术表演。轮滑运动还具有极佳的健身价值。速度轮滑长时间巨大的身体负荷、花样轮滑极高的平衡力和技艺、轮滑球极强的对抗性等，都对人体提出了很高的要求。经常从事轮滑运动的锻炼，可不断提高健康水平。

轮滑运动能改善和提高机体中枢神经系统的功能，提高呼吸系统、消化系统、血液循环系统的机能。轮滑运动还能全面、协调地发展人体的速度、力量、耐力、灵敏、柔韧等身体素质，使人头脑机智、反应灵敏、体魄强壮、精力充沛。轮滑运动能培养和锻炼人们的勇敢顽强、坚忍不拔、勇于拼搏的优秀品质，这对青少年的健康成长、顺利完成学习和工作任务、将来担负起现代化建设的重任，都具有十分重要的意义。

美国轮式竞速队的 Carl Foster 为 Roller Blade 公司做的一份研究报告中指出，如果一个人想要在消耗卡路里的同时锻炼肌肉，直排轮滑是最好的选项，甚至超越跑步或骑车。他指出一个直排轮滑者在普通的状况下可在30分钟内消耗285卡热量，而在不停运动的状况下30分钟内可消耗450卡热量。1993/1994美国麻省理工大学体能测试报告指出，直排轮滑运动比慢跑、单车、游泳等更能提高人体吸收氧气的能力；直排轮滑运动的冲击性较慢跑低，因此也被用来作为运动伤害的康复训练项目；直排轮滑运动和慢跑消耗相同的卡路里热量；直排轮滑运动可以提高人体肌肉以及各部机能的协调性；经常玩轮滑可以减少下肢的脂肪堆积。

第二节 轮滑运动基本常识

一、轮滑运动的基本术语

（一）前滑（正滑）

面对滑行方向，向前滑行。

（二）后滑（倒滑）

背对滑行方向，向后滑行。

（三）滑足（支撑腿）

单脚滑行或双脚交替滑行中的单脚支撑时期，在地面上支撑滑行的脚（腿）。

（四）浮足（浮腿）

单脚滑行或双脚交替滑行中的单脚支撑时期，非地面支撑脚（腿）。

（五）刃

轮滑鞋轮子和地面接触的不同位置。根据接触位置的不同可分为平刃、内刃和外刃。

（六）平刃（正刃）

当轮滑鞋垂直于地面时，轮子和地面接触的位置称为平刃（正刃）。

（七）内刃

当轮滑鞋非垂直于地面时，轮子和地面接触位置位于身体内侧的部分。

（八）外刃

当轮滑鞋非垂直于地面时，轮子和地面接触位置位于身体外侧的部分。

（九）单脚支撑时期

在双脚交替滑行过程中，从单脚蹬地发力结束、收脚至落地的阶段。

（十）双脚支撑时期

在双脚交替滑行过程中，双脚同时着地的阶段。

（十一）护具

佩戴于头、手、肘、膝、踝等人体关键部位，用于保护其免受外力伤害的专门防护装备。

二、轮滑鞋的特点及选购

（一）轮滑鞋的分类

1. 自由式轮滑鞋

自由式轮滑鞋关键在于方便灵活多变的动作，以利于滑手们在桩之间自由穿行。自由式轮滑鞋的刀架偏短，方便滑手们做各种单轮类动作；刀架中间两个轮子之间的穿孔距离稍微长于两端，可以放置中间大两端小的轮子，这样的配置可以使鞋子顺畅地左右转动。鞋子的两边通常有防磨片，防止"刹手"在刹车过程对鞋子的磨损。高端的自由式轮滑鞋较多采用皮革鞋面加碳纤底座的配备，这样不仅可以对脚起到更好的包裹效果还能大幅减轻鞋子自身重量。

2. 速度轮滑鞋

速度轮滑鞋通常用于专业选手进行竞速比赛，现在也可用于普通爱好者娱乐休闲。

其一般有 4 个或 5 个直排轮子，通常采用无护踝设计，没有制动器。轮子最大直径 110 毫米且较尖，以减小与地面的摩擦力；为了降低风阻，鞋型设计更符合人的脚型。2000 年以来的速度轮滑运动将单排速度轮滑鞋改进为"双推"速度轮滑鞋。"双推"速度轮滑鞋最显著的特点是鞋的后跟不固定在轮滑鞋底座上，在滑行的蹬腿过程结束后脚后跟可抬起，从而更有效地发挥脚蹬地的力量。

3. 花样轮滑鞋

花样轮滑鞋用于花样轮滑比赛或表演。目前有直排 3 轮花样轮滑鞋和双排 4 轮花样轮滑鞋。鞋尖前下方安装制动器，一般都有护踝设计。一般鞋体由皮革制成，强调舒适、安全，以便于完成各种花样动作，为专业花样轮滑运动员及花样轮滑动作而设计，并可根据使用者的需要及喜好更换轮子和轴承。

4. 极限轮滑鞋

极限轮滑鞋用于极限轮滑，方便人在滑杆、半管 U 形池、碗池等场地做各种技术动作。极限轮滑运动经常有跳跃动作，因此要求轮滑鞋的底座厚实、耐抗冲击性强、鞋体内胆包覆性较强，以防止运动中伤害事故的发生。极限轮滑鞋的轮子通常较小，直径一般为 47～62 毫米，形状较宽而平，使落地动作更平稳，也便于滑杆。一般极限轮滑鞋都配有绑带、侧滑片、底座防护片及卡座，可在横杆或建筑上滑行。

5. 轮滑球鞋

轮滑球鞋用于轮滑球运动。此类鞋专为轮滑球运动员而设计，采用一次成型无内胆的上鞋，使脚与鞋更紧密贴合，以利于运动员在轮滑球运动中快速完成前进、转弯、射门等瞬间移动动作，材质以皮革为主（图 14-2）。

自由式轮滑鞋　　　　　　　　　　速度轮滑鞋

双排花样轮滑鞋　　　　　极限轮滑鞋　　　　　轮滑球鞋

图 14-2　不同种类的轮滑鞋

（二）轮滑鞋的结构组成

不同项目的鞋子的特点也有所区别，但是基本的组成部分却是大同小异。轮滑鞋主要由上鞋和下鞋构成，上鞋的底座（硬壳鞋鞋面和底座一体设计）和下鞋的刀架通过螺丝固定在一起。其中上鞋主要是指我们穿脱的部分，主要由底座、鞋面（身）、芭扣和护踝构成（速滑鞋没有护踝的设计）；下鞋主要由刀架、轮子构成，刀架和轮子通过"穿钉"连接在一起，轮子中间内嵌两个轴承，两个轴承之间夹有一个"轴套"（图 14-3）。

图 14-3　轮滑的构成

1. 鞋身

轮滑鞋的外壳具有一定的硬度可以防止外来的冲击和固定脚的位置，起到保护的作用。一般拥有芭扣的鞋身较方便穿着。绑鞋带的一侧会有粘带（魔术贴）和一个芭扣（能量带、蜘蛛扣）；护踝有筒状和三角形两种设计，有护踝设计的轮滑鞋在上面通常还有一个芭扣或粘带；较好的单排轮滑鞋都是粘带加一个芭扣的设计；一般的单排轮滑鞋都有一个可拆卸内胆，但现在的高端轮滑鞋都趋向一体化。一个良好的内胆可以缓冲足部和鞋壳之间的摩擦，以保护足踝部皮肤不易擦伤或起水泡；好的鞋身应该要够坚固，海绵要够厚，密度也要够。一个舒适鞋身能令人踩起来时更加舒服。

2. 刀架

刀架是连接轮子和底座的部分，一般为铝合金制造，铝合金的刀架较坚硬、不容易变形，但价钱相对较贵，刀架系统坚韧程度直接决定着轮滑鞋的寿命。通常刀架的设计分为平花刀架、速滑刀架、极限刀架和双排刀架 4 种类型。单只刀架一般装置四个轮子，也有装置三个轮子的小刀架以及可以装置五个轮子的速度鞋长刀架。

以平花刀架和速滑刀架为例，平花刀架的长度一般分为 243 毫米、231 毫米、219 毫米这几种，243 毫米的刀架一般装置直径为 76 毫米、80 毫米、80 毫米、76 毫米的轮子，231 毫米的刀架一般装置直径为 74 毫米、76 毫米、76 毫米、74 毫米的轮子，219 毫米的刀架一般装置直径为 72 毫米、74 毫米、74 毫米、72 毫米的轮子，也有可以装置四个同等直径轮子并产生弧形效果的香蕉架。极限刀架高度低，便于滑手腾空后落地的稳定，轮子直径一般不超过 60 毫米。速滑刀架最大可以放置 110 毫米直径的轮子。

3. 轮子

按材质分，轮滑鞋轮子可分为PVC（主要用于儿童玩具类轮滑鞋，弹性差、易磨损、抓地力差）和PU（聚氨酯，大部分轮滑鞋都使用该材料，弹性好、耐磨、抓地能力强）两类。

按直径大小分，轮滑鞋轮子可分为56毫米、68毫米、70毫米、72毫米、76毫米、78毫米、80毫米、82毫米、84毫米、90毫米、100毫米等类，轮子越小加速越快，轮子越大加速越慢，但是高速时稳定，比小轮子能维持更高的速度。

按硬度分，轮滑鞋轮子可分为74A、76A、80A、82A、84A、86A、90A等类，数字越小硬度越小，滑行越舒服、顺畅、噪声小，轮子通常有较佳的抓地性和吸震性；数字越大硬度越大，轮子的抓地力越差，但耐久度越佳。轮子随着硬度的增大，各项性能也会产生相应的改变（图14-4）。

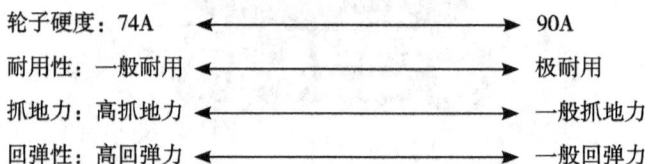

轮子硬度：74A ←————————————→ 90A

耐用性：一般耐用 ←————————————→ 极耐用

抓地力：高抓地力 ←————————————→ 一般抓地力

回弹性：高回弹力 ←————————————→ 一般回弹力

图14-4 轮子性能示意图

4. 底座

底座的质量是判断一双轮滑鞋好坏的重要依据。塑料硬壳鞋的整个鞋身和底座采用一体式设计，其他的分为塑料底座、混合纤维底座和纯碳纤维底座。其中纯碳纤底座，重量轻、强度高、韧性好，较一般轮滑鞋轻便。专业轮滑鞋一般采用纯碳纤维底座的设计。

5. 轴承

轴承是放在轮子中间的金属物体，帮助轮子转动，常见的轴承有陶瓷轴承和钢制轴承两种。陶瓷轴承相对钢制轴承，具有重量轻、抗腐蚀、发热小、热膨胀系数小等特点，但是耐用性却不及钢制轴承。轮滑鞋每个轮子两边均要放一个轴承，中间用一个"轴套"分开。

单排轮滑鞋一般采用608轴承，其中，"6"代表6系列深沟球轴承，"0"是尺寸系列，"8"表示内径尺寸为8毫米，该轴承直径22毫米，厚度7毫米；此外我们还能看到608z和608zz两种型号，其中z指单面密封（防尘盖），zz指双面密封。轮滑鞋轴承标准主要有ABEC标准和ILQ标准两种。ABEC标准是由美国轴承制造商协会（ABMA）下环形轴承工程协会（ABEC）制定的；ILQ的分级标准，是由Twincam所创立和使用的。不同标准后面都有从1~9不等的型号等级（如ABEC-7，ILQ-9），编号越高轴承制造的精度等级越高。

（三）轮滑鞋的选择

按项目分，轮滑鞋可分为速滑鞋、平花鞋、花样鞋、极限鞋和轮滑球鞋；按使用者的年龄特点分，轮滑鞋可分为儿童鞋和成人鞋。儿童鞋最大的特点就是可调节性，鞋子的长度可以通过底座来调节。成人鞋的长度具有固定性。

1. 选择用途

根据个人爱好、学习目的不同，先决定选择速度鞋、花样鞋或轮滑球鞋等，然后再选择单排轮或双排轮的轮滑鞋。

2. 鞋的大小

穿上轮滑鞋后，脚尖和鞋尖的空隙要小于1厘米，和穿一般鞋所留下的空间相比要小一些。因为在运动过程中要求脚和轮滑鞋有一定的稳定度来更好地掌控鞋子，如果空隙太大，双脚不容易稳固。

3. 材质要好

评价一双轮滑鞋，首先要看它的材质刚性和韧性如何。滑手们应该选择一双刚性和韧性较强的轮滑鞋。鞋的刚性和韧性可以从以下两个位置来进行判别：第一，护踝，这一部分是滑行中支撑人体大部分体重的重要位置，如果在滑行过程中出现断裂，将会给滑手带来严重的伤害。所以必须要选择有一定硬度的护踝，使脚踝和小腿的位置能够固定，但同时也应该确保踝关节活动的自由度。第二，底座，这个部位目前最佳的材质是碳纤维，其次是尼龙纤维、硬质塑料等，好的材质可以让轮滑鞋更轻便、坚固和耐用。

4. 踝关节的灵活度

轮滑运动中速度轮滑对脚踝的力量有着很高的要求，自由式轮滑需要灵活的踝关节等，这些证明了轮滑运动与踝关节密不可分，所以我们在选择轮滑鞋时要保证可以随心所欲地施展脚踝的力量，这样才能更好地完成轮滑技术动作。

5. 舒适度

轮滑鞋的内胆应该柔软、舒适，并能对脚产生一个良好的包裹，否则可能引起脚部、小腿的不适甚至受伤。

三、轮滑运动护具

除了轮滑鞋以外，护具也是十分重要的装备。护具除了包括最基本的护膝、护肘、护手外，还有头盔和防摔裤等。在护具的选择上，我们要十分重视。因为运动伤害有的时候并不是一受伤就可以表现出来的，有可能要在一段时间后才会显现，而且对有运动伤害的人来说，要完全复原更是不容易，所以事前的防范不得马虎。就护膝来说，护膝的功能是当练习者摔跤的时候，能够将向下摔的力量分散，吸收双膝跪地时的冲击力，并减小形成向前滑的趋势以防引起膝盖的擦伤。品质不佳的护具，很可能在使用的时候因为没有衬垫、固定性不够好，导致在使用者摔倒时没办法吸收冲击力或是因为撞击产生偏移，从而失去保护的功能。

（一）头盔

头盔可在滑手在滑行过程中因重心不稳摔倒时对头部起到保护作用。常见的头盔主要有以下四种：休闲轮滑头盔、速度轮滑头盔、极限轮滑头盔和轮滑球头盔。

休闲轮滑头盔主要适用于初学者练习基本动作，质量较轻，泡沫层和表面层较薄、较软；速度轮滑头盔呈流线形设计，两端细长，孔洞多利于空气导流，便于减小空气阻力；极限轮滑头盔呈半球形，表面层和泡沫层较厚、较硬，可以减小因高难度动作失误给头部带来的猛烈冲击；轮滑球头盔一般呈球形，带有面罩，以防止轮滑球对人体面部的伤害（图14-5）。

休闲轮滑头盔　　　　速度轮滑头盔　　　　极限轮滑头盔　　　　轮滑球头盔

图14-5　轮滑头盔

（二）护肘、护膝、护手

护肘、护膝、护手是经常用到的，不管是初学者还是资深玩家，都是必须要佩戴的，它们可以保护滑手在滑行过程中免受或减少一些不必要的伤害。在专业的极限轮滑比赛中，选手必须佩戴头盔、护膝、护肘和护手。护肘和护膝的外侧向外面凸起，佩戴时将护具的凹面戴在关节上。护手主要有绑手式、护掌式和手套式三类，绑手式护手可以将手腕固定住，防止摔倒时用手撑地给手腕带来的伤害，佩戴时凸面在手心；护掌式护手可以有效地降低摔倒时手心和地面摩擦而受伤的风险，但是对手腕起不到保护作用；手套式护手和护掌式护手差不多，手套式护手在手心位置装置了专门的防磨片（层），同样可以起到保护手掌的作用（图14-6）。

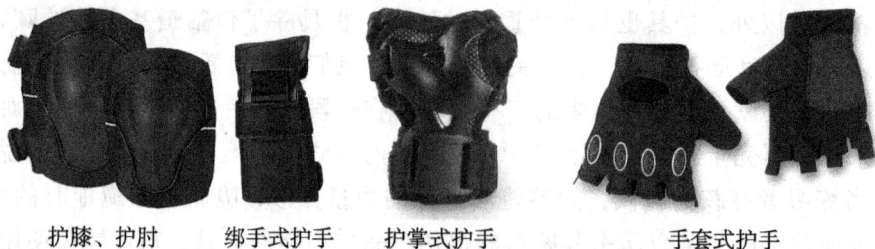

护膝、护肘　　　　绑手式护手　　　　护掌式护手　　　　手套式护手

图14-6　护膝、护肘、护手

（三）防摔裤

防摔裤可以保护初学者避免因意外摔倒而对臀部和尾椎骨造成的伤害。防摔裤的大小和厚度各有区别，它的作用是在意外摔倒时缓冲地面给人体带来的冲击力或摩擦。选

用防摔裤时要根据自己的体型和腰围大小进行选择，穿戴时，应保证腰、髋等部位活动自如（图14-7）。

图14-7　防摔裤

四、维护修理工具和零配件

（一）维修工具

轮滑鞋的大多数零件都是可以更换的，因此我们需要正确地掌握鞋子的维护和修理的方法来获得更好的滑行体验，延长鞋子的使用寿命。经常用到的维修工具有以下两种。

1. 六棱扳手

常见的六棱扳手有球形头内六棱、梅花内六棱、平头内六棱三种型号，直径1.5～10毫米。大多数轮滑鞋都采用4毫米直径的穿钉和螺丝，个别还用到2毫米和5毫米直径的螺丝；穿钉有梅花六棱和平头六棱两种型号，但直径都是4毫米。

2. 断丝取出器

大部分轮滑鞋都采用内六角孔的穿钉和螺丝，同时也都配备内六角工具。但是在日常的维护中，经常会因为穿钉强度不够、六角孔设计不够深、配备工具不标准、使用不当等原因，把穿钉或螺丝的内六角孔拧圆了，给滑手们带来了诸多困扰。断丝取出器的螺纹方向和一般的穿钉和螺丝螺纹方向是相反的，当逆时针拧动的时候，断丝取出器不断往穿钉和螺丝内六角孔里面拧紧，而穿钉和螺丝螺纹往松的方向拧出，这样就可以取出拧圆的穿钉或螺丝了（图14-8）。

图14-8　拧圆的穿钉和断丝取出器

（二）零配件

现在大部分轮滑鞋的各个组成部分都是可以更换的，如桩、轴承、穿钉、内胆、鞋底板、轴套、鞋面蜘蛛扣等，滑手们可以根据自己的实际情况选取不同型号、规格以及不同性能的配件自己组装轮滑鞋（图14-9）。

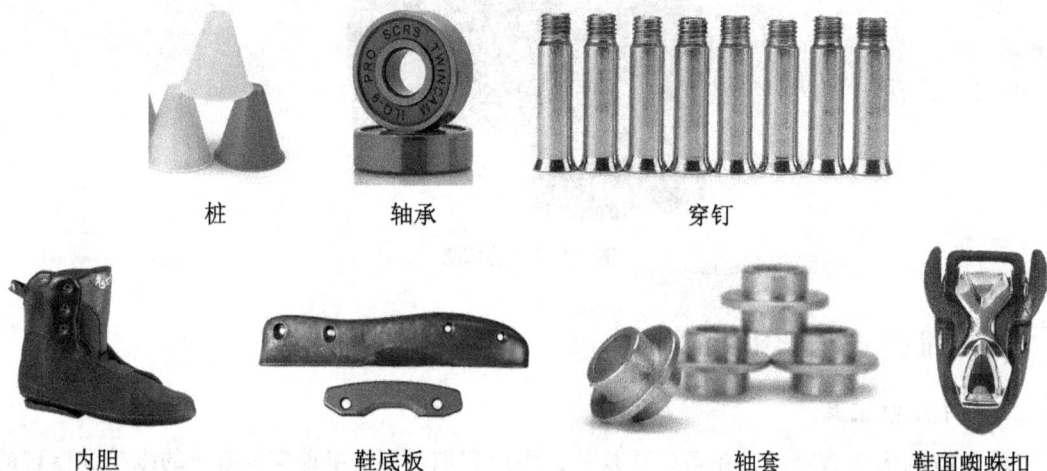

桩　　　　轴承　　　　　　穿钉

内胆　　　鞋底板　　　　　轴套　　　鞋面蜘蛛扣

图 14-9　零配件

第三节　自由式轮滑运动技术

自由式轮滑是轮滑运动中最受青少年喜欢的一个项目，早期被称为"平地花式"，后经中国轮滑协会统一名称，称为自由式轮滑。它不但能提高人体的一般身体素质，还能提高身体的平衡能力、协调能力和灵活性，培养人们正确的身体形态。自由式轮滑竞赛包括以下5个部分：花式绕桩、双人花式绕桩、速度过桩、花式对抗、花式刹停。

一、陆上模仿练习

陆上模仿练习是指在不穿轮滑鞋的情况下，在平地、沙地或草地等地方进行的正确轮滑姿势和技术动作的模仿练习。利用这种方法可以使初学者在不受轮滑鞋带来的不平衡影响的情况下掌握正确的技术动作，少走弯路，从而避免在练习中过多的摔跤甚至受伤。

（一）基本姿势练习

上体略微前倾，头保持直立，膝关节弯曲成140度左右，小腿微前弓，脚踝屈成80度。全身自然放松，两脚间距15~20厘米，身体重心落在两脚之间，膝盖与地面的垂线不能超过脚尖（图14-10）。

练习方法：做好基本姿势后，两脚支撑，静止屈蹲。在此基础上，可做单脚支撑静蹲。

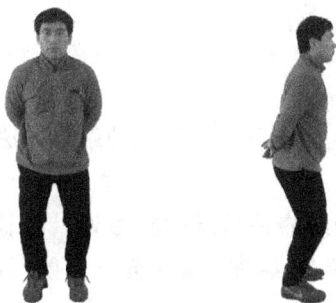

图 14-10　基本站立姿势

（二）侧蹬练习

首先从基本姿势开始，然后将右腿伸直向右侧蹬出，静止 10 秒后重心从左腿慢慢转移到右腿，静止 10 秒后收回左腿。两腿依次交替进行（图 14-11）。

练习方法：重心放在支撑腿上，膝盖位于胸部下方，侧蹬的脚要轻擦地面伸出。收腿时，应以大腿带动小腿，自然放松。

图 14-11　侧蹬练习

（三）滑步练习

在完成上面两个练习之后，我们正式开始"滑行"部分的练习，但仍是不穿轮滑鞋模仿滑行动作练习。

首先是准备姿势，双膝微屈并对齐两脚尖，两脚分开约 60 度。在两脚分开角度不变的前提下，左脚贴地向前滑出成前弓步，"滑行"过程中重心逐渐过渡到前脚，然后收后脚至两脚后跟靠拢（准备姿势），停留 2 秒后向前"滑出"（图 14-12）。

图 14-12　滑步练习

二、穿轮滑鞋的基础练习

（一）基本站立练习

正确的站姿是学习滑行的基础。下面介绍几种站立方法。

1."T"形站立

两脚成"T"形站立，前脚跟靠住后脚的脚弓处，两膝盖微屈，重心稍偏于后脚上，上体保持直立。由于两脚成"T"形靠拢，脚下轮子不能滑动，使得站立较稳定。

2.外八字站立

两脚尖自然分开，两脚跟靠近，上体保持直立，两膝盖微屈，两臂自然下垂于体侧，重心落在两脚中间，可防止两脚的轮子前后滑动，使站立较稳定。"T"形站立和外八字站立是滑手们经常使用的动作。

3.平行站立

两脚分开与肩同宽，两脚尖朝前，两脚保持平行，膝盖微屈，上体保持直立，身体重心落在两脚中间，平稳站立。

4.内八字站立

内八字站立与外八字站立相反，内八字站立是脚尖靠拢，脚后跟打开，膝盖内扣，大腿靠拢内收。相较于前几种站立姿势，内八字站立对大腿的柔韧和力量有更高的要求，使用的频率较少，一般适用于动作的起势。下面如果没有特殊说明，则八字站立即为外八字站立（图14-13）。

如果以上站立方法是穿双排轮滑鞋进行的，则比较容易；如果穿单排轮滑鞋练习，则要注意站立时稍微偏轮子的内刃着地，有利于站立稳定。这是因为一般人踝关节力量不够，内侧韧带力量强于外侧。这种现象随着滑行能力的提高，要逐渐努力使其变为正直站立。

图14-13 外八字站立、平行站立、内八字站立

（二）移动重心练习

移动重心是由站立过渡到滑行的一个非常重要的练习步骤，对控制身体重心移动和平衡能力的提高有着重要作用。

1．原地左右移动重心

两脚平行站立，上体向一侧移动，逐渐将重心完全移至一条腿上支撑，待平稳后，上体再依照上述方法向另一侧移动，如此反复练习。

2．原地蹲起

两脚平行站立，做下蹲再起来的动作，开始可先做半蹲，之后逐渐加大蹲的程度，直到深蹲。由慢至快，注意保持上体直立，脚踝、膝盖、髋三处关节要协调。

3．原地踏步

在八字站立基础上，重心移至左脚上，另一腿由大腿带动向上抬起，然后落下站稳（抬起的高度可根据自身的情况进行调节）。依照上述方法双脚依次交替进行，这是向前踏步练习的基础。

4．两脚原地前后滑动

两脚平行站立，一脚向前，另一脚向后来回滑动，两臂随之前后摆动。两脚滑动时始终保持平行、两脚距离由小至大到相距一步大小时为止，重心要始终保持在两脚中间，两腿伸直，由大腿发力做前后滑动。它可以提高滑手对身体重心的控制能力和对滑动的适应能力。

5．向前踏步

"T"形或八字形站立，一脚稍抬起向前迈出一小步，脚尖稍向外成八字步落地，同时身体重心迅速跟上，后脚抬起再向前迈出，两脚交替向前迈步走。步幅由小至大，始终注意保持正确的站立姿势，使重心能及时落至迈出脚上，保持好身体的平衡。

6．向前支撑滑行

该动作不是真正意义上的滑行，只是滑行前的一个辅助练习，此动作也是"T"形刹车的基础。

八字站立，一脚沿着脚尖的方向慢慢滑出至前腿大腿和小腿成110度左右，后腿蹬直，稳定3秒；接下来后腿大腿带动小腿抬起收回至基本姿势（收回过程中保持膝盖和脚尖朝外的角度不变），然后沿着脚尖方向滑出，滑手们可根据自身的情况双脚依次交替进行练习（图14-14）。

图14-14　向前支撑滑行练习

三、摔跤防护动作练习

摔跤防护是我们学习轮滑的关键技术，掌握正确的摔跤动作有利于在练习中保护自身免受伤害，同时建议初学者在练习过程中佩戴护具。防护动作主要有三个要点：第一，尽可能降低身体重心；第二，避开要害部位；第三，着重落地后的缓冲。防护分为有护具防护和无护具防护。

（一）有护具防护

摔跤时双膝尽量下弯降低身体重心，待双膝快接近地面时跪地（必须佩戴护具），跪地的同时依次用肘和手触地缓冲。落地时两肘内收使两小臂平行放置在面前，同时尽量保持大臂和躯干之间成直角，以给面部最大的缓冲空间，防止受伤。

（二）无护具防护

该种防护方法比较难掌握，需要大量实践，建议初学者练好基本功之后再进行学习。在练习过程中，不难发现手腕、肘、膝盖是最容易受伤的三个部位，在没有佩戴护具的情况下我们要重点避开这三个位置，同时要特别保护头部。摔跤时双膝同样要尽量弯曲以降低身体重心来减少下落给身体的冲击，如果是在倒滑的过程中后仰则要迅速团身降重心，双手抱头（见图14-15①），用臀部着地并顺随背部弧形过渡缓冲（见图14-15③④）；如果是在前滑过程中侧倒，则要降重心和转身同时完成（见图14-15②），最终用背部的"圆"来缓冲。

①   ②   ③   ④

图14-15　无护具防护

（三）倒地后的起立

起立时单膝跪地，双手扶在没有着地的膝盖上，臀部离开脚后跟，腰挺直，身体重心微微前倾，双手用力撑住膝盖站起（图14-16）。站起时双手不要急于离开膝盖，待站稳后再离开。

图14-16　倒地后的起立

四、初步滑行练习

（一）滑行练习

1. 走步双脚滑行

在八字前行的基础上，每次连续走几步就会产生一定的惯性，此时两脚迅速并拢成平行站立，借助惯性向前滑行，体会身体在滑行中的感觉，然后当快要停下来时，再走几步，再做两脚平行站立的滑行，反复练习。穿单排轮的轮滑鞋做该练习时，向前走时双脚应稍偏向内刃，当两脚平行站立靠惯性向前滑行时，则应尽力将两脚立直用正刃滑行。

2. 单脚蹬地双脚滑行

双脚成八字形站立，右脚用内刃蹬地，将体重推送至向前滑行的左腿上，右脚蹬地后迅速与左腿并拢成两脚平行站立滑行。接着用左脚内刃向左后方（脚后跟稍向身体外侧）蹬地，将重心推送至向前滑行的右腿上，左脚蹬地后迅速与右腿并拢成双脚平行站立向前滑行，反复进行。

3. 双脚交替蹬地滑行

双脚成八字站立，上体保持直立，膝和踝微屈。开始时，右脚用内刃蹬地，重心迅速移向左腿成左腿支撑滑行，右脚蹬地后大腿带动小腿迅速收回向左脚靠拢，脚尖保持基本姿势的方向，同时重心向右腿移，左脚开始向外侧蹬地，转成右腿支撑滑行。左脚蹬地后迅速收回向右腿靠拢，准备落地转换重心，脚尖同样维持基本姿势的方向。如此两脚交替蹬地、交替单脚滑行，反复练习。

4. 走步转弯

向前八字走或半走半滑时，若想向左转弯，每迈一步，脚落地时稍向左转动一点，逐渐成弧线形滑行，身体也就随之向左转弯。向右转弯动作方法相同，只是方向相反。

5. 惯性转弯

保持一定的滑行速度后，两脚平行稍靠近。向左转弯时，左脚略靠前，右腿稍靠后，重心落于两腿之间前三分之一处，左腿略弯曲，右腿直，身体向左倾斜，使重心的垂线落于身体的左侧。身体重量压在左脚和右脚的左侧轮处，借助滑行惯性向左滑出一较大弧；向右转弯时，动作方向相反。

（二）刹车练习

初学者在掌握了初步滑行技术之后，就应学会简单的刹车停止方法。学会刹车方法后就能灵活地掌控自己身体的运动方向和滑行速度，可以更好地适应运动场地实际发生的各种情况，避免冲撞等意外事故的发生。

1. 转弯减速法

这是各种轮滑鞋，在各种场地条件下通用的减速方法。就是用惯性转弯的动作消除滑行的惯性，减缓速度达到停止的目的。

2. 内八字刹车

此刹车方法适应性较广，可用于滑冰、滑雪等项目的停止。双脚平行向前滑行时，两脚后跟朝身体外侧转动，使双脚前向延长线呈正三角，两腿微屈向身体外侧持续蹬地摩擦减速。

3. "T"形刹车

当用左脚支撑滑行时，上体抬起直立，右脚外转横放在左脚后面，两脚成"T"形，两腿弯曲重心落于前腿上，用右脚内刃横向与地面摩擦，重心下降并逐渐向前脚靠近但不能贴到一起（要想刹停时间越短，重心就要越低，压在后脚上的力就要越大），减速到停止（图14-17）。

图14-17 "T"形刹车

五、轮滑基础动作练习

（一）90度和180度腾空转体

当滑行至一定速度的时候，双脚变为平行滑行；当到达起跳点时，膝盖弯曲、重心放低，准备起跳；起跳时膝盖瞬间伸直，身体往上拉，等到脚离开地面后，大腿带动小腿往上提，使大腿贴近自己的前胸。下落时伸腿，脚触地后身体随着下落而下蹲，上身前倾，落地时双脚8个轮子同时着地。

（二）压步转弯（交叉步）

这是轮滑基础动作中较难的一个技术，是双脚走步转弯和惯性转弯技术的延伸，也是速度轮滑的一项关键技术。此项技术一般用于向左转弯过程中，如果要练好轮滑技术则向右转弯的交叉步也需熟练掌握。

练习方法：保持向左转弯的姿势不变，当右脚向右侧蹬出时，身体重心落于左腿支撑滑行。

身体前倾并向左侧倒，右脚蹬地结束后，迅速将右脚提到左脚左前方，并将右腿转换成支撑腿。左脚用外刃向右腿下交叉蹬地，然后将左脚迅速移到右脚前内侧，转换成左腿支撑，这样一右一左为一个交叉压步。根据弯道的大小、速度的快慢应进行多次重复。

在弯道压步时，身体始终保持向左倾倒。两臂配合蹬地动作，左臂前后小摆动，右臂侧后大摆动，向前时屈肘。

身体倾斜要适度，与弯道的速度成正比例关系，速度越快身体倾斜度越大。当身体向左倾斜，左脚支撑滑进时，右脚蹬地后迅速移向左脚前方落地，左脚以外刃蹬地；此时身体仍保持向左侧倾斜，右脚支撑身体并以内刃滑行，两膝弯曲，重心下降。

（三）向后葫芦滑行

两脚稍稍分开，平行站立，开始时脚尖稍向内扣变成内八字站立，两腿弯曲，用两脚内刃向前垂直于轮子方向蹬地，同时两脚跟向两边打开（两脚稍宽于肩），向后外滑至最大弧线时，两脚跟向内收拢，滑行过程中两膝保持弯曲姿势，整个过程维持脚踝用力（初学者可适当使用屈伸膝盖的力量），随后恢复至开始姿势，重复上述滑行动作，这样就能连续向后滑行了。

练习方法：我们可在同伴的帮助下面对面，手拉手，体会两脚用力蹬地和扭转脚踝的协调配合动作。然后原地两脚平行站立，两臂侧平举，上体稍前倾，做小幅度的向后葫芦滑行，熟练后逐渐加大幅度和滑行速度。

（四）蛇形向后滑行

基本姿势开始，两脚分开约一脚距离，两腿弯曲，脚尖稍向内扣。用右脚内刃蹬地，身体重心移向左侧，成左脚向后滑行。右腿在体前伸直，随即右脚放在左脚侧面，恢复开始的姿势。然后再用左脚蹬地，身体重心移向右侧，成右脚的向后滑行。左腿在体前伸直，随即左脚放在右脚的侧面，然后依次重复上述动作。做蛇形后滑时，要注意在滑行中上体始终保持稍前倾姿势，两膝保持弯曲，两手分开侧举。

练习方法：在完成向后葫芦滑行获得一定速度后，即可依照上述动作进行蛇形向后滑行。左右脚各蹬地滑行一次后，依靠滑行的惯性，两脚平行站立滑行一次，保持正确的身体滑行姿势，反复练习。

（五）前滑和倒滑之间的互相转换

前滑变后滑、后滑变前滑是轮滑的重要基本动作之一，可以在确保滑速的状态下转换滑行的方向。初学者在滑速较慢的情况下可以采用旋转或跳跃转体来完成前滑和倒滑之间的转换。在熟练以后可采用以下方法来完成动作转换。

练习方法：在保持一定滑速的基础上双脚平行滑行，右腿带动脚微抬离地面，右膝向身体外侧转体180度之后落地成右腿支撑，同时提左膝，左膝内扣回收至两膝靠拢，落地。倒滑转前滑的技术动作同前滑转后滑的动作，只是初始动作为倒滑。

六、自由式轮滑进阶动作练习

（一）下肢力量练习

当我们熟练掌握上面的动作以后就需要强化下肢力量，随着技术水平的提升，新的技术动作对下肢力量提出了更高的要求。

1. QQ 支撑

左脚四轮外刃着地，右脚脚尖正刃点地，右脚延长线垂直于左脚。左脚固定，点地轮慢慢向后打开，重心慢慢下降至自己的极限，然后再慢慢地收回右脚。左右脚交替进行练习。

2. 双前轮支撑

练习时可扶墙或双人牵引进行，初始阶段练习者可在脚下放置毛巾、硬纸壳等容易凹陷且摩擦力大的物品，双脚后跟慢慢抬离地面，脚背尽量绷直，膝盖微屈，熟练后可逐渐脱离辅助物并进行原地的蹲起练习。

3. 双后轮支撑

此练习可参照双前轮的练习进行，抬脚尖，此动作膝盖略有弯曲不能完全伸直（图14-18）。

QQ 支撑　　　　双前轮支撑　　　　双后轮支撑

图 14-18　自由式轮滑进阶动作

（二）刹车进阶动作练习

1. "UFO" 式刹车

保持一定速度的双脚平行滑行，双腿微弯，刹车时双腿蹬地重心微提，身体左转90度，右脚迅速向滑行方向用内刃蹬出，左脚压成内刃，两大腿相向用力拉住，重心压在左腿。

2. 双刹

双刹即双脚平行同时刹车，这里以左脚外刃右脚内刃为例进行讲解。首先保持一定速度的双脚平行滑行，双腿微弯，刹车时双腿蹬地重心微提，双脚迅速往滑行方向蹬出，同时身体左转 90 度，刹车时双腿不宜伸直，略微弯曲。

3. 单刹

单刹分为单脚内侧刹（内刃）和单脚外侧刹，刹车动作同双刹，只是蹬地转身时用单脚（图 14-19）。

"UFO"式刹车　　　双刹　　　单刹

图 14-19　刹车进阶动作练习

第四节　轮滑球运动技术

轮滑球运动，是一项近年来在我国刚刚兴起的体育运动项目，在南方一些地区（如广州及香港）被称为旱冰球，在台湾被称为"溜冰曲棍球"，在澳门被称为"雪屐曲棍球"。轮滑球比赛是在围栏围起来的平滑场地上进行的。比赛时每队上场 5 人：1 名守门员、2 名前锋、2 名后卫。运动员脚穿轮滑球鞋，手持曲形球棍，在场上滑行、运球、传球、射门，相互争夺、进攻与防守，最终以射中球多者为胜。轮滑球比赛速度快、竞争紧张激烈，是培养和锻炼青少年身心健康的一项有益运动。

一、轮滑球运动基本技术

轮滑球技术分为滑行技术、杆上技术和守门员技术。

（一）滑行技术

滑行技术是指运动员在穿着合适轮滑鞋的基础上在场地上灵活自由滑行的专项技术，这是轮滑球技术中最基础的技术，只有掌握了基本的滑行技术，才能掌握高超的球技，才能够在球场上自如地传球、运球、接球、射门。由于轮滑球运动员在场上运动时必须灵活多变，因此要求滑行技术应具有前后、左右的对称性。滑行技术包括基本姿势、起动、直线滑行、急停、转身、跳跃、转弯等内容。

1. 基本姿势

双脚分开站立，与肩同宽；两膝前弓，重心稍后移，上体微前倾成半蹲姿势；双手于腹前横握球杆，球杆的弯头接近地面；抬头，两眼平视前方。

2. 起动

起动是由静止状态迅速变为滑行状态或由慢滑变快滑的统称，分为正向起动和侧向起动。

（1）正向起动

身体重心前移，膝、踝关节继续前屈，迅速上提重心，形成两脚制动轮着地的姿势，然后一只脚后蹬，另一只脚前迈，快速有力蹬跑2～3步，同时双手握杆，双臂协调配合。

（2）侧向起动

常用于由静止状态变为滑行状态的起动。身体重心落在一只脚上，成侧立姿势；一只脚用轮子的制动轮蹬地，然后大腿带动小腿迅速使身体转向前进方向；再换支撑腿侧蹬，两脚交替形成侧向蹬地起动姿势。

3. 直线滑行

直线滑行技术相对比较简单，向前滑行的动作要领同速度轮滑的滑行，向后滑行的动作要领同自由式轮滑中的倒滑。

4. 转弯

转弯是场上许多灵活多变的动作的基础，是竞赛中的常用技术。转弯有惯性转弯和压步转弯两种。

（1）惯性转弯

惯性转弯是指滑行中利用惯性，身体重心向一侧倾斜，使身体瞬时改变方向，达到转弯的目的。其特点是具有一定惯性，可以做半径很小的转弯，使动作迅速、突然、灵活，战术运用多变。

（2）压步转弯

压步转弯是指通过蹬地动作保持滑行速度，通过左右压步来改变转弯滑行方向。其滑进方向多变，是运球时常用的方法。转弯时身体重心向要转的方向倾斜，外侧脚侧蹬后，大腿带动小腿做前交叉步，同时支撑腿向后侧方蹬地，维持滑行速度。

5. 转身

转身是身体由向前滑转为向后滑的一个衔接动作。通过转身，运动者的身体转体180度，但滑行的方向保持不变。转身主要有平稳顺势转身和提起重心转身两种。

（1）平稳顺势转身

平稳顺势转身是指在惯性滑进过程中，转身前身体稍直立，浮腿外展180度放在滑腿附近，成为支撑腿，同时另一条腿迅速收回继续滑进。实际上就是保持滑行方法不变，改变滑进方向的过程。

（2）提起重心转身

提起重心转身是指在转身前的惯性滑行中，身体重心较低，双脚支撑滑行。转体时，双脚用力下压蹬地，重心提起的同时，身体沿纵轴方向转体180度，双膝前弓，双腿微屈落地缓冲，保持身体平衡。

6.急停

急停的方法主要有侧身急停和后急停两种。

（1）侧身急停

侧身急停是指保持双脚支撑滑行姿势，提重心的同时，转体90度蹬地。内肩稍高，重心落在两腿上，肩对滑行方向，用双脚的轮子横向摩擦地面达到减速目的。

（2）后急停

后急停即在滑行中突然180度后转身，用双脚制动轮落地，同时屈膝用制动轮摩擦地面停止。此方法也可以用于倒滑中的急停。

7.跳跃

跳跃技术虽然用得不多，但对于对抗中的躲闪、越过障碍等动作是不可缺少的关键技术。跳跃主要有单足跳跃和双足跳跃两种。

（1）单足跳跃

单足跳跃即用一只脚的制动轮向后蹬地，另一只脚前跨，同时展体伸臂，近似于跳远动作，双脚落地时膝关节微屈缓冲。

（2）双足跳跃

双足跳跃即双脚支撑身体，双膝前弓稍下蹲。双脚同时用力蹬地，使身体向上腾空、收腿、伸腿、落地屈腿缓冲。

（二）杆上技术

杆上技术是轮滑球技术的重要组成部分，是进球的关键，包括运球技术、传接球技术、射门技术等。掌握杆上技术，首先要学会握杆。握杆时用较有力且灵活的手握杆的下端，另一只手握杆的上端1/3～1/4处，握杆力求灵活自如。

1.运球

运球即带球滑行，可采用拨球、推球、拉拍过人、倒滑运球等动作。

（1）拨球

拨球即采用滑行姿势，眼睛紧盯球，双手握紧球杆，肩和上臂放松，协调用力，通过腕关节的翻转拨球，用拍面控制球，杆刃接触球时要稍倾斜，扣住球。

（2）推球

推球即推着球滑行，可以单手推球，也可以双手推球，还可以将球推出一段距离后再追上球。

2.传接球

传接球是完成进攻、战术配合等的重要技术。其关键在于掌握好传接球的时机。注意多传短球，力量不宜过大；此外，控制好传球方向。

（1）传球

a.正拍传球

正拍传球即先确定传球目标，用拍面中部扣住球侧身，肩对目标，拍从外侧向内侧扫，重心随之移动。如果同伴在前方，则先把球拨到体侧，上手向后拉，下手前推将球传出。

b. 反拍传球

反拍传球即将球拨到反拍，传球时两手相向移动，用腕的力量使球旋转离拍。

（2）接球

看准来球，调整好位置，杆刃对准来球，并与来球方向垂直。球将到时用腕和前臂的力量迎击球，将球停住。力量不宜过大，以防止球弹出去，同时也不能站在原地等球。

3. 射门

射门技术是决定比赛胜负的关键技术。

（1）扫射

肩或胸对准球门，将球拨到脚下前方或体侧，用拍面的后半部分控制住球，寻找机会用拍顺地面扫球。

（2）反拍射门

反拍射门是威力最大的一种射门技术。射门时两脚前后站立，将球拨到后脚，重心落在后脚，用反拍控制球，持杆下手一侧的肩对着球门，上体后转挥拍将球击出。

（3）击球

击球时先将球推出一段距离，看准目标，再将球拍举起超过肩，用力挥拍击球。

（4）拉射

肩对球门，先将球拉到后脚一侧，用杆刃扣住球，身体重心由后向前移动，两手拉杆向前推射球，加速后上手做向回扣球的动作，使球经杆刃弯部滚到尖部飞出。

（5）弹射

弹射时下手握拍位置比拉射低，两腕向后翻转，球拍先向后摆30厘米左右，拍面平行于地面，加速向前挥拍，触球瞬间用力屈腕击球，使球从拍面离拍飞行。

（6）带球射门

带球射门时重心始终落在后脚，球则始终在前脚附近，使球从对方守门员的头上飞入球门。

（三）守门员技术

比赛时若想取得胜利，就要多得分，少失分。少失分的关键在于守门员。守门员是一支队伍的心脏，因此守门员的职责非常重要。守门员技术的好坏对比赛的胜负起着关键作用。

1. 守门员的条件

守门员必须要有自信心和兴趣，有顽强的意志和坚忍不拔的精神，善于集中注意力，头脑冷静、认真、有韧性。守门员必须具备快速准确的分析和判断能力，应变能力要强，动作协调，能适应场上千变万化的情况，及时阻挡对手隐蔽、突然或快速的射门。守门员穿戴相当于其他队员的4～5倍的笨重护具，要做快速动作，需要很好的爆发力和绝对力量。另外，长时间处于半蹲姿势也要求守门员有很好的耐力。

2. 守门员的基本姿势和移动

（1）蹲姿

轮滑球守门员普遍采用低姿蹲踞式。双腿并拢（护腿并拢），深蹲，跟（后轮）抬起，只用前轮和制动胶三点着地。抬头平视，上体放松抬起，两臂放松垂于体侧，握杆手将杆横于脚前。

（2）移动

第一，侧跳。基本蹲姿开始，用双脚脚尖（制动胶和前轮）同时蹬地侧跳。每个跳步10~20厘米，跳跃和落地均保持基本蹲姿不变。第二，侧滑。向右移动时，右脚尖外转，四轮着地，左脚用脚尖（制动胶和前轮）向左侧蹬地，右脚向右滑出一步，然后提起脚跟使制动胶着地，同时右脚迅速收回，与左脚并拢成基本蹲姿；向左移时动作相同，方向相反。

3. 挡球

（1）四角的防守

球门的四个角是守门员最难防守的位置。对方常在1、2号门角上得分，特别是1号角。防守两个底角时要使用球杆、脚、护腿和手套；防守两个上角时，要使用手套和整个身体。守门员应该尽可能多地运用身体部位进行防守。

（2）半分退挡球

来球较低并偏向侧面时，守门员身体稍前倾并转向来球方向，一脚蹬地使重心向来球一侧移动，来球一侧的腿向侧踢出，后脚蹬地后成跪姿。

（3）侧倒挡球

对付晃门及远侧地面球可用此动作。侧倒时重心放在前腿上，后腿压在前腿上面，一手在上准备防高球。

（4）挡高球

当球射向握杆手一侧时，用握杆手的手背将球挡出。射向非握杆手一侧时，用非握杆手的手掌（掌心）将球挡出。

（5）杆挡球及处理球

当球贴地面射向两侧下角时，也可用球杆贴地面将球挡住或打出。当防守做出第一个动作（用手或腿）将球挡落于门前时，要尽快用杆将球扫向两侧门线后，以防对方补射或在混乱中将球碰入自己球门。

4. 守门员训练

守门员要练习基本蹲姿，以练出较好的蹲踞耐力，同时要在门前多练侧跳和侧滑的移动。快速、灵活地移动是守门员的重要动作基础之一，同时要练习背对球门的方位感。各种挡球动作，要做到起动快、复归原位快，反复练习。可由一人面对守门员用手势或口令指挥，守门员听口令或看手势后迅速按指挥的方向做出防守动作。一人连续射门，守门员练习挡球。可连续射向某一部位，让守门员连续练习某一动作。一人或多人连续带球晃门，训练守门员判断和应变能力及挡球技术。

二、轮滑球的基本战术

（一）接应与跑位

接应与跑位是完成个人战术和全队战术的关键，教练员必须加强运动员在这方面的训练。跑动接应的队员，首先要观察运球队员是否有意传球，再根据本队的路线和对方的站位，跑到空当接应。在跑动时要主动，突然利用速度差和变向摆脱对方紧逼。

接应有直跑接应、斜跑接应、跟进接应和跑到第二空当接应等。跑到第二空当接应是第一名队员跑动接应，引诱占位联防的队员离开其防守位置，第二名队员跟随第一名接应队员跑动，传球队员不传给第一名接应队员，而传给背后跑位接应的队员的接应战术。

（二）盯人

盯人分紧逼盯人和松动盯人。紧逼盯人即站好有利位置，贴近对方，不给其接球摆脱的机会。松动盯人是根据球所在的位置，同对方保持一定的距离，以便随时断截。一般对离球较近、处于防守区门前的队员采取紧逼盯人；对离球或离门较远，在边角的队员则采用松动盯人。

（三）假动作

假动作是用来隐蔽自己真实战术目的一种虚晃动作。假动作大致可分为无球假动作和有球假动作。

1. 无球假动作

无球假动作可分为以下两种。

（1）速度差假动作

速度差假动作是指为了摆脱对方紧逼，可先减速滑行，引诱对方放慢速度，然后突然加速，跑向空位接球，或加速后突然急停。

（2）变相假动作

变相假动作是指为了摆脱对方紧逼，接应队员可先向一侧跑几步，突然急停，再向另一侧起速、接球。

2. 有球假动作

有球假动作可分为以下几种。

（1）运球过人假动作

运球过人假动作是指在射门时，利用身体和手上动作的变化诱使对方守门员做出相应动作后，迅速改变自己的身体或手上动作，转向其他方向进行射门。

（2）射门假动作

射门假动作是指利用重心移动，使对方上当。即先向一侧移重心，诱使对方也向该侧移动，然后重心突然回移过人；也可利用球杆拨运球做假动作，原理基本相同。

（3）抢截球假动作

抢截球假动作是指当对方运球过人或传球时，先佯装从其反手一侧抢球，迫使对方向正手侧拨球，此时突然用杆和身体阻截其正手侧。

（四）进攻战术

进攻战术是指参赛队在比赛中，为了突破对方的防守，把球攻入对方球门所采取的有效方法和手段。防守队一旦获得球权就立即转为进攻，不可提前，也不可拖延。

进攻战术应坚守如下原则：要根据本队队员的特点和比赛对象制定本队的进攻阵形。每一名队员都应接受在各个位置上的训练（守门员除外），并要求能胜任在各个位置上的比赛。场上六名队员都要参与进攻。进攻时阵形在扩大，并向纵深发展，充分利用场地。但要有一名队员处在防守位置，以免对方反击时措手不及。任何进攻战术都要立足于形成二打一的优势，最后在有利射门区结束进攻。通过巧妙地传、接球，把控制球权作为主要任务。积极地滑跑，快速地传球，频繁地射门，给对方以接连不断的威胁。

三、防守阵形打法

（一）前场阻截

在前场阻截时要倍加小心，防止偷袭。要根据攻队的实力、本队防守能力、比赛时间、比分等选用防守战术。全队不论在任何时候都要强调防守，不可以疏忽。下面介绍三种前场阻截阵形。

1. 1—1前场阻截战术

遇对方强于本队或比分领先并且接近终场时，可采用1—1前场阻截战术。前锋是第一个向前阻截的队员，他的任务是干扰对方，迫使对方运球或传球失误。如被对方甩掉，另一前锋就要回追对方的另一前锋。两后卫前后排列，选择阻截地点。

2. 1—2前场阻截战术

1—2前场阻截战术是少年队、青年队采用的最好打法，能使对方造成更多失误。从心理学角度来看，这种积极的防御、凶猛的抢截，能增强本队的士气，从而给对方制造更多的心理压力。

3. 1—3前场阻截战术

1—3前场阻截战术是指两名前锋盯住对方两名后卫，两名后卫和中锋在攻区蓝线和红线间断截球。这种战术对破坏对方长传快攻效果甚好。

（二）中区防守

中区防守的天然堤坝是守区蓝线。如果有前锋回追对方控球队员，后卫必须坚守在蓝线上，绝不可弃阵后退。

（三）守区防守

只要攻方控制球权，防守队就必须保持在防守位置上。在遇到一对一、一对二、二对三的情况时，不可用身体冲撞，而应等同队队员追回时，再紧逼盯人或冲撞对方，但不可退离球门太近，到射门有利区时就应停止退守，防止对方近射得分。

1. 守区 3—1 防守阵形

守区 3—1 防守阵形是两边锋盯住对方后卫，两个后卫看住对方两边锋。右卫到底线阻截对方边锋，中锋看门前对方中锋，交由本队左锋防守，去补防对方控球边锋，如后卫冲撞成功，中锋就拿球组织快攻。在此阵形中，中锋和对角边锋都兼防两名对手。

2. 守区 3—2 防守阵形

守区 3—2 防守阵形是指右卫下底线阻截，右锋下底线拿球，和后卫形成二抢一局面。门前左卫和左锋联防，盯住对方有球侧后卫，如果球转移到左侧，左卫和左锋下底线二抢一，右卫和右锋加防门前。

3. "三打四"防守阵形

"三打四"防守阵形分为守区防守阵形、中区和攻区防守阵形两种。

（1）守区防守阵形

当对方控制球时，防守方最常用的是"方形"防守阵形。四名队员站成方形来保护球门，当球门向门前发展时，方形缩小。当球被对方控制时，方形扩大。方形防守最薄弱的地方是门前，球在底线由对角边锋来防守门前。

守区防守阵形常见疏漏有：防守方形太大，对方能顺利地将球传入门前通道射门；某个队员因跪挡球，暂时失去比赛能力；防守队员盲目地随球移动，不坚守阵形。

如果守队能保持好阵形，一般不易被攻破。在守区抢到球后，方形因战局转变而瓦解。这时守队有两件事必须完成：一是运球或击球出守区解围；二是制造死球。防守队员以少打多时在守区绝不可带球过人，另外在底线向外打死球也易被对方后卫断球。在守区内挤死球是好办法。最佳方法是挑高球解围。

（2）中区和攻区防守阵形

守队把球打到攻区底线后，有两种阻截阵形可用：第一种是 T 形阵。第一名前锋向前阻截，迫使对方传球。第二个前锋阻截对方接应队员，然后第一名队员撤回到中间防守。第二种是紧逼阻截。在同控制、进攻能力弱的队比赛时，采用紧逼策略，能打乱对方的阵脚。此时两名前锋靠近一侧，紧逼对方控球队员，一名后卫靠边板压蓝线，另一名后卫防守在蓝线和红线之间的中路。在少打多时，上场队员要顽强滑跑，奋勇拼搏。在攻区和中区抢到球后，本队在没有危险的情况下，尽量拖延时间，掌握球权。可以不进攻，往回传球，"戏弄"对方，使对方"望球兴叹"。在有危险时，守方队员则不要往回运球和传球，当机立断把球打入攻区底线。如果守方在攻区得球，可以射门。

第五节　速度轮滑运动技术

速度轮滑就是穿着特制轮滑鞋，在规定距离内以速度快慢决定胜负的运动项目。在初学轮滑时，我们已经体会到穿着前后滑动的轮滑鞋，在滑行中无法在身体后面找到有效的支点，而只能在身体侧后方找到蹬地发力的支点，只有通过向侧后蹬地才能取得向前滑进的动力。而在速度轮滑中，因为滑跑速度快，向身体侧后方蹬已不能满足需要，而是应该向身体两侧蹬，才能达到有效蹬地和增加前进速度。因此，速度轮滑的蹬地是边滑边蹬，接近于完全向侧蹬，速度越快，越接近向正侧方蹬，向后的成分越小，因此学习速度轮滑要进一步培养向侧向用力蹬地的习惯。

初学轮滑时，多采用微蹲或接近直立的姿势滑行，而在速度轮滑中，由于要减小前进阻力，增加蹬地动作的幅度和力量，因此要采用较深的蹲屈姿势，所以，时刻想着腿和身体的正确蹲姿，培养良好的习惯，才能练好速度轮滑。

一、速度轮滑的竞赛场地和竞赛类型

（一）竞赛场地

速度轮滑的比赛分为两种：一种是在一个呈椭圆形、弯道有一定坡度的场地上进行的比赛，称为场地赛；另一种是在公路上进行的比赛，称为公路赛。场地赛全国正式比赛项目有 300 米个人计时赛、500 米争先赛、1000 米计时赛、10000 米积分淘汰赛、15000米淘汰赛、3000 米接力赛；公路赛全国正式比赛项目有 200 米个人计时赛、500 米争先赛、10000 米积分赛、20000 米淘汰赛、5000 米接力赛、42.195 千米马拉松赛。

场地赛竞赛跑道周长 200 米（±2 厘米），跑道宽度 6 米（±2 厘米），弯道半径13.42 米，单个弯道长度 42.16 米，单个直道长度 57.84 米。公路赛跑道可以是"开放式"的，也可以是"封闭式"的。

（二）竞赛类型

1. 计时赛

（1）个人计时赛

个人计时赛是运动员按顺序单个出发滑行，以计时成绩确定优胜者。

（2）分组计时赛

分组计时赛是运动员分成若干组，以计时成绩进行轮次晋级，最终产生优胜者。

（3）团体计时赛

团体计时赛以团体为参赛单位，按团体的成绩确定优胜队。

2. 争先赛

争先赛是指名次竞争的短距离赛，采用轮次淘汰的办法产生优胜者。

3. 淘汰赛

淘汰赛是指在比赛途中设一个或多个固定淘汰点，淘汰一名或多名处于落后的运动员，按淘汰的逆顺序排列名次，未被淘汰且首先到达终点的运动员获得冠军。比赛前由裁判长宣布具体淘汰办法。

4. 群滑赛

群滑赛是指集体出发按计时成绩决定名次的比赛。在场地或公路上进行，参赛人数不限，参赛者同时出发。如果参赛人数太多，比赛跑道受限，可举行多轮次的比赛。被淘汰的运动员可根据记录的淘汰时间排列名次。

5. 积分赛

积分赛是以争夺积分的形式决定胜负的比赛。在比赛途中设若干个积分点，运动员通过争夺积分点的名次来获得相应的积分，以获得积分多少排列名次，积分高者名次列前。

6. 积分淘汰赛

积分淘汰赛是指积分与淘汰相结合的比赛。在特定圈数为领先的运动员积分，之后淘汰落后的运动员（一名或多名）。这项比赛的冠军是未被淘汰且积分最高的运动员。

7. 接力赛

接力赛是指每队 3 名运动员参赛，每人最少完成一次接力的比赛。

二、速度轮滑直道滑行技术

速度轮滑技术包括直道滑行技术、弯道滑行技术、起跑与冲刺技术，本节着重介绍直道滑行技术。直道滑行技术包括基本姿势、蹬地、收腿、着地、惯性滑行、摆臂等。

（一）滑跑基本姿势

速度轮滑运动的滑跑关键是要减少空气阻力，达到快速滑跑的目的，必须采取特殊的滑跑姿势。身体姿势的正确与否，对正确完成技术动作和有效地使用技术发挥身体潜能有着重要的作用。因此，正确的滑跑姿势是滑行技术的基础。速度轮滑直道滑跑采用上体前倾的半蹲式姿势，髋、膝、踝三处关节微微弯曲。上体放松，两手放在背后，头微抬起目视前方。滑行中身体重心落在脚心处。

髋关节的角度为 90～100 度，膝关节的角度为 110～120 度，踝关节的角度为 65～70 度。这种特殊的滑跑姿势的优点是可以减少空气阻力，有助于提高滑行速度、节省体力。由于该姿势的重心相对较低，还有利于滑行时稳定和控制身体平衡。两腿的弯曲能加大动作幅度，有效延长滑行距离，强化蹬地效果。

根据三处关节弯曲角度的不同，可将身体姿势分为高、低两种姿势。高姿势的特点是有利于提高滑跑频率、减轻对内脏器官的压力、降低体能消耗等，但是空气阻力较大，蹬地距离短，不利于维持身体稳定和平衡。低姿势的特点是易于控制身体平衡，蹬地距离长，易形成良好的蹬地角，有助于发力，但体力消耗大、易疲劳。采用滑跑姿势要根据个人水平、条件、参加项目、技战术及自然条件等因素来决定。一般情况下，力量强的选手或短距离项目采用低姿势，力量弱的选手或长距离项目采用高姿势。

（二）蹬地技术

蹬地是推动运动员向前滑进的唯一动力来源。蹬地效果的好坏取决于运动员能否合理控制蹬地用力的方式、角度、方向、力量、速度及体重等技术细节。蹬地技术是速度轮滑的核心技术。蹬地动作由开始蹬地、用力蹬地和结束蹬地三个阶段构成，合理的蹬地顺序是：展髋的同时伸髋，再伸膝，最后伸踝。

1.蹬地动作用力的方式

速度轮滑运动的蹬地方式具有快速用力和逐渐加速的特点。在蹬地的开始阶段，由于对身体重心位置的把握，蹬地角的形成都未成熟，蹬地腿所处的关节角度也不利，因此，开始阶段的蹬地速度稍慢。在蹬地的最大用力阶段，由于良好蹬地角的形成，蹬地腿的各关节角度都处在最有利的状态下，此时，需要加速用力蹬地，同时力值也达到最高水平。

2.蹬地角

在速度轮滑运动中，蹬地角可以决定蹬地的力量效果，但前提是必须全力蹬地。轮滑运动理想的蹬地角为40～45度，此时蹬地力量最大。在滑行的过程中，蹬地角并非一成不变，从蹬地动作开始到蹬地动作结束，蹬地角一直处于不断变化的过程中，其角度逐渐减小，到结束蹬地时趋于稳定，其变化值为90～100度（轮子着地至蹬地结束），长距离项目及直道的蹬地角度较大，弯道的蹬地角度较小。

3.蹬地力量、速度和幅度

滑行的速度依赖于蹬伸动作对地面产生作用力的大小，作用力与滑行速度成正比例关系，作用力的大小取决于肌肉收缩所做的功及其功率（除利用体重蹬地等外），功和功率的公式为：$W=Fs\cos\alpha$，$P=W/t=Fv$。因此，功率的大小与蹬地力量、蹬伸速度及做功的距离有关，根据公式可知，如果想在蹬地过程中获得更大的功率，就必须加大蹬地的力量和提高蹬伸的速度。

在轮滑运动中，由于轮子与地面咬合有脱滑现象，因此，要求动作幅度不要过大，膝关节不要完全伸直。

4.蹬地方向

在相对静止的条件下，凡是做向前的滑行动作，运动员只有向支点后方施以作用力，才能产生推动身体向前的反作用力。速度轮滑运动中的起跑阶段是向后蹬地的，在疾跑阶段，由于速度逐渐增加，蹬地的方向就要由后逐渐转向侧边，当达到一定的滑跑速度时，蹬地的方向要向侧方，这时蹬地方向应与滑行方向垂直。在滑速较快时，必须侧蹬地的原因有二：首先，这是由向前滑行速度大于蹬伸速度所决定的；其次，这是由人体下肢形态结构与单排轮的几何形态特点所决定的，即轮架较长，不便向后蹬地。

5.利用体重蹬地

蹬地时将身体重心控制在蹬地腿上，借助身体重量对地面的作用力来增加蹬地的力量。速度轮滑运动的用力很讲究利用体重，在破坏平衡后的蹬地过程中，使重心落在蹬地腿上。通过相关研究发现，蹬地产生的力量大约是体重的30%。

6.蹬地的用力顺序及时机

蹬地的用力顺序是指蹬地时下肢各关节伸展的顺序，它对提高滑速有很大的作用。合理的伸展顺序是先伸展髋关节，然后迅速伸膝、伸踝，这样易形成快速有力的蹬伸动作。蹬地时机是针对蹬地腿开始蹬地动作与浮腿着地动作之间的时间关系而言的。提倡早蹬，但必须有适宜的蹬地角度等为前提。蹬地晚的含义是蹬地过程中，浮腿轮子过早着地，甚至承担体重后再蹬地。较好的蹬地时机是在支撑腿蹬地的过程中，达到最大用力阶段，浮腿轮子刚刚着地时。

（三）收腿技术

当蹬地腿完成蹬地动作后，浮腿抬离地面至再次着地以前的过程称为收腿。收腿的任务是连接蹬地与着地动作、配合身体重心的转换、保持平衡及放松等。另外，浮腿积极地摆动也有助于蹬地腿发挥蹬地力量。

收腿的动作方法是，浮腿的大腿带动小腿以最短路线回拉，使浮腿的膝关节靠近支撑腿。收腿时髋关节内收，膝关节弯曲形成自然的钟摆动作。

（四）着地技术

着地动作是指从收腿动作结束至轮子落地期间的动作。

着地动作包括两个阶段：一是向前摆腿动作阶段，二是轮子着地动作阶段。着地的动作方法是以屈大腿的动作为主，从后向前提拉，后轮领先在靠近蹬地腿内侧的前方着地。着地技术很重要，它直接影响惯性滑进和蹬地质量。着地时小腿有明显的积极前送下压动作，并使浮腿充分放松。浮腿轮子着地的开角不要过大，浮腿的轮子在着地瞬间浮腿暂不承担体重，当蹬地腿蹬地结束的刹那才迅速承担体重。

（五）惯性滑进

惯性滑进是指在一条腿蹬地结束后至下一次蹬地开始之间的单脚支撑或双脚支撑阶段。惯性滑进时，除了尽量保持已获得的速度外，重要的是为下次蹬地做好准备。惯性滑进动作持续的时间与项目的不同类别有关，其技术动作也有区别。长距离滑跑时，滑进持续时间比短距离长，一般为一个单步幅时间的二分之一长；而在短距离滑跑中则占一个单步幅时间的三分之一或四分之一左右。在惯性滑进过程中，最好利用轮子正刃支撑，减少轴向用力，避免因轴承压力过大造成的速度损失。

（六）直道滑行摆臂技术

摆臂是与支撑腿的蹬地动作协同配合的动作。它可有效地提高蹬地的力量和加快重心的移动。摆臂主要适用于短距离滑跑和终点冲刺。长距离根据需要采用单摆或单、双摆交替。

摆臂的方法是，左腿蹬地时，左臂向右前上方摆，而右臂向右后上方摆。右腿蹬地时，右臂向左前上方摆、左臂向左后上方摆。以肩为轴，协调地配合支撑腿的蹬地用力动作。

一般短距离项目采用双摆臂，长距离项目较多采用单摆臂。单摆臂通常摆动右臂，有时在长距离滑行的后程也采用双摆臂。摆臂时，两臂以肩关节为轴，辅以屈伸肘关节动作完成前后自然摆动动作。双手可以握拳或保持微屈状态。前摆到颌下，后摆至与躯干平行。摆臂的方向以与躯干的纵轴线之间成40度角为宜。摆臂动作的节奏要与蹬地腿的保持一致。

本章思考题

1. 简述轮滑运动的分类及其健身价值。
2. 简述轮滑鞋的分类及其性能。
3. 简述轮滑鞋的基本组成部分。
4. 滑行过程中怎么进行自我保护？
5. 轮滑球运动都有哪些战术？
6. 简述速度轮滑直道滑行技术的要领。
7. 轮滑球运动的防守阵形打法有哪些？

本章参考文献

[1] 张强，于明涛，王立国．滑冰　轮滑 [M]．桂林：广西师范大学出版社，2005.
[2] 付进学，张晓明，夏娇阳．轮滑运动教程 [M]．北京：北京体育大学出版社，2008.
[3] 全国体育院校教材委员会审订．冰雪运动 [M]．北京：人民体育出版社，2001.
[4] 李瑶章，付进学．轮滑运动 [M]．北京：人民体育出版社，1999.
[5] 谢向阳，潘明亮．轮滑运动 [M]．广州：华南理工大学出版社，2012.

第十五章

户外运动与拓展训练

户外运动是近年来在我国开展起来的新型体育运动。关于户外运动的概念，学术界还没有确切的定义。2000 年以后，我国户外运动俱乐部迅猛发展，参加户外活动的人员急剧增加，学界开始对户外运动进行研究。国家体育总局登山运动管理中心主任李致新指出，户外运动是指在自然场地（非专用场地）开展的体育活动；国家体育总局登山运动管理中心户外运动部主任李舒平指出，户外运动是一组以自然环境为场地（非专用场地）的，带有探险性质或体验探险的体育项目群。在这两个关于户外运动的概念中都提到"自然场地"和"体育活动"。

自然场地（非专用场地），主要包括自然地形和非运动目的的人工建筑物，如公路、楼房等，它们对户外运动来说，是一种自然（存在）的状态，另一些体育运动项目，如足球、沙滩排球、高尔夫球等，虽在室外却采用人工专门场地。体育活动则是规定了此项活动的性质，排除了自然场地中进行的其他活动，如旅游、生产等。

按照户外运动开展的自然场地，可将户外运动划分为水上户外运动、空中户外运动和陆地户外运动三大类。目前，我国开展得比较广泛的是陆地户外运动。陆地户外运动是指在陆地区域（包括大陆和岛屿内）地面进行的户外活动，包括山地、海岛、荒漠、高原等。

山地户外运动是指在海拔 3500 米以下的山区、丘陵开展的与登山有关的户外运动。3500 米以上的海拔，是中国登山协会章程中关于高山概念的海拔规定。我国青藏高原雪线一般在 4500 米左右，而四川、云南的高山雪线经常在 3500 米左右。由于在雪线以上的地区从事活动，一般需要特殊器械和设备，如特殊的住宿、行军、饮食设备和攀登用的特殊器械等；同时，生活在 3500 米以上的海拔地区，由于空气中含氧量和气压的降低，人们会出现明显的身体不适症状，即高山反应，因此，3500 米是一个比较合理的界限，海拔 3500 米以上的地区被定义为高原。根据地形，可以将山地户外运动划分为以下几个系列。

（1）丛林系列

丛林系列包括定位与定向、丛林穿越、丛林宿营、丛林觅食、野外生存等项目。

（2）峡谷系列

峡谷系列包括溯溪、溪降、搭索过涧、漂流等。

（3）登山、攀岩系列

登山、攀岩系列是以登顶为目的的攀高运动及攀岩、岩降等。

（4）荒原系列

荒原系列是指在沙漠、戈壁以及低海拔大面积沼泽区域、无人区内展开的体育活动，如穿越、生存等项目。

（5）高原探险运动系列

高原探险运动系列指带有探险运动性质的各项活动，如洞穴探险、高原徒步、高原峡谷穿越、大江大河源头探险等。

（6）水平运动系列

水平运动系列分借助器械和不借助器械两类。前者有自行车穿越、直排轮穿越等；后者如公路赛跑、公路徒步等。

（7）群体活动系列

群体活动系列指群众性登山活动，一般是沿山间小径或山间人工道路的登高活动。

2005 年，国家体育总局批准山地户外运动为我国正式开展的体育项目，使户外运动告别了无所不包的模糊概念，明确现阶段我国户外运动是登山运动属下的二级项目，并把它界定为"山地户外运动"，指在自然场地进行的一组集体项目群。山地户外运动的比赛项目设置采取"3+X"的形式，"3"是指山地户外运动比赛必备的三个项目，即登山（包括攀岩、岩降等）、水上竞渡和地理位置变化的定向穿越，"X"是指根据比赛场地情况而设置的项目，主要有山地自行车、山间跑、负重穿越、溯溪、溜索、划筏渡湖、漂流、野外生存等项目。本章讲述定向越野、攀岩、拓展训练的起源及其演变，介绍它们的技术装备、基本技术要点以及各活动中常见的绳结打法。

第一节　定向越野

一、定向越野的起源与演变

定向越野是指参加者利用地图和指北针，以徒步越野跑的形式，以最短时间依次到访地图上所指示的各个点标的运动项目。

定向越野起源于北欧的瑞典，定向一词于 1886 年在瑞典最早出现。19 世纪末 20 世纪初，在欧洲北部斯堪的纳维亚半岛广阔而崎岖的土地上覆盖着一望无际的森林，散布着无数的湖泊，城镇、村庄稀疏散落，人们的交通主要依靠那些隐现在林中湖畔的弯弯曲曲的小路，在这样的地理环境中生活，他们利用地图和指北针在莽莽林海中穿越。正因为如此，那些经常在山林中行动的族人、军队，便成了开展定向越野运动的先驱。最早的"定向越野运动"是一项军事活动，之后军人利用军用地图进行了该项目最初的体育竞赛。

1895 年，在瑞典—挪威联盟的一处军营里举行了第一次正规的定向越野比赛。1918 年，瑞典一位名叫吉兰特的童子军领袖组织了一次叫作"寻宝游戏"的活动，给定向越野赋予了新的特性，引起了人们极大的兴趣，之后这项运动得到了蓬勃发展。

1961 年 5 月，国际定向运动联合会（IOF）在丹麦首都哥本哈根成立，现共有 46 个成员国。1983 年，定向越野运动被引进中国，1991 年 12 月，国家体育总局"中国定向运动协会"在北京成立，简称"中国定协"，英文名称为"Orienteering Association of China"，英文缩写"OAC"。中国定向运动协会宗旨是团结全国定向越野爱好者和工作者，推动和指导定向越野运动在我国的普及和提高，加强我国定向越野界与国际定向越野界的交流与合作。1992 年，我国以中国定向运动协会的名义加入国际定向联合会。

二、定向越野的技术装备

（一）指北针

指北针（指南针）是定向越野运动中运动员必不可少的工具之一。定向运动中使用的指北针一般有两种形式，一种是基板式，另一种是拇指式，在使用时要水平放置（图 15-1）。

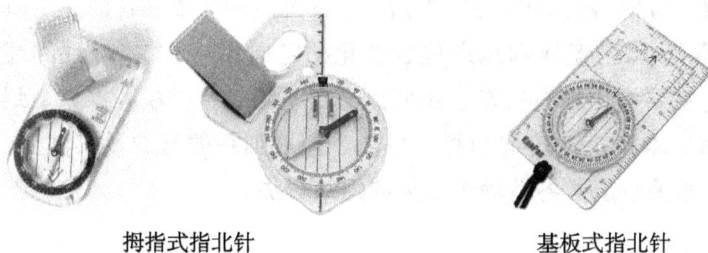

拇指式指北针   基板式指北针

图 15-1　指北针

（二）打卡器

1. 针孔打卡器

针孔打卡器用弹性较好的塑料制成，一端装有钢针，每个打卡器上的钢针排列图案都不一样。使用时运动员在记录卡相应位置上打孔，留下记号就可以了。这种打卡器价格便宜，使用方便（图 15-2）。

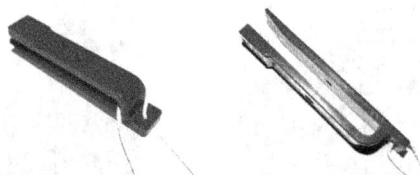

图 15-2　针孔打卡器

2.电子打卡系统

电子打卡系统由指卡、打卡器和终端系统组成。使用方法：第一步，拿指卡在"清除器"上打卡，清除指卡里的原有信息。第二步，拿指卡在"核查器"上打卡，核查指卡里的原有信息是否清除。第三步，当运动员出发时，在"起点器"上打卡，比赛开始计时。然后按比赛地图上的检查点依次打卡。第四步，到达终点在"终点器"上打卡，计时停止。第五步，在"成绩打印器"上打出自己整个赛程的成绩（图 15-3）。

图 15-3　电子打卡系统

（三）点标旗

用于标识检查点位置的标志物。点标旗是一个橙黄色和白色相间的三菱柱体。每面为边长 30 厘米的正方形，由左下角到右上角对角线分为两半，左上部为白色，右下部为橙黄色，悬挂在离地面 80～120 厘米处（图 15-4）。

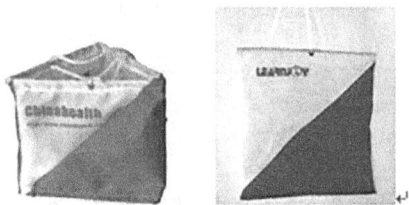

图 15-4　点标旗

（四）定向地图

定向地图是定向运动最重要的工具，一般包括图名、指北线、比例尺、等高距和图例。在一般的定向活动中可以使用普通地图，但是在举行比较正式的定向越野赛事时，必须使用正规的定向运动地图。定向地图是为定向越野比赛专门测绘、制作的精确而详细的地形图，使用的是国际统一的标准符号（图 15-5）。

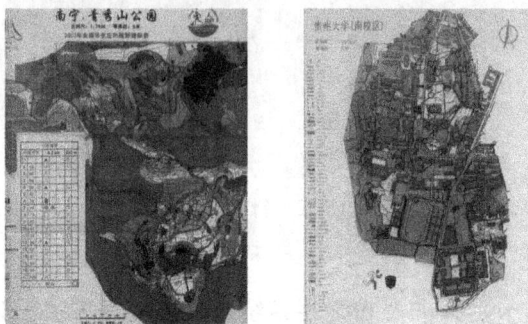

图 15-5　定向地图

三、定向越野的基本技术

（一）阅读地图

1. 地图的方向

地图的方向为上北、下南、左西、右东。

2. 比例尺

比例尺常见的表示有三种：数字表示形式，图解表示形式，文字表示形式。例如，比例尺为 1：10000 表明地图上的 1 毫米＝实际地形的 10000 毫米 =10 米。

3. 等高线

等高线就是把地图上海拔相同的、相近的各点连接成线，形成的棕色的线圈。定向地图就是利用等高线来表示山体的形状的，通过等高线可以看出山脉的走向、坡度、地形（图 15-6）。

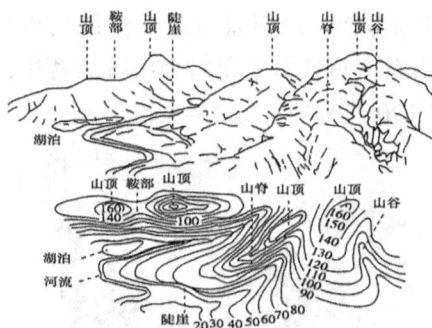

图 15-6　等高线图例（单位：米）

（二）标定地图

1. 利用指北针标定

标定地图就是为了使定向地图的方位与实际的方向相一致。将地图和指北针水平放置，然后转动地图使指北针的红色指针与地图上的指北线重合或平行，地图即已标定（图 15-7）。

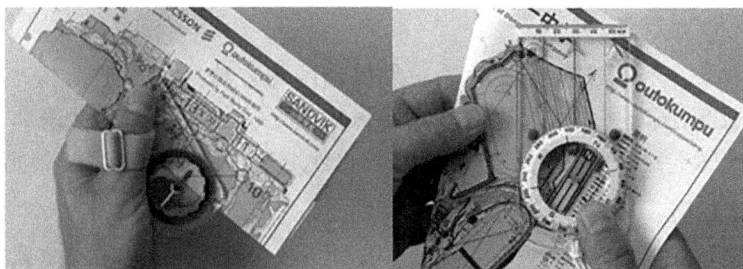

图 15-7 利用指北针标定地图

2. 利用直长地物标定

直长地物是指道路、土垣、沟渠、高度等。首先应在图上找到这段直长地物，对照两侧地形，使图与实际地形的关系位置相符，然后转动地图，使图上的直长地物与实地的直长地物方向一致，地图即已标定。

3. 利用明显地形标定地图

先选择一个图上与实地都有的明显地形点，然后转动地图，使图上的目标点与实际地形有两个或两个以上相符，地图即已标定。

（三）确定站立点

在站立点尚未确定前，首先应概略地标定地图，然后迅速地观察一下周围，记清最大或最有特征的地物、地貌的大概方位与距离，并从图上找到它们，此时站立点的位置即可概略地确定。

1. 直接确定

当自己所处的位置在明显地形点上时，只要从图上找出该地形点，站立点即可确定。如单个的地物、线状地物的拐弯点、交汇点、端点等。

2. 利用交汇法确定

按不同情况，可以具体分为 90 度法、截线法、后方交汇法和磁方位角交汇法，这里介绍后交汇法。

使用后方交汇法通常要求地形较开阔，视野良好。在图上找到选定的方位物之后，标定地图；在地图上取两个明显标志物与对应的实际地形物分别作连线，连线在图上的交叉点就是实地站立点在图上的位置（图 15-8）。

图 15-8 后方交汇法确定站立点

（四）确定行进方向

利用指北针确定行进方向是最简单、最快速度的方法之一。把指北针和地图作为一个整体，水平放置于面前，将指北针上的箭头指向要去的位置，转动身体，使指北针上的红色指针与地图上磁北线方向一致。这时指北针上箭头所指的方向就是要前进的方向。

（五）估算距离

确定了前进方向，还必须结合地图、比例尺、刻度尺，正确估算出站立点离目标点的距离，这样才能快速而准确地到达目的地。

6. 选择路线、按图行进

在这里也要对照地形，通过仔细地观察各种地物、地貌，在图上选择最佳的行进路线，记住行进路线两侧的特征物和它们的大概方位、距离，并在实地辨别出来，然后再前进。当在实地找不到目标，同时又无法确定站立点时，就是迷失了方向。这时可以原路返回到上一个可以确定站立点的位置，重新校定方向、距离，再前进。

第二节　攀岩

一、攀岩运动的起源与演变

攀岩运动是从登山运动中派生出来的现代竞技项目。关于攀岩运动的来源有一个美丽的传说：在欧洲阿尔卑斯山区悬崖峭壁的绝顶上，生长着一种珍奇的高山玫瑰。相传只要拥有这种玫瑰，就能获得美满的爱情。于是，勇敢的小伙子便争相攀岩，摘取花朵献给心爱的人。

人类最早的攀岩记录，是 1492 年法国国王查理三世命令 Domp Julian de Beaupre 去攀登一座名为 Inaccessible 的石灰岩塔，当时他带着简单的钩子和梯子，凭着经验和技巧登顶成功，这次攀登成为历史上第一个有记录并使用装备的攀岩事件。然而在之后长达几百年的时间里，历史上一直没有留下新的攀岩记录。

攀岩运动到 20 世纪 50 年代才正式出现，以其独有的登临高处的征服感吸引了无数爱好者，是一项深受人们欢迎的运动项目。它集健身、娱乐和竞技于一体，要求运动员身体素质全面，具备勇敢、顽强和坚忍不拔的精神，能够在各种不同的高度及角度的岩壁上轻松舒展，准确地完成腾挪、转身、跳跃、引体等惊险动作，给人们以优美、惊险的享受，故又被称为"岩壁上的芭蕾"。攀岩充分表达了人们要求回归自然、挑战自我的愿望。在岩壁上稳如壁虎、矫若雄鹰地腾挪窜移，韵律与力度中透着的美会让所有的人由衷感叹攀岩的无尽魅力。攀岩分为人工岩壁攀岩和自然岩壁攀岩，有先锋攀登和顶绳攀登

攀岩运动是一项高度危险的运动，我们必须在安全保护技术和技术装备合格的前提

下参与，不能盲目地攀登。

二、攀岩运动的技术装备

攀岩运动的装备器材是攀岩运动的一部分，是攀岩者的安全保证，在使用前一定要检查其质量、用途、性能等因素。装备器材标有国际登山联合会（UIAA）认证标记或欧洲标准（CE）标记的一般都能保证安全，平时要爱护装备并妥善保管。

（一）场地

1. 自然岩壁

自然岩壁是指在野外天然生成的岩壁。在自然岩壁上攀登可以接近自然，充分体会攀岩的乐趣；岩壁角度、石质的多样性使攀登路线的千变万化（图 15-9）。

2. 人工岩壁

人工岩壁是指人工制造的攀岩墙。在人工岩壁上攀登对攀岩者来说安全性较高；不可预见因素少，可以用于定期训练或进行专项训练；人员密集，便于交流切磋。另外，人工岩壁可以对路线进行保密性设置从而成为攀岩比赛的主要形式（图 15-10）。

图 15-9　自然岩壁攀登　　　　　图 15-10 人工岩壁攀登

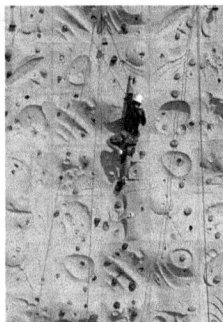

（二）技术装备

1. 主绳

攀岩一般使用直径 9～11 毫米的主绳，最好是 11 毫米的主绳（动力绳）。攀岩绳分动力绳和静力绳，动力绳弹性较好，一般用于攀岩等有冲坠危险的活动，静力绳一般用于探洞（图 15-11）。

图 15-11　主绳

2. 8字环

8字环依靠摩擦来保护攀登者或在下降中使用（图15-12）。

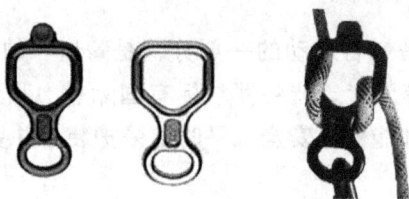

图15-12　8字环及安装

3. 锁和快挂

锁和快挂用来连接保护点，是下方保护攀登法必备的器械（图15-13）。

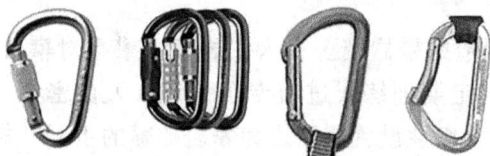

图15-13　锁和快挂

（三）个人装备

1. 安全带

安全带用于人体与绳索的连接工具，给攀登者安全、舒适的固定（图15-14）。

2. 头盔

头盔用来保护头部，是防止落石等其他物体砸伤头部或头部意外碰撞岩壁受伤的工具（图15-15）。

3. 攀岩鞋

攀岩鞋是一种摩擦力很大的专用鞋，穿起来可以节省很多体力（图15-16）。

4. 镁粉及粉袋

在手出汗时抹上镁粉，吸收水分，增大摩擦力，防止手滑的现象（图15-17）。

图15-14　安全带　　　　图15-15　头盔　　　　图15-16　攀岩鞋　　　　图15-17　粉袋

三、攀岩运动的基本技术

（一）手的动作

攀岩中用手的根本目的是使身体向上运动并贴近岩壁。手臂力量的大小直接影响攀岩的质量和效果，对初学者来说，在不善于充分利用下肢力量的情况下，手臂的动作就显得更为重要。岩壁上的支点的形状很多，攀登者对不同支点有不同抓握方法，根据支点上突出（凹陷）的位置和方向分类，有抠、捏、拉、攥、握、推等方法（图15-18）。

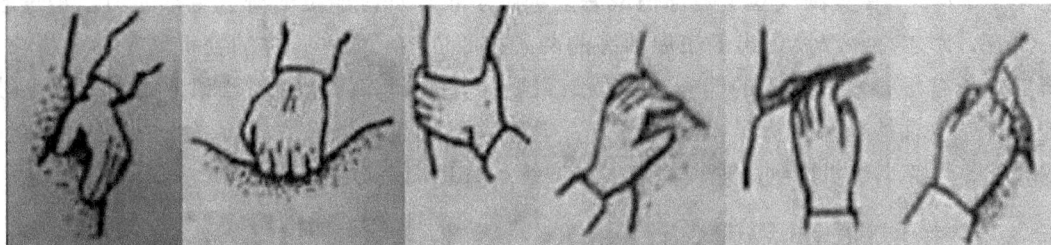

图 15-18　手的动作

（二）脚的动作

脚的动作要领是，两腿外旋，大脚趾内侧贴近岩面，两腿微屈，脚踩支点保持身体重心，脚的动作也要根据支点的不同做到与身体动作配合，脚的动作有蹬、跨、挂、勾等，要灵活运用。

（三）三点固定法

攀岩时身体要自然放松，以3个支点稳定身体重心，而重心要随攀岩动作的转换移动，这是攀岩稳定、平衡、省力的关键。攀自然岩壁时身体和岩壁保持一定距离，靠得太近，会影响观察攀岩路线和选择支点，攀人工岩壁时则要贴得近。攀岩时，上、下肢要协调舒展，有节奏，上拉、下蹬要同时用力，身体重心一定要落在脚上，3点固定支撑、直立于岩壁上。休息时，手臂伸直，重心在腿上。

第三节　拓展训练

一、拓展训练的起源与演变

拓展训练起源于第二次世界大战期间，当时德国军队在大西洋的海底用潜艇去攻击盟军征集的大西洋商务船队，造成大量的盟军人员牺牲。后来人们发现在每一次这样的灾难中都会有一小部分人能够活下来，奇怪的是活下来的人并不是一些年轻的水手，而是船上相对年长的老水手。

一些心理学家和军事专家通过调查研究终于找到了答案：这些人之所以能活下来，关键在于这些人有良好的心理素质。当他们遇到灾难的时候，有强烈的求生欲望和丰富的求生能力，勇敢面对困难。而那些年轻的海员更多想到的是"这下我完了"，因精神的沮丧和不知所措的恐慌导致了心理防线的全面崩溃，进而智力和体力迅速下降，葬身海底。

当时德国教育家库尔特·汉恩利用一些自然条件和人工设施，让那些年轻的海员做一些具有心理挑战性的活动和项目，以训练和提高他们的心理素质。后其好友英国人劳伦斯于 1942 年在英国成立了阿德伯威海上训练学校，训练船员的海上生存能力。经过潜心研究，库尔特·汉恩提出了拓展训练的两条核心内容：第一，你的挫折就是你的机会；第二，你有很多意想不到的能力。战争结束后，拓展训练的独特创意和训练方式逐渐被推广开来，训练对象由海员扩大到军人、学生、工商业人员等群体。训练内容也由单纯的体能、生存训练扩展到心理训练、人格训练、管理训练等。

二、拓展训练的理论基础

拓展训练是一种针对现代人和现代组织的全新的学习方法和培训方式。它利用崇山峻岭、瀚海大川等自然环境，通过各种精心设计的活动，使学员在解决问题、应对挑战的过程中，达到"磨炼意志、陶冶情操、完善人格、融练团队"的目的。它是以体育活动为载体，以心理认知为突破口，以组织学习为手段，最终上升到管理学的理论，以此来激发个人潜能，加强团队精神的项目，是体验式学习模式的具体体现。

（一）拓展训练的特点

1. 亲身体验性

亲身体验性是拓展训练的核心，研究表明，人类对听到的知识大约可以记住 10%；对看到的知识大约可以记住 25%；对亲身经历过的大约可以记住 70%。也就是说人们更容易接受并记住亲身经历的事情，拓展训练最显著的特点就是体验式学习，让参加者亲身体验，对人深层次的心理施加影响，从而使其对事物有高度的认识。

2. 综合活动性

拓展训练的所有项目都以体能活动为引导，引发参与者的认知活动、情感活动、意志活动和交往活动，有明确的操作过程，要求学员全身心地投入。

3. 挑战极限

拓展训练的项目都具有一定的难度，表现在心理考验上，需要学员向自己的能力极限挑战，跨越"极限"。

4. 集体中的个性

拓展训练实行分组活动，强调集体合作，力图使每一名学员竭尽全力为集体争取荣誉，同时从集体中汲取巨大的力量和信心，在集体中显示个性。

5. 高峰体验

在克服困难，顺利完成课程要求以后，学员能够体会到发自内心的胜利感和自豪感，获得人生难得的高峰体验。

6. 自我教育

拓展师只是在课前把课程的内容、目的、要求以及必要的安全注意事项向学员讲清楚，活动中一般不进行讲述，也不参与讨论，充分尊重学员的主体地位和主观能动性。即使在课后的总结中，拓展师也只是点到为止，主要让学员自己来讲，使学员达到自我教育的目的。

7. 提高认识

认识自身潜能，增强自信心，改善自身形象；克服心理惰性，磨炼战胜困难的毅力；启发想象力与创造力，提高解决问题的能力；认识群体的作用，增强对集体的参与意识与责任心；改善人际关系，学会关心他人，更为融洽地参与群体合作；学习欣赏、关注和爱护大自然。

（二）拓展训练的基本流程

美国组织行为学教授大卫·库伯于 20 世纪 80 年代初提出拓展训练的流程：活动（体验）—发表—反思—理论—应用—活动（体验），依次循环，他认为学习应从体验开始，最后运用到活动中去。拓展训练的理论涉及人的活动体验（感知）、分析综合思维（认知）、解决问题能力（行动）等方面，这些关系在拓展训练中具体表现为五个独立又密切联系的标准流程：体验—感受—分享—整合—应用。

1. 体验

体验是拓展训练的开端。参加者在一种模拟场景下完成一项任务，并以观察、表达和行动的形式进行。这种初始的体验是整个过程的基础。

2. 感受

有了体验以后就有了感受，参加者置身于特定的模拟场景时，很容易得到真实而深刻的亲身感受，这是认知的初级阶段。

3. 分享

有了感受更重要的就是参加者要与其他体验过或观察过相同活动的人分享他们的感受或观察结果，主要以回顾的方式进行信息的交流，让参加者把自己的看法、感受与同伴分享。参加者通过交流感受掌握较为全面的信息，从而对事物的认识有一个较清晰的轮廓，并从他人的回顾中得到数倍的经验。

4. 整合

通过分享感受、交流讨论，参加者对体验有了初步的认识，这时，拓展师要根据大家讨论的结果，结合相关的理论知识归纳总结，进行必要的理论讲解，把参加者的认识水平从感性认识提高到理性认识上，实现一个质的飞跃，并按照预定的训练目的进行讲解、点评。此时的讲解、点评、总结，就比较容易被有了亲身体验的参加者听进去并记住。

5. 应用

点评完了并不是结束了，要启发参加者将拓展训练中所获得的经历体验和理论认识放回到实践中去检验与应用，这才是拓展训练的最终目的。

三、拓展训练的经典项目

（一）信任背摔

项目简介：小组成员依次站在 1.4～1.8 米高的平台上，按照培训师要求的动作，准备完毕，直身向后倒去，小组其他成员在其身后用双手做保护，接住倒下的学员。

目的：体会信任，认识责任，建立换位思考的意识，增加队员之间的情感沟通。

（二）毕业墙

项目简介：全体参训成员在不借助任何工具的情况下，协同作战，共同翻越一座约 4 米高的墙。

目的：培养团结一致、密切合作的团队精神，体验团队共同攻克难关时的热情与喜悦，增强集体观和荣誉感，培养计划、组织、协调能力。

（三）穿越电网

项目简介：小组全体成员，在规定时间内，穿越面前的一张模拟带电的绳网，在此过程中，要求全体队员身体的任何部位及衣服均不得触网。

目的：深刻体会团队目标的实现需要每位成员的共同努力，学习资源的合理分配和运用；通过身体接触，增进彼此情感交流。

（四）无敌风火轮

项目简介：使用报纸或其他纸张，以及胶纸制作一个可以容纳全组成员的大型圆桶，且保证每个队员都能踏着圆桶前进一段距离。

目的：学会合理地分配资源，加强团队合作和沟通，体会心灵的默契是团队合作的最高境界。

（五）孤岛求生

项目简介：掌握不同资源和信息的各学员，分别站在三座不同的小岛上，要求学员通过相互间的组织、协调与配合，去共同完成任务要求的目标。

目的：确立全局观念，打破部门利益的樊篱；体验主动沟通、双向沟通的重要性；体验领导管理的角色，学习合理分工。

（六）偷天陷阱

项目简介：团队成员 2 人 1 组，为穿越一个有模拟红外线的封锁的空间而相互合作，其中一位穿越的学员眼睛被蒙蔽起来，两人用最短的时间达成目标。

目的：体验沟通的重要性，锻炼面对压力的积极心态，培养彼此间的信任感和换位思考意识；提高密切合作克服困难的团队精神。

（七）狭路相逢

项目简介：学员拥有的资源是全队人员的智慧和一块木板（单靠这块板是无法到达对面的）。学员需要在指定时间内通过一定区域，先到达的团队为优胜者。

目的：明确目标，体会双赢，加强谈判，突破思维，用最短的时间达成一致并解决问题。

（八）战车

项目简介：各组利用所提供的工具，各自建成一辆与其他小组完全相同的小车，并能够承载各队队长行驶 3 米远的距离。

目的：加强主动沟通意识，突破思维定式，扩展思想空间，体验领导管理的角色，学习合理分工，学习高层次竞争与合作的意识，突破小团队的局限。

（九）盲人造屋

项目简介：全体成员在蒙住双眼的情况下，分成三个小组，将三根绳子分别围成一个正方形、一个正三角形和一个圆形，并将之组合成一座"房子"——我们自己的家园。

目的：培养主动沟通的意识，突破小团队思维，锻炼团队解决问题的综合能力。

（十）盲人方阵

项目简介：小组全体成员在蒙住双眼的情况下，将一根绳子围成一个正方形，并且要求所有的学员均匀地分布在正方形的四条边上。

目的：培养主动沟通的意识，体验不同沟通技巧，锻炼团队解决问题的综合能力，训练领导力和统筹能力。

（十一）地雷阵

项目简介：要求全体成员在规定的时间内通过面前的一个模拟的地雷区，每次触到隐藏的"地雷"都必须停止前进，并按照进入的路线原路返回。

目的：突破思维定式，培养团队解决问题的能力，创建组织学习氛围，学习制订可行性方案，体验和培养聆听的能力。

（十二）高空越障

项目简介：小组全体成员，在规定时间内，利用拓展师提供的三根长竹竿和一根短竹竿，以及一些绳子，在不触及障碍物的情况下，越过约 2 米高的障碍物 。

目的：体会团队解决问题的过程，突破思维局限，培养团队成员间互帮互助的合作精神。

（十三）乾坤大挪移

项目简介：十名队员站在一张小型方毯上，在身体任何部位不离开方毯的前提下，把毯子翻转过来，并前进一段距离。

目的：体会团队紧密合作的价值，学习相互配合，理解合理发挥各人特长对目标整体实现的重要性，通过肢体接触增强彼此之间的情感。

（十四）大脚板

项目简介：以团队为挑战对象，通过"同穿一双鞋"，感悟合作精神。要求顺向、逆向和顺、逆向交替三轮大比拼决定胜负。

目的：体会只有步调一致，方向一致，才能顺利、高效地完成团队任务。

（十五）传真机

项目简介：参训学员以团队为单位排成一列，所有队员不得说话，前面队员不得回头和后面的学员沟通，任务是从后向前传递数字信息，用时最短的队为优胜队。前期有事先沟通的时间，通过讨论可以再改进方法，加快速度。

目的：接触沟通编码与解码，懂得沟通渠道和平台的重要性，突破性解决问题，跳出固有思维局限。

（十六）云中漫步

项目简介：小组每位成员佩戴全套安全装备依次爬上架在9米左右高处的一根钢柱，从一端走到另一端。

目的：体验极端环境带来的挑战，增强自我控制与决断能力以适应存在巨大压力的外部环境，克服心理恐惧感，建立突破自我、挑战困难的自信心与勇气，扩展心理舒适区，建立相互鼓励、相互支持的团队氛围。

（十七）高空相依

项目简介：两根钢缆固定在9米高的训练架上，所有队员两人一组，在佩戴好安全装备的情况下，在规定时间内，两两相扶，沿着钢缆行走，直至所有队员顺利通过。

目的：体验相互合作的精彩过程，在合作中发现他人所长，了解自己所短；在合作中坦诚地帮助他人，并学习主动从他人处获取帮助，体会合作共同达到巅峰时的喜悦。

（十八）天梯

项目简介：直径大于20厘米的六根木桩呈梯状悬于架上，最低一根距地约1.2米，最高一根距地12米，且间距自下而上逐渐增大，团队成员2人一组，相互配合，共同登顶。

目的：体验相互合作在达成目标过程中的巨大作用，在合作中发现他人所长，了解自己所短，在合作中坦诚地帮助他人，并学习主动从他人处获取帮助，体会合作共同达到巅峰时的喜悦。

（十九）断桥

项目简介：A、B两块木板架在9米高空，其间相距1米至1.8米（间距可调），学员佩戴全套安全保护装备，自A木板跨越至B木板并返回。

目的：体验极端环境带来的挑战，增强自我控制与决断能力以适应存在巨大压力的外部环境，克服心理恐惧感，建立突破自我、挑战困难的自信心与勇气，扩展心理舒适区，建立相互鼓励、相互支持的团队氛围。

第四节　常见绳结打法

一、多重单结

在单结的基础上增加缠绕次数（2~4次），打成较大的结形。为了不让结打乱，需边打结边整理。这种结用在绳子的手握处，或是当要将绳子抛向远处时加重其力量（图15-19）。

图15-19　多重单结

二、双重单结

双重单结是为了做成一个圆圈的结，但不如说它是为了避免使用绳子损坏部分的重要法宝。它的结法很简单，只要将绳子对折后打一个单结即可。这个时候绳环部分就是绳子的损坏部分，即使绳子两端拉紧，也无法受力。由于其无法产生力的作用，所以仍可安心使用绳子（图15-20）。

图15-20　双重单结

三、连续单结

这是紧急逃脱时使用的结，其特征是在一条绳子上连续打好几个单结（图15-21）。但若不熟练的话，结与结之间很难做到等间隔。反复练习即可找到窍门。

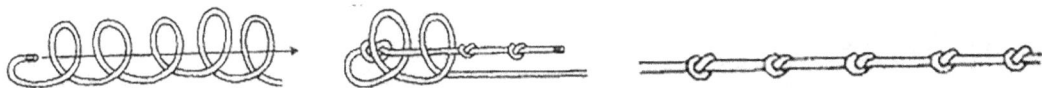

图15-21　连续单结

四、活索

活索是一种简单的圈套结。拉紧绳子的前端即可做成一个圆圈，圆圈中间没有任何东西，一拉绳子即可将结解开（图15-22）。

图 15-22　活索

五、称人结

称人结主要靠右手的拇指及食指来驱动，但实际上使用两手打结才能更迅速敏捷（图15-23）。

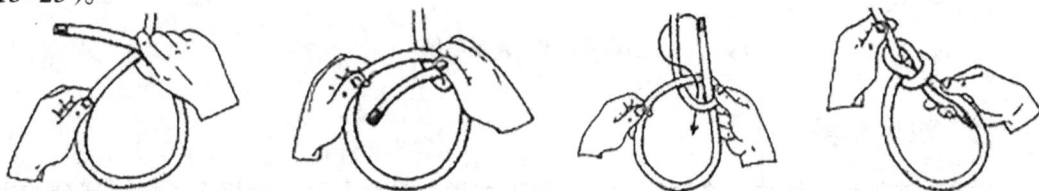

图 15-23　称人结

六、双称人结

双称人结的结法虽然已经很老旧，但还是活跃于各种场合，如急难救助、高台工作等，主要是用于吊运人的工作。特征是可结出两个环圈，使用重叠的绳索来进行。在结出同样大小时，各将一只脚放入一个绳环里，加以处理。利用这种结，即使放开双手也是很安全的，对救助失去意识的人或是要用两手工作的人来说相当便利（图15-24）。

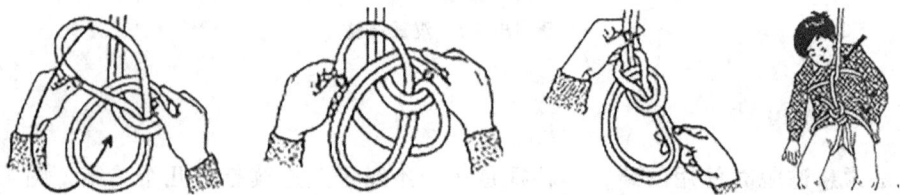

图 15-24　双称人结

七、双套结

广泛地应用在将绳索绑系在物体上的双套结，不但简单而且实用，也有人把它称为香结、卷结，尤其在绳索两端使力均等时，双套结可以发挥很大的效果。如果绳索只有一端使力的话，那么只要在双套结完成后再打一个半扣结，效果一样不打折扣。此外，如果打成双套滑结的话，想要时就可以毫不费力地解开。

打法1：如图15-25所示。

图 15-25 双套结（1）

打法 2：做两个绳圈，将之重叠后套在物体上便完成双套结。要用绳环套住物体时，这个方法既快速又方便，而且可以从绳索的中间部分开始打结（图 15-26）。

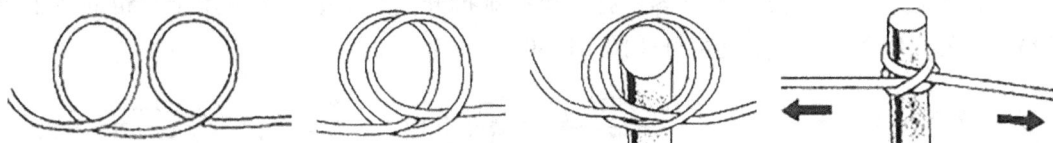

图 15-26 双套结（2）

八、中间结

中间结是在绳索中间打绳圈的绳结，几乎不必担心其是否会松散。此外，容易解开也是它的特征之一。中间结一如其名，经常用在集体登山时中间的人身上，此时只要做个大绳圈套在中间人的身上即可。

打法 1：如图 15-27 所示。

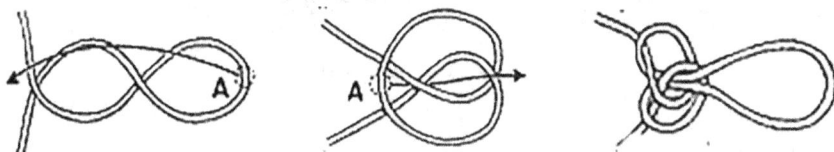

图 15-27 中间结（1）

打法 2：如图 15-28 所示。

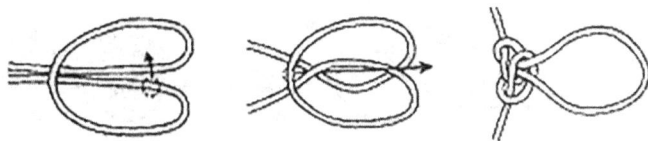

图 15-28 中间结（2）

九、水结

水结主要适用于连接扁平的带子或用在连接两条同样粗细的绳子上，是一种简单且结实的结。水结在攀岩中也被称为环固结，将一条绳子的两端用这种方法相连接，即可做成吊索。虽然结形可以打得小而漂亮，但是得注意有时结会松开，所以在绳子末端一定要留下 4~5 厘米长度，并且需将结牢牢打紧（图 15-29）。

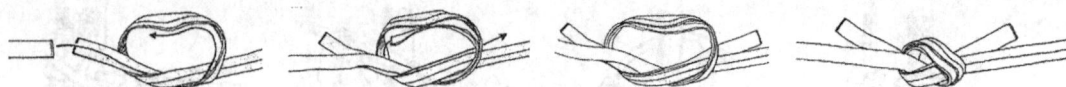

图 15-29　水结

十、渔人结

渔人结是一种用于连接两条不太粗的绳索的结。其特点是结构简单，强度高，可以用在不同粗细的绳子上。其打法是将两条绳索各自通过单节绑到另一绳子上，将两条绳子用力向两边拉即可。此结十分容易打，但很难拆开。这个结不太适用于太粗的绳子或容易滑动的纤线等，否则容易散开（图 15-30）。

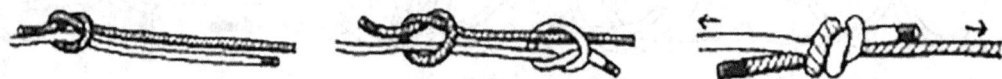

图 15-30　渔人结

十一、双渔人结

双渔人结是在渔人结的基础上多一次缠绕后打成的结，这样可以增加其强度，这种结用于连接两条绳索等情况，结形大是其缺点（图 15-31）。

图 15-31　双渔人结

十二、8 字结

广为人知的 8 字结一如其名，打好后会呈现"8"的形状。8 字结主要做固定防滑之用，尤其对靠海维生的人而言，八字结的存在更是举足轻重（图 15-32）。

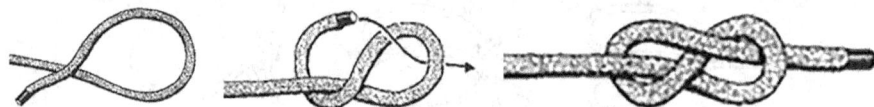

图 15-32　8 字结

十三、连续 8 字结

连续 8 字结和连续单结类似，方法是在同一条绳索上连续打好几个 8 字结。因为结目很大，所以在户外游戏和紧急避难时，8 字结可以发挥很大的功用。打结时，先将绳索排数个"8"形状，接着把末端的绳头穿过所有绳圈后，连续 8 字结便告完成。打连续 8 字结的诀窍是从最先穿过末端的绳圈开始打结（图 15-33）。

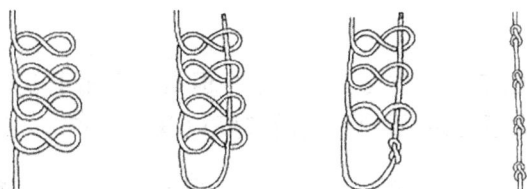

图 15-33　连续 8 字结

十四、双重 8 字结

打双重 8 字结的目的是做个固定的绳圈或连系绳缆。不论是做绳圈或是连系绳缆，双重 8 字结的效果均非同一般。除了攀岩时经常用到它之外，户外生活中的各种场面也少不了它。由于双重 8 字结具备抗拉性强、牢固等优点，在安全方面非常值得信赖，经常被登山人士作为救命绳结使用。不过美中不足的是想要解开双重 8 字结必须花费一番工夫。

打法 1：如图 15-34 所示。

图 15-34　双重 8 字结（1）

打法 2：利用双重 8 字结将绳索和其他东西连接时使用（图 15-35）。

图 15-35　双重 8 字结（2）

十五、双重接绳

接绳结是连接两条绳索时所用的结，打法简单，拆解容易，可适用于材质粗细不同的绳索，安全性相当高。当两条绳索粗细不一时，打的时候必先固定粗绳，然后再与细绳相连（图 15-36）。

图 15-36　双重接绳

十六、平结

平结用于连接同样粗细、同样材质的绳索，但是不适用于较粗、表面光滑的绳索连接上。平结完成后拉得太紧的话，结目不容易解开（图15-37）。

图15-37 平结

十七、拉结、半船首结

拉结、半船首结的打法较为简单，不能用于攀爬等涉及生命安全的情况，因为只要拉A的绳头，就会解开结，解绳非常方便、省时（图15-38）。

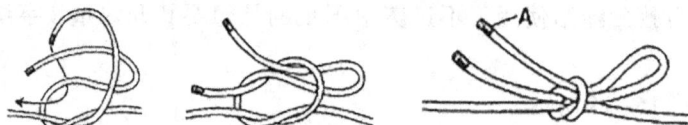

图15-38 拉结、半船首结

十八、外科结

外科结的结目比平结牢固结实，所以不用担心会散开，适合于细滑的绳索，缺点是不易解开（图15-39）。

图15-39 外科结

十九、双半结

即使把绳索拉到极限，双半结也不会松散，而且可以很容易地解开。利用绳索绑系物品时，双半结以其简易性与实用性堪称所有绳结中的最佳选择，应用范围十分广泛（图15-40）。

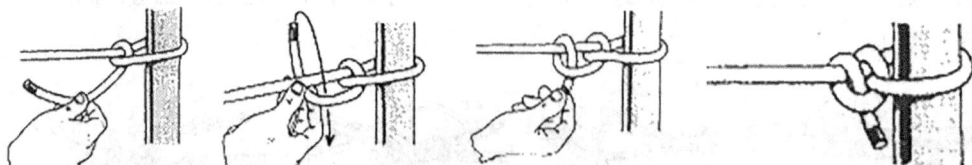

图15-40 双半结

二十、捆绑登山绳

这是一种将绳子分为左右两边，在不产生纽结的状况下即可将绳子捆绑好的方法。在分绳子时，一次分取的长度最好等于两手张开的最大距离。太短的话，捆起来的绳子可能会变得过大。在捆绑时，如果一只手无法应付，也可以放在颈部上（图 15-41）。

图 15-41　捆绑登山绳

本章思考题

1. 简述定向越野的起源与演变。
2. 定向越野的技术装备有哪些？
3. 定向越野的基本技术有哪些？
4. 请说出攀岩运动中手的基本动作。
5. 请说出攀岩运动中脚的基本动作。
6. 拓展训练的特点有哪些？
7. 请说出 3 个常见的拓展训练项目及目的。
8. 请说出 5 种常见绳结打法。

本章参考文献

[1] 陶宇平. 户外运动与拓展训练教程 [M]. 成都：电子科技大学出版社，2006.

[2] 张文清，肖波，陈满兰. 定向越野与地形 [M]. 北京：中国经济出版社，2006.

[3] 张竞红，黄伟明，王秋慧，等. 大学体育 [M]. 北京：人民邮电出版社，2010.

第十六章

民族传统体育运动

　　民族传统体育是指生活在一定地域的一个或多个民族所独有的，在人民大众中广泛传承的，具有修身养性、健身技击、休闲养生、竞技表演、观赏游艺、趣味惊险、民俗音乐歌舞交融特色的体育活动形式。通常包括以下三类。

　　一是中华民族优秀传统体育项目。这类传统体育项目，是在我国大多数地方普遍开展的，而不仅限于某个地区、某个民族，并在我国已经设有全国性的正式比赛项目，主要有武术、中国式摔跤、围棋、中国象棋、风筝、龙舟等。

　　二是民间体育项目。这类项目仅限在民间广泛开展，没有正式的比赛，如踢毽子、舞狮、舞龙等。

　　三是少数民族体育项目。这类体育项目数量众多，风格各异，有壮族的抢花炮，维吾尔族的达瓦孜，朝鲜族的跳板、秋千，藏族的押加等。

　　民族传统体育是人类社会生活的组成部分，也是滋生现代竞技项目的沃土。纵观世界体育史的进程，不少风靡全球的运动项目最初都是由民族体育发展而来的。当今世界流行的各种各样的体育活动，刚开始时仅仅局限在某一地区的一个或少数几个民族中，最终为各国人民接受，成为全人类共有的体育文化财富。

第一节　高脚竞速

　　高脚竞速运动是一项技术性较强的比赛项目。比赛中运动员要双手握住马杆，双脚踏在踏镫上，同侧手脚配合运动。因为受马杆的限制，运动形式为同顺运动，即左手左脚同时向前摆动，右脚右手同时向后蹬地，因此在提高运动员的同侧运动的灵活性与协调性方面具有重要作用。

　　高脚竞速运动按技术动作的变化分为起跑、起跑后的加速跑、途中跑和终点跑四个部分，是以无氧代谢为主的周期性运动。

一、高脚竞速运动概述

高脚竞速俗称"踩高跷""搏脚""蹽跷"和"拐子"，是在彝族、侗族、土家族、基诺族等民族中盛行的一项集健身、娱乐、庆典为一体的民间传统体育活动，一直为各族人民所喜好。

高脚竞速运动分为民间表演和正式比赛。民间表演是一种欢庆节日的娱乐活动方式，表演者涂脂抹粉，身穿各种戏服，脚踩高跷，在锣、鼓、镲的伴奏下做背剑、抱剑、朝天蹬、骑象等各种动作，场面热闹非凡；正式比赛则以高脚竞速为主要形式，分个人赛和接力赛两种。个人赛时，运动员双手各持一杆，同时脚踩杆上的踏板，在田径场上行进，以在同等的距离内所用的时间多少决定名次；接力赛时，运动员使用一副高脚杆交接行进，队员必须在接力区（宽2米）内完成交接，最先到达终点者为胜方。要求参赛队员两脚踩在高脚杆上跑完全程，允许掉下高跷，但必须在原地上跷后才能继续前进。

高脚竞速是一项比速度、拼耐力的激烈运动，经常参加这项活动，能强化中枢神经系统的功能，提高人体基本活动的能力，特别是对改善维持身体平衡的前庭器官的稳定性和提高速度、力量、耐力、协调等身体素质方面起着积极的作用；同时还能培养人们勇敢、顽强的意志品质和坚忍不拔的斗志，有助于身心全面发展，是一项具有很高锻炼价值和艺术价值的传统体育活动。

二、高脚竞速竞赛方法

（一）竞赛定义

高脚竞速运动是由运动员双手各持一杆，同时脚踩杆上的踏镫，在田径场上行进的比赛，以在同等的距离内所用的时间多少决定名次。

（二）场地及器材

（1）场地：在标准的田径场上进行。场地线宽为5厘米，跑道分道宽为2.44~2.50米。接力比赛的接力区，接力线宽为5厘米（虚线），前后5米处各画一条直线（实线）。

（2）器材：高脚杆（简称杆）为竹、木或其他硬质材料制成；高脚杆高度不限，从杆底部向上30~40厘米处加制踏镫，踏镫高度的丈量从杆底部至踏镫与杆支点的上沿的距离为准（图16-1）。

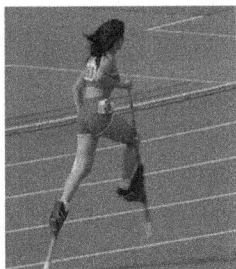

图16-1　高脚竞速器材

（三）竞赛办法

1. 竞赛形式

竞赛分个人赛和接力赛两大类。

2. 比赛方法

比赛中，运动员应自始至终在各自分道内跑进。

（1）"各就位"

运动员上跑道将两根高脚杆立于起跑线后，杆底部不得触及或超过起跑线。

（2）"预备"

运动员用任何一只脚上踏镫，另一只脚必须立于起跑线后的地面，做好起跑的最后准备。

（3）"鸣枪"

运动员听到枪声后，踏地的脚方可踏上踏镫向前跑进。

（4）途中跑

运动员在比赛过程中，如果出现脚触地的情况，须在落地处重新上踏镫继续比赛。

（5）终止撞线

比赛以高脚杆或运动员身体的任何部位抵达终点线后沿垂直面瞬间为止，运动员的身体和高脚杆须全部过终点线后才能分离。

（6）接力区

每个接力区长度为10米，在中心线前后各5米，交接的开始与结束均从接力区分界线的后沿算起。

3. 比赛要求

接力赛每队使用一副高脚杆进行比赛，运动员交接高脚杆后继续跑进。混合接力赛的1、4棒为男队员，2、3棒为女队员，队员必须在接力区内完成交接。完成交接的队员应停留在各自的分道或接力区内，直到跑道畅通方可离开。参加接力赛的运动队须在上一赛次前上报运动员接力顺序，每队服装必须统一。

出现下列情况者，取消犯规者的比赛资格。

（1）抢跑

抢跑指鸣枪前立于地面的脚离地。

（2）窜道

窜道指运动员在比赛过程中跑离本跑道。

（3）掉杆

掉杆指比赛中运动员脚触地，未在原地上踏镫。

（4）人杆分离

人杆分离指运动员抵达终点线时，身体或高脚杆的一部分仍未过线时脚与踏镫分离。

（5）接力赛中运动员在接力区外交接高脚杆；在退出接力区时阻挡或妨碍其他运动员跑进

三、高脚竞速技术

高脚竞速运动中运动员要做到"人杆合一",所谓"人杆合一"是指运动员能技巧娴熟、动作自如、步履轻盈地踏上踏镫,充分发挥其体能,利用杆的弹性,上下肢协调配合,跑出较大的步幅和较快的步频,同时具有很好的实效性。由于高脚竞速运动是手脚与高脚杆协同配合的同顺运动,运动员开始时不太习惯,甚至经常摔倒,因此只有经过长时间的反复训练,运用各种练习方法和手段,坚持不懈,才能达到"人杆合一"的效果。高脚竞速技术可分为持握杆、上杆、踩杆和下杆等九个部分。

(一)持握杆

1. 下握式

动作做法:两脚开立与肩同宽,两腋夹紧木棍,双手下垂,虎口向下,大拇指与其他四指分开,手与肋骨下端同高并紧握高脚杆,双臂内夹,两眼平视前方。

动作关键:注意控制身体平衡,手要握紧高跷。

教法与练习:教师强调手、脚的几个关键动作要点后,学生可以原地练习,再从慢速到快速地练习,并纠正学生的错误动作。

2. 上握式

动作做法:站立,将高跷立于体前(两高跷宽度为0.5米左右),两手虎口朝上,握紧高脚杆上端,与肩同高。

教法与练习:教师先示范一遍完整的动作,让初学者对高脚杆的基本技术有初步印象;教师边示范边讲解持握高脚杆的手法、部位及手在高脚杆上的放置位置;练习者学习持握高脚杆,教师纠正练习者的错误动作。

动作关键:身体重心稳定,上踏速度快。

(二)上杆

动作做法:(以下握式为例)持握好高脚杆后,一脚先踏上高脚杆的踏板,另一只脚稍蹬地,迅速踏上踏板,同时两臂微内夹控制好高脚杆。

动作关键:蹬地尺度的掌握,上踏要迅速,重心要调整好。

教法与练习:教师边讲解边示范上高脚杆,强调动作关键;练习者两人一组,一人进行保护与帮助,另一人进行上高脚杆练习;一个人固定高脚杆后,练习者练习上高脚杆;练习者站在台阶上(高脚杆放置在台阶下)上高脚杆,体会动作;练习者双手持高脚杆在平地上进行上杆练习。

(三)踩杆

动作做法:身体平衡地站在高脚杆上,两眼平视前方,然后重心左、右移动,左、右手臂上提将高脚杆提离地面,向前迈步,落地的同时重心左、右移动,保持身体平稳(这是踩杆技术的关键)。

动作关键：保持身体平衡，提高脚杆时，同侧脚不离高脚杆踏板。

教法与练习：教师边示范边讲解动作要领；练习者站在高脚杆上，两人一组，一人手扶高脚杆帮助另一练习者平衡重心；练习者按动作要领及要求自己练习；练习者加大练习难度进行练习。

（四）下杆

动作做法：当练习者在行进间或到达终点时，双脚下杆时手、脚协调用力，保持身体平衡，左脚左手、右脚右手同时提蹬双脚向前跳下落地。单脚下跷时应保持蹬跷一侧的重心稳定，另一侧脚先下跷，后脚同时跟着落地。

教法与练习：教师讲解与示范相结合；单人或双人互扶进行保护练习，行走中下杆；练习者脱离保护，自然行走下杆；双脚下杆与单脚下杆交替进行练习。

（五）起跑

起跑的任务是获得向前的冲力，使身体尽快摆脱静止状态，为起跑后的加速跑创造有利条件。高脚竞速运动比赛规则规定：运动员各就位时必须将两根高脚杆立于起跑线后，杆底部不得触及或超过起跑线。运动员听到"预备"后用任何一只脚蹬上踏镫，另一只脚必须立于起跑线后的地面，做好起跑的最后准备。运动员听到"鸣枪"后，踏地的脚方可踏上踏镫向前跑进。目前，起跑的预备姿势有三种。

接近式：立于地面的脚在起点线 10～20 厘米的后方；

普通式：立于地面的脚在起点线 20～30 厘米的后方；

拉长式：立于地面的脚在起点线 30～50 厘米的后方。

1. 各就位

当运动员听到"各就位"口令后，应一边持杆轻快地走向起跑线，一边做 2～3 次深呼吸，使机体获得充足的氧储备。当走到起跑线前面时，将左手持的杆放在起跑线后沿，左脚踏上踏镫，右脚立于左脚后面 20～30 厘米处，两脚开立与肩同宽。哪只脚在前以习惯为主，或通常以有力的脚在后，便于尽快上镫。

2. 预备

运动员听到"预备"口令后，深吸一口气，上体前倾 5～6 度，两腿稍弯曲，大小腿之间形成最佳角度，利于蹬伸和发力。

3. 鸣枪

运动员听到枪声后，触地脚迅速蹬地并踏上踏镫，同侧手臂配合向前迈出第一步（50～80 厘米），上体适当前倾，以利于速度的发挥，但要防止摔倒和跳跃式动作。

（六）起跑后的加速跑

起跑后的加速跑是从触地脚蹬离地面到进入途中跑前的一个跑段。起跑后的加速跑应尽快接近或达到最高速度，其任务是：充分利用起跑获得的初速度，在较短距离内获得更高的速度。从第一步过渡到"途中跑"，步长应逐渐加大，上体逐渐地抬起。

起跑后的加速跑同途中跑之间没有明确的界限。在加速跑过程中，动作结构有着重要的变化，第二步至第四步中起主要作用的是蹬地力量和速度；第四步以后起主要作用的是动作节奏和步频。因此，在练习中应特别注意在这一跑段内努力达到适宜自己的步长和步频。

（七）途中跑

途中跑的任务是继续发展和保持较长距离的最高速度。高脚竞速运动途中跑的每一单步结构由支撑期和腾空期组成。支撑期支撑腿的动作可分为着地、垂直缓冲和后蹬；腾空期的腿部动作分为提杆随势动作、拉杆向前摆动和主动下放动作。

（八）弯道跑

在高脚竞速运动的比赛中，学生参加 200 米、200 米双人接力及 4×100 米混合接力时，都有弯道跑，因此学习和掌握弯道跑的技术，对提高运动成绩是非常重要的。

高脚竞速起跑时，应尽可能沿着直线跑进，所以起跑的站位应在跑道的外侧，正对左侧分道线的切点方向。由于弯道跑进时，人体要克服离心作用，因此，从弯道的起跑到起跑后的加速跑这段距离，学生应在保持适当步幅的前提下，尽量加快步频，获得速度。在加速跑进中，保持身体的适当前倾与平衡。

进入弯道后，整个身体应向内倾斜，因而右肩稍高于左肩，右手持杆的动作幅度要大于左手，右步应大于左步。在弯道跑进中，为了克服人体向前做直线运动的惯性，整个身体要向内倾，以获得所需的向心力，维持人体在弯道跑进时相应产生的离心惯性，保持动态平衡。

总之，高脚竞速运动起跑后的加速跑和途中跑的速度取决于步幅和步频的适宜比例。相同的跑速，其步幅和步频可以有不同的结构比例关系。

（九）终点跑

终点跑是全程跑的最后一段，应尽力保持途中跑的高速度跑过终点。高脚竞速运动的终点跑技术，要求运动员在离终点线 15～20 米处时，尽力加快持杆摆动速度和力量，以高脚杆或身体任何部位撞向终点线，跑过终点线后逐渐减速，身体和高脚杆才能分离。

四、高脚竞速的技术教学

（一）学习高脚竞速一般知识，建立正确高脚竞速技术概念

教学主要通过各种多媒体演示（如 PPT、视频、挂图等）和教师的讲解、示范，使学生建立正确的高脚竞速技术概念，了解高脚竞速技术的要求、方法和要领及其在生活、学习和工作中的重要作用，调动学生学习高脚竞速技术的积极性和主动性。

（二）学习直道途中跑

1. 建立直道途中跑技术概念

教师结合各种演示讲解、示范等，使学生建立正确的直道途中跑概念，了解直道途

中跑技术的要求、方法和要领，并交代练习过程中的方法、手段和注意事项。

2. 上马和走马技术阶段

在这个阶段，以上马和走马为主要教学内容。当运动员掌握在高脚杆上行走的基本技术后，过渡到慢跑。教学难点有两个：一是握杆手臂的摆臂路线；二是屈膝。教学以在 100 米直道内的完整练习为主要手段。这个阶段是动作技能的初步形成阶段，针对手臂摆臂和屈膝两个教学难点进行教学。

3. 专门练习

（1）小步跑

体会、改进和完善跑动时摆动腿积极下落技术，加快步频。小步跑要求高重心、小步幅、快频率，动作放松自然。骨盆前送，两臂屈肘前后摆动。

（2）高抬腿跑

改进和完善跑时摆动腿高抬和下压技术，强化抬腿肌肉群力量，加快步频。高抬腿跑要求高重心、快频率、高抬膝。动作过程是摆动腿大腿抬平，膝关节放松，小腿自然下垂，然后大腿积极下压，小腿自然下落着地。支撑腿髋、膝、踝关节伸直，骨盆前送。

（3）后蹬跑

体会和完善跑的蹬摆技术和动作幅度，强化后蹬肌群力量。后蹬跑要求支撑腿快速有力蹬伸，方向要正，摆动腿以膝领先，大腿带动髋部向前摆动，然后大腿积极下压着地，两臂配合前后摆动。重心移动平衡，动作轻快。

4. 过渡跑练习

由专门练习过渡到跑的练习，主要根据专门练习在高脚竞速技术中的作用，改进专门技术的强化体验练习。练习分三个部分：第一，在专门练习中慢速体验专门练习动作及肌肉用力感觉。第二，在专门练习中快速体验动作技术要领。第三，在专门练习与随后的加速跑中采用专门练习的技术及用力方法进行跑进。在练习过程中需注意三个部分是逐渐转换的。重点在体验技术动作过程和要领，以利于形成正确的途中跑技术动作。

5. 变速跑和快速跑阶段

逐步克服动作僵硬和不协调现象，改进和完善技术是这个阶段的首要任务。随着速度的加快，"掉马"是这一阶段中较为常见的问题。为此，采用变速跑和快速跑练习是这个阶段教学的主要内容。教学难点是全身协调用力维持身体在杆上的平衡。采用多种组合的变速跑、60～80 米短距离的快速跑，通过反复的完整练习，体会技术环节之间的联系，提高全身协调用力的能力，达到初步建立动力定型的目的。

6. 直道途中跑练习

可采用反复的 60～80 米中速跑，50～80 米的加速跑，30～50 米的行进间跑和计时跑等。其目的是使学生在练习中进一步体会和掌握高脚竞速途中跑的正确技术和动作，使各技术动作逐步提高和完善，要求跑得轻松、协调、富有弹性。

（三）学习高脚竞速起跑和加速跑

1.各种反应能力的练习

例如，快速倒报数游戏；跳起，以双杆落地为定格的猜拳游戏（脚前后开立为剪刀，脚左右开立为布，双脚并拢为锤子）；由各种身体姿势（如站、侧向、背向等）开始听信号迅速跑游戏；不同信号形式（如口令、旗示、击掌、鸣枪等）的起跑游戏。

2.学习起跑

（1）学习起跑技术

学习"各就位""预备"的动作，基本掌握方法后再发口令成组练习，要求同学之间相互观看并纠正错误动作，教育学生听枪声起跑，使学生养成公平竞争、不抢跑的习惯。练习时注意结合个人特点，要求稳固、合理，便于起跑和发力。

（2）学习加速跑技术

可先采用锚点跑等形式练习，随后结合起跑，做10米、20米、30米的加速跑练习。在加速跑学习中，注意上体（或重心）要逐渐抬高，步幅逐渐增大，两杆落点逐渐趋于一条直线。

（3）学习中速跑和快速跑技术

中速跑和快速跑30～40米练习，在终点前一步做撞线动作：开始时，先让学生各自练习，然后将速度基本相同的学生组成小组，进行成组练习，特别注意撞线后的安全，严防摔倒或碰撞他人。

（四）学习弯道跑

建立正确的弯道跑技术概念，了解弯道跑技术的要求、方法和要领及注意事项。在小圆圈上（半径15～25米）用慢速跑、中速跑、快速跑进行练习，体会和学习弯道跑技术。在弯道上，用中速、加速、快速跑60～80米，体会和掌握弯道跑技术。从直道进入弯道跑。先在直道上跑20～30米，进入弯道再跑20～30米，体会和掌握从直道进入弯道的衔接技术。从弯道转入直道跑。先在弯道上跑20～30米，转入直道后再跑20～30米，体会和掌握弯道转入直道的衔接技术。弯道起跑25～30米。然后听口令做弯道起跑练习。

（五）学习全程跑

巩固提高技术，使运动员熟练掌握技术动作，形成动力定型。学习起跑及起跑后的加速跑技术、终点跑技术；结合专项教学，采用全程段落跑是本阶段的主要教学方法。采用重复教学法、间歇教学法，通过全程跑和120～250米的段落跑来增加练习难度达到巩固提高技术的目的。随着学生对技术的掌握和进一步熟练，其注意力容易转移到追求运动成绩上而忽视巩固和提高技术。因此，要让学生理解技术和成绩的关系，避免片面追求成绩不重视技术巩固和提高的问题。

第二节 珍珠球

一、珍珠球运动发展概述

珍珠球来源于生产劳动——采珍珠，是中国满族人民传统的体育项目，现为全国"民运会"竞赛项目。珍珠球在满族不同地区的叫法也不相同，在北京市被称"采珍珠"，在辽宁省被称为"投空手"，在山东省被称为"打司令"。珍珠球作为一种游戏在民间流传，距今已有300多年的历史。居住在松花江、牡丹江及嫩江一带的古代满族采珠人，把采珍珠的工具（抄网）当作游戏器材，模仿采珍珠的生产劳动过程，发明了珍珠球游戏，最初这种游戏是在河中玩的，后又传到岸上，人们把猪膀胱吹满气当球，以传、投等动作将球投入抄网内为胜。该项目在1991年广西举行的第四届全国少数民族传统体育运动会上，第一次被列为运动会的正式比赛项目。

珍珠球运动规则是在参考篮球、手球规则的基础上制定而成的，该运动具有场地、器材的简易性和游戏形式的大众性等特点。其在水区的运动与篮球、手球运动有一定的共性，而在封锁区的持拍防守队员又具有足球守门员和排球拦网队员的特点，因而具有较强的观赏性。同时，珍珠球运动的场地面积不大，所用器材较为简单，对场地器材要求不高，除正规比赛需要标准的场地与器材外，其他比赛可随意在街头空地或花园、草坪之内进行，不受场地大小和地面质地的限制，无论是一家老小还是亲朋好友，都可以找一块平整的空地，根据规定人数进行比赛，具有较强的大众性。

珍珠球运动是综合的非周期性集体运动，是技术、战术系统的实践操作与运用过程，运动员利用跑、跳、投等手段来完成。在这一过程中，无论智力、生理、心理都要承受各种复杂因素的影响。因此，科学地参加珍珠球活动，对提高人体内脏器官与感受器官的功能和中枢神经系统的支配能力，增进健康、提高身体素质、促进心理修养、培养团队精神等都有积极的作用。

二、珍珠球运动竞赛方法

（一）比赛

珍珠球运动比赛由两队参加，每队上场人员7名，由双方水区内各自4名队员负责进攻或防守，进攻者可将球向任何方向传、拍、滚、运，目的是向抄网投射球并得分；封锁区内双方各有2名持球拍（蛤蚌）的队员，用封、挡、夹、按等技术动作阻挡进攻队员向抄网内投球。每队有1名持抄网的队员在得分区内活动，用抄网试图抄中本方队员投来的球（珍珠）。比赛分上、下半时，每半时15分钟，决赛3分钟；进攻队员必须在25秒内完成一次进攻。在规定的时间内，得分多者为胜队。

（二）场地及器材

珍珠球比赛和大家熟悉的篮球比赛比较相似。比赛场地长 28 米，宽 15 米，与篮球比赛场地不同之处在于，场地分为水区、限制区、封锁区、隔离区和得分区；各场区须用颜色标示，水区为海蓝色，限制区与隔离区为红色，封锁区与得分区为黄色（图 16-2）。

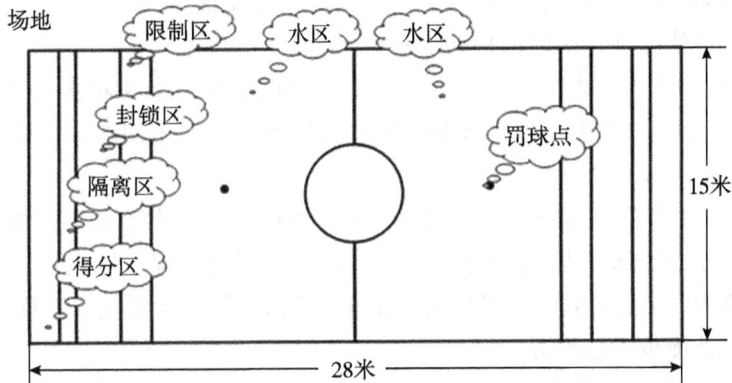

图 16-2　珍珠球场地

珍珠球的比赛器材包括球、球拍和抄网（图 16-3）。球的外壳用皮革或橡胶制成，周长 54～56 厘米，重 300～325 克，珍珠白色。抄网是持抄网队员为捞住珍珠球而使用的器材。球拍为蛤蚌壳形状，用具有韧性的树脂材料制成，颜色与蛤蚌壳颜色相仿。

图 16-3　珍珠球的比赛器材

（三）比赛通则

1. 中圈出球

抛币获得发球权的队的一名水区队员持球站在中圈本方场区的半圆内，主裁判员鸣哨示意比赛开始后，5 秒钟内将球传给中圈外的水区队员。球出手后，发球队员在球出中圈前或球触及其他水区队员之前不得触球。

2. 打珍珠球

珍珠球是用手和器械（拍、网）进行比赛的综合运动。带球跑、故意踢球或用拳击球是违例行为。其中踢球就是用腿或脚去拦阻球，脚或腿偶然地接触或触及球不违例。

3. 抄（投）球入网得分

比赛中，持网队员在得分区内按规则将水区投来的或防守队员未挡住的活球抄入网内，由裁判员认定为得分。

4. 持网队员抄采的球必须符合下列限定

（a）整个球体越过得分线的垂直面而处在得分区的空间或地面上。

（b）整个球体在空中越过得分线及其延长线的垂直面，飞越得分区边线、端线，落在得分区边线、端线以外地面之前抄采才有效。

（c）抄（投）球入网内，球必须在入网后，在网中有一个相对稳定的停止时间，在裁判员认定为得分后，才可出网。如果球虽然已经抄（投）入网内，但瞬间即被甩出或弹出则不能得分。

（d）抄球时，持网队员身体的任何部位（含器械）不得在球入网前或球入网的同时触及得分区边线、端线及其以外的地面。即使在得分区内将球抄入网中，但其后身体不能稳定在得分区内，在裁判员认定得分前，身体的任何部位（含器械）触及了得分区边线、端线及其以外的地面也不能得分。

（e）持网队员可以在得分区内原地或在运动中抄球，并在抄球入网后身体停留在得分区内。此种情况下，抄中不经拍、网队员身体（含器械）挡碰的拍网区域地面反弹球为2分。抄中经拍、网队员身体（含器械）挡碰的拍网区域地面反弹球和其他反弹球外的球为1分。

5. 限制

进攻队员不得进入前场的限制区内进攻，防守队员不得进入后场的限制区内防守。原地或起跳前不得触及限制线及限制区内的地面。跳起投球或防投球落地时可以触及限制线及限制区的地面，但必须立即退到水区。不得穿越限制区、封锁区及得分区。

6. 水区队员通则

水区队员在场上控制一个活球后可在水区内向任何方向运球。将球掷、拍或滚在地面上并在球触及另一队员之前再触及球为运球开始。水区内双方各有4名队员负责进攻或防守。进攻者可将球向任何方向传、拍、滚、运，目的是向抄网投球并得分。

7. 封锁区、得分区队员通则

（1）封锁区队员行为准则

封锁区队员为持拍队员，比赛双方各有2名。每名持拍队员双手各持一拍，可在封锁区内用球拍封挡、夹接、按压、挑拨由水区队员投来的球或其他形式的来球，以阻截球达到防守目的。不得用手、臂及膝以下部位主动触球。

（2）得分区队员行为准则

得分区队员即持网队员，比赛双方各有1名。持网队员手持一个抄网，可在得分区内抄采从水区投来的或防守队员未挡住的球，球合法抄入网后按规则判得1分或2分，持网队员不得用手（持网手除外）、臂及膝以下部位主动触球。

三、珍珠球技术

珍珠球技术通常分为进攻技术和防守技术两大体系，各体系中也可分出各类技术的子系统，根据珍珠球运动技术的特点，把珍珠球技术定义为比赛中为达到一定攻防目的而采用的专门动作做法的总称，是珍珠球比赛中常见的动作类型及其组合变化形式的总和，是进行珍珠球活动和参加比赛的基础，其内涵是以手脚运动为基础，以控制球和支配球为主要争夺目标，以一对一为基本攻守对抗形式，以投手和抄网人默契配合、投球得分为最终目的的攻守对抗性技术系统。

（一）移动技术

移动技术是珍珠球比赛中运动员为了达到进攻和防守的目的而改变位置、高度、方向和速度时所采用的各种脚步动作的总称。移动技术包括启动、变速跑、变向跑、侧身跑、跨步急停、跳步急转、转身、后撤步。

（二）支配球技术

根据支配球技术概念，支配球技术分为传球技术和运球技术两大体系。传球技术包括单手头上传球、单手低手传球、单手肩上传球、单手胸前传球、单手体侧传球；运球技术包括推进性运球、突破性运球。

（三）投球技术

投球技术是珍珠球运动中重要的进攻技术，是进攻队员为将球投入抄网而采取的各种专门动作的总称。常见的投球技术形式一般有原地投球技术、行进间投球技术和跳起投球技术三种。

（四）持拍防守技术

持拍防守技术是持拍防守队员在封锁区内，利用封挡、夹接、按压、挑拨等技术拦截和破坏对方投、射向抄网的球的一项专门技术。

（五）抄网技术

抄网技术是珍珠球抄网运动员通过跑、跳、移动以及和进攻队员默契配合，将球抄入网内的最后一种得分技术。抄网技术的掌握和进攻队员的配合直接影响比赛的结果。抄网技术包括抄高抛球技术、抄直线快球技术、抄边界外空中球技术。

四、珍珠球技术教学

珍珠球运动及其教学训练的内容与方法在不断发展，并在改革中创新。为便于运动教学与训练过程的组织，依据珍珠球运动技术运用的特点、技能习得规律，我们从珍珠球的实战需要出发，构建出珍珠球运动技术教学的以下内容体系。

（一）移动技术教学

移动技术是珍珠球技术的基础，它与掌握和运用各项攻守技术都有着密切的关系，是教学中首先要抓好的关键环节。进攻时运用移动技术的目的，是使自己或帮助同伴摆脱对手，从而获球完成攻击；防守时的目的则是抢占有利位置，以便断球或阻挠对方的进攻行动。

1. 变速跑

变速跑是队员在跑动中利用速度变化完成攻守任务的一种方法。动作做法：由慢跑变快跑时，上体前倾，用前脚掌短促有力地向后蹬地，同时迅速摆臂。前两三步要小，逐渐加快跑的频率。由快变慢时，上体抬起，步幅变大，用前脚掌抵地，减缓冲力，从而降低跑速。

2. 变向跑

变向跑是队员在跑动中利用方向的变化完成攻守任务的一种方法。动作做法：从右向左变向时，最后一步用右脚前脚掌内侧用力蹬地，同时脚尖稍内扣，迅速屈膝降重心，腰部随之左转，上体向左前倾，移动重心，左脚向左前跨出，加速前进。

3. 侧身跑

侧身跑是队员在向前的跑动中，为观察场上的情况，侧转上体进行攻守行动的一种方法。动作做法：队员在向前跑动时，头部与上体侧向球的方向，脚尖朝向跑动的前进方向，内侧腿深屈，外侧脚用力蹬地，内侧肩在前。

4. 跨步急停（两步急停）

动作做法：队员在快速跑动中急停时，先向前跨出一大步，脚跟先着地，然后迅速地过渡到全脚掌抵住地面，同时迅速屈膝降重心，身体微向后仰，后移重心，紧接着再跨出第二步。脚着地时，脚尖稍向内转，用前脚掌内侧蹬住地面，两膝弯曲（如先跨左脚后上右脚，则身体向左侧转），并微向前倾，重心落在两脚之间，两臂屈肘自然张开，保持身体平衡。

5. 跳步急转

动作做法：队员在中速和慢速移动中，用单脚或双脚起跳（紧贴地面跳），上体稍后仰，落地时全脚掌着地，用前脚掌内侧蹬住地面，两膝弯曲，两臂屈肘微张，以保持身体平衡。

6. 转身

动作做法：转身时，重心移向中枢脚，另一只脚的前脚掌蹬地，同时中枢脚以前脚掌为轴用力碾地，上体随着移动脚转动，用肩、腰带动改变身体方向。在身体移动过程中，要保持身体重心平衡，转身后重心应转移到两脚之间。转身分前转身和后转身，移动脚向中枢脚前方跨步转动叫前转身；移动脚向中枢脚后方撤步转动叫后转身。

7. 后撤步

动作做法：斜侧步站立时，前脚后撤变成后脚。撤步时前脚掌内侧用力蹬地，同时腰部用力，向后转胯，前脚后撤，后脚的前脚掌碾地。当前脚后撤着地后，随即滑步，保持身体平衡与防守姿势。后撤步时撤步角度不宜过大。

（二）支配球技术教学

珍珠球运动的进攻技术是由传球、运球、投篮、突破四个技术组成，防守技术与篮球基本一致，也是由防守对手、抢球、打球、断球四个技术组成。所有珍珠球支配球技术跟篮球运动完全一样，都是通过脚步移动技术再结合手上的接、传、运和投，只是球的大小和材料有所不同。

1.单手肩上传球

动作做法：单手肩上传球是一种常用的中远距离传球方法。以右手传球为例，双手持球于胸前，两脚平行开立，传球时，左脚向传球方向迈出半步，同时将球引至右肩上方，肘外展，大臂与躯干，小臂与大臂的夹角大于90度。右手托球，手腕后仰，左肩侧对传球方向，重心落在右脚上，右脚蹬地，转体，前臂迅速向前挥摆，手腕前屈，通过食指中指拨球将球传出。球出手后，随着身体重心前移，右脚向前迈出半步，保持基本站立姿势。

2.单手胸前传球

动作做法：单手胸前传球，是一种常用的近距离传球方法。传球手单手持球，在短促摆动小臂的同时，手腕稍向后屈，根据传球需要，急促向前扣，同时食指、中指、无名指用力拨球，将球传出。

3.单手体侧传球

动作做法：双手胸前持球，右手传球时，左脚向左跨出一步，右手引球至身体右侧。出球前的一刹那，持球手的拇指向上，手心向前，手腕后屈，小臂稍向前摆，急促用力向前扣腕，手指用力拨球，将球传出。

（三）运球技术教学

推进性运球是指队员在获得球的基础上，在无人防守的情况下，运球推进的一种方法。突破性运球是指队员在获得球的基础上，利用各种脚步动作和运球手法，力求突破防守队员的各种运球过人方法。

1.运球急停

动作做法：在快速运球中，突然急停时，手拍按球的前上方。运球急起时，要迅速起动，拍按球的后上方，要注意用身体和腿保护球。

2.体前变向换手运球

动作做法：运球队员想从对手右侧突破时，先向对手左侧变向运球，然后突然改变方向右侧运球。变向时，右手拍按球的右后上方，把球从自己的右侧拍按到左前方，同时，右脚向左前方跨出，上体左转，用肩保护球，然后换手运球加速前进。

（四）投球技术教学

投球的方式多种多样，要提高投球命中率就必须了解投球的技术结构，正确掌握投球技术。在学习投球技术时，必须注意掌握以下技术要素：其一是投球时的身体姿势，其二是持球手法。

1. 原地肩上平快投球

动作做法：持球于肩上，下肢蹬地的同时，胸部舒张，前臂向后移动，成弓形，在腰腹协调用力配合下，大臂带动小臂，利用前臂和手腕的力量，向前将球投出。

2. 行进肩上高抛投球

动作做法：以右手为例，当球接近身体时，左脚蹬地，右脚向前跨出一大步，身体在腾空时接球。右脚落地后左脚向前跨一小步并用力蹬地向上起跳。同时，抬腿举球，当身体接近最高点时，右腿自然下落，右臂向前上方伸直，手腕前屈，通过指端将球投出。

3. 接、运球急停跳起投球

动作做法：在移动运球中跨步或跳步持球的同时，重心下降，两腿弯曲，脚尖指向抄网方向成基本站立姿势，接着快速起跳，同时持球上举。当身体腾空并接近最高点时，根据情况，采用高抛或平快投球手法将球投出。

（五）持拍防守技术教学

持拍防守是防守队员合理利用脚步移动和手臂动作，积极抢占有利位置，阻止和破坏对手的进攻，以夺取球为目的所采取的各种专门动作的总称。持拍防守主要有以下两种防守方式。

1. 双手持拍挡夹技术

双手持拍挡夹技术主要运用于防守高抛球。动作做法：双手持拍伸出，两拍摆成前宽后窄的形式。接触球瞬间，两拍迅速夹拢将球夹住。

2. 单手或双手持拍先挡后夹球技术

单手或双手持拍先挡后夹技术主要运用于防守直线快球。动作做法：单手或双手握拍伸出挡球，接触球瞬间稍回缩缓冲，同时下拉，使球随拍下落，落地后两拍将球夹稳。

（六）抄网技术教学

抄网技术是珍珠球运动队员通过跑、跳、移动以及和进攻队员默契配合，将球抄入网内的一种得分技术。抄网技术的掌握和进攻队员配合直接影响比赛的结果。抄网技术教学内容有抄高抛球技术、抄直线快球技术、抄界外空中球技术三种。

1. 抄高抛球技术

（1）抄落点在得分区内的高抛球

动作做法：两脚蹬地，垂直跳起，同时伸出抄网，抄网到达最高点将球抄入网内，落地时腰腹控制平衡，两脚缓冲着地在得分区内。

（2）抄落点在得分区后的高抛球

动作做法：两脚蹬地后跨跳起，抄网向后伸出，通过腰腹控制平衡，落地前将球抄入网内，同时两脚缓冲着地。

2. 抄直线快球技术

动作做法：利用假动作（如急停急起，变向返跑等）摆脱持拍防守队员防守，形成移动错位和时差错位，同时给出网位，主动将球抄入网内。

3.抄界外空中球技术

动作做法：同侧移动，两脚蹬地，向界外侧跨跳起，空中给出网位，持网手手腕控制抄网面与来球成垂直角度，将水区队员投射的直线快球抄入网内。

（七）战术基础配合教学

珍珠球战术基础配合是指在珍珠球比赛中两三个队员之间有目的、有组织、协调行动的简单攻守配合方法，是组成全队战术配合的基础。珍珠球战术基础配合主要有以下三种战术。

1.进攻战术基础配合

进攻战术基础配合包括掩护配合、中路投抄配合、边线界外腾空射抄配合。

2.防守战术基础配合

防守战术基础配合，是指珍珠球比赛中两三人之间为了破坏对方进攻配合所组成的简单配合。防守战术基础配合包括封锁区防守配合、夹击配合、挤过配合。

3.组合技术练习

组合技术练习包括发球快攻、长传快攻、短快运球快攻、反跑—传球快攻。

第三节　蹴球

一、蹴球运动概述

蹴球，原称踢石球，是古代蹴鞠运动的一种形式。蹴鞠所用的运动器材石球，在西安半坡文化遗址发掘中就有实物发现。蹴鞠规则传说为黄帝所作，有二十五法。到了汉代，蹴鞠游戏更加普及，并且被列入兵家训练方法。到了宋代，民间有专事蹴鞠的行会组织叫"圆社"。元代杂曲更有大量关于蹴鞠游戏的描写。到了清代，古代蹴鞠方法大部分已失传，只有在踢石球、夹包、花毽等游戏中还可以看到蹴鞠二十五法的一些影子。

关于踢石球，《红楼梦》在第二十八回中有这样的描写："说着一径往东边二门前来，可巧门上小厮在甬路底下踢球……"这里写的踢球，就是踢石球。清末《北京民间风俗百图》写了踢球之法："二人以石球二个为赌，用些碎砖瓦块铺地，用一球先摆一处，二球离七八尺远，每人踢两次。踢中为赢，不中便输。"关于清代踢石球的方法，有人曾向爱新觉罗·溥任先生请教，溥任先生系末代皇帝溥仪的四弟，从小在醇亲王府中生活，他曾看到太监踢石球，所踢的球是老人们用以活动筋骨的手握健身球，踢的方法是先用脚尖踩住球，然后用力向前踹，以击中对方为胜。无论是图画记载，还是老人的描述，均是用脚踹球，不是我们现在看到的类似足球运动的踢球。踢石球实际是"踹"石球，因此踢石球游戏在经过挖掘整理后，成为正式群众比赛的体育项目时，用了"蹴鞠"的"蹴"

字，定名为蹴球。

蹴球运动原只是北方的满族、蒙古族、回族等民族较为流行的一项民间游戏。由于地域文化、民族文化的影响，其玩法不一，也没有统一的场地和规则。中华人民共和国成立以后，在党和政府的关怀重视下，北京市民委、北京市体育局、北京体育大学等根据古代蹴球运动的演变规律，对此项运动进行了挖掘、整理，融入了促进人们身心健康发展的多种元素，舍去了糟粕，形成了具有高雅风格、较高技战术水平与较强观赏性的现代民族传统体育项目。经过十几年来不断完善，蹴球运动在各民族中得到推广和普及。

蹴球是中华民族的体育明珠，它的挖掘整理成功，使千年古书上记载的蹴鞠以新的面目得到新生。由于器材简单，场地面积小，玩起来举止文雅、变化多端，又有趣味性和观赏性，老少皆宜，所以蹴球很受群众欢迎，是开展全民健身运动的一个好项目，为新形势下的全民健身运动做出贡献。

二、蹴球竞赛方法

（一）场地器材

蹴球比赛场地为边长 10 米的正方形平坦场地（图 16-4），所蹴之球为直径 10 厘米的塑料球，分红、蓝两色，标有 1、2、3、4 的数字，1、3 号球为同一色，2、4 号球为同一色（图 16-5）。

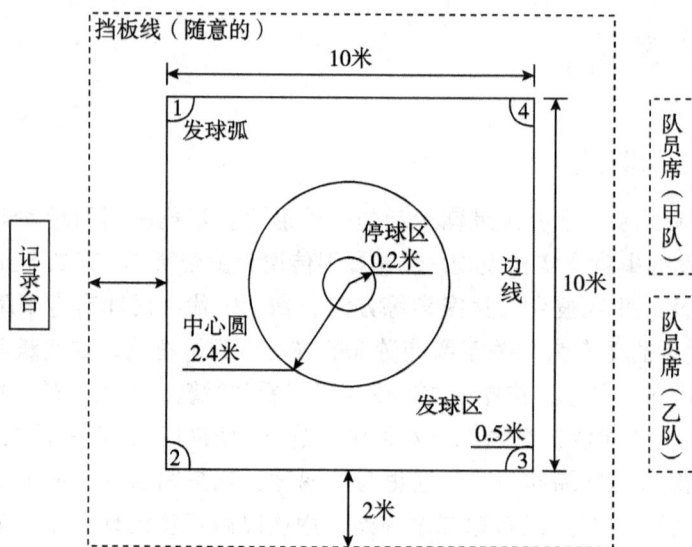

图 16-4　蹴球比赛场地

图 16-5　蹴球器材

（二）比赛方法

运动员用脚底蹴球，使之向前滚动，依据所蹴之球碰击对方或本方球的情况计算得分。每场比赛为两局，第一局当一方达到 40 分时，比赛暂停，休息 3 分钟后进行第二局的比赛，当一方首先达到或超过 80 分时获胜，比赛结束。

根据第八届全国少数民族传统体育运动会的蹴球竞赛规程，比赛设有男子单蹴、男子双蹴、女子单蹴、女子双蹴、混合双蹴等竞赛项目。

比赛开始前在主裁判主持下由队长抽签，确定发球顺序。上场队员按照顺序编号，其编号与发球区相同，依次按照 1、2、3、4 号顺序发球。

每名队员发球必须触及或穿过中心圆线，方有效。需要特别注意的是，发出的球不得触及场内的任何球。

蹴球比赛时要注意动作规范，这样可以保证球的正常运行。蹴球时脚跟先着地，由脚掌触及球面，稳定后将球向前蹴出。第一次蹴球，蹴出的球击中场内任何一个球，可以连续蹴一次，一蹴直接或间接击中两个球，可以获得用此球连续蹴球两次的权利。没有蹴中任何球，没有连蹴权。如果能够将对方的两球蹴出界，先出界的球应由当号队员放置在停球区内，另一球由当号队员放在同号重新发球。

放置在停球区内的球不得变动位置，也不许触及区内的任何球。由停球区向外蹴的球可以向任何方向前进，但无权攻击。

三、蹴球技术

蹴球竞赛规则对蹴球技术做了严格的规定和限制，要求用脚跟触地再用前脚掌压住球后面，向前蹴球，依据所蹴之球碰击本方或对方球的情况计算得分。根据这个要求，现将蹴球技术分成五个部分，即蹴球运动的基本技术一般包括准备阶段、支撑脚站位、蹴球脚压球与瞄准、蹴球、维持身体平衡。

（一）准备阶段

准备阶段指运动员从自己的发球区外步入场内准备蹴球的全过程。此过程包括战略战术的准备和运动技术的准备。即根据场上的情况，及时做出判断，确定自己的战略意图和蹴球方向、方法，站在本方球后约 50 厘米处，蹴球脚与支撑脚成"丁"字形或平行站立，蹴球脚脚尖方向与本球和目标球瞄成一条直线。

（二）支撑脚站位

支撑脚在球侧方 20 厘米与蹴球脚成"丁"字形或平行站立，膝盖微屈，身体重心移至支撑腿上，蹴球脚脚跟提起，脚尖着地，目视本方球。

（三）蹴球脚压球与瞄准

支撑脚撑地保持身体平衡，蹴球脚脚跟在球正后方 15 厘米处着地，前脚掌部分在球后上方距球 2 厘米左右处，方向调正后，即用脚掌压球，保持身体的平衡稳定，集中注意力。

（四）蹴球

调整情绪，瞄准目标球，蹴球脚向前方沿目标球方向将球蹴出。

（五）维持身体平衡

蹴球结束后，身体重心落在支撑腿上，蹴球腿摆动至膝关节部位时应及时制动，随后自然放下，形成双脚支撑的姿势，保持身体平衡，并注意不要接触场内其他的球。

四、蹴球的技术教学

（一）蹴球基本技术教学

蹴球基本技术由准备阶段、支撑脚站位、蹴球脚压球与瞄准、蹴球、维持身体平衡五部分组成。因此在蹴球基本技术的教学中，从准备到蹴出球整个完整技术一气呵成的训练十分重要，在重视单一技术要素训练的同时，更强调完整技术的训练。只有这样才能抓住蹴球技术训练的核心，突出训练重点，提高训练实效。根据运动技能的分类原理，蹴球技术属闭锁性运动技能，闭锁性运动技能的学习关键是反复练习同样的或几乎没有差别的运动类型，直到自己的运动技术达到理想的模式为止。因此，蹴球基本技术组成的教学，其主要手段就是不断反复地进行同一技术的练习。

1. 蹴球的准备阶段

动作做法：两脚前后自然开立，蹴球脚放置于本球的后方并与目标球形成三点一线的站位。

2. 维持身体平衡

动作做法：蹴球后，蹴球脚自然前摆，支撑脚自然弯曲维持身体平衡。

（二）加力球技术教学

动作做法：运动员两脚前后分开，一般右脚在前面（左脚进攻者则左脚在前）。瞄准时，将右脚尖放在目标球和本球的延长线上，使脚的中轴线和目标球、本球的延长线重合。然后以右脚的脚跟为着力点，把前脚掌轻轻地靠在本球上，稳定后（至少有明显的2秒以上的停顿动作），将球向前蹴出，脚上的发力逐渐加大。

（三）柔力球技术教学

动作做法：运动员站在进攻方向的延长线上，两脚前后开立，瞄准目标球，将蹴球脚放在本球上，稳定后，将球向前蹴出，脚上的发力要柔和。

（四）回旋球技术教学

1. 回旋球的准备

动作做法：运动员站于本方球后方，两脚自然开立，蹴球脚放置于本方球的后方，并与目标球形成三点一线，瞄准目标球。支撑脚自然弯曲维持身体平衡。

2. 回旋球的击球技术

动作做法：运动员面对进攻方向，两脚自然开立站在本方球后方，按常规方法瞄准球后，将脚尖贴靠在球上，然后向后下方发力，用力将球挤压出去。

第四节　板鞋竞速

一、板鞋竞速运动概述

板鞋运动起源于明朝嘉靖年间，至今已有 400 多年的历史。在民间，关于板鞋的传说还有一段激动人心的故事：据说，明朝嘉靖年间，广西壮族女英雄瓦氏夫人曾经以板鞋作为"秘密武器"，训练提高士兵之间的团结性以及协作能力。她让三名士兵穿上同一副长板鞋一起跑步，长期如此训练，士兵的素质大大提高，斗志高涨，所向披靡，从而在战场上大败倭寇，为人民立了大功。后来，南丹县壮族人民模仿瓦氏夫人练兵方法，开展三人板鞋竞技活动自娱自乐，相袭成俗，流传至今。2005 年，国家民委、国家体育总局批准将板鞋竞速列为全国少数民族传统体育运动会的正式比赛项目，需要三个人齐心一致才能胜利。

板鞋竞速历史悠久，器材简单，因地制宜，不受年龄、性别、条件的限制，深受壮族人民的喜爱。每逢喜庆节日、假日，板鞋竞速必为体育爱好者和学校学生开展健身活动的项目之一，吸引各民族的群众参与，对民族团结、民族体育的发展起了巨大的促进作用。板鞋竞速是一项集群众性、娱乐性、竞技性于一体的民族传统体育运动，同时也是一项非常独特的健身娱乐活动。

二、板鞋竞速竞赛方法

板鞋竞速是由多名运动员一起将脚套在同一双板鞋上在田径场上行进的比赛，以在同等的距离内所用的时间多少决定名次。竞赛分单项比赛和接力比赛两大类。

（一）场地

场地线宽均为 5 厘米，跑道分道宽 2.44～2.50 米。可根据比赛的需要和场地状况设置跑道的长度。

（二）器材

比赛板鞋用长度为 100 厘米、宽度为 9 厘米、厚度为 3 厘米的木料制成。（以三人板鞋为例）每只板鞋配有三块宽度为 5 厘米的护足面皮，分别固定在板鞋规定的位置上，护皮以套紧脚面为宜。第一块护皮前沿距板鞋前端 7 厘米，第二块护皮在第一块护皮与第三块护皮的中间，第三块护皮后沿距板鞋末端 15 厘米（图 16-6）。

图16-6　板鞋竞速器材

（三）竞赛方法

比赛中，运动员应自始至终在各自道次内行进。各就位时，运动员将板鞋置于跑道起跑线前，运动员共同套好板鞋，任何一只板鞋不得触及或超过起跑线。枪响后，运动员方可起动跑进。

运动员在比赛过程中，如果某一队员出现脚脱离板鞋触地或摔倒的状况，须在触地（落地）处重新套好板鞋继续比赛。比赛以第一名运动员身体的任何部位抵达终点线后沿垂直面瞬间为止，运动员的身体和板鞋须全部超过终点线后才能分离。

接力赛，每个接力区长度为10米，位置在中心线前后各5米，交接的开始与结束均从接力区分界线的后沿算起。第一棒队员和第二棒队员的交接必须在接力区内完成。完成交接的队员应停留在各自的分道或接力区内，直到跑道畅通后方可离开。

计时用全自动电子计时或手动计时均可，电子计时成绩均以百分之一秒为最小计时单位。

以下行为视为犯规：

抢跑（鸣枪前跑进起跑线），第一次给予警告，第二次取消犯规者该项目比赛资格；运动员在比赛过程中窜离本跑道；比赛中运动员脚脱离板鞋触地，未在原地穿好板鞋；运动员抵达终点时，两只板鞋的一部分仍未过线时，脚与板鞋分离。后面三种情况下均取消犯规者的该项目比赛资格。

三、板鞋竞速的技术教学内容

板鞋竞速的基本技术是由预备式、原地踏步、向前走、弯道走、快速跑和摆臂冲刺几个部分构成的。原地踏步、向前走决定板鞋竞技步伐的稳定性，弯道走、快速跑和摆臂的幅度决定板鞋竞速的速度。

（一）预备式

以右边上板鞋为例。练习者站立在板鞋右边，两眼平视前方，双手扶在同伴的肩上。先上右脚后上左脚，准备踏步。

（二）原地踏步—向前走—快速跑

当同伴都穿好板鞋后，为达到步调整齐一致的目的，一人或一起喊口令"一、二、一"

或"左、右、左"并原地踏步，声音押韵、步调一致。熟练后，两手不攀扶其他人，自然摆臂向前走，再慢慢过渡到自然跑、快速跑，提高竞技速度。

（三）弯道走

以左转为例。保持身体重心，减小转弯时的倾斜度，走动时整个身体稍向内倾斜，右肩高于左肩，右臂摆动幅度稍大且稍向外，左臂摆动幅度稍小，右脚前抬时稍向内扣，用前脚掌的内侧扣紧板鞋，左脚稍向外，脚外侧稍用力。在转弯后整个身体逐渐过渡到正常姿势，快速向前跑。

（四）终点冲刺

穿板鞋协调地向前走，接近终点时目视前方，上体要稍前倾，两小腿惯性前摆，积极带动两脚前抬加大幅度，快速向前摆动，冲过终点线。

（五）板鞋竞速技术教学的重、难点

板鞋竞速技术教学的重难点是步调一致，同心协力。

四、板鞋竞速技术的教学提示及注意事项

（一）动作的教法建议

板鞋竞速教学的重点是穿板鞋行走时脚步的协调性。教师讲解动作要领和示范要正确。教学中应注意循序渐进、由易到难，先教原地踏步走，后教行进间走、竞走、慢走、急停、起跑、变速走和弯道走，最后教快速跑。

在教学过程中，教师和学生要注意以下事项。

穿稳板鞋，先掌握原地踏步技术，再过渡到向前走、快速跑。如果有队员摔倒，要快速互相扶起后再向前走。教师抓好学生穿板鞋原地踏步和同伴步调一致的基本技术练习。板鞋竞速快速走、跑是高强度练习、对抗性练习，教师要充分调动学生的积极性，努力培养学生顽强的意志品质，提高全队的战斗力。

（二）板鞋竞速训练方法

模拟穿板鞋踏步练习，体会原地踏步、攀肩、扶腰、摆臂动作；两人板鞋配合踏步向前走练习，体会动作整齐划一；三人、四人或多人板鞋配合练习，整齐向前走，体会步调一致；二至三人板鞋竞走比快练习，体会不脱板的踏步向前走；二至三人板鞋分组竞技比快练习，体会竞赛中的竞技速度；结合板鞋进行弯道走、转弯跑的基本技术练习，提高全程竞技速度；根据练习的要求变化形式，手持器械（球或其他物品）进行趣味性的对抗练习，提高动作的灵敏性，培养良好的心理素质。

（三）注意事项

多人配合的练习注重相互协调，动作目标统一。

五、易犯错误与纠正方法

（一）常见的错误

穿板鞋不稳，左、右脚节奏性差，抬脚高度不够，步伐不整齐，转弯时重心不稳，起步不统一，造成队员脱板或摔倒的现象。

（二）纠正方法

思想集中，一人或三人一起喊"一、二、一"或"左、右、左"，全体队员动作协调、整齐划一。加速和转弯时队员之间要相互暗示。出现脱板状况时要互相鼓励，全队队员要充满信心，争取胜利。

本章思考题

1. 试述高脚竞速的特点和健身作用。
2. 简述珍珠球竞赛方法。
3. 简述蹴球的发展概况。
4. 蹴球技术包括哪几个环节？
5. 简述板鞋竞速基本技术。

本章参考文献

[1] 胡小明.民族体育（第2版）[M].桂林：广西师范大学出版社，2005.

[2] 芦平生，杨兰生.民族传统体育研究[M].兰州：甘肃教育出版社，2002.

[3] 白晋湘.民族传统体育文化学[M].北京：民族出版社，2004.

[4] 郭颂，陈强，刘云.少数民族传统体育[M].北京：北京师范大学出版社，2015.